Arne Pautsch/Anja Dillenburger
Kompendium zum Hochschul- und Wissenschaftsrecht
De Gruyter Handbuch

Arne Pautsch/Anja Dillenburger

Kompendium zum Hochschul- und Wissenschaftsrecht

—

2. Auflage

DE GRUYTER

Prof. Dr. *Arne Pautsch*, Inhaber einer Professur für Öffentliches Recht und Kommunalwissenschaften an der Hochschule Ludwigsburg, zuvor Professor für Öffentliches Recht, insb. Verwaltungsrecht, an der Hochschule Osnabrück, vieljährige berufspraktische Tätigkeit in der Hochschulverwaltung (u.a. Universitäten Göttingen und Bayreuth) und Kommunalverwaltung; *Anja Hentschel (geb. Dillenburger)*, Regierungsrätin bei der Senatorin für Finanzen der Freien Hansestadt Bremen, zuvor drei Jahre zugelassene Rechtsanwältin in der Sozietät Göhmann (Bremen).

ISBN 978-3-11-057969-7
e-ISBN (PDF) 978-3-11-040950-5
e-ISBN (EPUB) 978-3-11-040961-1

Bibliografische Information der Deutschen Nationalbibliothek
Die Deutsche Nationalbibliothek verzeichnet diese Publikation in der Deutschen Nationalbibliografie; detaillierte bibliografische Daten sind im Internet über http://dnb.d-nb.de abrufbar.

© 2016 Walter de Gruyter GmbH, Berlin/Boston
Dieser Band ist text- und seitenidentisch mit der 2016 erschienenen gebundenen Ausgabe.
Einbandabbildung: Wavebreakmedia Ltd/Wavebreak Media/thinkstock
Datenkonvertierung und Satz: jürgen ullrich typosatz, 86720 Nördlingen Druck: CPI books GmbH, Leck

♾ Gedruckt auf säurefreiem Papier
Printed in Germany

www.degruyter.com

Vorwort zur zweiten Auflage

Wenn dieses Werk nunmehr in zweiter Auflage erscheint, wird damit vor allem dem Umstand Rechnung getragen, dass das Hochschul- und Wissenschaftsrecht nichts von seiner Entwicklungsdynamik eingebüßt hat. Im Gegenteil: Der zu spannende Bogen an neuen – aber auch bekannten und fortlaufenden – Entwicklungen seit der Erstauflage reicht von der mit Fug und Recht als „Paukenschlag" zu bezeichnenden Entscheidung des BVerfG aus dem Jahre 2012 zur Verfassungswidrigkeit zentraler Teile der W-Besoldung und der in der Folge flächendeckend erfolgten „Reformgesetzgebung" in den Ländern über die Realisierung des nationalen Stipendienprogramms (StipG) als weiterer Säule der Ausbildungs- und Begabtenförderung bis hin zu der eher unrühmlichen Auseinandersetzung um wissenschaftliches Fehlverhalten in Gestalt von Plagiaten und deren Folgen. Flankiert wird alles dies durch wichtige punktuelle Entwicklungen, die etwa verfassungsrechtliche Aspekte der inneren Hochschulverfasssung (so die Entscheidungen des BVerfG zur Hochschulorganisation in Hamburg bzw. der MHH in Niedersachsen) oder aber die Aufhebung des sog. „Kooperationsverbots" in Art. 91b Abs. 1 GG betreffen. Auch der in der ersten Auflage besonders berücksichtigte Bologna-Prozess ist vorangeschritten, wenngleich insoweit – bei aller Kritik in Detailfragen – eine gewisse Kontinuität zu verzeichnen ist. Überdies haben mittlerweile alle Länder auf die Erhebung allgemeiner Studiengebühren bzw. -beiträge verzichtet. Die Reihe an neuen und alten Themen ließe sich noch erweitern. Alles Neue ist – soweit möglich und angezeigt – in der Zweitauflage berücksichtigt und wie bisher mit weiterführenden Hinweisen aus Literatur und Rechtsprechung belegt. Der Grundcharakter eines Kompendiums „im Wortsinne" ist freilich beibehalten worden. Das Werk soll auch weiterhin vornehmlich eine Einführung in das Hochschul- und Wissenschaftsrecht sein und dem Leser Orientierung in diesem Rechtsgebiet bieten.

Für die überaus wohlwollende Aufnahme der Erstauflage in Wissenschaft und Praxis danken wir ebenso herzlich wie für die hilfreichen Besprechungen von *Max-Emanuel Geis* (in: Forschung und Lehre 2/2012, S. 135) und *Claus Hoffmann* (NVwZ 2012, S. 613). Dem Verlag de Gruyter – und hier insbesondere wieder Frau *Karin Hergl* – gebührt Dank für die in jeder Hinsicht professionelle Unterstützung bei der Realisierung der Zweitauflage. Die in Bezug genommene Literatur und Rechtsprechung befinden sich auf dem Stand von August 2015.

Ludwigsburg, im August 2015 Arne Pautsch

Vorwort

universitas semper reformanda

Die humanistischen Gelehrten zugeschriebene Erkenntnis, dass die Universität ständig zu reformieren sei, scheint von ungebrochener Aktualität. So hat die Entwicklung der Hochschulen – und nach heutigem Verständnis sind damit die Universitäten, die ihnen gleichgestellten Einrichtungen und die Fachhochschulen gleichermaßen gemeint – in den letzten Jahren einen geradezu rasanten Verlauf genommen. Beeinflusst durch die fortschreitende Europäisierung, die Veränderungen des Arbeitsmarktes und die angespannte finanzielle Lage der öffentlichen Haushalte wurden zahlreiche Reformen angestoßen.

Gut 10 Jahre nach Beginn des Bologna-Prozesses ist die Reform des Hochschulwesens noch lange nicht abgeschlossen. Dennoch ist dies ein guter Zeitpunkt für eine zusammenfassende Betrachtung, auf welchem Stand sich das Hochschul- und Wissenschaftsrecht gegenwärtig befindet. Gerade für die zukünftige Ausrichtung der Hochschulen, die heute deutlich mehr Autonomie und Selbstverantwortung besitzen, ist dies von herausragender Bedeutung. Das Werk will daher die aktuellen Reformthemen aufgreifen und in einer übersichtlichen Weise nicht nur Juristen, sondern auch anderen mit dem Hochschul- und Wissenschaftsrecht befassten Personen kompakt vermitteln. Als Beispiele seien der Wandel der Struktur und Organisation der Hochschulen – mit dem Übergang von der Ordinarienuniversität zur Gruppenuniversität zum Modell der „managerial university" – sowie die neue Studienstruktur oder die veränderte Besoldung der Hochschulprofessoren genannt.

Dieses Werk versteht sich als Kompendium im Wortsinne und ist nicht bestrebt, die eingeführten – umfangreicheren – Werke zu ersetzen. An geeigneter Stelle werden bestimmte Reformthemen unter Hinweis auf grundlegende gerichtliche Entscheidungen und hochschulpolitische Ansätze bewusst ausführlicher dargestellt; an anderer Stelle sollen eine einführende Darstellung und Hinweise auf weiterführendes Schrifttum und Rechtsprechung genügen.

Auch ein Kompendium wie dieses kann nur entstehen durch wertvolle Anregungen und die hilfreiche Unterstützung vieler Personen. Von daher danken wir an dieser Stelle denen, die uns unterstützt haben, namentlich Frau Assessorin *Isabella Kupis*, Frau stud. iur. *Eva Lotta Schwartz* sowie Frau *Gabriele Eßmann*. Dem Verlag de Gruyter, und hier insbesondere Frau *Karin Hergl* und Herrn Dr. *Michael Schremmer*, danken wir für die Aufnahme in die Reihe der

Handbücher. Die in Bezug genommene Literatur und Rechtsprechung befinden sich auf dem Stand von November 2010.

Wolfsburg/Bremen, im November 2010　　　　　　　　　　　　　Arne Pautsch
　　　　　　　　　　　　　　　　　　　　　　　　　　　　Anja Dillenburger

Inhalt

Vorwort —— V
Abkürzungsverzeichnis —— XV
Literaturverzeichnis —— XXI

A. Hochschul- und Wissenschaftsorganisation

I. Statt einer geschichtlichen Betrachtung —— 1
II. Hochschulorganisation in Deutschland —— 2
   1. Organisation und Rechtsstatus staatlicher Hochschulen —— 2
      a) Rechtsquellen —— 2
         aa) Verfassungsrechtliche Vorgaben —— 2
            (1) Allgemeine Bemerkungen —— 2
            (2) Die Wissenschaftsfreiheit (Art. 5 Abs. 3 GG) —— 3
         bb) Hochschulrahmenrecht —— 10
         cc) Hochschulrecht der Länder —— 14
      b) Formeller oder materieller Hochschulbegriff? —— 16
      c) Rechtsstatus staatlicher Hochschulen —— 17
      d) Akademische Selbstverwaltung und institutionelle Autonomie —— 19
      e) Staatliche Aufsicht über die Hochschulen —— 21
   2. Hochschulen in alternativer Rechtsform —— 23
      a) Private (nichtstaatliche) Hochschulen —— 23
      b) Organisationsalternativen staatlicher Hochschulen —— 24
         aa) Hochschulen als rechtsfähige Körperschaften des öffentlichen Rechts —— 25
            (1) Technische Universität Darmstadt —— 26
            (2) Hochschulfreiheitsgesetz Nordrhein-Westfalen und Folgemodelle als „Nur-Körperschaft" —— 27
         bb) Stiftungsmodelle —— 28
            (1) Rechtsträgermodelle: Niedersachsen und Brandenburg —— 29
            (2) Einheitsmodell: Stiftungsuniversitäten Frankfurt am Main und Lübeck —— 32
         cc) Karlsruher Institut für Technologie (KIT) als Sonderfall —— 34
         dd) Zusammenfassende Bewertung der alternativen Organisationsmodelle —— 35

3. Hochschularten —— 36
   a) Universitäten —— 36
   b) Fachhochschulen —— 37
   c) Kunst- und Musikhochschulen —— 42
   d) Kirchliche Hochschulen —— 43
   e) Sonstige Hochschulen —— 44
       aa) Pädagogische Hochschulen —— 44
       bb) Berufsakademien —— 45
       cc) Fernhochschulen —— 46
       dd) Gesamthochschulen —— 47
4. Binnenorganisation der Hochschulen —— 49
   a) Die zentrale Ebene: Hochschulleitung und Hochschulverwaltung —— 49
   b) Die dezentrale Ebene: Professuren, Fakultäten bzw. Fachbereiche —— 53
   c) Hochschulgremien und -organe auf zentraler und dezentraler Ebene —— 55
       aa) Gremien und Organe auf zentraler Ebene —— 55
       bb) Gremien und Organe auf dezentraler Ebene —— 60
   d) Hochschulbinnenorganisation im Spiegel der aktuellen Rechtsprechung —— 63
   e) Wissenschaftliche und nichtwissenschaftliche Einrichtungen —— 65
       aa) Wissenschaftliche Einrichtungen —— 66
       bb) Nichtwissenschaftliche Einrichtungen —— 69
   e) Organisation der Hochschulmedizin —— 70
       aa) Allgemeines —— 70
       bb) Die Organisationsstruktur der Medizinischen Fakultäten bzw. Fachbereiche —— 71
       cc) Die Organisationsstruktur der Universitätsklinika —— 72
       dd) Ärztlicher Dienst an den Universitätsklinika —— 74
   f) Recht der Theologischen Fakultäten bzw. Fachbereiche —— 74
   g) Das Hochschulverfassungsstreitverfahren —— 76
5. Reform der Hochschulorganisation —— 78
6. Koordinationseinrichtungen und Interessenvertretungen der Hochschulen —— 80

B. Studium und Lehre

I. Der Bologna-Prozess —— 83
   1. Schaffung eines europäischen Hochschulraums —— 83
      a) Sorbonne-Erklärung —— 83
      b) Bologna-Erklärung —— 84
      c) Rechtliche Verankerung des Hochschulwesens auf europäischer Ebene —— 86
   2. Bachelor- und Masterstudiengänge in Deutschland —— 87
      a) Bachelor —— 90
      b) Master-/Magistergrad —— 92
   3. Weiterbildung —— 94
   4. Promotionsprogramme —— 96
   5. Akkreditierung von Studiengängen —— 99
      a) Gesetzliche Regelungen der Länder —— 99
      b) Entstehung —— 100
      c) Organisation —— 101
      d) Inhalt der Akkreditierungsentscheidung —— 103
      e) Regeln des Akkreditierungsrates für die Akkreditierung von Studiengängen und für die Systemakkreditierung —— 105
      f) Verfahren —— 106
         aa) Programmakkreditierung —— 106
         bb) Systemakkreditierung —— 108
      g) Rechtsschutz gegen Akkreditierungsentscheidungen —— 109
   6. Stand der Umsetzung/Bilanz —— 110
      a) Bachelorstudiengänge —— 110
      b) Akkreditierungsverfahren —— 111
II. Qualitätssicherung in Studium und Lehre —— 112
   1. Instrumente der Qualitätssicherung —— 113
   2. Qualitätssicherungssystem —— 117
III. Der Zugang zum Hochschulstudium —— 117
   1. Hochschulzugangsrecht —— 117
      a) Allgemeine Qualifikationsvoraussetzung —— 119
      b) Besondere Qualifikationsvoraussetzungen —— 119
      c) Zugangshindernisse —— 122
   2. Hochschulzulassungsrecht —— 124
      a) Kapazitätsermittlung —— 124
         aa) Gegenwärtiges Modell zur Ermittlung der Kapazität —— 125
         bb) Reformansätze —— 126

b) Auswahlverfahren —— 129
     aa) Stiftung für Hochschulzulassung —— 129
     bb) Durchschnittsnote —— 130
     cc) Hochschulzulassung —— 131
     dd) Vergabe von Studienplätzen außerhalb des zentralen Verfahrens —— 134
IV. Die Rechtsverhältnisse der Studierenden —— 135
  1. Rechtsstatus —— 135
     a) Rechte der Studierenden —— 135
     b) Pflichten —— 136
  2. Studentische Selbstverwaltung —— 136
  3. Studiengebühren und -beiträge —— 138
     a) Allgemeine Studiengebühren —— 138
     b) Langzeitstudiengebühren —— 142
     c) Verwaltungs-, Einschreibungs- bzw. Rückmeldegebühren —— 143
  4. Recht der Ausbildungsförderung —— 144
  5. Stipendien —— 146
V. Studiengänge —— 148
  1. Allgemeines —— 148
  2. Studienabschlüsse —— 149
  3. Errichtung und Schließung von Studiengängen —— 150
     a) Einrichtung von Studiengängen —— 151
     b) Schließung von Studiengängen —— 152
  4. Studien- und Prüfungsordnung —— 152
     a) Studienordnungen —— 152
     b) Prüfungsordnung —— 153
  5. Leistungspunktesystem —— 155
VI. Prüfungsrecht —— 157
  1. Hochschulprüfungen —— 158
  2. Staatsprüfungen —— 158
  3. Kirchliche Prüfungen —— 159
  4. Prüfverfahren —— 159

C. Forschung

I. Forschungsbegriff und Forschungsauftrag der Hochschulen —— 163
  1. Grundlagenforschung —— 165
  2. Angewandte Forschung —— 166
  3. Drittmittelforschung —— 167

II. Forschung außerhalb der Hochschule —— 169
   1. Außeruniversitäre Forschungseinrichtungen —— 170
   2. Ressortforschung —— 175
   3. Rechtsfragen der Forschung außerhalb der Hochschule und der Forschungsförderung —— 176
III. Wissenschaftliche Qualifikation und Forschung —— 178
   1. Promotion —— 178
   2. Habilitation —— 179
IV. Weitere rechtliche Aspekte der Forschung —— 181
   1. Veröffentlichungspflicht und urheberrechtliche Fragen —— 181
   2. Sicherung wissenschaftlicher Redlichkeit —— 185
   3. Insbesondere: Entziehung akademischer Grade und Titel infolge von Fehlverhalten —— 185
      a) Allgemeine Vorbemerkungen —— 185
      b) Erfordernis einer hinreichenden Rechtsgrundlage —— 189
      c) Entziehung aufgrund von „Unwürdigkeit" —— 189
      d) Entziehung wegen wissenschaftlichen Fehlverhaltens i.e.S. —— 193
      e) Verwaltungsverfahrensrechtlicher Rahmen —— 196
      f) Rechtspolitischer Ausblick —— 198

D. Recht des Hochschulpersonals

I. Einführung —— 201
II. Statusrechte —— 201
   1. Hochschullehrer —— 201
      a) Professoren an Universitäten —— 201
         aa) Universitätsprofessoren im Beamtenverhältnis (auf Lebenszeit) —— 202
         bb) Beamter auf Zeit —— 203
         cc) Professoren als Angestellte —— 206
            (1) Regel- oder Ausnahmefall? —— 206
            (2) Ausgestaltung des Angestelltenverhältnisses —— 207
      b) Einstellungsvoraussetzungen für Professoren —— 209
         aa) Allgemeine dienstrechtliche/beamtenrechtliche Voraussetzungen —— 210
         bb) Abgeschlossenes Hochschulstudium —— 210
         cc) Pädagogische Eignung —— 210
         dd) Promotion —— 211

                ee) Stellenbezogene Einstellungsvoraussetzungen —— 212
                    (1) Zusätzliche wissenschaftliche Leistungen —— 212
                    (2) Sonstige Voraussetzungen —— 214
            c) Professoren an Fachhochschulen —— 214
            d) Professoren an Kunst- und Musikhochschulen —— 215
            e) Juniorprofessoren —— 215
            f) Lehrprofessur —— 217
            g) Privatdozenten —— 218
            h) Außerplanmäßige Professoren —— 220
            i) Nebenberufliche Professoren —— 220
            j) Honorarprofessoren —— 221
            k) Professoren ehrenhalber —— 221
            l) Professoren an privaten Hochschulen —— 222
        2. Wissenschaftliches Personal —— 222
            a) Wissenschaftliche Mitarbeiter —— 222
            b) Lehrbeauftragte —— 226
            c) Lehrkräfte für besondere Aufgaben —— 227
        3. Nichtwissenschaftliches Personal —— 228
    III. Besoldung und Vergütung des wissenschaftlichen Personals —— 228
        1. Die Einführung der W-Besoldung —— 228
        2. Variable Leistungsbezüge —— 230
        3. Die Entscheidung des BVerfG vom 14. Februar 2012 —— 233
        4. Umsetzung der Vorgaben des BVerfG zur W-Besoldung —— 235
        5. Vergütung des wissenschaftlichen Personals —— 239
        6. Versorgung der Hochschullehrer und des wissenschaftlichen Personals —— 239
            a) Versorgung der Hochschullehrer —— 239
            b) (Renten-)Versorgung des wissenschaftlichen Personals —— 240
        7. Nebentätigkeitsrecht —— 241
            a) Allgemeine Vorgaben des Beamtenrechts —— 241
            b) Besonderheiten für die Nebentätigkeit der Hochschullehrer —— 242

Sachregister —— 249

Abkürzungsverzeichnis

a.A.	andere(r) Ansicht
a.F.	alte(r) Fassung
ABl.	Amtsblatt
ACQUIN	Akkreditierungs-, Certifizierungs- und Qualitätssicherungs-Institut
AHPGS	Akkreditierungsagentur für Studiengänge im Bereich Gesundheit und Soziales
AKAST	Agentur für Qualitätssicherung und Akkreditierung kanonischer Studiengänge
ÄndG	Änderungsgesetz
AöR	Archiv des öffentlichen Rechts (Zeitschrift)
AQAS	Agentur für Qualitätssicherung durch Akkreditierung von Studiengängen
ArbEG	Gesetz über Arbeitnehmererfindungen
Art.	Artikel
ASIIN	Akkreditierungsagentur für Studiengänge der Ingenieurwissenschaften, der Informatik, der Naturwissenschaften und der Mathematik
Aufl.	Auflage
B.A.	Bachelor of Arts
B.Eng.	Bachelor of Engineering
B.Sc.	Bachelor of Science
BAföG	Bundesausbildungsförderungsgesetz
BAG	Bundesarbeitsgericht
BAT	Bundes-Angestelltentarifvertrag
Bay. VGH	Bayerischer Verwaltungsgerichtshof
BayHG	Bayerisches Hochschulgesetz
BayHSchPG	Bayerisches Hochschulpersonalgesetz
BayVBl.	Bayerische Verwaltungsblätter (Zeitschrift)
BayVerf.	Verfassung des Freistaates Bayern
BBG	Bundesbeamtengesetz
BBesG	Bundesbesoldungsgesetz
BbgHG	Brandenburgisches Hochschulgesetz
Bd.	Band
BeamtStG	Beamtenstatusgesetz
BeamtVG	Beamtenversorgungsgesetz
BeckRS	Beck-Rechtsprechung
BesG	Besoldungsgesetz
BerlHG	Berliner Hochschulgesetz
BFUG	Bologna Follow-up Group
BGBl.	Bundesgesetzblatt
BLK	Bund-Länder-Kommission für Bildungsplanung und Forschungsförderung
BlnHG	Berliner Hochschulgesetz

BR-Drs.	Bundesratsdrucksache
BremJAPG	Bremisches Gesetz über die Juristenausbildung und die erste juristische Prüfung
BrmHG	Bremisches Hochschulgesetz
BRRG	Beamtenrechtsrahmengesetz
BT-Drs.	Bundestagsdrucksache
BVerfG	Bundesverfassungsgericht
BVerfGE	Entscheidungen des Bundesverfassungsgerichts
BVerwG	Bundesverwaltungsgericht
BVerwGE	Entscheidungen des Bundesverwaltungsgerichts
BWHG	Landeshochschulgesetz Baden-Württemberg
BWHZG	Hochschulzulassungsgesetz Baden-Württemberg
bzw.	beziehungsweise
CHE	Centrum für Hochschulentwicklung
CNW	Curricularnormwert
DAAD	Deutscher Akademischer Austauschdienst
ders.	derselbe
DFG	Deutsche Forschungsgemeinschaft
DHV	Deutscher Hochschulverband
DNH	Die Neue Hochschule (Zeitschrift)
DÖV	Die öffentliche Verwaltung (Zeitschrift)
DQR	Deutscher Qualitätsrahmen
DV	Die Verwaltung (Zeitschrift)
DVBl.	Deutsches Verwaltungsblatt (Zeitschrift)
DVP	Deutsche Verwaltungspraxis (Zeitschrift)
ECTS	European Credit Transfer System
EG	Europäische Gemeinschaft
EGV	Vertrag zur Gründung der Europäischen Gemeinschaft
EL	Ergänzungslieferung
EMRK	Europäische Menschenrechtskonvention
EPÜ	Europäisches Patentübereinkommen
EQR	Europäsicher Qualitätsrahmen
ERASMUS	European Action Scheme for the Mobility of University Students
EU	Europäische Union
EuGH	Europäischer Gerichtshof
EU-GRCharta	Charta der Grundrechte der Europäischen Union
evalag	Evaluationsagentur Baden-Württemberg
F&L	Forschung und Lehre (Zeitschrift)
f./ff.	folgende(r)
FH	Fachhochschule
FIBAA	Foundation for International Business Administration Accreditation
FS	Festschrift

GebrMG	Gebrauchsmustergesetz
GG	Grundgesetz
GVBl.	Gesetz- und Verordnungsblatt
HbStR	Handbuch des Staatsrechts
HessHG	Hessisches Hochschulgesetz
HessVerf.	Hessische Verfassung
HFG	Hochschulfreiheitsgesetz
HG	Hochschulgesetz (zumeist mit Landeskürzel)
hlb	Hochschullehrerbund
HmbHG	Hamburgisches Hochschulgesetz
HNTVO	Hochschulnebentätigkeitsverordnung (mit Landeskürzel)
HRG	Hochschulrahmengesetz
HRK	Hochschulrektorenkonferenz
Hrsg.	Herausgeber
HSchR	Hochschulrecht
HSW	Das Hochschulwesen (Zeitschrift)
i.e.S.	im engeren Sinn
insbes.	insbesondere
IHF	Bayerisches Staatsinstitut für Hochschulforschung und Hochschulplanung
JuS	Juristische Schulung (Zeitschrift)
JZ	Juristenzeitung (Zeitschrift)
KAG	Kommunalabgabengesetz
KapVO	Kapazitätsverordnung
KIT	Karlsruher Institut für Technologie
KMK	Kultusministerkonferenz
KMK-HSchR	Informationen zum Hochschulrecht, Veröffentlichungen der Kultusministerkonferenz
LAG	Landesarbeitsgericht
LKV	Landes- und Kommunalverwaltung (Zeitschrift)
LL.B.	Bachelor of Laws
LL.M.	Master of Laws
LSAHG	Hochschulgesetz des Landes Sachsen-Anhalt
m.w.N.	mit weiteren Nachweisen
M.A.	Master of Arts
M.Eng.	Master of Engineering
M.Sc.	Master of Science
MPG	Max-Planck-Gesellschaft zur Förderung der Wissenschaften
MVHG	Hochschulgesetz des Landes Mecklenburg-Vorpommern

NdsVBl.	Niedersächsische Verwaltungsblätter (Zeitschrift)
NHG	Niedersächsisches Hochschulgesetz
NHZG	Niedersächsisches Hochschulzulassungsgesetz
NJW	Neue Juristische Wochenschrift (Zeitschrift)
NordÖR	Zeitschrift für Öffentliches Recht in Norddeutschland (Zeitschrift)
NSM	Neues Steuerungsmodell
NTH	Niedersächsische Technische Hochschule
NVwZ	Neue Zeitschrift für Verwaltungsrecht (Zeitschrift)
NVwZ-RR	NVwZ-Rechtsprechungs-Report (Zeitschrift)
NWHG	Nordrhein-Westfälisches Hochschulgesetz
NWVBl.	Nordrhein-Westfälische Verwaltungsblätter (Zeitschrift)
NWVerf.	Verfassung für das Land Nordrhein-Westfalen
NZA	Neue Zeitschrift für Arbeitsrecht (Zeitschrift)
NZA-RR	NZA-Rechtsprechungs-Report (Zeitschrift)
ÖPP	Öffentlich-Private-Partnerschaft
OVG	Oberverwaltungsgericht
PatG	Patentgesetz
RdJB	Recht der Jugend und des Bildungswesens (Zeitschrift)
RhPfHG	Hochschulgesetz des Landes Rheinland-Pfalz
RiA	Recht im Amt (Zeitschrift)
RL	Richtlinie
Rn.	Randnummer
S.	Seite
s.	siehe
SaarlUG	Universitätsgesetz des Saarlandes
SaarlVerf.	Verfassung des Saarlandes
SächsHG	Sächsisches Hochschulgesetz
SächsVBl.	Sächsische Verwaltungsblätter (Zeitschrift)
SGB	Sozialgesetzbuch
SHHG	Schleswig-Holsteinisches Hochschulgesetz
sog.	so genannt
StBAG	Gesetz zur Erhebung von Studienbeiträgen und Hochschulabgaben
StiftG-EUV	Gesetz über die Errichtung der „Stiftung Europa-Universität Viadrina Frankfurt (Oder)"
StipG	Gesetz zur Schaffung eines nationalen Stipendienprogramms (Stipendienprogramm-Gesetz)
StipV	Verordnung zur Durchführung des Stipendienprogramm-Gesetzes (Stipendienprogramm-Verordnung)
SWS	Semesterwochenstunde(n)
ThürHG	Thüringisches Hochschulgesetz
TV-L	Tarifvertrag für den öffentlichen Dienst der Länder
TzBfG	Gesetz über Teilzeitarbeit und befristete Arbeitsverträge

UGBW	Universitätsgesetz Baden-Württemberg
UrhG	Urhebergesetz
VBlBW	Verwaltungsblätter für Baden-Württemberg (Zeitschrift)
VerfGH	Verfassungsgerichtshof
VG	Verwaltungsgericht
VGH	Verwaltungsgerichtshof
vgl.	vergleiche
VO	Verordnung
VwGO	Verwaltungsgerichtsordnung
VwVfG	Verwaltungsverfahrensgesetz
WissR	Wissenschaftsrecht – Wissenschaftsverwaltung – Wissenschaftsförderung (Zeitschrift)
WissZeitVG	Wissenschaftszeitvertragsgesetz
WR	Wissenschaftsrat
z.B.	zum Beispiel
ZBR	Zeitschrift für Beamtenrecht (Zeitschrift)
ZEvA	Zentrale Evaluations- und Akkreditierungsagentur Hannover
ZevKR	Zeitschrift für evangelisches Kirchenrecht (Zeitschrift)
ZG	Zeitschrift für Gesetzgebung (Zeitschrift)
ZRP	Zeitschrift für Rechtspolitik (Zeitschrift)
ZUM	Zeitschrift für Urheber- und Medienrecht (Zeitschrift)

Literaturverzeichnis

Alberts, Hans-W.: Vorläufiger Rechtsschutz im Hochschulverfassungsstreit, WissR 7 (1974), S. 50 ff.

Baldus, Manfred: Rechtsstellung und Aufgaben nichtstaatlicher, insbesondere kirchlicher Fachhochschulen, WissR 30 (1997), S. 1ff.

Battis, Ulrich: Das Urteil des Bundesverfassungsgerichtes zur W-2-Besoldung – Hintergrund und Folgen, Der Personalrat 2012, S. 197

Battis, Ulrich: Bundesbeamtengesetz, 4. Auflage, München 2009.

Battis, Ulrich/Grigoleit Klaus Joachim: Reformansätze zur Professorenbesoldung bislang mangelhaft, ZBR 2013, S. 73ff.

Benz, Winfried/Kohler, Jürgen/Landfried, Klaus (Hrsg.): Handbuch Qualität in Studium und Lehre, Stuttgart 2005 (Loseblatt).

Bosse, Marcel: Zur Rechtmäßigkeit des nordrhein-westfälischen Studiengebührenmodells – Zugleich eine kritische Auseinandersetzung mit dem Kronthaler-Gutachten, NWVBl. 2007, S. 87ff.

Braukmann, Michael: Mangelnde demokratische Legitimation und funktionswidrige Organisationsstrukturen der niedersächsischen Stiftungsuniversitäten, JZ 2004, S. 662ff.

Brehm, Robert/Zimmerling, Wolfgang: Abbau von Hochschulkapazitäten unter Berücksichtigung von Art. 12 Abs. 1 GG, WissR 33 (2000), S. 22ff.

Brinktrine, Ralf: Akkreditierungsverfahren und -modelle nach Maßgabe des Hochschulrechts der Länder, WissR 42 (2009), S. 164ff.

Brünneck, Alexander von: Verfassungsrechtliche Probleme der öffentlich-rechtlichen Stiftungshochschule, WissR 35 (2002), S. 21ff.

Buck-Bechler, Gertraude/Wagemann, Hans-Dieter (Hrsg.): Hochschulen in den neuen Ländern der Bundesrepublik Deutschland. Ein Handbuch zur Hochschulerneuerung, Weinheim 1997.

Budjarek, Lucia G.: Spielräume einer Neuregelung der Professorenbesoldung, DÖV 2012, S. 465ff.

Coelln, Christian von: Zurück in die Zukunft, F&L 2014, S. 812ff.

Coelln, Christian von: Die „Entbeamtung" des Hochschullehrers als Teilprivatisierung der deutschen Universität?, WissR 40 (2007), S. 351ff.

Conrads, Christoph: Die Hochschule in Stiftungsträgerschaft – ein tragfähiges Modell?, FS Schreiber, Heidelberg, 2003, S. 1003ff.

Däubler, Wolfgang: Wissenschaftsfreiheit im Arbeitsverhältnis – Eine erste Skizze, NZA 1989, S. 945ff.

Dallinger, Peter/Bode, Christian/Dellian, Fritz: Hochschulrahmengesetz, Kommentar, Tübingen 1978.

Dannemann, Gerhard: Verjährungsfrist für Plagiatsvergehen? – Gerhard Dannemann (Contra), Forschung und Lehre 7/2012, S. 550.

Denninger, Erhard (Hrsg.): Hochschulrahmengesetz, Kommentar, München 1984.

Deppner, Thorsten/Heck, Daniel: Studiengebühren vor dem Hintergrund der Umsetzung völkerrechtlicher Verpflichtungen im Bundesstaat und der Vorgaben materiellen Verfassungsrechts, NVwZ 2008, S. 45ff.

Determann, Lothar: Müssen Professoren von Verfassung wegen Beamte sein?, NVwZ 2000, S. 1346ff.

Detmer, Hubert/Preißler, Ulrike: Die W-Besoldung und ihre Anwendung in den Bundesländern, in: IHF (Hrsg.), Beiträge zur Hochschulforschung 2006, S. 50 ff.
Deumeland, Klaus Dieter: Zum Recht der Professoren auf Ausübung einer Nebentätigkeit, RiA 1991, S. 26 ff.
Deumeland, Klaus Dieter: Hochschulrahmengesetz, Kommentar, Baden-Baden 1979.
Dreier, Horst (Hrsg.): Grundgesetz, Kommentar, Band I – Präambel, Artikel 1–19, Tübingen 2004.
Dreier, Thomas/Ohly, Ansgar (Hrsg.): Plagiate, Wissenschaftsethik und Recht, Tübingen 2013.
Ennuschat, Jörg/Ulrich, Carsten: Neuverteilung der Kompetenzen von Bund und Ländern im Schul- und Hochschulbereich nach der Föderalismusreform, VBlBW. 2007, S. 121 ff.
Epping, Volker/Becker, Frederik: Die Kooperationsverpflichtung von Universität und Universitätsklinikum, Vorgaben der Wissenschaftsfreiheit für die Hochschulmedizin, WissR 47 (2014), S. 27 ff.
Epping: Karlsruhe hat gesprochen. Die W 2-Besoldung ist evident unzureichend, Forschung und Lehre 3/2012, S. 180 ff.
Epping, Volker: Das Modell Lüneburg – ein neuer Gesamthochschulentwurf, WissR 42 (2009), S. 223 ff.
Epping, Volker/Hillgruber, Christian (Hrsg.): Beck'scher Online Kommentar zum Grundgesetz, München, Stand: Juli 2010.
Epping, Volker: Rechte und Pflichten von Professoren unter besonderer Berücksichtigung der Beamtenpflichten, ZBR 1997, S. 383 ff.
Erbguth, Wilfried: Rücknahmefrist und „intendiertes" Ermessen: Vertrauensschutz im (bayerischen) Abwind, JuS 2002, S. 333 ff.
Ernst, Christian/Altmann, Freddy: An-Institute als Bindeglied zwischen Hochschule und Wirtschaft, WissR 42 (2009), S. 22 ff.
Fahl, Christian: Eidesstattliche Versicherung des Promovenden zur Bekämpfung des Plagiatsunwesens?, ZRP 2012, S. 7 ff.
Fink, Udo: Der Hochschulverfassungsstreit, WissR 27 (1994), S. 126 ff.
Flämig, Christian/Kimminich, Otto (Hrsg.): Handbuch des Wissenschaftsrechts, Band 1, 2. Auflage, Berlin u.a. 1996. [zitiert: *Bearbeiter*, in: Flämig/Kimminich (Hrsg.), WissR-Handbuch]
Fraenkel-Haeberle, Cristina: Die Universität im Mehrebenensystem, Tübingen 2014.
Frank, Stefan: Die Selbständigkeit der Universität in der Weimarer Republik und der Bundesrepublik Deutschland, jeweils bezogen auf das Gebiet des ehemaligen Landes Preußen, Köln 1998.
Frowein, Jochen Abr./Peukert, Wolfgang (Hrsg.): Europäische Menschenrechtskonvention, EMRK-Kommentar, 3. Auflage, Kehl 2009.
Fuss, Ernst-Werner: Verwaltungsrechtliche Streitigkeiten im Universitäts-Innenbereich, WissR 5 (1972), S. 97 ff.
Gärditz, Klaus Ferdinand: Wissenschaftsfreiheit und Hochschulmedizin – zum Beschluss des Ersten Senats des BVerfG vom 24. Juni 2014 zur Medizinischen Hochschule Hannover, DVBl. 2014, S. 1133 ff.
Gärditz, Klaus Ferdinand: Hochschulmedizin und staatliche Finanzierungsverantwortung, WissR 47 (2014), S. 321 ff.
Gärditz, Klaus Ferdinand: Wissenschaftsunwürdigkeit? Zu Begriff und Folgen des wissenschaftlichen Fehlverhaltens in der Rechtsprechung des Bundesverwaltungsgerichts, WissR 47 (2014), S. 119 ff.

Gärditz, Klaus Ferdinand: Der Entwurf eines „Hochschulzukunftsgesetzes" Nordrhein-Westfalen: Ein Reformprojekt aus dem ministeriellen Elfenbeinturm, NWVBl. 2014, S. 125 ff.
Gärditz, Klaus Ferdinand: Die Feststellung von Wissenschaftsplagiaten im Verwaltungsverfahren, Hochschulrechtliche Probleme und wissenschaftspolitischer Handlungsbedarf, WissR 46 (2013), S. 3 ff.
Gärditz, Klaus Ferdinand: Die niedersächsische Stiftungshochschule vor dem Bundesverwaltungsgericht, WissR 43 (2010), S. 220 ff.
Gärditz, Klaus Ferdinand: Zur Lehrfreiheit des Fachhochschullehrers – Anmerkung zu BVerfG, Beschl. v. 13.4.2010 – 1 BvR 216/07, JZ 2010, S. 952 ff.
Gärditz, Klaus Ferdinand: Hochschulorganisation und verwaltungsrechtliche Systembildung, Tübingen 2009.
Gärditz, Klaus Ferdinand: Die Lehrfreiheit – Wiederentdeckung oder Rückbau?, WissR 40 (2007), S. 67 ff.
Gärditz, Klaus Ferdinand/Pahlow, Louis: Hochschulerfinderrecht, Ein Handbuch für Wissenschaft und Praxis, Berlin u.a. 2011.
Gawel, Erik: Neuordnung der Professorenbesoldung in Sachsen, SächsVBl. 2014, S. 125 ff.
Gawel, Erik: Neuregelung der W-Besoldung des Bundes, NVwZ 2013, S. 1054 ff.
Gawel, Erik/Aguado, Miquel: Neuregelungen der W-Besoldung auf dem verfassungsrechtlichen Prüfstand, WissR 47 (2014), S. 267 ff.
Gawel, Erik/Aguado, Miquel: Verfassungsrechtliche Probleme der Einmal-Konsumtion in Stufenmodellen der W-Besoldung, Forschung und Lehre 8/2014, S. 624 ff.
Gawron, Thomas/Ramin, Ralf: Das Gesetz zur Errichtung der Niedersächsischen Technischen Hochschule, NordÖR 2009, S. 392 ff.
Geis, Max-Emanuel: Das „Kooperationsverbot" des Art. 91b GG, ZG 24 (2013), S. 305 ff.
Geis, Max-Emanuel: Die Entwicklung des Hochschulrechts von 2008 bis 2012, DV 45 (2012), S. 525 ff.
Geis, Max-Emanuel: Buch mit sieben Siegeln? Ein Streifzug durch das Nebentätigkeitsrecht, Forschung und Lehre 10/2012, S. 836 f.
Geis, Max-Emanuel (Hrsg.): Hochschulrecht im Freistaat Bayern, Handbuch für Wissenschaft und Praxis, Heidelberg, 2009.
Geis, Max-Emanuel: Das Selbstbestimmungsrecht der Universitäten, WissR 37 (2004), S. 2 ff.
Geis, Max-Emanuel/Krausnick, Daniel: Das Hochschulrecht im föderalen System der Bundesrepublik Deutschland, in: Härtel (Hrsg.), Handbuch Föderalismus, Bd. III, Berlin u.a. 2012.
Goeckenjahn, Ingke: „Wissenschaftsbetrug" als Straftat?, JZ 2013, S. 723 ff.
Groß, Anne: Bologna für Juristen?, NordÖR 2008, S. 297 ff.
Groß, Thomas: Das Kuratorium – Hochschulautonomie durch institutionalisierte Kooperation?, DÖV 1999, S. 895 ff.
Grupp, Klaus: Zur Stellung der Universitäten in den Zeiten ihres Rückbaues, FS Roellecke, Stuttgart 1997, S. 97 ff.
Hailbronner, Kay/Geis, Max-Emanuel (Hrsg.): Das Hochschulrecht in Bund und Ländern, Kommentar, Loseblattsammlung, Heidelberg, Stand: September 2015.
Hailbronner, Kay: Notenabhängige Zulassungsbeschränkungen im Übergang von der Bachelor- zur Masterphase in Lehramtsstudiengängen, WissR 41 (2008), S. 106 ff.
Haratsch, Andreas/Holljesiefken, Anke: Studentische Hilfskraft auf Lebenszeit? – Befristung von Arbeitsverträgen mit studentischen Hilfskräften, NZA 2008, S. 207 ff.

Hartmann, Bernd J.: Zur geplanten Änderung des Niedersächsischen Hochschulgesetzes, NdsVBl. 2015, S. 209 ff.
Hartmer, Michael: Klarheit und Nebel? Was folgt aus der W-Entscheidung des Bundesverfassungsgerichts?, Forschung & Lehre 3/2012, S. 184 ff.
Hartmer, Michael/Detmer, Hubert (Hrsg.): Hochschulrecht. Ein Handbuch für die Praxis, 2. Auflage, Heidelberg 2011. [zitiert: *Bearbeiter*, in: Hartmer/Detmer (Hrsg.), HSchR-Praxishandbuch]
Heitsch, Christian: Rechtsnatur der Akkreditierungsentscheidungen/Prozessuale Fragen, WissR 42 (2009), S. 136 ff.
Hener, Yorck/Kaudelka, Steffen/Kirst, Sabine: Stiftungshochschulen in Deutschland – Ein Zukunftsmodell? Eine Studie zu Modellen und Perspektiven, CHE-Arbeitspapier Nr. 110, Gütersloh 2008.
Henle, Wilhelm: Die Finanzreform und die Beschaffenheit des Staates, in: DÖV 1968, S. 396 ff.
Herfurth, Rudolf/Kirmse, Doreen: Die Stiftungsuniversität – Analyse einer neuen Organisationsform für Hochschulen, WissR 36 (2003), S. 51 ff.
Hermann, Klaus: Promotionsrecht der Fachhochschulen – Gefährdung der Wissenschaft?, WissR 47 (2014), S. 237 ff.
Herrmann, Susanne/Pautsch, Arne: Rahmenvorgaben zur Einführung juristischer Bachelor- und Masterstudiengänge – Empfehlungen des BLK-Projekts; Positionen und Überlegungen zur Umstellung des juristischen Studiums auf Bachelor- und Masterstudiengänge, in: Fischer/Wünsch (Hrsg.), Der Bologna-Prozess an den Juristischen Fakultäten, Baden-Baden 2006, S. 17 ff.
Hesse, Konrad: Grundzüge des Verfassungsrechts der Bundesrepublik Deutschland, 20. Auflage, Heidelberg 1995/1999 (Neudruck).
Hirdina, Ralph: Befristung wissenschaftlicher Mitarbeiter verfassungs- und europarechtswidrig!, NZA 2009, S. 712 ff.
Horst, Johannes/Fragel, Tom: Zur Reichweite und Abgrenzung der Kompetenzen von Hochschulleitung und Hochschulrat nach dem neuen Hochschulgesetz NRW, WissR 41 (2008), S. 274 ff.
Horst, Thomas: Studienbeiträge und ihre rechtlichen „Fallstricke", Bericht über den 3. Deutschen Hochschulrechtstag, DÖV 2009, S. 29 ff.
Hufen, Friedhelm: Grundrechte und Hochschulrecht: Besoldung der Professoren, JuS 2013, S. 91 ff.
Immer, Daniel: Rechtsprobleme der Akkreditierung von Studiengängen, Göttingen 2013.
Ipsen, Jörn: Hochschulen in Trägerschaft von Stiftungen des öffentlichen Rechts – ein Beitrag Niedersachsens zur Hochschulreform?, NdsVBl. 2003, S. 1 ff.
Ipsen, Jörn: Hochschulen als Unternehmen?, Forschung und Lehre 2001, S. 72 ff.
Jacobsen, Hendrik: Die Unvereinbarkeit der baden-württembergischen LHG-Novelle 2014 mit Art. 5 Abs. 3 nach dem Hamburger Dekanats-Beschluss, VBlBW 2014, S. 328 ff.
Jarass, Hans D./Pieroth, Bodo: Grundsatz für die Bundesrepublik Deutschland, Kommentar, 13. Auflage, München 2014.
Johlen, Heribert/Oerder, Michael (Hrsg.): Münchener Anwaltshandbuch, Verwaltungsrecht, 2. Auflage, München 2003.
Kahl, Wolfgang: Hochschulräte – Demokratieprinzip – Selbstverwaltung – unter besonderer Berücksichtigung des Aufsichtsratsmodells in Baden-Württemberg, AöR 130 (2005), S. 225 ff.

Kahl, Wolfgang: Hochschule und Staat, Entwicklungsgeschichtliche Betrachtungen eines schwierigen Rechtsverhältnisses unter besonderer Berücksichtigung von Aufsichtsfragen, Tübingen 2004.

Karpen, Ulrich/Maas, Gabriele: Die Entwicklung der Rechtsprechung zum Wissenschaftsrecht seit 1984, JZ 1990, S. 626 ff.

Kaufhold, Ann-Katrin: Wissenschaftsfreiheit als ausgestaltungsbedürftiges Grundrecht?, NJW 2010, S. 3276 ff.

Kaufhold, Ann-Katrin: Die Lehrfreiheit – ein verlorenes Grundrecht? Zu Eigenständigkeit und Gehalt der Gewährleistung freier Lehre in Art. 5 Abs. 3 GG, Berlin 2006.

Katzenstein, Matthias: Der Bologna-Prozess und die universitäre Juristenausbildung, DÖV 2006, S. 709 ff.

Kehm, Barbara M.: Struktur und Problemfelder des Akkreditierungssystems in Deutschland, in: IHF (Hrsg.), Beiträge zur Hochschulforschung 2007, S. 78 ff.

Kempen, Bernhard: Bayerische Hochschulräte, BayVBl. 1999, S. 454 ff.

Kersten, Jens: Alle Macht den Hochschulräten?, DVBl. 1999, S. 1704 ff.

Kipp, Heinrich: Zum Problem der Förderung der Wissenschaften durch den Bund, DÖV 1956, S. 555 ff.

Knies, Bernhard: Urheberrechtliche und strafrechtliche Aspekte beim Verfassen wissenschaftlicher Doktorarbeiten, ZUM 2011, S. 897 ff.

Knopp, Lothar: Des Hochschulkanzlers neue Kleider oder Lebenszeitverbeamtung ade? – Zugleich zu OVG Berlin-Brandenburg, Urt. v. 13.11.2014 – 4 B 31.11, LKV 2015, 183, LKV 2015, S. 307 ff.

Knopp, Lothar: Vereinigung von Hochschulen („Hochschulfusionen") auf dem Gerichtsstand – Mit einem Fokus auf die aktuelle Entscheidung des BVerfG vom 12.5.2015, NVwZ 2015, S. 1351 ff.

Knopp, Lothar: Das Urteil des BVerfG vom 14.2.2012 zur W-Besoldung bei Hochschullehrern, LKV 2012, S. 145 ff.

Knopp, Lothar/Peine, Franz-Joseph (Hrsg.): Brandenburgisches Hochschulgesetz, Kommentar, 2. Auflage, Baden-Baden 2012.

Knopp, Lothar: Verbeamtung des Hochschulkanzlers auf Zeit verfassungsgemäß?, WissR 43 (2010), S. 109 ff.

Knopp, Lothar: Zauberformel „Mehr Hochschulautonomie"? – mit einem Fokus auf Brandenburg, in: Knopp/Peine/Nowacki/Schröder (Hrsg.), Hochschulen im Umbruch, Baden-Baden, 2009, S. 15–29.

Knopp, Lothar/Schröder, Wolfgang: Das neue Brandenburgische Hochschulgesetz im Kontext der aktuellen Hochschulpolitik, LKV 2009, S. 145 ff.

Köttgen, Arnold: Das Grundrecht der deutschen Universität – Gedanken über die institutionelle Garantie wissenschaftlicher Hochschulen, Göttingen Rechtswissenschaftliche Studien, Band 26, Göttingen 1959.

Koch, Hans-Albrecht: Die Universität. Geschichte einer europäischen Institution, Darmstadt 2008.

Koch, Juliane: Leistungsorientierte Professorenbesoldung, Köln, Univ., Diss. 2009.

Kopp, Ferdinand O./Ramsauer, Ulrich: Verwaltungsverfahrensgesetz, Kommentar, 11. Auflage, München 2010.

Krausnick, Daniel: Staat und Hochschule im Gewährleistungsstaat, Tübingen 2012.

Kronthaler, Ludwig: Gestaltungsmöglichkeiten und Grenzen bei der Einführung von Studienbeiträgen – Verfassungsrechtlicher Rahmen und einfach-rechtliche Spielräume, WissR 39 (2006), S. 276 ff.

Krüger, Hartmut: Der Hochschulrat aus verfassungsrechtlicher Sicht, in: Deutscher Hochschulverband (Hrsg.), Streitfall Hochschulrat, 1998, S. 69 ff.

Kuchinke, Kurt: Zur Zuständigkeit bei der Entziehung und Wiederverleihung des Doktorgrades, DVBl. 1957, S. 773 ff.

Kutscha, Martin: Hochschullehre unter Fachaufsicht?, NVwZ 2011, S. 1178 ff.

Lackner, Hendrik: Das Fünfundzwanzigste Gesetz zur Änderung des Bundesausbildungsförderungsgesetzes (25. BAföGÄndG), NVwZ 2015, S. 938 ff.

Lackner, Hendrik: Deutschlandstipendium – Rechtsgrundlagen, Auswahlverfahren, Rechtsschutz, München 2014.

Lackner, Hendrik: BAföG – Aktuelle Entwicklungen und Rechtsprechungsüberblick 2010–2012, NVwZ 2013, S. 912 ff.

Lackner, Hendrik: Das Deutschlandstipendium geht an den Start, Ein Überblick über die neue Stipendienprogramm-Verordnung, NVwZ 2011, S. 1303 ff.

Lackner, Hendrik: Der große Streit um das nationale Stipendienprogramm, NJW 2010, S. 2845 ff.

Laqua, Alexander: Der Hochschulrat zwischen Selbstverwaltung und staatlicher Verwaltung – Eine Analyse der Ratsmodelle nach den Landeshochschulgesetzen, Baden-Baden 2004.

Lenk, Andreas: Die befristete Professur im Angestelltenverhältnis an staatlichen und staatlich anerkannten Hochschulen, WissR 42 (2009), S. 50 ff.

Leuze, Dieter: Die „Dissertation" des K.T. zu Guttenberg – Betrachtung aus einer anderen Perspektive, VR 2011, S. 184 ff.

Lindner, Josef Franz: Aktuelle Entwicklungen im Hochschulzugangsrecht, NVwZ-Extra 2010, S. 1 ff.

Lindner, Josef Franz: Interpretation des EG-Primärrechts nach Maßgabe des EG-Sekundärrechts? Zur Europakonformität von § 8 I Nr. 2 BAfÖG, NJW 2009, S. 1047 ff.

Linke, Tobias: Verwaltungsrechtliche Aspekte der Entziehung akademischer Grade, WissR 32 (1999), S. 146 ff.

Löwer, Wolfgang: Verjährungsfrist für Plagiatsvergehen? – Wolfgang Löwer (Pro), Forschung und Lehre 7/2012, S. 550.

Löwer, Wolfgang: Das Stiftungsmodell Universität – ein neuer Weg?, WissR 38 (2005), Beiheft 15, S. 69 ff.

Löwer, Wolfgang: Zwei aktuelle Fragen der Hochschulreformdebatte, WissR 33 (2000), S. 302 ff.

Löwisch, Manfred/Wertheimer, Frank/Zimmermann, Wolfgang: Die Befristung der Dienst- und Arbeitsverhältnisse im Fall der Erstberufung von Professoren, WissR 34 (2001), S. 28 ff.

Lorenz, Dieter: Die Entziehung des Doktorgrades – ein altes Instrument in neuer Funktion, DVBl. 2005, S. 1242 ff.

Lorenz, Dieter: Die Rechtsstellung der Universität gegenüber staatlicher Bestimmung, WissR 11 (1978), S. 1–23.

Mangoldt, Hermann von/Klein, Friedrich/Starck, Christian (Hrsg.): Grundgesetz, Kommentar, Band 1, Präambel, Artikel 1–19, 6. Auflage, München 2010.

Martini Mario: Akkreditierung im Hochschulrecht – Institutionelle Akkreditierung, Programmakkreditierung, Prozessakkreditierung, 41 (2008), S. 232 ff.

Maunz, Theodor/Dürig, Günter (Hrsg.): Grundgesetz, Kommentar, Band I, Loseblatt (74. EL), München 2015.
Menzel, Eberhard: Die Entziehung des Doktorgrades, JZ 1960, S. 459 ff.
Meusel, Ernst-Joachim: Außeruniversitäre Forschung im Wissenschaftsrecht, 2. Auflage, Köln u. a. 1999.
Meusel, Ernst-Joachim: Außeruniversitäre Forschung in der Verfassung, in: Zeitträger (Hrsg.), In Sachen außeruniversitäre Forschung, Gesammelte Schriften, Bonn 1996, S. 35 ff.
Meusel, Ernst-Joachim: Rechtsprobleme der außeruniversitären Forschung, in: Zeitträger (Hrsg.), In Sachen außeruniversitäre Forschung, Gesammelte Schriften, Bonn 1996, S. 85 ff.
Meyer, Jürgen (Hrsg.): Kommentar zur Charta der Grundrechte der Europäischen Union, 2. Auflage, Baden-Baden 2006.
Meyer, Susanne: Akkreditierungssystem verfassungswidrig?, NVwZ 2010, S. 1010 ff.
Meyer, Susanne: Der Rechtsweg für Klagen gegen Akkreditierungsentscheidungen, DÖV 2010, S. 475 ff.
Morkel, Arnd: Die Universität muss sich wehren. Ein Plädoyer für ihre Erneuerung, Darmstadt 2000.
Müller-Böling, Detlef: Die entfesselte Hochschule, Gütersloh 2000.
Müller-Bromley, Nicolai: Der Stiftungsrat in Niedersachsen – mehr Autonomie oder „das entfesselte Präsidium"?, Die neue Hochschule 2004, S. 13 ff.
Müller-Terpitz, Ralf: Verfassungsrechtliche Implikationen der Akkreditierungsverfahren, WissR 42 (2009), S. 116 ff.
Münch, Ingo von/Kunig, Philip: Grundgesetz, Kommentar, Band 1, Präambel bis Art. 19, 6. Auflage, München 2012.
Noack, Sascha Sven: Die Besoldungsreform 2.0 – Eine Bestandsaufnahme, Forschung und Lehre 1/2015, S. 36 ff.
Nolte, Jakob Julius: Die Zuständigkeit des Bundes für das Hochschulwesen, DVBl. 2010, S. 84 ff.
Niehues, Norbert/Fischer, Edgar, Jeremias, Christoph: Prüfungsrecht, 6. Auflage, München 2014.
Ottemann, Heike: Wissenschaftsbetrug und Strafrecht: Zu Möglichkeiten der Sanktionierung von Fehlverhalten in der Wissenschaft, Hamburg 2006.
Pahlow, Louis/Gärditz, Klaus Ferdinand: Konzeptionelle Anforderungen an ein modernes Recht der Hochschulerfindungen, WissR 39 (2006), S. 48 ff.
Palandt, Klaus: Stiftungshochschulen. Das niedersächsische Konzept, die Hochschulen auch finanziell selbständiger zu machen, HSW 2002, S. 202 ff.
Pautsch, Arne: Promotionsrecht für Fachhochschulen: nunmehr verfassungsgemäß?, NVwZ 2012, S. 674 ff.
Pautsch, Arne: Neue Organisationsmodelle für Hochschulen – ein Ländervergleich, in: IHF (Hrsg.), Beiträge zur Hochschulforschung 2009, S. 36 ff.
Pautsch, Arne: Stiftungshochschulen in Deutschland. Rechtliche Grundlagen, Perspektiven und Grenzen eines Reformmodells, Marburg 2008.
Pautsch, Arne: Autonomiegewinn durch Rechtsträgerwechsel? Das Modell der niedersächsischen Stiftungshochschulen, in: IHF (Hrsg.), Beiträge zur Hochschulforschung 2006, S. 28 ff.
Pautsch, Arne: Rechtsfragen der Akkreditierung, WissR 38 (2005), S. 200 ff.

Peine, Franz-Joseph: Öffentlich-rechtliche Stiftungshochschulen, in: Knopp/Peine/Nowacki/ Schröder (Hrsg.), Hochschulen im Umbruch. Ausgewählte aktuelle hochschulpolitische Themen, Baden-Baden 2009, S. 61 ff.

Peters, Klaus: Mussten die Gesamthochschulen scheitern? Eine Entgegnung auf Volker Eppings Kritik am Gesamthochschulkonzept, WissR 42 (2009), S. 256 ff.

Pieroth, Bodo/Hartmann, Bernd J.: Studienbeitragsdarlehen am Maßstab höherrangigen Rechts, NWVBl. 2007, S. 81 ff.

Püttner, Günter: Verwaltungslehre, 3. Auflage, München 2000.

Quapp, Ulrike: Akkreditierung – ein Angriff auf die Freiheit der Lehre, WissR 43 (2010), S. 346 ff.

Reich, Andreas: Hochschulrahmengesetz mit Wissenschaftszeitvertragsgesetz, Kommentar, 11. Auflage, Bad Honnef 2012.

Richardi, Reinhard/Wißmann, Hellmut//Wlotzke, Otfried/Oetker, Hartmut (Hrsg.): Münchener Handbuch zum Arbeitsrecht, 3. Auflage, München 2009.

Rieble, Volker: Erscheinungsformen des Plagiats, in: Dreier/Ohly (Hrsg.), Plagiate, Wissenschaftsethik und Recht, Tübingen 2013, S. 31 ff.

Rixen, Stephan: Macht wissenschaftliches Fehlverhalten unwürdig? NJW 2014, S. 1058 ff.

Röpke, Axel Björn: Hochschule und Stiftung des öffentlichen Rechts. Eine Untersuchung unter besonderer Berücksichtigung von Verfassung und Haushalt in Niedersachsen, Berlin 2006.

Roellecke, Gerd: Wissenschaftsfreiheit als Rechtfertigung von Relevanzansprüchen – Eine Selbstkorrektur, FS Thieme, Köln u.a. 1993, S. 681 ff.

Roellecke, Gerd: Wissenschaftsfreiheit als institutionelle Garantie?, in: Juristenzeitung 1969, S. 726 ff.

Rottmann, Frank/Breinersdorfer, Stefan: Das Auswahlgespräch im Hochschulzulassungsrecht – Erste Erfahrungen – Rechtliche und rechtspolitische Bewertung, NVwZ 1988, S. 879 ff.

Sachs, Michael: Grundgesetz, Kommentar, 7. Auflage, München 2014.

Salzwedel, Jürgen: Zur Bedeutung der Numerus-Clausus-Entscheidung des Bundesverfassungsgerichts für die Grundrechtsentwicklung in der Bundesrepublik Deutschland, WissR 6 (1978), S. 235 ff.

Sandberger, Georg: Paradigmenwechsel oder Kontinuität im Hochschulrecht, VBlBW 2014, S. 321 ff.

Sandberger, Georg: Staatliche Hochschulen in alternativer Rechtsform, WissR Beiheft 15 (2005), S. 19–55.

Sandberger, Georg: Organisationsreform und -autonomie – Bewertung der Reformen in den Ländern, WissR 35 (2002), S. 125 ff.

Schmidt, Thomas: Deutsche Hochschulräte, Begriff, Darstellung, rechtliche Analyse, Frankfurt a.M. 2004.

Schmidt, Uwe/Horstmeyer, Jette: Systemakkreditierung: Voraussetzungen, Erfahrungen, Chancen am Beispiel der Johannes-Gutenberg Universität Mainz, in: IHF (Hrsg.), Beiträge zur Hochschulforschung 2008, S. 40 ff.

Schmidt, Walter: Studentenschaftsbeiträge für den Studentenausweis als Nahverkehrszeitkarte, NVwZ 1992, S. 40 ff.

Schmidt-Aßmann, Eberhard: Fehlverhalten in der Forschung – Reaktionen des Rechts, NVwZ 1998, S. 1225 ff.

Schmidt-Assmann, Eberhard: Die Wissenschaftsfreiheit nach Art. 5 Abs. 3 GG als Organisationsgrundrecht, FS Thieme, Köln u.a. 1993, S. 697 ff.

Schmidt-Bleibtreu, Bruno/Hofmann, Hans/Henneke, Hans-Günter (Hrsg.): Grundgesetz, Kommentar, 13. Auflage, Köln/München 2014.
Schwabe, Jürgen: Das verfassungswidrige Professorengehalt, NVwZ 2010, S. 610 ff.
Seckelmann, Margrit: Das sog. „Kooperationsverbot" und die Mittel zu seiner Behebung, DÖV 2012, S. 701 ff.
Selbmann, Frank/Kiebs, Katja: Rechtsprobleme des neuen Auswahlverfahrens der Hochschule, DÖV 2006, S. 816 ff.
Sieweke, Simon: Zur Verfassungsmäßigkeit der Fusion der Universität Karlsruhe mit dem Forschungszentrum Karlsruhe, VBlBW. 2009, S. 290 ff.
Sieweke, Simon/Koch, Malte: Die arbeitsrechtliche Stellung der wissenschaftlichen Mitarbeiter im deutschen Hochschulsystem, NordÖR 2009, S. 485 ff.
Smeddinck, Ulrich: Das TU-Darmstadt-Gesetz – Meilenstein der Hochschulautonomie?, WissR 41 (2008), S. 36 ff.
Smeddinck, Ulrich: Die deregulierte Hochschule, DÖV 2007, S. 269 ff.
Smend, Rudolf: Staatsrechtliche Abhandlungen, 3. Auflage, Berlin 1994.
Sollte, Ernst-Lüder: Kirchliche Fachhochschulen im staatlichen Recht, FS Link, Tübingen 2003, S. 465 ff.
Speiser, Guido: Das „Kooperationsverbot", DÖV 2014, S. 555 ff.
Spiewak, Martin: Weder Junior noch Professor, DIE ZEIT Nr. 43 vom 15.10.2009, S. 39.
Starosta, Thomas: Die Aberkennung akademischer Grade, DÖV 1987, S. 1052 ff.
Steinberg, Rudolf/Müller, Henrik: Art. 12 GG, Numerus Clausus und die neue Hochschule, NVwZ 2006, S. 1113 ff.
Störle, Johann: Das Nebentätigkeitsrecht der Hochschullehrer in Bayern, 3. Auflage, 1993, S. 24 ff.
Stüber, Jessica: Akkreditierung von Studiengängen, Frankfurt a.M. u.a. 2009.
Stuttmann, Martin: Zeitenwende – Die Bestimmung der Minimalbesoldung nach dem BVerfG, NVwZ 2015, S. 1007 ff.
Süsterhenn, Adolf: Zur staatskirchlichen Stellung kirchlicher Hochschulen, DVBl. 1961, S. 181 ff.
Teichler, Ulrich: Hochschulstrukturen im Umbruch. Eine Bilanz der Reformdynamik seit vier Jahrzehnten, Frankfurt/New York 2005.
Thiele, Alexander: Die Stiftungsuniversität auf dem verfassungsrechtlichen Prüfstand – Zugleich Anmerkung zum Urteil des Bundesverwaltungsgerichts vom 26.11.2009, 2 C 15/08, RdJB 2011, 336 ff.
Thieme, Werner: Deutsches Hochschulrecht. Das Recht der Universitäten sowie der künstlerischen und Fachhochschulen in der Bundesrepublik Deutschland, 3. Auflage, Köln u.a. 2004.
Thieme, Werner: Das Hochschulrahmengesetz, WissR 9 (1976), S. 193 ff.
Thieme, Werner: Verwaltungsausbildung in der Gesamthochschule, DÖV 1972, S. 632 ff.
Tiedemann, Paul: Entzug des Doktorgrades bei wissenschaftlicher Unlauterkeit, ZRP 2010, S. 53 ff.
Trute, Hans-Heinrich/Denkhaus, Wolfgang/Kühlers, Doris: Governance in der Verwaltungsrechtswissenschaft, Die Verwaltung 37 (2004), S. 451 ff.
Trute, Hans-Heinrich: Die Forschung zwischen grundrechtlicher Freiheit und staatlicher Institutionalisierung. Das Wissenschaftsrecht als Recht kooperativer Verwaltungsvorgänge, Tübingen 1994.
Vahle, Jürgen: Zur Frage des Ausmaßes der Lehrfreiheit eines Fachhochschullehrers, DVP 2011, S. 79 ff.

Wagner, Hellmut: Das KIT-Gesetz verfassungswidrig?, VBlBW 2010, S. 133 ff.
Waldeyer, Hans-Wolfgang: Die Professoren der Fachhochschulen als Träger des Grundrechts der Wissenschaftsfreiheit, NVwZ 2010, S. 1279 ff.
Waldeyer, Hans-Wolfgang: Das Recht der Fachhochschulen, Heidelberg 2000.
Wallerath, Maximilian: Der Universitätskanzler in der Hochschulleitung, WissR 37 (2004), S. 203 ff. (211).
Wangemann, Andreas: Die Verwaltung der Hochschule der Bundeswehr und das Problem ihrer Integration in eine Gesamthochschule, WissR 8 (1975), S. 37 ff.
Weise, Thomas: Die Hochschulen der Bundeswehr als Körperschaft des öffentlichen Rechts, WissR 11 (1978), S. 244 ff.
Westerburg, Sandra: Auswirkungen der Föderalismusreform auf die rechtlichen Rahmenbedingungen von Wissenschaft und Forschung, WissR 39 (2006), S. 338 ff.
Winkel, Olaf: Wie soll es weitergehen? Überlegungen zur Fortentwicklung des deutschen Hochschulsystems unter besonderer Berücksichtigung von Fachhochschulbelangen, in: FS Rieger, Berlin 2010, S. 63 ff.
Wulffen, Matthias von/Schlegel, Rainer: Der Bologna-Prozess und seine möglichen Auswirkungen auf die Justiz, NVwZ 2005, S. 890 ff.
Ziegele, Frank: Die Umsetzung von neuen Steuerungsmodellen (NSM) im Hochschulrecht, in: Fisch/Koch (Hrsg.), Neue Steuerung von Bildung und Wissenschaft – Schule – Hochschule – Forschung, Bonn 2005, S. 107 ff.
Ziekow, Jan: Verwaltungsverfahrensgesetz, Kommentar, 3. Auflage, Stuttgart 2013.
Zimmerling, Wolfgang: Akademische Grade und Titel, Köln 1995.
Zimmerling, Wolfgang/Brehm, Robert: Prüfungsrecht, 3. Auflage, Köln u.a. 2007.

A. Hochschul- und Wissenschaftsorganisation
I. Statt einer geschichtlichen Betrachtung

Eine Darstellung des geltenden Hochschul- und Wissenschaftsrechts und eine 1
Auseinandersetzung mit den heutigen Rechtsgrundlagen der Hochschulorganisation in Deutschland macht es an sich erforderlich, eingangs wenigstens im Überblick auf die geschichtlichen Bezüge einzugehen. Wenn hier dennoch darauf verzichtet wird, ist dies dem Umstand geschuldet, dass eine solche Darstellung im Rahmen eines Kompendiums immer mit der Not verbunden wäre, sich auf die wirklich wesentlichen Entwicklungen beschränken zu müssen und dabei mitunter wichtige Stationen auszulassen. Stattdessen sei hier auf weiterführende Darstellungen verwiesen, die die wechselvolle Geschichte der gemeineuropäischen Institution Universität und der aus ihr hervorgegangenen Hochschulen der Gegenwart in gebührender Umfänglichkeit darstellen.[1] Hier soll indes als kurze Rückbesinnung auf die Ursprünge ein Blick nach Bologna und die erste europäische Universitätsgründung im Jahre 1088 genügen, der weitere Gründungen – auch auf deutschem Boden[2] – folgten. Mit diesem Blick hat es eine aktuelle Bewandtnis, denn zu Beginn des 21. Jahrhunderts kehren wir mit dem Bologna-Prozess gewissermaßen zu diesen gemeineuropäischen Ursprüngen zurück, was angesichts der geäußerten Kritik an den Bologna-Reformen vielfach übersehen wird.[3] Wenngleich sich die Hochschullandschaft heute durch ein hohes Maß an Diversifizierung auszeichnet, wird im Bologna-Prozess letztlich doch die transnationale Bedeutung des tertiären Sektors angesichts eines europäisierten Bildungswettbewerbs deutlich. Das Kompendium will deshalb auch und gerade diese auf europäischer Ebene angestoßenen Reformen und die sich daraus ergebenden Entwicklungsperspektiven in den Blick nehmen.

---

[1] Z.B. *Koch*, Die Universität, Geschichte einer europäischen Institution, 2008; *Thieme*, Deutsches Hochschulrecht, 3. Auflage, 2004, Rn. 1 ff.; zur neuesten Geschichte *Frank*, Die Selbständigkeit der Universitäten in der Weimarer Republik und der Bundesrepublik Deutschland, 1998, S. 6.
[2] Als erste Universitätsgründungen im Heiligen Römischen Reich gelten Prag (1348), Wien (1365), Erfurt (1379) und Heidelberg (1385).
[3] Wie noch zu im Einzelnen zu zeigen sein wird, fand der sog. Bologna-Prozess im Jahre 1999 seinen Ausgangspunkt im italienischen Bologna, vgl. näher hierzu B.I.

II. Hochschulorganisation in Deutschland

1. Organisation und Rechtsstatus staatlicher Hochschulen

2 Mit Blick auf die von ihnen wahrgenommenen Aufgaben – vor allem in Forschung und Lehre – stehen Hochschulen heute ganz überwiegend in staatlicher Verantwortung, soweit dies aus den gesetzlichen Vorgaben folgt und nicht ein anderer Organisationsstatus – etwa als private Hochschulen – vorgesehen ist.[4] Sie sind staatliche Hochschulen. Damit verbunden ist ein öffentlicher Auftrag, der sich sowohl aus dem Hochschulrahmengesetz (HRG) als auch den Hochschulgesetzen der Länder herleiten lässt;[5] darüber hinaus findet er seine maßgebliche Fundierung auch als institutionelle Gewährleistung in der Wissenschaftsfreiheit des Grundgesetzes (Art. 5 Abs. 3 GG) sowie als daraus abgeleiteter objektiver Wertentscheidung des Grundgesetzes.

a) Rechtsquellen

3 Unter den rechtlichen Vorgaben für das Hochschulwesen sticht neben den schon genannten und nachfolgend näher dargestellten Rechtsquellen (Verfassungsrecht, fortgeltendes HRG-Rahmenrecht und Landesrecht) vor allem hervor, dass viele maßgebliche Bestimmungen – dies ist als Ausfluss der akademischen Selbstverwaltung zu werten – in den zahlreichen Ordnungen der Hochschulen selbst verortet sind, die als Satzungsrecht – etwa in Gestalt der **Grundordnung** sowie Studien- und Prüfungsordnungen – Hausgut der Universitäten und übrigen Hochschulen sind und Detailregelungen enthalten. Eine Darstellung des universitären Satzungsrechts ist hier angesichts der Vielfalt der Regelungen nicht – auch nicht beispielhaft – möglich.

aa) Verfassungsrechtliche Vorgaben
(1) Allgemeine Bemerkungen

4 Ausgangs- und zugleich Richtpunkt des Hochschul- und Wissenschaftsrechts bildet in verfassungsrechtlicher Perspektive zuvörderst das Grundrecht aus Art. 5 Abs. 3 GG, die Wissenschaftsfreiheit. Sie ist sowohl in subjektiv-rechtlicher wie objektiv-rechtlicher Hinsicht Maßstab für die Rechtsgestalt der Hochschulen in der Bundesrepublik Deutschland. Hierneben ergeben sich aus dem Grundgesetz indes auch an weiteren Stellen Bezugspunkte zum Hochschulrecht und – da-

---

4 Dazu noch näher unten II.2.
5 Vgl. etwa § 2 HRG; § 1 NHG.

raus folgend – zur Hochschulorganisation. Als verfassungsrechtliche Vorgaben sind auch nach der Föderalismusreform I (2006) mit Art. 74 Abs. 1 Nr. 13 und 33 GG und Art. 91b GG Regelungen im Zuständigkeitsbereich des Bundes verblieben. Erwähnenswert erscheint in diesem Kontext auch, dass die Landesverfassungen das Selbstverwaltungsrecht der Hochschulen als eigenständige Verfassungsgarantie festgeschrieben haben und insoweit über das Grundgesetz, welches keine entsprechenden Bestimmungen enthält, hinausgehen.[6]

(2) Die Wissenschaftsfreiheit (Art. 5 Abs. 3 GG)
Die grundrechtliche Gewährleistung der Wissenschaftsfreiheit in Art. 5 Abs. 3 GG bildet neben der Garantie einer individuellen Freiheitssphäre auch eine zentrale verfassungsrechtliche Absicherung der Hochschulorganisation. Die herausragende Bedeutung dieses Grundrechts hat unter anderem zu der Annahme geführt, hierin das „Grundrecht der deutschen Universität"[7] oder das „Organisationsgrundrecht"[8] der Hochschulen zu sehen. Die besondere Bedeutung der Freiheit von Wissenschaft und der ebenfalls in Art. 5 Abs. 3 GG erwähnten Kunstfreiheit liegt zuvörderst darin begründet, dass beide Grundrechte nach dem Wortlaut des Grundgesetzes schrankenlos gewährleistet werden. Sie sind jedenfalls durch oder aufgrund Gesetzes prima facie nicht einschränkbar. Der Gesetzesvorbehalt des Art. 5 Abs. 2 GG bezieht sich ausdrücklich nur auf die Gewährleistungen des Art. 5 Abs. 1 GG (d.h. Meinungs-, Informations-, Presse-, Rundfunk- und Filmfreiheit). Eine Übertragbarkeit auf die Grundrechte des Art. 5 Abs. 3 GG verbietet sich.[9] Als schrankenlos gewährleistetes Grundrecht unterliegt Art. 5 Abs. 3 GG nur verfassungsimmanenten Schranken, d.h. insbesondere Grundrechten Dritter sowie anderen Rechtsgütern von Verfassungsrang.[10] Im Wege praktischer Konkordanz[11] ist zu ermitteln, ob der Wissenschafts-

---

6 Z.B. Art. 16 Abs. 1 NWVerf.
7 *Smend*, Staatsrechtliche Abhandlungen, 3. Auflage, 1994, S. 89 (101 ff.); *Köttgen*, Das Grundrecht der deutschen Universität, 1959, S. 69 ff.; kritisch insoweit *Trute*, Forschung zwischen grundrechtlicher Freiheit und staatlicher Institutionalisierung, 1994, S. 271 f.
8 *Schmidt-Aßmann*, Die Wissenschaftsfreiheit nach Art. 5 Abs. 3 GG als Organisationsgrundrecht, FS Thieme, 1993, S. 697 ff.
9 Vgl. *Starck*, in: von Mangoldt/Klein/Starck (Hrsg.), Grundgesetz, Kommentar, 6. Auflage, 2010, Art. 5 Rn. 414.
10 Zu den Grenzen der Wissenschaftsfreiheit vgl. *Kannengießer*, in: Schmidt-Bleibtreu/Hofmann/Henneke (Hrsg.), Grundgesetz, Kommentar, 13. Auflage, 2014, Art. 5 Rn. 32.
11 *Hesse*, Grundzüge des Verfassungsrechts der Bundesrepublik Deutschland, 20. Auflage, 1995/1999, Rn. 317–319.

freiheit unter besonderer Berücksichtigung ihrer verfassungsrechtlich herausgehobenen Stellung im Einzelfall der Vorrang gebührt.[12]

6   Der Schutzbereich des Art. 5 Abs. 3 GG ist gekennzeichnet durch die Einzelgewährleistungen von Wissenschaft, Forschung und Lehre. Gegenstand des sachlichen Schutzbereichs der Wissenschaftsfreiheit sind, so das Bundesverfassungsgericht, „die auf wissenschaftlicher Eigengesetzlichkeit beruhenden Prozesse, Verhaltensweisen und Entscheidungen beim Auffinden von Erkenntnissen, ihre Deutung und Weitergabe".[13] Maßgeblich ist in diesem Kontext vor allem das Element der Wahrheitssuche, die einen im Grundsatz noch unabgeschlossenen Erkenntnisprozess voraussetzt.[14] Der **Begriff der Wissenschaft** ist in Ansehung des sachlichen Schutzbereichs allerdings nur **als Oberbegriff zu verstehen**, der weiter untergliedert wird in die Gewährleistung von Forschung und Lehre.[15] Unter **Forschung** ist der „nach Inhalt und Form ernsthafte und planmäßige Versuch zur Ermittlung der Wahrheit" und die „Tätigkeit mit dem Ziel, in methodischer, systematischer und nachprüfbarer Weise neue Erkenntnisse zu gewinnen", zu verstehen.[16] Die **Lehrfreiheit** wird verstanden als die wissenschaftlich fundierte Übermittlung der durch die Forschung gewonnenen Erkenntnisse.[17] Sie stellt eine eigenständige Gewährleistung dar, ist mithin nicht als bloßes Derivat der Forschungsfreiheit zu verstehen.[18] Insoweit wird die enge innere Verbindung, die Einheit von Forschung und Lehre nach dem Humboldtschen Bildungsideal, das auf die Preußischen Reformen zu Beginn des 19. Jahrhunderts zurückgeht, deutlich. Ob sich diese enge Verbindung der beiden Gewährleistungen wird aufrecht erhalten lassen, erscheint mit der zunehmenden Berufsbild- und Ausbildungsorientierung des Studiums und einer damit verbundenen „Verschulung" der Curricula im Zuge des Bologna-Prozesses mehr

---

12 Zur erforderlichen Güterabwägung im Einzelfall: BVerfG, Beschluss vom 22.5.1975 – 2 BvL 13/73, BVerfGE 39, 334 (347); BVerfG, Beschluss vom 1.3.1978 – 1 BvR 786, 793/70, 168/71 und 95/73, BVerfGE 47, 285 (367); vgl. auch *Kannengießer*, in: Schmidt-Bleibtreu/Hofmann/Henneke (Hrsg.), Grundgesetz, Kommentar, 13. Auflage, 2014, Art. 5 Rn. 32.
13 BVerfG, Beschluss vom 1.3.1978 – 1 BvR 333/75 und 174, 178, 191/71, BVerfGE 47, 327 (367).
14 BVerfG, Beschluss vom 11.1.1994 – 1 BvR 434/87, BVerfGE 90, 1 (11 f.).
15 BVerfG, Urteil vom 29.5.1973 – 1 BvR 424/71 und 325/72, BVerfGE 35, 79 (113).
16 BVerfG, Urteil vom 29.5.1973 – 1 BvR 424/71 und 325/72, BVerfGE 35, 79 (113); BVerfG, Beschluss vom 1.3.1978 – 1 BvR 333/75 und 174, 178, 191/71, BVerfGE 47, 327 (367).
17 BVerfG, Urteil vom 29.5.1973 – 1 BvR 424/71 und 325/72, BVerfGE 35, 79 (113).
18 Hierzu *Höfling*, Die Lehrfreiheit: Gefährdungen eines Grundrechts durch die neuere Hochschulrechtsentwicklung?, WissR 41 (2008), S. 92ff. (95); siehe auch *Gärditz*, Die Lehrfreiheit – Wiederentdeckung oder Rückbau?, WissR 40 (2007), S. 67ff. (70). Grundlegend *Kaufhold*, Die Lehrfreiheit – ein verlorenes Grundrecht? Zu Eigenständigkeit und Gehalt der Gewährleistung freier Lehre in Art. 5 Abs. 3 GG, 2006.

und mehr fraglich.[19] Vor diesem Hintergrund ist allerdings auch die teilweise zur Lehrfreiheit vertretene Auffassung, zu dieser zähle eine überwiegend auf die Berufspraxis vorbereitende Ausbildung – insbesondere an Fachhochschulen – nicht,[20] kaum mehr vertretbar.[21] Spätestens mit der jüngsten Entscheidung des BVerfG[22] zur Geltung der Wissenschaftsfreiheit für Fachhochschullehrer, die das Gericht zutreffend angenommen hat, ist klargestellt, dass das Grundrecht aus Art. 5 Abs. 3 GG in toto auch für Forschung und Lehre an Fachhochschulen gilt.

Eine aus Art. 5 Abs. 3 GG abzuleitende Grundrechtsposition besteht zunächst für den **einzelnen Wissenschaftler**, und zwar sowohl an Universitäten als auch an Fachhochschulen sowie an diesen vergleichbaren Hochschulen,[23] soweit nach den beschriebenen Grundrechtsgewährleistungen wissenschaftliche Forschung oder Lehre betrieben wird.[24] Insoweit wirkt die **Wissenschaftsfreiheit als Individualgrundrecht** in einer **subjektiv-abwehrrechtlichen Dimension**, d.h. zur Abwehr von Beeinträchtigungen durch schutzbereichsverkürzende staatliche Maßnahmen. Damit werden die staatlichen Organe in der Weise gebunden, dass der einzelne Wissenschaftler sich gegenüber dem Staat – aber auch im Innenverhältnis gegenüber der Hochschule und ihren Organen –

---

19 Zum Ganzen *Pernice*, in: Dreier (Hrsg.), Grundgesetz, Kommentar, 2. Auflage, 2004, Art. 5 III (Wissenschaft) Rn. 32.
20 Zu dieser ohnehin zweifelhaften Auffassung *Pernice*, in: Dreier (Hrsg.), Grundgesetz, Kommentar, 2. Auflage, 2004, Art. 5 III (Wissenschaft) Rn. 32; ebenso *Scholz*, in: Maunz/Dürig (Hrsg.), Grundgesetz, Kommentar, Stand: Mai 2015, Art. 5 III Rn. 106 f.; anders hingegen mit Recht *Starck*, in: von Mangoldt/Klein/Starck (Hrsg.), Grundgesetz, Kommentar, 6. Auflage, 2010, Art. 5 Rn. 356; *Bethge*, in: Sachs (Hrsg.), Grundgesetz, Kommentar, 7. Auflage, 2014, Art. 5 Rn. 207; zutreffend auch *Gärditz*, Hochschulorganisation und verwaltungsrechtliche Systembildung, 2009, S. 613 f. Aus der Rechtsprechung offen lassend noch BVerfG, Beschluss vom 20.10.1982 – 1 BvR 1467/80, BVerfGE 61, 210 (246); BVerfG, Beschluss vom 29.6.1983 – 2 BvR 720, 725, 742, 1579, 1582/79 und 826, 1168/80, BVerfGE 64, 323 (358); differenzierend hingegen BVerfG, Beschluss vom 3.3.1993 – 1 BvR 757, 1551/88, BVerfGE 88, 129.
21 Vgl. zu den Fachhochschulen in diesem Zusammenhang auch BayVGH, Beschluss vom 12.9.1984 – 7 CE 84 A.1563 = DÖV 1985, 496 (497); VGH Baden-Württemberg, Beschluss vom 29.11.1985 = DVBl. 1986, 626 (629). Wie hier auch *Gärditz*, Hochschulorganisation und verwaltungsrechtliche Systembildung, 2009, S. 613 f.; *Waldeyer*, Das Recht der Fachhochschulen, 2000, Rn. 211, 218.
22 BVerfG, Beschluss vom 13.4.2010 – 1 BvR 216/07 = NVwZ 2010, S. 1285 ff.; hierzu die Anmerkung von *Waldeyer*, Die Professoren der Fachhochschulen als Träger des Grundrechts der Wissenschaftsfreiheit, NVwZ 2010, S. 1279 ff.
23 Zur Typologie noch näher unten A.II.3.
24 Vgl. *Jarass*, in: Jarass/Pieroth (Hrsg.), Grundgesetz, Kommentar, 13. Auflage, 2014, Art. 5 Rn. 119.

auf die grundrechtlichen Gewährleistungen des Art. 5 Abs. 3 GG berufen kann.[25] Dies gilt besonders für Forschungsaktivitäten und die Veröffentlichung und Verbreitung der Forschungsergebnisse, aber auch für die Aktivitäten in der Lehre, bei denen die Verbreitung der durch wissenschaftliche Forschung erlangten Ergebnisse häufig (aber nicht ausschließlich) im Vordergrund steht. Dieser subjektiv-abwehrrechtlichen Funktion der Wissenschaftsfreiheit mit ihren Untergewährleistungen der Forschungs- und Lehrfreiheit kommt hinsichtlich der Stellung des einzelnen Hochschullehrers besondere Bedeutung zu.[26] In diesem grundrechtlich geschützten Bereich ist das höchste Schutzniveau auszumachen, weshalb staatliche Eingriffe gesteigerter verfassungsrechtlicher Rechtfertigung bedürfen.[27] Insoweit gewinnt das Grundrecht seine Prägung durch den Schutz des Hochschullehrers, frei über die Gestaltung der Lehrveranstaltungen zu bestimmen und dabei festzulegen bzw. auszuwählen, welche Lehrmeinungen vertreten oder den Studierenden dargeboten werden. Ablauf und Inhalt der Lehrveranstaltungen liegen somit grundsätzlich in der Verantwortung des Hochschullehrers, der sich insoweit vollumfänglich auf Art. 5 Abs. 3 GG berufen kann.[28] Vor diesem Hintergrund ist die Wissenschaftsfreiheit, und mit ihr die Lehrfreiheit, auch an den Gesetzgeber – der über einen Gestaltungsspielraum verfügt[29] – adressiert, der gehalten ist, durch geeignete hochschulorganisatorische Maßnahmen abzusichern, dass Störungen und sonstige Behinderungen oder Einschränkungen des freien Lehrbetriebes unterbleiben.[30] Eine Begren-

---

25 *Bethge*, in: Sachs (Hrsg.), Grundgesetz, Kommentar, 7. Auflage, 2014, Art. 5 Rn. 219; *Pernice*, in: Dreier (Hrsg.), Grundgesetz, Kommentar, 2. Auflage, 2004, Art. 5 III (Wissenschaft) Rn. 37; *Starck*, in: von Mangoldt/Klein/Starck (Hrsg.), Grundgesetz, Kommentar, 6. Auflage, 2010, Art. 5 Rn. 409.
26 Siehe auch BVerwG, Urteil vom 11.12.1996 – BVerwG 6 C 5.95, BVerwGE 102, 304 (309).
27 Ausführlich dazu *Starck*, in: von Mangoldt/Klein/Starck (Hrsg.), Grundgesetz, Kommentar, 6. Auflage, 2010, Art. 5 Rn. 413 ff.
28 Dies gilt nach BVerfG, Beschluss vom 13.4.2010 – 1 BvR 216/07 = NVwZ 2010, S. 1285 ff., auch für die Professoren der Fachhochschulen. Vgl. dazu *Waldeyer*, Die Professoren der Fachhochschulen als Träger des Grundrechts der Wissenschaftsfreiheit, NVwZ 2010, S. 1279 ff., sowie *Kaufhold*, Wissenschaftsfreiheit als ausgestaltungsbedürftiges Grundrecht?, NJW 2010, S. 3276 (3277); *Kutscha*, Hochschullehre unter Fachaufsicht?, NVwZ 2011, S. 1178 (1179).
29 BVerfG, Beschluss vom 8.2.1984 – 1 BvR 580, 604, 605, 612, 616, 617, 626, 638, 642, 643, 652, 661/83, BVerfGE 66, 155 (177); BVerfG, Beschluss vom 31.5.1995 – 1 BvR 1379, 1413/94, BVerfGE 93, 85 (95); BVerfG, Beschluss vom 26.10.2004 – 1 BvR 911, 927, 928/00, BVerfGE 111, 333 (355). Zum Ganzen auch anschaulich *Starck*, in: von Mangoldt/Klein/Starck (Hrsg.), Grundgesetz, Kommentar, 6. Auflage, 2010, Art. 5 Rn. 383.
30 BVerfG, Beschluss vom 8.7.1980 – 1 BvR 1472/78, BVerfGE 54, 363 (389): Ermöglichung einer freien und ungefährdeten Wissenschaft in der Hochschule. Vgl. auch BVerfG, Urteil vom 29.5.1973 – 1 BvR 424/71 und 325/72, BVerfGE 35, 79 (115); BVerfG, Urteil vom 10.3.1992 – 1 BvR

zung erfährt die Lehrfreiheit dadurch, dass der Hochschullehrer in die Organisation der Hochschule eingebunden ist und sich von daher in das institutionelle Gefüge einpassen muss, d.h. insbesondere auf die Belange der übrigen Hochschulmitglieder Rücksicht zu nehmen hat. Dies gilt in erster Linie für das Zusammenwirken mit anderen Grundrechtsträgern (etwa Hochschullehrern), aber auch mit Blick auf Notwendigkeiten, die sich aus den Organisationsabläufen der Hochschule ergeben (z.B. die Lehrveranstaltungsplanung oder die Prüfungsorganisation). Diese Einschränkungen der Wissenschaftsfreiheit hat das Bundesverfassungsgericht bestätigt, indem es festgestellt hat, dass die Interessen der verschiedenen Hochschulangehörigen, der Wissenschaftler, ihrer Mitarbeiter, der Studierenden sowie der übrigen Bediensteten, miteinander abgestimmt und koordiniert werden müssen.[31]

Unabhängig von der besonderen Bedeutung, die der Wissenschaftsfreiheit – und mit ihr der Forschungs- und Lehrfreiheit – für jeden einzelnen Hochschullehrer zukommt, steht sie als sog. „**Jedermann-Grundrecht**" überdies jedem zu, „der wissenschaftlich tätig ist oder tätig werden will."[32] Grundrechtsträger können somit alle Personen sein, die – innerhalb oder außerhalb der Hochschule oder einer anderen wissenschaftlichen Einrichtung[33] – mit wissenschaftlicher Forschung und Lehre befasst sind. Das Grundrecht gilt auch für wissenschaftsfördernde Institutionen, etwa für wissenschaftliche Verlage.[34] Darüber hinaus steht die Wissenschaftsfreiheit über Art. 19 Abs. 3 GG auch juristischen Personen (des Privatrechts) zu, soweit eine wesensmäßige Anwendbarkeit für diese festgestellt werden kann. Als Besonderheit ist zu werten, dass Art. 5 Abs. 3 GG trotz der vorhandenen Kollisionslage ausnahmsweise auch auf Universitäten (genauer wohl auf alle vom Schutzbereich erfassten wissenschaftlichen Hochschulen, also insbesondere auch Fachhochschulen) und deren Fa-

---

454, 470, 602, 616, 905, 939–955, 957–963, 1128, 1315–1318, 1453/91, BVerfGE 85, 360 (384); BVerfG, Beschluss vom 31.5.1995 – 1 BvR 1379, 1413/94, BVerfGE 93, 85 (95).
31 BVerfG, Urteil vom 29.5.1973 – 1 BvR 424/71 und 325/72, BVerfGE 35, 79 (115); BVerfG, Urteil vom 10.3.1992 – 1 BvR 454, 470, 602, 616, 905, 939–955, 957–963, 1128, 1315–1318, 1453/91, BVerfGE 85, 360 (384); BVerfG, Beschluss vom 31.5.1995 – 1 BvR 1379, 1413/94, BVerfGE 93, 85 (95).
32 BVerfG, Urteil vom 29.5.1973 – 1 BvR 424/71 und 325/72, BVerfGE 35, 79 (112); vgl. auch *Wendt*, in: von Münch/Kunig (Hrsg.), Grundgesetz, Kommentar, 6. Auflage, 2012, Art. 5 Rn. 103; *Starck*, in: von Mangoldt/Klein/Starck (Hrsg.), Grundgesetz, Kommentar, 6. Auflage, 2010, Art. 5 Rn. 405. Dagegen aber wohl *Geis*, Lehre und Studium, in: Geis (Hrsg.), Hochschulrecht im Freistaat Bayern, 2009, S. 91 m.w.N.
33 *Starck*, in: von Mangoldt/Klein/Starck (Hrsg.), Grundgesetz, Kommentar, 6. Auflage, 2010, Art. 5 Rn. 405.
34 Vgl. wiederum *Starck*, in: von Mangoldt/Klein/Starck (Hrsg.), Grundgesetz, Kommentar, 6. Auflage, 2010, Art. 5 Rn. 405.

kultäten erstreckt, diese also – obschon als Körperschaften des öffentlichen Rechts Einrichtungen der mittelbaren *Staats*verwaltung und somit **juristische Personen des öffentlichen Rechts** – Grundrechtsträger der Wissenschaftsfreiheit sein können.[35] Staatlichen Hochschulen steht Art. 5 Abs. 3 GG somit als Abwehrrecht „gegen den Staat" (also gegenüber staatlichen Eingriffen) zur Seite, wenngleich sie selbst gewissermaßen auf Seiten des Staates stehen. Insoweit kommt eine Facette des institutionellen Grundrechtsschutzes zum Tragen.

9   Noch nicht abschließend geklärt ist die Frage, ob bzw. inwieweit auch das **Studium** den **Schutz von Art. 5 Abs. 3 GG** genießt, was im Grundsatz zu bejahen ist.[36] Ansatzpunkt ist dabei zumeist die Feststellung, dass sich der Status der Studierenden maßgeblich von dem der Schüler unterscheidet, der Studierende also insbesondere nicht bloßes Objekt der Wissenschaftsvermittlung, sondern ein selbstständiges, am wissenschaftlichen Diskurs beteiligtes Mitglied der Hochschule ist. Soweit Studierende sich aktiv an wissenschaftlichen Fragen, also der Auseinandersetzung mit Problemstellungen etwa in Lehrveranstaltungen oder wissenschaftlichen (Prüfungs-)Arbeiten beteiligen, ist jedenfalls eine Berufung auf das Grundrecht aus Art. 5 Abs. 3 GG anerkannt.[37] Soweit den Studierenden Gelegenheit gegeben ist, sich vertieft mit wissenschaftlichen Lehrmeinungen und Methoden auseinander zu setzen, besteht auch ein grundrechtlicher Schutz über die Wissenschaftsfreiheit. Im Übrigen genießt das Studium den Schutz des Art. 12 Abs. 1 GG.[38]

---

35 Wenngleich das BVerfG diese Frage offen gelassen hat – vgl. etwa BVerfG, Beschluss vom 16.1.1963 – 1 BvR 316/60, BVerfGE 15, 256 (262); BVerfG, Urteil vom 29.5.1973 – 1 BvR 424/71 und 325/72, BVerfGE 35, 79 (116); BVerfG, Beschluss vom 26.6.1979 – 1 BvR 290/79, BVerfGE 51, 369 (381); BVerfG, Beschluss vom 11.7.1984 – 1 BvL 10/83, BVerfGE 67, 202 (207); BVerfG, Urteil vom 10.3.1992 – 1 BvR 454, 470, 602, 616, 905, 939–955, 957–963, 1128, 1315–1318, 1453/91, BVerfGE 85, 360 (384); im Übrigen auch das BVerwG, Urteil vom 22.2.1974 – BVerwG VII C 9.71, BVerwGE 45, 39, (42) –, entspricht dies angesichts der grundrechtlichen Gefährdungslage der – zustimmungswürdigen – herrschenden Auffassung im Schrifttum. Vgl. hierzu etwa *Bethge*, in: Sachs (Hrsg.), Grundgesetz, Kommentar, 7. Auflage, 2014, Art. 5 Rn. 210 f.; *Pernice*, in: Dreier (Hrsg.), Grundgesetz, Kommentar, 2. Auflage, 2004, Art. 5 III (Wissenschaft) Rn. 35. Eingehend auch *Trute*, Die Forschung zwischen grundrechtlicher Freiheit und staatlicher Institutionalisierung, 1994, S. 366.
36 Dazu BVerfG, Beschluss vom 7.10.1980 – 1 BvR 1289/78, BVerfGE 55, 37 (67 f.); vgl. auch *Jarass*, in: Jarass/Pieroth (Hrsg.), Grundgesetz, Kommentar, 13. Auflage, 2014, Art. 5 Rn. 124; *Pernice*, in: Dreier (Hrsg.), Grundgesetz, Kommentar, 2. Auflage, 2004, Art. 5 III (Wissenschaft) Rn. 34; *Starck*, in: von Mangoldt/Klein/Starck (Hrsg.), Grundgesetz, Kommentar, 6. Auflage, 2010, Art. 5 Rn. 405.
37 BVerfG, Beschluss vom 7.10.1980 – 1 BvR 1289/78, BVerfGE 55, 37 (67 f.); *Jarass*, in: Jarass/Pieroth (Hrsg.), Grundgesetz, Kommentar, 13. Auflage, 2014, Art. 5 Rn. 124.
38 *Geis*, Lehre und Studium, in: Geis (Hrsg.), Hochschulrecht im Freistaat Bayern, 2009, S. 91.

Eine weitere Problematik betrifft schließlich die Frage, ob durch Art. 5 10
Abs. 3 GG auch das **Recht der Hochschulen auf Selbstverwaltung** – also die
akademische Selbstverwaltung – und mit ihr die Hochschulautonomie gewährleistet wird.[39] Eine solcherart verstandene **institutionelle Garantie** der akademischen Selbstverwaltung wird teilweise abgelehnt.[40] Das BVerfG hat diese Frage
trotz einiger Anhaltspunkte in früheren Entscheidungen bislang nicht entschieden, allerdings Art. 5 Abs. 3 GG als „Organisationsnorm" bezeichnet.[41] Die Frage
nach dem institutionellen Gehalt der Wissenschaftsfreiheit ist mit Blick auf organisationale Gewährleistungen von sekundärer Bedeutung.[42] Denn nach geläufiger Auffassung soll von Art. 5 Abs. 3 GG jedenfalls dasjenige als unverrückbarer Teil der Selbstverwaltung geschützt sein, was sich als unerlässlich für die
freie Betätigung der Hochschulen in Wissenschaft, Forschung und Lehre herausgebildet hat.[43] Ob dies hierneben im Sinne einer umfassend zu verstehenden
Verwaltungsautonomie zu verstehen ist – wofür vieles spricht – mag dann
gleichwohl dahinstehen. Insoweit kommt eher der Charakter der Wissenschaftsfreiheit als **objektive Wertentscheidung** zum Tragen. Unbestritten dürfte unter Zugrundelegung der Judikatur des BVerfG sein, dass der Staat angehalten
ist, durch geeignete organisatorische Maßnahmen dafür zu sorgen, dass das
Grundrecht der freien wissenschaftlichen Betätigung in Forschung und Lehre
soweit unangetastet bleibt, als dies unter Berücksichtigung der weiteren legitimen Aufgaben der wissenschaftlichen Einrichtungen und der Grundrechte der
verschiedenen Beteiligten – namentlich anderer Wissenschaftler – möglich ist.[44]

Eine **bestimmte Art der Hochschulorganisation** soll **durch Art. 5 Abs. 3** 11
GG nicht gewährleistet sein. Dem ist im Grundsatz zuzustimmen, wenngleich
die Wissenschaftsfreiheit auch immer im Zusammenhang mit der jeweiligen Or-

---

39 Zu Begriff und Bedeutung der Hochschulautonomie sowie die dogmatische Einordnung der Selbstverwaltung siehe eingehend *Laqua*, Der Hochschulrat zwischen Selbstverwaltung und staatlicher Verwaltung, 2004, S. 50 ff.
40 So etwa *Roellecke*, Wissenschaftsfreiheit als Rechtfertigung von Relevanzansprüchen, FS Thieme, 1993, S. 681 ff. (684 f.); *ders.*, Wissenschaftsfreiheit als institutionelle Garantie?, JZ 1969, S. 726 (726 ff.); a.A. *Pernice*, in: Dreier (Hrsg.), Grundgesetz, Kommentar, 2. Auflage, 2004, Art. 5 III (Wissenschaft) Rn. 57; *Grupp*, Zur Stellung der Universitäten in den Zeiten ihres Rückbaues, FS Roellecke, 1997, S. 97 ff. (108 f.).
41 BVerfG, Urteil vom 29.5.1973 – 1 BvR 424/71 und 325/72, BVerfGE 35, 75 (112 f.). Hierzu auch *Röpke*, Hochschule und Stiftung des öffentlichen Rechts, 2006, S. 42 ff.
42 Insoweit liegt etwa eine differenzierte Betrachtung wie bei *Starck*, in: von Mangoldt/Klein/Starck (Hrsg.), Grundgesetz, Kommentar, 6. Auflage, 2010, Art. 5 Rn. 382 ff., welche die Interdependenzen von Institution und individueller Freiheitsgewährleistung in den Blick nimmt, nahe.
43 BVerfG, Beschluss vom 8.7.1980 – 1 BvR 1472/78, BVerfGE 54, 363 (389).
44 BVerfG, Urteil vom 29.5.1973 – 1 BvR 424/71 und 325/72, BVerfGE 35, 79 (115).

ganisationsform zu betrachten war (und ist), somit also eine spezifische **Organisationsbezogenheit** aufweist. Namentlich an der Abkehr von der tradierten „Ordinarienuniversität" und der Einführung des als demokratischer bewerteten Modells der „Gruppenuniversität"[45] wird die Dimension der Wissenschaftsfreiheit auch in organisatorisch-institutioneller Hinsicht erkennbar. Hierzu hat das BVerfG im **„Hochschulurteil"**[46] deutlich festgelegt, dass Art. 5 Abs. 3 GG zwar einen Anspruch des Wissenschaftlers auf Mitwirkung in den Beschlussorganen der Hochschule bedinge,[47] dies aber nicht dazu führe, dass aus der Gewährleistung der Wissenschaftsfreiheit eine bestimmte Rechts- oder Organisationsform der Hochschule abzuleiten sei.[48]

12 Das „Hochschulurteil" des BVerfG hat bis in die Gegenwart hinein insofern weit reichende Bedeutung, als darin zum einen anerkannt wird, dass unter dem Modell der Gruppenuniversität „Angelegenheiten der Universität als einer Körperschaft der Lehrenden und Lernenden grundsätzlich in die Beratungs- und Entscheidungskompetenz aller ihrer Mitglieder fallen", wie es schon der Intention der Westdeutschen Rektorenkonferenz (22. Mai 1968) entsprach, es dabei aber zum anderen als unabdingbar anzusehen ist, der herausgehobenen Stellung der Hochschullehrer hinreichend Rechnung zu tragen. Das BVerfG hat somit festgehalten, dass die Kollegialorgane und die Gremienstruktur der Hochschulen insgesamt so ausgestaltet sein müssen, dass bei Entscheidungen, die unmittelbar akademische Fragen der Lehre betreffen, die Gruppe der Hochschullehrer über die Hälfte der Stimmen verfügen muss, und dieser Gruppe bei Entscheidungen, die unmittelbar Fragen der Forschung oder die Berufung von Hochschullehrern betreffen, sogar ein noch weitergehender Einfluss vorzubehalten sei.[49] Hinsichtlich seiner Grundaussagen hat das Hochschulurteil bis heute nicht an Aktualität eingebüßt.

bb) Hochschulrahmenrecht

13 Lange Zeit, zumindest in den ersten Jahrzehnten nach Gründung der Bundesrepublik Deutschland und damit unter dem Geltungsbereich des Grundgesetzes, oblag die Hochschulen und Wissenschaft betreffende Rechtsetzung ausschließ-

---

45 Zur Gruppenuniversität etwa *Morkel*, Die Universität muss sich wehren- Ein Plädoyer für ihre Erneuerung, 2000, S. 134 f.
46 BVerfG, Urteil vom 29.5.1973 – 1 BvR 424/71 und 325/72, BVerfGE 35, 79.
47 BVerfG, Urteil vom 29.5.1973 – 1 BvR 424/71 und 325/72, BVerfGE 35, 79 (127 ff.).
48 BVerfG, Urteil vom 29.5.1973 – 1 BvR 424/71 und 325/72, BVerfGE 35, 79 (116).
49 BVerfG, Urteil vom 29.5.1973 – 1 BvR 424/71 und 325/72, BVerfGE 35, 79 (132 ff.); BVerfG, Beschluss vom 26.2.1997 – 1 BvR 1864/94 und 1102/95, BVerfGE 95, 193 (210). Vgl. dazu auch *Jarass*, in: Jarass/Pieroth (Hrsg.), Grundgesetz, Kommentar, 13. Auflage, 2014, Art. 5 Rn. 135.

lich den Ländern. Der Verfassunggeber hatte bei der Festlegung der Gesetzgebungszuständigkeiten in den Art. 70 ff. GG bewusst darauf verzichtet, dem Bund Gesetzgebungsbefugnisse auf diesen Gebieten zu verleihen, sieht man einmal von den die Wissenschaft tangierenden Kompetenztiteln wie Art. 73 Abs. 1 Nr. 9 GG (Schutz des geistigen Eigentums) und Art. 74 Abs. 1 Nr. 13 GG für die Förderung der wissenschaftlichen Forschung, die im Jahre 1969 um die Regelung der Ausbildungsbeihilfen ergänzt wurde, ab.

Indes hatten die Länder von der ihnen somit durch das Grundgesetz (Art. 70 Abs. 1 GG) vermittelten Zuständigkeit kaum Gebrauch gemacht. Soweit es überhaupt Regelungen betreffend den Status und die Organisation von Universitäten und ihnen vergleichbarer Einrichtungen gab, handelte es sich zumeist um allgemeine – z.T. lediglich gewohnheitsrechtlich geformte und anerkannte – Grundsätze über das Hochschulwesen. Erst Ende der 1960er bzw. Anfang der 1970er Jahre setzte sich unter dem Einfluss der Studentenbewegung und der Bildungspolitik der sozialliberalen Koalition nach Reformdiskussionen über die Zukunft der Universitäten die Idee einer bundesrechtlichen Kodifikation der Grundsätze über das Hochschulwesen durch.[50] Sie mündete schließlich im Erlass des Hochschulrahmengesetzes (HRG), welches am 30. Januar 1976 in Kraft trat.[51] Zuvor war eine entsprechende Rahmenkompetenz für das Hochschulwesen im Grundgesetz (Art. 75 Abs. 1 Satz 1 Nr. 1a GG) eingeführt worden, mit der es dem Bund erst ermöglicht wurde, auf dem Gebiet des Hochschulrechts gesetzgeberisch tätig zu werden.

Das HRG ist häufig dem Einwand ausgesetzt gewesen, weniger einen Rahmen vorzugeben, der – den Grundsätzen und dem Wesen einer solchen Gesetzgebungszuständigkeit entsprechend – den Ländern noch die Möglichkeit einer Ausfüllung durch eigene Regelungen belässt, sondern stattdessen vielmehr detaillierte Vollregelungen vorzugeben. Nimmt man hinzu, dass ausweislich der Formulierung des früheren Art. 75 Abs. 1 Satz 1 Nr. 1a GG nur „allgemeine Grundsätze" zu regeln sind (bzw. waren), gewinnt diese Kritik durchaus an Substanz.[52] Namentlich das BVerfG hat festgelegt, dass es die Rahmenkompetenz nicht ausschließe, teilweise Vollregelungen (i.S.d. Art. 75 Abs. 2 GG) zu schaffen, es aber bei dieser Kompetenz gleichwohl besonders darauf ankomme,

---

50 In diesen Kontext fällt etwa der letztlich nicht umgesetzte Bildungsgesamtplan der Bund-Länder-Kommission für Bildungsplanung (BLK), mit dem neben der Schulpolitik auch Reformansätze im Hochschulbereich angestoßen wurden.
51 HRG vom 26.1.1976 (BGBl. I, S. 185). Ein noch heute lesenswerter Überblick zu Entstehung und Zielsetzungen des HRG findet sich etwa bei *Deumeland*, Hochschulrahmengesetz, Kommentar, 1979, Einführung, S. 11 ff.
52 Zur Kritik an der Regelungsdichte des HRG vgl. auch *Thieme*, Das Hochschulrahmengesetz, WissR 9 (1976), S. 193 ff. (198).

den Ländern in der Gesamtschau der Regelungsmaterie noch Raum für eigene Gestaltung zu belassen.[53]

16 Die Änderungen, die das HRG seit seinem In-Kraft-Treten – einschließlich zweier Neubekanntmachungen in den Jahren 1987[54] und 1999[55] – erfahren hat, haben zu einer Abmilderung der zuvor dargestellten Problematik durch einen Abbau an Detailregelungen, insbesondere im Bereich der inneren Hochschulverfassung, geführt.[56] Die insoweit wohl maßgeblichste und weitreichendste Änderung ist mit der am 25. August 1998 in Kraft getretenen **4. HRG-Novelle**[57] erfolgt. Mit dieser Änderung hat sich der Bund aus der inneren Organisation der Hochschulen nahezu vollständig zurückgezogen. Ehedem vorgesehene Detailfragen betreffend die Hochschulleitung und die Hochschulgremien sind vollständig aufgegeben und in die alleinige Regelungszuständigkeit des Landesgesetzgebers verlagert worden. Seither beschränkt sich das HRG hinsichtlich organisationsrechtlicher Fragen auf die Festlegungen in den §§ 58 und 59 (Regelrechtsform, Selbstverwaltungsrecht und Aufsichtsfragen). Detaillierte Vorgaben finden sich demgegenüber – obschon auf anderem Terrain – dann aber wiederum in der **5. HRG-Novelle**, deren Regelungen am 1. Juli 2002 in Kraft getreten sind. Insoweit sollen als Stichworte die Einführung der Juniorprofessur und die zumindest rahmenrechtliche Abschaffung der Habilitation als Regelqualifikation für eine Universitätsprofessur genügen.

17 Infolge der Föderalismusreform I (2006) ist der komplette Art. 75 GG und mit ihm die Rahmenkompetenz für das Hochschulwesen aus dem Grundgesetz gestrichen worden. Der Zielsetzung folgend, die Länderzuständigkeit für das Hochschulrecht weiter zu stärken, sollte das HRG, das bis zu seiner Ersetzung durch Landesrecht nach Maßgabe von Art. 125a GG zunächst als Bundesrecht weitergilt, aufgehoben werden. So sah es ein Gesetzentwurf vor, der noch aus der Zeit der Großen Koalition von 2005 stammt.[58] Danach sollte das HRG zum 1. Oktober 2008 außer Kraft treten – ein Termin der nicht eingehalten werden konnte, ebensowenig wie der 1. April 2009 als weiterer Zeitpunkt. Nach der Bundestagswahl im September 2009 fand sich das Ziel einer Aufhebung des HRG nunmehr im Koalitionsvertrag zwischen CDU/CSU und FDP als Zielsetzung wieder. In der neu gebildeten Großen Koalition von 2013 spielt – soweit ersicht-

---

53 BVerfG, Urteil vom 8.2.1977 – 1 BvF 1/76, 1 BvL 7, 8/75, 1 BvR 239/75, 92, 103–14, 115, 140–143, 187/76, BVerfGE 43, 291 (343); BVerfG, Beschluss vom 28.3.1984 – 2 BvL 2/82, BVerfGE 66, 270 (285); BVerfG, Beschluss vom 28.3.1974 – 2 BvL 3, 4, 5, 6/82, BVerfGE 66, 291 (307).
54 Neubekanntmachung vom 9.4.1987, BGBl. I, S. 1170.
55 Neubekanntmachung vom 19.1.1999, BGBl. I, S. 18.
56 *Kempen*, in: Hartmer/Detmer (Hrsg.), HSchR-Praxishandbuch, 2. Auflage, 2011, S. 1ff. (16).
57 4. HRG-Novelle vom 20.8.1998 (BGBl. I, S. 2190).
58 BR-Drs. 352/07.

lich – die Frage des Außerkraftsetzens des HRG keine Rolle. Somit ist das HRG vorerst weiter nach Maßgabe von Art. 125a Abs. 1 Satz 1 GG bzw. Art. 125b Abs. 1 Satz 1 GG „versteinertes" Bundesrecht, das fortgilt.[59]

Die Gesetzgebungszuständigkeit des *Bundes* im Bereich des Hochschulwesens ist daher mit der Föderalismusreform I auf eine konkurrierende Zuständigkeit für „die Hochschulzulassung und die Hochschulabschlüsse" (Art. 74 Abs. 1 Nr. 33 GG) reduziert worden. Hiervon können die Länder nach Maßgabe von Art. 72 Abs. 3 Nr. 6 GG zudem durch Gesetz abweichen. Dem Bund verbleiben aber nach wie vor Möglichkeiten, jedenfalls mittelbar das Hochschulrecht mitzugestalten, etwa über die verbliebene konkurrierende Kompetenz aus Art. 74 Abs. 1 Nr. 13 (Regelung der Ausbildungsbeihilfen und die Förderung der wissenschaftlichen Forschung) sowie darüber hinaus auch im Rahmen von Gemeinschaftsaufgaben nach dem fortbestehenden Art. 91b GG.[60] Die weitere Entwicklung wird auch hier zeigen, ob die mit der Föderalismusreform I angestrebte „Entflechtung" der Zuständigkeiten von Bund und Ländern sich tatsächlich einstellen wird. Gegenwärtig ist festzuhalten, dass das Hochschulrecht der Länder – jedenfalls in Teilen – nach wie vor noch rahmenrechtlich geprägt ist.

Eine wesentliche und weitreichende Änderung im Bereich des Zusammenwirkens von Bund und Ländern auf dem Gebiet der Wissenschafts- und Hochschulförderung stellt die Neufassung von Art. 91b Abs. 1 GG dar, der die Förderung von Wissenschaft, Forschung und Lehre als Gemeinschaftsaufgabe regelt.[61] Die am 1.1.2015 in Kraft getretene Änderung **hebt das vorherige Kooperationsverbot weitgehend auf** und erweitert somit die Zusammenwirkungsmöglichkeiten von Bund und Ländern in Fällen mit überregionaler Bedeutung. Die gemeinschaftliche institutionelle Förderung, die ehedem nur für außeruniversitäre Forschungseinrichtungen zulässig gewesen ist und nach der Hochschulen nur in Form von thematisch und zeitlich begrenzten Projekten (vgl. z.B. die Exzellenzinitiative, den Qualitätspakt Lehre oder den Hochschulpakt 2020) durch den Bund unterstützt werden konnten, wurde nunmehr eröffnet.[62] Mit der

---

59 Degenhart, in: Sachs, Grundgesetz, Kommentar, 7. Auflage, 2014, Art. 125b Rn. 3; s. auch die Darstellung bei *Immer*, Rechtsprobleme der Akkreditierung von Studiengängen, 2013, S. 80 ff.
60 Eingehend hierzu *Nolte*, Die Zuständigkeit des Bundes für das Hochschulwesen, DVBl. 2010, S. 84 ff.; zur Neuordnung der Kompetenzen nach der Föderalismusreform I siehe auch *Ennuschat/Ulrich*, Neuverteilung der Kompetenzen von Bund und Ländern im Schul- und Hochschulbereich nach der Föderalismusreform VBlBW 2007, S. 121 ff.; *Westerburg*, Auswirkungen der Föderalismusreform auf die rechtlichen Rahmenbedingungen von Wissenschaft und Forschung, WissR 39 (2006), S. 338 ff.
61 Vgl. auch http://www.bmbf.de/de/17975.php.
62 Vgl. BT-Drs. 18/2710 und 18/3141. Kritisch bezüglich der Wirkungen der Grundgesetzänderung *Speiser*, Das „Kooperationsverbot", DÖV 2014, S. 555 ff., zum Ganzen auch vertiefend *Geis*,

Neufassung des Art. 91b Abs. 1 GG ist es somit auch dem Bund möglich, längerfristige Förderungen von Hochschulen, deren Instituten oder Institutsverbünden vorzusehen.[63] Zudem sind Kooperationen von Hochschulen und außeruniversitären Einrichtungen erleichtert gemeinsam durch Bund und Länder förderbar. Ausgenommen sind nach Art. 91b Abs. 1 Satz 2 GG Vereinbarungen über Forschungsbauten einschließlich Großgeräten.

cc) Hochschulrecht der Länder

20 Die zentrale Rolle hinsichtlich der konkreten Ausgestaltung und damit letztlich auch der strategischen Ausrichtung im föderalen Bildungswettbewerb kommt den Ländern und deren Hochschul- und Wissenschaftsgesetzgebung zu. Dies ist nicht zuletzt Ausfluss der Kulturhoheit der Länder, zu welcher als Kernbereiche Bildung, Wissenschaft und Forschung zählen. Sie hat durch die angesprochene Föderalismusreform I eine Aufwertung erfahren. Trotz der gestiegenen Bedeutung der Landesgesetzgebung würde eine Darstellung des Landeshochschulrechts den Rahmen dieses Kompendiums sprengen. Von daher sei nachfolgend eine Übersicht über die geltenden Hochschulgesetze der Länder gegeben und in der weiteren Darstellung jeweils an geeigneter Stelle auf relevante landesrechtliche Besonderheiten Bezug genommen.[64] Dabei ist zu berücksichtigen, dass die früher in manchen Ländern vorgenommene Unterteilung der Regelungsmaterie des Hochschulrechts in ein Universitätsgesetz und Gesetze für weitere Hochschultypen (so in Baden-Württemberg) mit Ausnahme des Saarlands nicht mehr vorzufinden ist.

Tabelle: Übersicht der Hochschulgesetze der Länder

Bundesland	Hochschulgesetz	Fundstelle
Baden-Württemberg	Gesetz über die Hochschulen in Baden-Württemberg (Landeshochschulgesetz – LHG) vom 1. Januar 2005	GBl. 2005, 1
	Stand: letzte berücksichtigte Änderung: Gesetz vollständig neu gefasst durch Art. 1 des Gesetzes vom 1. April 2014	GBl. S. 99

Das „Kooperationsverbot" des Art. 91b GG, ZG 24 (2013), S. 305 ff.; *Seckelmann*, Das sog. „Kooperationsverbot" und die Mittel zu seiner Behebung, DÖV 2012, S. 701 ff.
63 Vgl. wiederum http://www.bmbf.de/de/17975.php.
64 Zur Vertiefung sei zudem auf die eingehenden Darstellungen des Hochschulrechts einzelner Länder verwiesen, so für Baden-Württemberg auf *Haug* (Hrsg.), Das Hochschulrecht in Baden-Württemberg, Systematische Darstellung, 2. Auflage, 2009, und für Bayern auf *Geis* (Hrsg.), Hochschulrecht im Freistaat Bayern, Handbuch für Wissenschaft und Praxis, 2009.

Bundesland	Hochschulgesetz	Fundstelle
Bayern	Bayerisches Hochschulgesetz (BayHSchG) vom 23. Mai 2006	GVBl. 2006, S. 245
	Stand: mehrfach geänd. (§ 1 Nr. 212 V vom 22.7.2014, 286)	
Berlin	Berliner Hochschulgesetz (BerlHG) Stand: Neufassung vom 13. Februar 2003 i.d.F. vom 26.7.2011	GVBl. S. 379
Brandenburg	Gesetz über die Hochschulen des Landes Brandenburg (Brandenburgisches Hochschulgesetz- BbgHG) vom 18. Dezember 2008 Stand: zuletzt geändert durch Gesetz vom 28. April 2014	GVBl. I/14, [Nr. 18], S. 318
Bremen	Bremisches Hochschulgesetz vom 9. Mai 2007,	Brem.GBl. S. 339-221-a-1
	zuletzt geändert durch Artikel 1 des Gesetzes vom 27. März 2015	Brem.GBl. S. 141
Hamburg	Hamburgisches Hochschulgesetz (HmbHG) vom 18. Juli 2001	HmbGVBl. 2001, S. 171
	Stand: § 37 geändert durch Artikel 1 des Gesetzes vom 19. Juni 2015	HmbGVBl. S. 121
Hessen	Hessisches Hochschulgesetz und Gesetz zur Änderung des TUD-Gesetzes sowie weiterer Rechtsvorschriften vom 14. Dezember 2009	GVBl. I S. 666
Mecklenburg-Vorpommern	Gesetz über die Hochschulen des Landes Mecklenburg-Vorpommern (Landeshochschulgesetz – LHG M-V)	GVOBl. M-V 2011, S. 18
	in der Fassung der Bekanntmachung vom 25. Januar 2011 Stand: letzte berücksichtigte Änderung: § 7 geändert durch Artikel 6 des Gesetzes vom 22. Juni 2012	GVOBl. M-V 2012, S. 208, 211
Niedersachsen	Niedersächsisches Hochschulgesetz (NHG) in der Fassung vom 26. Februar 2007	Nds. GVBl. 2007, 69
Nordrhein-Westfalen	Gesetz über die Hochschulen des Landes Nordrhein-Westfalen (Hochschulgesetz – HG) vom 16. September 2014	GV. NRW S. 547
Rheinland-Pfalz	Hochschulgesetz (HochSchG) in der Fassung vom 19. November 2010	GVBl. 2010, S. 464

Bundesland	Hochschulgesetz	Fundstelle
Saarland	Gesetz über die Universität des Saarlandes (Universitätsgesetz – UG) vom 23. Juni 2004,	ABl. S. 1782
	zuletzt geändert durch Gesetz vom 14. Oktober 2014	ABl. I, S. 406
	Gesetz über die Hochschule für Technik und Wirtschaft des Saarlandes (Fachhochschulgesetz – FhG) vom 23. Juni 1999,	ABl. S. 982
	zuletzt geändert durch das Gesetz vom 26. Oktober 2010	ABl. I, S. 1406
Sachsen	Sächsisches Hochschulfreiheitsgesetz in der Fassung der Bekanntmachung vom 15. Januar 2013,	SächsGVBl. S. 3
	zuletzt geändert durch Artikel 11 des Gesetzes vom 29. April 2015 (SächsGVBl. S. 349)	SächsGVBl. S. 349
Sachsen-Anhalt	Hochschulgesetz des Landes Sachsen-Anhalt (HSG LSA) in der Fassung der Bekanntmachung vom 14. Dezember 2010	GVBl. LSA 2010, 600, 2011, S. 561
Schleswig-Holstein	Gesetz über die Hochschulen und das Universitätsklinikum Schleswig-Holstein (Hochschulgesetz – HSG) vom 28. Februar 2007	GVOBl. S. 184
Thüringen	Thüringer Hochschulgesetz (ThürHG) vom 21. Dezember 2006,	GVBl. S. 601
	Stand: letzte Änderung: §§ 79, 90 geändert durch Artikel 12 des Gesetzes vom 12. August 2014 (GVBl. S. 472, 524)	GVBl. S. 472, 524

b) Formeller oder materieller Hochschulbegriff?

21 Eine Legaldefinition des Begriffes Hochschule kann weder den Landeshochschulgesetzen noch den verbliebenen Bestimmungen des HRG entnommen werden. Insbesondere die Landesgesetzgeber begnügen sich zumeist damit, durch Aufzählung festzulegen, welche Einrichtungen als Hochschulen gelten sollen.[65] Angesichts dieser Gesetzgebungspraxis erscheint es heute naheliegend, den **Rechtsbegriff der Hochschule** vor allem **formell zu bestimmen**. Dementsprechend werden nachfolgend die einzelnen Hochschultypen im Sinne einer Kategorisierung näher behandelt.[66] Gleichwohl ist es angezeigt, auf den

---

65 Vgl. Art. 1 Abs. 2 BayHG; § 2 NHG.
66 Siehe näher unter A.II.3.

überkommenen **materiellen Hochschulbegriff** einzugehen. Als Ausgangspunkt für diese Begriffsbildung diente überwiegend der frühere Artikel 75 Nr. 1a GG, der – wie gezeigt – dem Bund das Recht zum Erlass von Rahmenvorschriften über die allgemeinen Grundsätze des Hochschulwesens gab. Insoweit wurde vertreten, dass dadurch ein Hochschulbegriff vorgegeben werde, der nicht in ein beliebiges Ermessen des einfachen Gesetzgebers gestellt sei, sondern sich an verfassungsrechtlichen Kategorien zu messen habe. In Ermangelung weiterer Anknüpfungspunkte im Grundgesetz haben sich die Auffassungen zum materiellen Hochschulbegriff des Art. 75 Nr. 1a GG allerdings wenig über den Wortlaut der Kompetenznorm hinausbewegt. Erkennbar ist lediglich die mehr oder weniger gemeinsame Erkenntnis, dass es sich bei einer Hochschule im materiellen Sinne um eine Einrichtung handeln müsse, die der Wissenschaft verpflichtet ist, d.h. eine solche, in der Forschung und Lehre betrieben wird, und die damit dem öffentlichen Interesse dient. Insoweit ist die Orientierung an der Universität als klassischem Hochschultyp deutlich erkennbar. Der materielle Hochschulbegriff wird in der Folge auch mit einem **materiellen Hochschullehrerbegriff** verknüpft, der aus dem Begriff des Universitätsprofessors abgeleitet wird.[67] Die Begrenztheit des materiellen Hochschullehrerbegriffs wird schon daran deutlich, dass gleichwohl die Fachhochschulen zu den Hochschulen im Sinne des Art. 75 Nr. 1a GG gezählt werden.[68] Nimmt man hinzu, dass auch die Frage des Promotions- und vor allem des Habilitationsrechts begriffsbildendes Merkmal für den materiellen Hochschulbegriff war,[69] erscheint es in der Gesamtschau angezeigt, nach Fortfall der Rahmenkompetenz des Art. 75 Nr. 1a GG gänzlich auf den materiellen Hochschulbegriff zu verzichten und stattdessen mit dem Modell der Landeshochschulgesetze einen formellen – durch enumerative Nennung gekennzeichneten – Hochschulbegriff zu vertreten.

c) Rechtsstatus staatlicher Hochschulen

Der Rechtsstatus der Hochschulen ergibt sich aus den bereits dargestellten Rechtsquellen, also dem über Art. 125a GG fortgeltenden Hochschulrahmenrecht einerseits und den Landeshochschulgesetzen andererseits. Die danach gleichsam klassische Organisation der deutschen Hochschulen knüpft an die staatliche Verantwortung für das öffentliche Bildungswesen an.[70] Aus diesem Verständnis heraus hat sich eine **dualistische Konzeption der Hochschulor-**

---

67 *Thieme*, Deutsches Hochschulrecht, 3. Auflage, 2004, Rn. 71.
68 *Thieme*, Deutsches Hochschulrecht, 3. Auflage, 2004, Rn. 71.
69 *Thieme*, Deutsches Hochschulrecht, 3. Auflage, 2004, Rn. 71.
70 So ausdrücklich etwa § 1 NHG.

ganisation herausgebildet, die als janusköpfig bezeichnet werden kann.[71] Gemäß § 58 Abs. 1 HRG und den entsprechenden Bestimmungen der Landeshochschulgesetze[72] sind Hochschulen **Körperschaften des öffentlichen Rechts** und zugleich **staatliche Einrichtungen**. In juristischer Perspektive bedeutet dies, dass die Hochschulen jedenfalls **zum Teil staatliche Einrichtungen**, d.h. insoweit rechtlich unselbständiger Teil der unmittelbaren Landesverwaltung sind und damit anstaltliche Züge aufweisen.[73] Mit der Formulierung „zugleich staatliche Einrichtungen"[74] wird zum Ausdruck gebracht, dass der Staat (d.h. das jeweilige Land) neben der Körperschaft zugleich eine Anstalt schafft, der die öffentliche Aufgabe zukommt, wissenschaftliche Forschung und Lehre zu ermöglichen. Augenfälliger Ausdruck dieser staatlichen Verantwortung ist etwa die Ausgestaltung der Personalangelegenheiten als staatliche Aufgabe.[75]

23   Demgegenüber ist den Hochschulen in ihrem körperschaftlichen Teil das **Recht der Selbstverwaltung**[76] eingeräumt, welches einen Grundbestand an organisationaler Autonomie sichert.[77] Die Hochschulen sind dabei von ihrer Struktur her – vor allem in Abgrenzung zu den kommunalen Gebietskörperschaften – als Personalkörperschaften zu bezeichnen. Sie zeichnen sich durch eine mitgliedschaftliche Struktur aus, wobei die Hochschulgesetze die **Mitgliedschaft zur Hochschule** regeln,[78] zum Teil mit der noch weiter gehenden Differenzierung zwischen **Mitgliedern und Angehörigen**.[79] Das körperschaftliche Selbstverwaltungsrecht dient dazu, den Mitwirkungs- und Entscheidungsrechten der Hochschulmitglieder Geltung zu verschaffen und ihnen die weitge-

---

71 Dazu *von Coelln*, in: Hartmer/Detmer (Hrsg.), HSchR-Praxishandbuch, 2. Auflage, 2011, S. 286 f.); *Sandberger*, Organisationsreform und -autonomie, Bewertung der Reformen in den Ländern, WissR 35 (2002), S. 125 ff.; *ders.*, Staatliche Hochschulen in alternativer Rechtsform, WissR Beiheft 15 (2005), S. 19 ff.; zur Entwicklung insbesondere *Kahl*, Hochschule und Staat, Entwicklungsgeschichtliche Betrachtungen eines schwierigen Rechtsverhältnisses unter besonderer Berücksichtigung von Aufsichtsfragen, 2004, S. 61 ff.
72 Z.B. Art. 5 BayHG; § 5 Abs. 1 Satz 1 BrbHG; § 6 Abs. 1 Satz 1 RhPfHG; § 2 Abs. 1 ThürHG.
73 Etwa *Thieme*, Deutsches Hochschulrecht, 2004, Rn. 172; *Sandberger*, Staatliche Hochschulen in alternativer Rechtsform, WissR Beiheft 15 (2005), S. 19 ff.; Geis, in: Hailbronner/Geis (Hrsg.), Das Hochschulrecht in Bund und Ländern, Kommentar, § 58 HRG Rn. 19 („Körperschaft mit partiell anstaltlichen Zügen"); vgl. auch Peine, in: Knopp/Peine (Hrsg.), Brandenburgisches Hochschulgesetz, Kommentar, 2. Auflage, 2012, § 2 Rn. 3 ff.
74 Art. 5 BayHG; § 5 Abs. 1 Satz 1 BrbHG; § 6 Abs. 1 Satz 1 RhPfHG; § 2 Abs. 1 ThürHG.
75 Z.B. § 47 Satz 1 Nr. 1 NHG.
76 Vgl. etwa § 5 SächsHG.
77 *Pautsch*, Autonomiegewinn durch Rechtsträgerwechsel? Das Modell der niedersächsischen Stiftungshochschule, in: IHF (Hrsg.), Beiträge zur Hochschulforschung 28 (2006), S. 28 ff. (33).
78 So z.B. § 16 NHG.
79 Etwa § 32 HessHG; § 20 ThürHG.

hend autonome Wahrnehmung ihrer von Art. 5 Abs. 3 GG geschützten Aufgaben in Forschung und Lehre als Selbstverwaltungsaufgaben[80] zu sichern.[81]

Letztlich handelt es sich bei der klassischen Hochschulorganisation, welche nach wie vor den Regelrechtsstatus der Hochschulen ausmacht, um ein **Trägermodell**, bei dem der Staat den Mitgliedern der Hochschule Freiheit von Forschung und Lehre sowie das zugehörige Selbstverwaltungsrecht in akademischen Angelegenheiten im Rahmen eines körperschaftlichen Personenverbandes gewährleistet.[82] Die Unterscheidung beider Sphären – der staatlichen wie der körperschaftlichen – korrespondiert mit einer Differenzierung bei den **der Hochschule zugewiesenen Aufgaben**, wie sie in den meisten Landeshochschulgesetzen,[83] aber etwa auch in § 59 HRG mit Blick auf Aufsichtsfragen, zum Ausdruck kommt. Vom Charakter der Aufgabe (staatliche oder körperschaftliche Aufgabe) hängt auch die Reichweite der staatlichen Aufsicht – Fachaufsicht oder bloße Rechtsaufsicht – ab.[84] In der Gesamtschau erweist sich die Trennung von körperschaftlichen und staatlichen Aufgaben als wenig praktikabel.[85] Dies wird schon daran deutlich, dass beide Aufgabentypen auch nach dem Wegfall des § 58 Abs. 3 HRG a.F., der eine obligatorische Einheitsverwaltung der Hochschulen vorsah, in der Praxis nach wie vor in einer einheitlichen Verwaltung ausgeführt werden.[86]

d) Akademische Selbstverwaltung und institutionelle Autonomie
Im Kontext der Wissenschaftsfreiheit ist der Autonomiebegriff der staatlichen Institution Hochschule und seine Rückkopplung an die über Art. 5 Abs. 3 GG vermittelte akademische Selbstverwaltung bedeutsam.[87] Dies belegt bereits die

---

80 Zu den Selbstverwaltungsaufgaben etwa § 6 Abs. 1 HessHG.
81 *Kimminich*, in: Flämig/Kimminich (Hrsg.), WissR-Handbuch, Band 1, 2. Auflage, 1996, S. 227 ff. (231 f.).
82 *Reich*, Hochschulrahmengesetz, Kommentar, 11. Auflage, 2012, § 58 Rn. 1 ff.; *Thieme*, Deutsches Hochschulrecht, 2004, Rn. 172. Siehe auch *Peine*, Öffentlich-rechtliche Stiftungshochschulen, in: Knopp/Peine/Nowacki/Schröder (Hrsg.), Hochschulen im Umbruch, S. 61 ff. (61).
83 Z.B. § 6 HessHG; § 6 SächsHG.
84 Zum Teil kommt dieser Zusammenhang bereits in den Formulierungen der Landeshochschulgesetze zum Ausdruck, vgl. etwa § 6 Abs. 1 SächsHG.
85 *Geis*, in: Hailbronner/Geis (Hrsg.), Das Hochschulrecht in Bund und Ländern, Kommentar, § 58 HRG Rn. 18.
86 *Geis*, in: Hailbronner/Geis (Hrsg.), Das Hochschulrecht in Bund und Ländern, Kommentar, § 58 HRG Rn. 21.
87 *Laqua*, Der Hochschulrat zwischen Selbstverwaltung und staatlicher Verwaltung, 2004, S. 50 ff.

Kontroverse über die Reichweite der organisationsrechtlichen Gewährleistungen des Grundrechts.[88] Zudem gewähren die Landesverfassungen – und einfachgesetzlich § 58 Abs. 1 Satz 3 HRG[89] – den Hochschulen die Selbstverwaltung im Rahmen der Gesetze.[90] Vor diesem Hintergrund ist es angezeigt, Gegenstand und Inhalt des Autonomiebegriffs näher zu bestimmen.[91] Die herkömmliche Auffassung von Hochschulautonomie bestimmt diese – ausgehend von dem genannten **akademischen Selbstverwaltungsrecht** – zumeist in einem engeren Sinne: nämlich als das Recht der Hochschule zur Selbstgesetzgebung, d.h. zur Rechtsetzung im Rahmen der verliehenen Satzungsautonomie in eigenen Angelegenheiten von Forschung und Lehre.[92] Das **Satzungsrecht gehört** damit gewiss **zu den wichtigsten Ausprägungen des Selbstverwaltungsrechts** der Hochschule.[93]

26 Allerdings wird eine **Verengung des Autonomiebegriffs allein auf das Satzungsrecht** dem gewachsenen Aufgaben- und Verantwortungskreis der Hochschulen nicht mehr gerecht. Wenn es darum geht, das Maß erreichter bzw. erreichbarer Hochschulautonomie zu bestimmen, ist auch auf das veränderte Verhältnis von Hochschule und Staat abzustellen, wenngleich das verbreitete **Postulat weitgehender „Entstaatlichung"** der Hochschulen nicht weiterführt.[94] Denn soweit damit zum Ausdruck gebracht werden soll, dass der Staat sich aus dem Hochschulbereich zurückziehe, erweist es sich eher als Leerformel, da es einen solchen Rückzug des Staates in der Rechtswirklichkeit gar nicht gibt. Die Hochschulgesetze halten vielmehr auch in jüngerer Zeit an der staatlichen Verantwortung für das öffentliche Hochschulwesen fest.[95] Vor die-

---

88 Siehe hierzu bereits oben II.1. im Zusammenhang mit den verfassungsrechtlichen Vorgaben.
89 *Geis*, in: Hailbronner/Geis (Hrsg.), Das Hochschulrecht in Bund und Ländern, Kommentar, § 58 HRG Rn. 60.
90 Etwa Art. 20 Abs. 2 BWVerf.; Art. 7 Abs. 3 Satz 2 MVVerf.; Art. 16 Abs. 1 NWVerf.; Art. 33 Abs. 2 SaarlVerf. (dieser allerdings ohne Gesetzesvorbehalt).
91 *Knopp*, Zauberformel „Mehr Hochschulautonomie"? – mit einem Fokus auf Brandenburg, in: Knopp/Peine/Nowacki/Schröder (Hrsg.), Hochschulen im Umbruch, 2009, S. 15 ff., verweist mit Recht auf die Vielschichtigkeit des Begriffes Hochschulautonomie und plädiert dafür, diesen durch Autonomiekriterien positiv aufzufüllen.
92 *Thieme*, Deutsches Hochschulrecht, 3. Auflage, 2004, S. 183.
93 Etwa *Geis*, in: Hailbronner/Geis (Hrsg.), Das Hochschulrecht in Bund und Ländern, Kommentar, § 58 HRG Rn. 63 („wesentliche Eigenschaft des Körperschaftsstatus"); *Herberger*, Staat und Hochschulen, in: Haug (Hrsg.), Das Hochschulrecht in Baden-Württemberg, 2. Auflage, 2009, S. 57.
94 Zum Autonomieverständnis im Kontext der jüngeren Hochschulreformen lesenswert auch *Geis*, Das Selbstbestimmungsrecht der Universitäten, WissR 37 (2004), S. 2 ff. (4 ff.).
95 So z.B. die Formulierung in § 1 NHG. Außerdem haben die „reformaktiven" Länder, deren Modelle unten noch näher dargestellt werden, trotz der bestehenden rechtlichen Möglichkeit

sem Hintergrund bleibt für einen wie auch immer zu definierenden Entstaatlichungsbegriff als Ansatzpunkt zur Fixierung des Autonomiebegriffs kein Raum.

Um das Maß an Autonomie zu bestimmen, sollte der **Autonomiebegriff** vielmehr dahingehend erweitert werden, darunter die **Fähigkeit der Hochschulen** zu verstehen, **in einem Kernbestand eigener Angelegenheiten** in legislativer, exekutiver und judikativer Hinsicht weitgehend **frei von staatlicher Einflussnahme** agieren zu können.[96] Es ist vor diesem Hintergrund angezeigt, als Gradmesser für die erreichte bzw. erreichbare organisationale Autonomie das Maß an Reduktion staatlicher (i.S. ministerieller) Aufsicht – in ihren Erscheinungsformen der Fach- und Rechtsaufsicht (hierzu sowie zu Beispielen aus den Ländern sogleich näher) – zugrunde zu legen. Die Art und die Intensität der aufsichtlichen Einflussnahmerechte des jeweiligen Fachministeriums entscheiden letztlich darüber, in welchem Umfang Hochschulen frei von Weisungen (vor allem im Bereich der Fachaufsicht bei staatlichen Auftragsangelegenheiten) und Mitwirkungsbefugnissen (vor allem in Gestalt von Genehmigungsvorbehalten im Rahmen der präventiven Rechtsaufsicht) agieren können.

27

e) Staatliche Aufsicht über die Hochschulen

Mit der gegenüber anderen juristischen Personen des öffentlichen Rechts vergleichsweise weitgehenden Autonomie der Hochschulen als Körperschaften des öffentlichen Rechts korrespondiert eine staatliche Aufsicht, die als notwendiges Korrektiv für die Autonomie- und damit Freiheitsgewährleistung, wie sie mit der Gewährung von Selbstverwaltungsrechten – vermittelt über Art. 5 Abs. 3 GG – verbunden ist, dient.[97] Die Existenz staatlicher Aufsicht entspringt schon dem Grundsatz der **Gesetzmäßigkeit der Verwaltung** (Art. 20 Abs. 3 GG), der die

28

---

auf Privatisierungen verzichtet und stattdessen durchweg Organisationsformen der sogenannten mittelbaren Staatsverwaltung (die stets *staatliche* Verwaltung bleibt) gewählt. Alle neu eingeführten Organisationsmodelle halten am öffentlich-rechtlichen Organisationsstatus – sei es in Form einer eigenständigen Körperschaft des öffentlichen Rechts, sei es in Gestalt eines öffentlich-rechtlichen Stiftungsmodells – fest.
96 Vgl. schon *Knemeyer*, in: Flämig/Kimminich (Hrsg.), WissR-Handbuch, Band 1, 2. Auflage, 1996, S. 237 ff. (241); s. auch *Pautsch*, Autonomiegewinn durch Rechtsträgerwechsel? Das Modell der niedersächsischen Stiftungshochschule, in: IHF (Hrsg.), Beiträge zur Hochschulforschung 28 (2006), S. 28 ff. (31).
97 *Geis*, in: Hailbronner/Geis (Hrsg.), Das Hochschulrecht in Bund und Ländern, Kommentar, § 59 HRG Rn. 1; umfassend – auch mit Blick auf die geschichtliche Entwicklung – zur Aufsicht *Kahl*, Hochschule und Staat, Entwicklungsgeschichtliche Betrachtungen eines schwierigen Rechtsverhältnisses unter besonderer Berücksichtigung von Aufsichtsfragen, 2004.

Bindung an Recht und Gesetz zum Wesenselement einer rechtsstaatlichen Verwaltung erhebt. Rechtsstaatliche Verwaltung – also gesetzesausführende Exekutivtätigkeit – ist somit von Verfassungs wegen auf eine staatliche Aufsicht angewiesen. Diese ist grundsätzlich zweigeteilt, wobei über die Art der jeweiligen Aufsicht der Charakter der jeweils zugewiesenen Aufgabe entscheidet. Man spricht dann entweder von einer (restriktiveren) **Fachaufsicht** bzw. einer auf eine Rechtmäßigkeitskontrolle beschränkten **Rechtsaufsicht**, die regelmäßig der nächsthöheren Behörde bzw. Stelle obliegen. Für den Hochschulbereich gilt für Aufsichtsfragen Folgendes: Soweit Hochschulen staatliche bzw. übertragene Aufgaben, die im jeweiligen Landeshochschulrecht gesondert bestimmt werden, wahrnehmen, unterstehen sie nach dem „klassischen" Organisationsmodell staatlicher Fachaufsicht durch das Ministerium als übergeordneter Fachaufsichtsbehörde. Es kann der Hochschule bezüglich dieses Aufgabenbestandes Vorgaben aufgrund eigener Zweckmäßigkeitserwägungen machen. Die staatliche Kontrollbefugnis und -dichte ist dabei höher als bei der lediglich auf die Rechtmäßigkeit körperschaftlichen Handelns beschränkten Rechtsaufsicht, die jedoch nicht selten als sog. **präventive Rechtsaufsicht** in Form von **Genehmigungserfordernissen** (etwa bei Hochschulsatzungen wie der Grundordnung, aber auch bei Studien- und Prüfungsordnungen sowie weiteren Hochschulsatzungen) oder **Anzeigepflichten** ihren Ausdruck findet. Als eher repressive **Aufsichtsmaßnahmen**, die unter dem HRG ebenso wie die Fachaufsicht als „weitergehende Aufsicht" (vgl. § 59 Abs. 2 HRG) durch die Länder auszugestalten sind (bzw. waren), kommen neben der fachaufsichtlichen Weisung als Mittel der Fachaufsicht im Rahmen der Rechtsaufsicht vor allem die Instrumente der **Beanstandung rechtswidriger Beschlüsse** mit der Maßgabe der Aufhebung oder die **Ersatzvornahme**, als ultima ratio auch die **Einsetzung eines staatlichen Beauftragten**, in Betracht. Die Aufsichtsbehörde – d.h. im Regelfall das zuständige Fachministerium – ist zu einer **hochschulfreundlichen Aufsicht**,[98] die das Selbstverwaltungsrecht nicht übergebührlich beeinträchtigt, angehalten und im Übrigen an den rechtsstaatlichen Verhältnismäßigkeitsgrundsatz gebunden.[99] Adressat der einzelnen Rechtsaufsichtsmaßnahmen ist grundsätzlich die Hochschule.[100]

---

[98] Zum Grundsatz des hochschulfreundlichen Verhaltens als Ausfluss des Selbstverwaltungsrechts siehe grundlegend *Lorenz*, Die Rechtsstellung der Universität gegenüber staatlicher Bestimmung, WissR 11 (1978), S. 1 ff. (19 ff.).
[99] *Geis*, in: Hailbronner/Geis (Hrsg.), Das Hochschulrecht in Bund und Ländern, Kommentar, § 59 HRG Rn. 18.
[100] *Geis*, in: Hailbronner/Geis (Hrsg.), Das Hochschulrecht in Bund und Ländern, Kommentar, § 59 HRG Rn. 20.

2. Hochschulen in alternativer Rechtsform

Die (Rück-)Verlagerung der Zuständigkeit für das Hochschulorganisationsrecht an die Länder – zunächst durch die 4. und 5. HRG-Novelle und sodann durch Fortfall der Rahmenkompetenz des Art. 75 Nr. 1a GG – haben jene Gesetzgebungsaktivitäten in den Ländern maßgeblich beschleunigt, die darauf zielen, alternative Organisationsmodelle für Hochschulen einzuführen oder jedenfalls zu erproben, um auf diese Weise Autonomiegewinne für Universitäten und Fachhochschulen zu erzielen.[101] War die Möglichkeit, private Hochschulen – unter staatlicher Anerkennung[102] – zu etablieren, bereits früher gegeben, sind ab Ende der 1990er Jahre vor allem Ansätze hervorgetreten, die von der oben dargestellten dualistischen Konzeption der Hochschulen abweichen, ohne die öffentlich-rechtliche Organisationsstruktur aufzugeben. In diesen Kontext fällt neben dem Modell der Stiftungshochschulen auch der Ansatz, Hochschulen als reine Körperschaften des öffentlichen Rechts zu führen. Wegen ihrer aktuellen Bedeutung sollen diese Organisationsmodelle staatlicher Hochschulen nach einem kurzen Blick auf die privaten Hochschulen vorgestellt werden.

a) Private (nichtstaatliche) Hochschulen

Neben der unten noch näher dargestellten, vom Regelmodell abweichenden Organisation staatlicher Hochschulen ist zunächst darauf zu verweisen, dass das deutsche Hochschulsystem seit jeher private Hochschulen kennt, d.h. solche, die **in privater Trägerschaft** stehen und daher auch als **nichtstaatliche Hochschulen** bezeichnet werden können. Rahmenrechtlich ergibt sich aus § 70 HRG die Möglichkeit, diesen Hochschulen nach näherer Ausgestaltung durch das Landesrecht die Eigenschaft einer anerkannten Hochschule zu verleihen. Maßgebliches Wesensmerkmal der privaten (nichtstaatlichen) Hochschulen ist das Fehlen der öffentlichen-rechtlichen Organisation und staatlicher Finanzierung. Angesichts der Offenheit des § 70 HRG, die schon an dem verwandten Plural „Einrichtung*en*" (§ 70 Abs. 1 Satz 1 HRG) deutlich wird, fällt die Bestimmung dessen, was unter nichtstaatlichen Hochschulen zu verstehen ist, nicht immer

---

101 Näher *Pautsch*, Neue Organisationsmodelle für Hochschulen – ein Ländervergleich, in: IHF (Hrsg.), Beiträge zur Hochschulforschung 31 (2009), S. 36 ff.; siehe auch *Hener/Kaudelka/Kirst*, Stiftungshochschulen in Deutschland. Ein Zukunftsmodell? CHE-Arbeitspapier Nr. 110, 2008, S. 20 ff., und bereits *Sandberger*, Organisationsreform und -autonomie, Bewertung der Reformen in den Ländern, WissR 35 (2002), S. 125 ff.
102 Gemäß § 70 HRG.

einheitlich aus.[103] Zum Teil wird vertreten, dass hierunter außer den privaten Hochschulen i.e.S. – also solchen, die in privatrechtlicher Rechtsform geführt werden – auch die kirchlichen Hochschulen und die Hochschulen des Bundes fallen.[104] Dem kann insofern nicht gefolgt werden, als jedenfalls die **Hochschulen des Bundes**[105] angesichts ihrer Aufgabenbestimmung eindeutig dem öffentlich-rechtlichen Rechtsträger Bund zugeordnet werden können und schon von daher – unabhängig von der Länderzuständigkeit für den Hochschulbereich – als staatliche Hochschulen zu werten sind. Dies gilt umso mehr, als die an den Hochschulen des Bundes eingerichteten Studiengänge eine spezifische Nähe zur Körperschaft Bund aufweisen. Diese Zuordnung wird auch nicht dadurch in Frage gestellt, dass es aufgrund der kompetenzrechtlichen Vorgaben des Grundgesetzes für die Rechtsbeziehungen zwischen Studierenden und Bundes-Hochschule zu einer Anwendung des öffentlichen (staatlichen) Hochschulrechts der Länder kommt. Die Hochschulen des Bundes sind also insoweit gewissermaßen in das jeweilige Landeshochschulrecht „inkorporiert", was ihren Charakter als staatliche Hochschulen nur noch verstärkt.

31 Hinsichtlich der **kirchlichen Hochschulen** spricht vieles dafür, diesen trotz der Erwähnung in § 70 HRG einen eigenen Status zuzusprechen, der zwischen dem staatlicher und privater Hochschulen anzusiedeln ist, sofern sie als Einrichtungen einem als Körperschaft des öffentlichen Rechts zugeordneten kirchlichen Träger zuzuordnen sind.[106]

b) Organisationsalternativen staatlicher Hochschulen

32 Wie am Beispiel der sogleich näher behandelten neuen Organisationsmodelle einiger Länder zu zeigen sein wird, ist die in § 58 HRG angelegte dualistische Struktur der deutschen Hochschulen in der Praxis auch und gerade für den Bereich der in staatlicher Verantwortung stehenden Hochschulen durchbrochen worden. Die rechtliche Möglichkeit hierfür besteht bereits aufgrund des § 58 Abs. 1 Satz 2 HRG, der ausdrücklich die Möglichkeit vorsieht, Hochschulen in

---

103 Zum Meinungsstand *Reich*, Hochschulrahmengesetz, Kommentar, 11. Auflage, 2012, § 70 Rn. 1.
104 *Thieme*, Deutsches Hochschulrecht, 3. Auflage, 2004, Rn. 65.
105 Als Hochschulen des Bundes sind zu nennen die beiden Universitäten der Bundeswehr in Hamburg und München sowie die Fachhochschule für öffentliche Verwaltung mit ihren Abteilungen bzw. Fachbereichen für die Ausbildung des gehobenen Dienstes. Vgl. vertiefend dazu *Wangemann*, Die Verwaltung der Hochschule der Bundeswehr und das Problem ihrer Integration in eine Gesamthochschule, WissR 8 (1975), S. 37 ff.; *Wiese*, Die Hochschulen der Bundeswehr als Körperschaften des öffentlichen Rechts, WissR 11 (1978), S. 244 ff.
106 Näher zu den kirchlichen Hochschulen unten II.3.d.

anderer als der in § 58 Abs. 1 Satz 1 HRG vorgesehenen Form zu errichten. Es handelt sich um eine Rahmenregelung, der auch die Landeshochschulgesetze zum Teil gefolgt sind.[107] Der Gesetzgeber hatte den Gesetzgebungsmaterialien zufolge dabei neben privatrechtlichen Gesellschaftsformen wie der Gesellschaft mit beschränkter Haftung (GmbH) oder der Aktiengesellschaft (AG) vor allem auch die Rechtsform der Stiftung nach öffentlichem oder privatem Recht vor Augen. Da eine Umwandlung von Hochschulen in juristische Personen des Privatrechts im Wege einer Organisationsprivatisierung sowohl die Abgrenzung zur Privathochschule (§ 70 HRG) nicht erkennen lässt und sich zudem Problemstellungen hinsichtlich der staatlichen Aufsicht einstellen würden, beschränkt sich die Formenwahl in der Rechtspraxis vorrangig auf öffentlich-rechtliche Organisationsalternativen, wie sogleich an den Reformmodellen einiger Länder herauszustellen ist.[108] Vorauszuschicken ist, dass bei der Ausgestaltung alternativer Rechtsformen stets zu beachten ist, dass die neuen Modelle über ein hinreichendes demokratisches Legitimationsniveau verfügen und überdies sichergestellt ist, dass die gewählte Organisationsstruktur einen adäquaten Grundrechtsschutz mit Blick auf die Wissenschaftsfreiheit (Art. 5 Abs. 3 GG) bietet.[109]

aa) Hochschulen als rechtsfähige Körperschaften des öffentlichen Rechts

Davon ausgehend, dass bereits nach dem tradierten Modell der Hochschule der Körperschaftsstatus ein zentrales Wesensmerkmal in der Organisation von Universitäten und Fachhochschulen darstellt, sind mit dem TUD-Gesetz[110] in Hessen und dem Hochschulfreiheitsgesetz in Nordrhein-Westfalen Modelle entwickelt worden, bei denen die Hochschulen in rechtsfähige Körperschaften des öffentlichen Rechts umgewandelt wurden.[111]

---

107 Vgl. etwa § 5 Abs. 2 BrbHG.
108 Vgl. auch *Sandberger*, Organisationsreform und -autonomie – Bewertung der Reform in den Ländern, WissR 35 (2002), S. 125 ff. (128 f.).
109 *Geis*, in: Hailbronner/Geis (Hrsg.), Das Hochschulrecht in Bund und Ländern, Kommentar, § 59 HRG Rn. 23; *Pautsch*, Stiftungshochschulen in Deutschland, Rechtliche Grundlagen, Perspektiven und Grenzen eines Reformmodells, 2008, S. 49 ff.
110 Gesetz zur organisatorischen Fortentwicklung der Technischen Universität Darmstadt, TUD-Gesetz vom 5. Dezember 2004 (GVBl. I 2004, S. 283), nachfolgend: TUDG.
111 Ähnliches gilt nun etwa auch in Sachsen, vgl. § 2 Abs. 1 SächsHG.

(1) Technische Universität Darmstadt

34 In Hessen hat der Landesgesetzgeber im Jahre 2004 mit dem Gesetz zur organisatorischen Fortentwicklung der Technischen Universität Darmstadt neue Wege in der Hochschulorganisation beschritten.[112] Das TUD-Gesetz stellt gewissermaßen einen Akt experimenteller Gesetzgebung dar, da es dazu dient, durch Gewährung weitgehender Freiheitsrechte – etwa in den Bereichen Personal, Finanzen und Organisation – einen Modellversuch durchzuführen, der letztlich beispielgebend für alle übrigen Hochschulen des Landes sein soll.[113] Vor diesem Hintergrund wird die befristete Geltung – vom 1.1.2005 bis 31.12.2009 – verständlich. Für die Frage, ob die Veränderung der Organisationsform auch zu einem Autonomiegewinn geführt hat, ist besonders das Maß an Rückführung staatlicher Aufsichtsrechte bedeutsam. Prima facie ist zu bemerken, dass die übliche Unterscheidung zwischen staatlichen Auftragsangelegenheiten einerseits und Selbstverwaltungsangelegenheiten anderseits aufgehoben wurde. Dies folgt unmittelbar aus dem Wechsel des Rechtsstatus, der über § 2 TUD-Gesetz vollzogen wird. Danach hat die Hochschule den Status einer rechtsfähigen Körperschaft des öffentlichen Rechts erhalten, bei welcher die vormalige staatliche Trägerschaft durch eine unselbständige Anstalt entfallen ist. Damit verbunden ist ein Aufgabenmonismus, was besonders augenfällig wird, wenn man bedenkt, dass die ehedem staatlichen Aufgaben Personalangelegenheiten (§ 3 TUDG) sowie Grundstücks- und Bauangelegenheiten (§ 4 TUDG) der Körperschaft Hochschule übertragen worden sind. Mit der monistischen Aufgabenstruktur geht – ohne dass es hierfür ausdrücklicher Hervorhebung im TUDG bedarf – faktisch die Abschaffung der Fachaufsicht einher, da es an einem Aufgabenbestand fehlt, der insoweit ministerieller Weisung unterstehen könnte. Es verbleibt vielmehr eine Rechtsaufsicht, die ihren Ausdruck im Übrigen allgemein für alle hessischen Hochschulen in § 94 HessHG findet, der die präventiven Rechtsaufsichtsmittel Genehmigung[114] und Anzeige[115] regelt, die dem Minis-

---

112 Ausführlich dazu *Smeddinck*, Das TU-Darmstadt-Gesetz – Meilenstein der Hochschulautonomie?, WissR 41 (2008), S. 36 ff.
113 Vgl. *Smeddinck*, Das TU-Darmstadt-Gesetz – Meilenstein der Hochschulautonomie?, WissR 41 (2008), S. 36 ff. (43 ff.).
114 Die rechtsaufsichtliche Genehmigungspflicht erstreckt sich auf alle Satzungen der Hochschule mit Ausnahme der Studienordnung, der Benutzungsordnungen und der Geschäftsordnung für die Gremien (§ 94 Abs. 1 Nr. 1 HessHG), darüber hinaus die Bildung und Aufhebung von Fachbereichen und medizinischen Einrichtungen (§ 94 Abs. 1 Nr. 2 HessHG) und die Einführung und die Einstellung von grundständigen Studiengängen, soweit dies nicht Gegenstand von Zielvereinbarungen ist (§ 94 Abs. 1 Nr. 3 HessHG).
115 Lediglich anzeigepflichtig gegenüber dem Ministerium sind die Studienordnungen und die Geschäftsordnungen für die Gremien (§ 94 Abs. 5 Satz 1 HessHG).

terium übertragen sind. Hinsichtlich dieser Befugnisse kann mit Blick auf das TUD-Modell allerdings ein weitergehender Gewinn an organisationaler Autonomie gegenüber den übrigen Hochschulen verzeichnet werden, da insoweit die an sich dem Ministerium obliegenden Zuständigkeiten nach § 94 HessHG grundsätzlich auf das Präsidium der TUD übergegangen sind. Hiervon ausgenommen bleibt gemäß § 2 Abs. 3 Halbsatz 1 TUDG lediglich die Genehmigung der Grundordnung, die weiterhin dem Ministerium obliegt. Die Hochschule selbst, vertreten durch das Präsidium, erhält also auch im Rahmen der Rechtsaufsicht weitgehend die Stellung, die sonst das Ministerium innehat. Die externe Kontrolldichte ist damit in doppelter Hinsicht reduziert: zum einen wegen der faktisch entfallenen Fachaufsicht, zum anderen wegen der sehr weitgehenden Überantwortung der Rechtsaufsicht auf das Hochschulpräsidium der TUD.

(2) Hochschulfreiheitsgesetz Nordrhein-Westfalen und Folgemodelle als „Nur-Körperschaft"

In Zielrichtung und Inhalten mit dem vom TUD-Gesetz verfolgten Ansatz vergleichbar ist die Organisationsreform, die das Land Nordrhein-Westfalen mit dem Hochschulfreiheitsgesetz[116] im Jahre 2006 umgesetzt hat. Im Unterschied zu dem soeben dargestellten TUD-Modell handelt es sich dabei allerdings nicht um eine singuläre Reformmaßnahme bzw. einen Akt experimenteller Gesetzgebung, sondern vielmehr um eine flächendeckende Hochschulreform, die alle in staatlicher Verantwortung des Landes stehenden Hochschulen umfasst. Sie hat ebenfalls dazu geführt, dass die dualistische Hochschulorganisation aus staatlicher Anstalt und öffentlich-rechtlicher Körperschaft zugunsten einer rechtsfähigen – reinen – Körperschaft des öffentlichen Rechts abgeändert wurde.[117] So bestimmt § 2 Abs. 1 NWHG, dass die staatlichen Hochschulen vom Land getragene, rechtsfähige Körperschaften des öffentlichen Rechts sind. Damit einhergehend ist auch der Aufgabendualismus aufgehoben worden. Das NWHG n.F.

---

116 Gesetz über die Hochschulen des Landes Nordrhein-Westfalen (Hochschulgesetz – HG) vom 31. Oktober 2006 (= Artikel 1 des Hochschulfreiheitsgesetzes vom 31. Oktober 2006 (GV. NRW S. 474). Nachfolgend wird zur Verdeutlichung auch die Abkürzung HFG (für: Hochschulfreiheitsgesetz) gebraucht, um die Aspekte der damit verfolgten Reform klarer herauszustellen. Obschon die jüngste Novelle des Landeshochschulrechts durch das **„Hochschulzukunftsgesetz"** – HZG v. 16. September 2014, GVBl. S. 543 – den Status der Hochschulen als „Nur-Körperschaften" beibehält, ist sie erheblicher Kritik ausgesetzt, vgl. *von Coelln*, Zurück in die Zukunft, F&L 2014, S. 812ff.; *Gärditz*, Der Entwurf eines „Hochschulzukunftsgesetzes" Nordrhein-Westfalen: Ein Reformprojekt aus dem ministeriellen Elfenbeinturm, NWVBl. 2014, S. 125ff.
117 Vgl. auch *Hener/Kaudelka/Kirst*, Stiftungshochschulen in Deutschland. Ein Zukunftsmodell? CHE-Arbeitspapier Nr. 110, 2008, S. 20ff.

kennt somit nur noch den Aufgabentypus der den Hochschulen obliegenden Selbstverwaltungsaufgaben, wie sich aus § 2 Abs. 2 Satz 1 NWHG ergibt. Danach nehmen die Hochschulen die ihnen obliegenden Aufgaben *als Selbstverwaltungsangelegenheiten* wahr, wobei § 3 NWHG den Aufgabenbestand näher spezifiziert. Der freiheits- und damit autonomiefördernde Charakter der HFG-Reform korreliert mit einer stark reduzierten staatlichen Aufsicht nach § 76 NWHG. So unterstellt § 76 Abs. 1 Satz 1 NWHG die Hochschulen zwar grundsätzlich der verfassungsrechtlich grundsätzlich geforderten Rechtsaufsicht; diese ist allerdings im Wesentlichen auf Anzeigepflichten reduziert, wie sich bereits mit Blick auf die lediglich anzeigepflichtige Grundordnung zeigt. Nach der HFG-Reform ist somit nicht nur die Fachaufsicht faktisch abgeschafft, sondern darüber hinaus auch die – ohnehin schon weniger einschneidende – Rechtsaufsicht auf eine eingeschränkte Rechtmäßigkeitskontrolle reduziert, die weitgehend auf Mitwirkungsrechte des Ministeriums – etwa in Form von Genehmigungsvorbehalten – verzichtet.[118]

36 Den Rechtsstatus als „Nur-Körperschaft" haben neben den nordrhein-westfälischen Hochschulen auch die Universität des Saarlandes (§ 1 Abs. 1 Satz 1 SaarlUG) sowie nunmehr die Hochschulen in Sachsen-Anhalt (§§ 54 HSG LSA), Sachsen (§ 2 Abs. 1 SächsHG) und Schleswig-Holstein (§ 2 Abs. 1 SHHG). Anders als in Nordrhein-Westfalen besteht hier aber ein gewichtiger Unterschied insoweit, als trotz der rechtlichen Auflösung der tradierten dualistischen Hochschulkonzeption (Körperschaft des öffentlichen Rechts und zugleich staatliche Einrichtung) in den genannten Landeshochschulgesetzen im Übrigen weiter am sog. Aufgabendualismus festgehalten wird.[119] Es besteht also weiter die Differenzierung in akademische Selbstverwaltungsangelegenheiten und staatliche Angelegenheiten.[120]

bb) Stiftungsmodelle

37 In ungefährer zeitlicher Parallele[121] zu den bereits behandelten neuen Organisationsmodellen TUD-Gesetz in Hessen und HFG in Nordrhein-Westfalen, die zu einer Stärkung des Körperschaftsstatus geführt haben, sind – zunächst in Nie-

---

118 *Horst/Fragel*, Zur Reichweite und Abgrenzung der Kompetenzen von Hochschulleitung und Hochschulrat nach dem neuen Hochschulgesetz NRW, WissR 41 (2008), S. 274 ff. (281).
119 Vgl. *von Coelln*, in: Hartmer/Detmer, HSchR-Praxishandbuch, 2. Auflage, 2011, S. 290. Siehe auch *Krausnick*, Staat und Hochschule im Gewährleistungsstaat, S. 387 f. (Fn. 399).
120 *von Coelln*, in: Hartmer/Detmer, HSchR-Praxishandbuch, 2. Auflage, 2011, S. 290.
121 Lediglich das niedersächsische Stiftungsmodell ist bereits früher – im Jahre 2002 – umgesetzt worden.

dersachsen, danach in Hessen und Brandenburg – Stiftungsmodelle entwickelt worden, bei denen mit der Stiftung des öffentlichen Rechts eine weitere Rechts- und Organisationsform aus dem Bereich der mittelbaren Staatsverwaltung in das Spektrum an Organisationsformen deutscher Hochschulen eingeführt wurde.[122] Im Einzelnen ist es dabei durch die jeweiligen Landesgesetzgeber zu unterschiedlichen Ausgestaltungen gekommen, die sich in die beiden nachfolgend näher behandelten Kategorien der Rechtsträgermodelle (Niedersachsen und Brandenburg) und einem Einheitsmodell (Hessen, Schleswig-Holstein) unterscheiden lassen.

(1) Rechtsträgermodelle: Niedersachsen und Brandenburg
Vorreiter bei der Einführung von Stiftungshochschulen war das Land Niedersachsen, das bereits im Jahre 2002 im Landeshochschulgesetz die Option eröffnet hat, Hochschulen in die Trägerschaft einer Stiftung des öffentlichen Rechts zu überführen.[123] Das **Modell der Stiftungshochschule** ist nach seinem Grundverständnis **auf einen Rechtsträgerwechsel ausgerichtet**. An die Stelle des Landes Niedersachsen als bisherigem Träger aller staatlichen Hochschulen tritt eine rechtsfähige Stiftung des öffentlichen Rechts. Damit ändert sich am Status der Körperschaft Hochschule im Verhältnis zur früheren Rechtslage und an den damit verbundenen Körperschaftsangelegenheiten nahezu nichts. Die Hochschule selbst bleibt in ihrem Kern mitgliedschaftlich verfasst und damit weiterhin Körperschaft des öffentlichen Rechts mit dem Recht zur Selbstverwaltung,

---

122 Die „Stiftungsoption" – d.h. die Überführung einer Hochschule in die Trägerschaft einer öffentlich-rechtlichen Stiftung – besteht nunmehr auch in Nordrhein-Westfalen unter dem durch Art. 1 des Hochschulzukunftsgesetzes (HZG v. HZG v. 16. September 2014, GVBl. S. 543) novellierten NWHG, vgl. § 2 Abs. 1 NWHG n.F.
123 Eingehend hierzu *von Brünneck*, Verfassungsrechtliche Probleme der öffentlich-rechtlichen Stiftungshochschule, WissR 35 (2002), S. 21 ff.; *Conrads*, Die Hochschule in Stiftungsträgerschaft – ein tragfähiges Modell?, FS Schreiber, 2003, S. 1003 ff.; *Herfurth/Kirmse*, Die Stiftungsuniversität – Analyse einer neuen Organisationsform für Hochschulen, WissR 36 (2003), S. 51 ff.; *Ipsen*, Hochschulen in Trägerschaft von Stiftungen des öffentlichen Rechts – ein Beitrag Niedersachsens zur Hochschulreform?, NdsVBl. 2003, S. 1 ff.; *Löwer*, Das Stiftungsmodell Universität – ein neuer Weg?, WissR 38 (2005), Beiheft 15, S. 69 ff.; *Müller-Bromley*, Der Stiftungsrat in Niedersachsen – mehr Autonomie oder „das entfesselte Präsidium"?, Die neue Hochschule 2004, S. 13 ff.; *Palandt*, Stiftungshochschulen, Das niedersächsische Konzept, die Hochschulen auch finanziell selbständiger zu machen, HSW 2002, S. 202 ff.; *Pautsch*, Autonomiegewinn durch Rechtsträgerwechsel? Das Modell der niedersächsischen Stiftungshochschule, in: IHF (Hrsg.), Beiträge zur Hochschulforschung 2006, S. 28 ff.; *ders.* Stiftungshochschulen in Deutschland, Rechtliche Grundlagen, Perspektiven und Grenzen eines Reformmodells, 2008; *Smeddinck*, Die deregulierte Hochschule, DÖV 2007, S. 269 ff. (274 ff.).

nimmt also weiterhin ihre Aufgaben als Selbstverwaltungsaufgaben wahr und untersteht insoweit staatlicher Rechtsaufsicht, die nunmehr gemäß § 55 Abs. 4 Satz 1 NHG nicht mehr vom Ministerium, sondern von der Trägerstiftung wahrgenommen wird.[124] Bereits insoweit lässt sich eine engere Verzahnung von Stiftung und Körperschaft Hochschule feststellen. Die ehemaligen staatlichen Aufgaben, an denen das NHG nach wie vor für alle Nicht-Stiftungshochschulen festhält (vgl. § 47 Abs. 3 NHG), sind bei den Stiftungshochschulen zu *eigenen* Aufgaben der Stiftung (und damit faktisch deren Selbstverwaltungsaufgaben) geworden (gemäß § 55 Abs. 3 NHG), die ihrerseits – insoweit konsequent – nur der Rechtsaufsicht des Landes untersteht (§ 62 NHG). Durch diese von den übrigen in staatlicher Verantwortung stehenden Hochschulen des Landes abweichende Aufgabenstruktur ist bei den niedersächsischen Stiftungshochschulen letztlich die Fachaufsicht, die nach § 51 NHG für alle Nicht-Stiftungshochschulen des Landes weiterhin gilt, vollständig entfallen. Sie existiert weder im Verhältnis der Trägerstiftung zum Land, noch im Verhältnis der Körperschaft Hochschule zur jeweiligen Trägerstiftung. Bei den die Hochschule betreffenden Selbstverwaltungsangelegenheiten bleibt eine Rechtsaufsicht bestehen, die sich an § 51 NHG orientiert und gemäß § 60 Abs. 2 Satz 2 Nr. 7 NHG durch den Stiftungsrat als Organ der Trägerstiftung gegenüber der Körperschaft Hochschule wahrgenommen wird. Insoweit bleibt anzumerken, dass präventive Rechtsaufsichtsmittel in Gestalt von Genehmigungsvorbehalten – so etwa für Ordnungen der Hochschule (gemäß § 62 Abs. 4 NHG) – auch unter dem Stiftungsmodell fortbestehen. Deren Übertragung auf den Stiftungsrat – bis hin zur Genehmigung der Grundordnung – zeigt jedoch, dass der *ministerielle* Einfluss vollständig entfallen ist.

39   Das **BVerwG hat** – zum Teil in Fortführung der Argumentation des BVerfG in der sog. „Brandenburg-Entscheidung"[125] – **das niedersächsische Stiftungsmodell für verfassungskonform** erklärt.[126] Damit ist das BVerwG der Klage mehrerer aktiver und emeritierter Hochschullehrer sowie eines Bibliothekars gegen ihre Übernahme als ehedem unmittelbare Landesbeamte in den Dienst der Stiftung nicht gefolgt. In der Revisionsinstanz – wie auch bereits in der Berufungsinstanz vor dem OVG Lüneburg[127] – ist den Klägern der Erfolg ihrer gegen die Übernahme in den Dienst der Stiftung gerichteten Klagen versagt ge-

---

124 Dazu auch *Müller-Bromley*, Der Stiftungsrat in Niedersachsen – mehr Autonomie oder „das entfesselte Präsidium"?, Die neue Hochschule 2004, S. 13.
125 BVerfG, Beschluss v. 26.10.2004, – BvR 911, 927, 928/00 –, BVerfGE 111, 333 (336 f.).
126 BVerwG, Urteil vom 26.11.2009, – 2 C 15/08, BVerwGE 135, 286.
127 OVG Lüneburg, Urteil vom 5.12.2007, – 5 LB 344/07, BeckRS 2010, 46204; anders noch die Eingangsinstanz: VG Göttingen, Urteil vom 29.3.2006 – 3 A 510/03, BeckRS 2006, 22350.

blieben, die insbesondere auf der Argumentation gründeten, es fehle unter dem Stiftungsmodell an dem seit dem Hochschulurteil des BVerfG[128] verfassungsgerichtlich geforderten maßgebenden Einfluss der Hochschullehrer in wissenschaftsrelevanten Angelegenheiten. Der Stiftungsrat sei ein überwiegend mit externen Laien besetztes Gremium, bei dem zweifelhaft sei, ob es die ihm übertragenen Aufgaben in akademischen Angelegenheiten – insbesondere die Rechtsaufsicht über die Körperschaft Hochschule (vgl. § 55 Abs. 4) – wirkungsvoll wahrnehmen könne.[129] Dem ist das BVerwG entgegengetreten und hat in verfassungskonformer Auslegung erkannt, dass von den Vorschriften über die personelle Zusammensetzung des Stiftungsrates keine strukturelle Gefährdung für die Wissenschaftsfreiheit gemäß Art. 5 Abs. 3 Satz 1 GG ausgehe.[130] Auch unter dem Stiftungsmodell könne die in den §§ 55 ff. NHG vorgesehene Übertragung von Aufgaben auf den Stiftungsrat noch hingenommen werden, wenn dem Senat der Hochschule dauerhafter Einfluss auf die personelle Zusammensetzung des Stiftungsrats eingeräumt wird, was angesichts der absoluten Mehrheit der Gruppe der Hochschullehrer bei den stimmberechtigten Mitgliedern (vgl. § 41 Abs. 4 Satz 5 NHG) sichergestellt sei.[131]

Das **brandenburgische Stiftungsmodell**, das im Unterschied zum niedersächsischen in einem eigenständigen Stiftungsgesetz, dem Gesetz über die Errichtung der „Stiftung Europa-Universität Viadrina (Frankfurt/Oder)",[132] geregelt ist, vollzieht ebenfalls den zuvor dargestellten Rechtsträgerwechsel, mit dem auch die beschriebene Änderung der Aufgabenstruktur verbunden ist.[133] An die Stelle des Landes Brandenburg als bisherigem Träger der staatlichen Hochschulen tritt nunmehr nach § 1 Abs. 1 StiftG-EUV die „Stiftung Europa-Universität Viadrina (Frankfurt/Oder)" als rechtlich selbstständige Stiftung des

---

128 BVerfG, Urteil vom 29.5.1972 – 1 BvR 424/71 und 325/72, BVerfGE 35, 79 (123).
129 Vgl. etwa *Ipsen*, Hochschulen in Trägerschaft von Stiftungen des öffentlichen Rechts – ein Beitrag Niedersachsens zur Hochschulreform?, NdsVBl. 2003, S. 1 (3); aus neuerer Zeit *Geis/Krausnick*, Das Hochschulrecht im föderalen System der Bundesrepublik Deutschland, in: Härtel (Hrsg.), Handbuch Föderalismus, Bd. III, 2012, § 63 Rn. 42.
130 BVerwG, Urteil vom 26.11.2009 – 2 C 15/08, BVerwGE 135, 286 = NVwZ-RR 2010, S. 565 (569); dazu *Gärditz*, Die niedersächsische Stiftungshochschule vor dem Bundesverwaltungsgericht, WissR 43 (2010), S. 220 ff.; *Thiele*, Die Stiftungsuniversität auf dem verfassungsrechtlichen Prüfstand – Zugleich Anmerkung zum Urteil des Bundesverwaltungsgerichts vom 26.11.2009, 2 C 15/08, RdJB 2011, 336 ff.
131 BVerwG, Urteil vom 26.11.2009 – 2 C 15/08, BVerwGE 135, 286 = NVwZ-RR 2010, S. 565 (569).
132 StiftG-EUV vom 14. Dezember 2007.
133 Eingehend *Peine*, in: Knopp/Peine (Hrsg.), Brandenburgisches Hochschulgesetz, Kommentar, 2. Auflage, 2012, § 2 Rn. 3 ff.; *ders.*, Öffentlich-rechtliche Stiftungshochschulen, in: Knopp/Peine/Nowacki/Schröder (Hrsg.), Hochschulen im Umbruch, S. 61 ff. (64 ff.).

öffentlichen Rechts, welcher als Trägerin der staatlichen Europa-Universität Viadrina (Frankfurt/Oder) die Aufgabe zukommt, diese in ihrer Eigenschaft als Körperschaft des öffentlichen Rechts zu unterhalten und zu fördern (vgl. § 2 Abs. 1 und 2 StiftG-EUV).[134] Weitere Hochschulen sind dem Vorbild der Europa-Universität Viadrina bislang nicht gefolgt. Hinsichtlich der Frage, ob bzw. inwieweit mit dem neuen Organisationsmodell auch eine Reduktion der staatlichen Aufsicht verbunden wurde, zeigen sich auf den ersten Blick keine Unterschiede zum niedersächsischen Stiftungsmodell. So untersteht die Stiftung ihrerseits gemäß § 17 StiftG-EUV der Rechtsaufsicht des Landes, d.h. des für die Hochschulen zuständigen Ministeriums; gegenüber der Körperschaft Universität ist der Trägerstiftung – wie in Niedersachsen auch – die Rechtsaufsicht übertragen (§ 2 Abs. 4 StiftG-EUV), die gemäß § 8 Abs. 2 Satz 2 Nr. 8 StiftG-EUV beim Stiftungsrat liegt. Wenngleich damit ein prinzipieller Verzicht auf eine staatliche Fachaufsicht intendiert scheint, so ist dies gleichwohl nicht durchgängig umgesetzt worden. Die auch nach dem neuen Landeshochschulgesetz (2008) fortbestehende Fachaufsicht bei staatlichen Angelegenheiten ist hinsichtlich des Verhältnisses von Land, Stiftung und Universität nicht aufgehoben. Der Gesetzgeber bleibt beim StiftG-EUV vage, indem es in § 17 Abs. 2 StiftG-EUV heißt, dass die Stiftung bei der Durchführung von Bundesgesetzen, die das Land im Auftrag des Bundes ausführt, sowie bei der Ausübung der Rechtsaufsicht über die Universität an die Weisung des für die Hochschulen zuständigen Ministeriums gebunden ist. Mit dieser Formulierung wird eher mehr Unklarheit geschaffen, da anders als in Niedersachsen die Fachaufsicht offenkundig doch nicht gänzlich abgeschafft werden sollte (anders ließe sich die Bindung an die Weisungen des Ministeriums nicht erklären), sondern gleichsam im Rahmen einer „erweiterten Rechtsaufsicht" wieder auflebt.[135]

(2) Einheitsmodell: Stiftungsuniversitäten Frankfurt am Main und Lübeck

41 Gegenüber dem in Niedersachsen und Brandenburg eingeführten Trägermodell verfolgt das Land Hessen mit der 2007 eingeführten Stiftungsuniversität Frankfurt am Main ein Einheitsmodell. Dieses findet seine rechtliche Grundlage nicht in einem eigenen Errichtungsgesetz (wie in Brandenburg), sondern wurde im Rahmen der 4. Novelle des HessHG in das Hochschulgesetz durch Einfügung der §§ 100a bis k HessHG aufgenommen. Im Unterschied zu Niedersachsen und

---

134 *Peine*, in: Knopp/Peine (Hrsg.), Brandenburgisches Hochschulgesetz, Kommentar, 2010, § 2 Rn. 11.
135 Kritisch auch *Hener/Kaudelka/Kirst*, Stiftungshochschulen in Deutschland. Ein Zukunftsmodell? CHE-Arbeitspapier Nr. 110, 2008, S. 36.

Brandenburg bilden Stiftung und Hochschule im Falle der Stiftungsuniversität Frankfurt am Main eine Einheit, d.h. die vormalige Körperschaft des öffentlichen Rechts und zugleich staatliche Einrichtung Universität Frankfurt am Main wurde durch einen singulären Gesetzgebungsakt zu einer rechtlich selbstständigen Stiftung des öffentlichen Rechts (vgl. § 100a HessHG). Die Universität geht in ihrer Eigenschaft als Körperschaft des öffentlichen Rechts in der neuen Stiftung auf, der staatliche Anstaltscharakter entfällt. Angesichts dessen, dass der Körperschaftsstatus unter den Rechtsformen der mittelbaren Staatsverwaltung die typische Organisation für mitgliedschaftlich verfasste Personenverbände (wie eben auch Hochschulen) darstellt, erweist sich das Modell gewissermaßen als Systembruch. Es ist damit aber nicht als rechts- oder organisationswidrig einzustufen, da die den Hochschulmitgliedern über Art. 5 Abs. 3 GG gewährleisteten Partizipationsrechte auch unter dem **Stiftungsmodell** garantiert bleiben.[136] Für die hier interessierenden aufsichtsrechtlichen Fragen gilt Folgendes: Der Stiftungsuniversität Frankfurt am Main ist – wie den übrigen Hochschulen des Landes auch – das Recht der Selbstverwaltung garantiert. Dem Fachministerium obliegt dabei neben der Aufsicht nach § 93 HessHG, die nach wie vor eine Rechtsaufsicht (§ 93 Abs. 1 und 2 HessHG) *und* eine Fachaufsicht (§ 93 Abs. 3 HessHG) kennt, auch noch – dies ist eine „hessische Besonderheit" – die Stiftungsaufsicht nach dem Hessischen Stiftungsgesetz übertragen, die sich auch auf Stiftungen des öffentlichen Rechts erstreckt.[137] Dies folgt aus § 100d Abs. 2 HessHG, der allerdings in einem gewissen Widerspruch zu § 100c und § 100h HessHG steht, d.h. den Vorschriften, die der Stiftung die an sich staatlichen Aufgaben Grundstücks- bzw. Personalangelegenheiten übertragen. Die rechtsaufsichtlichen Genehmigungsvorbehalte des Ministeriums nach § 94 HessHG bleiben ebenfalls bestehen, gehen aber – mit Ausnahme der Grundordnung, die gemäß § 100d Abs. 2 Satz 2 i.V.m. § 100f Abs. 4 Nr. 1 HessHG der Zustimmung des Hochschulrates bedarf – auf das Präsidium der Stiftungshochschule über. Darüber hinaus kann der Senat im Einvernehmen mit dem Präsidium für besonders aufgezählte Bereiche Abweichungen von den gesetzlichen Bestimmungen beschließen (vgl. § 100d HessHG). In der Gesamtschau ist festzuhalten, dass das hessische Stiftungsmodell weitgehend die in § 93 HessHG vorausgesetzten Aufsichtsbefugnisse beim Land erhält und lediglich die rechtsaufsichtlichen Genehmigungs- und Mitwirkungsbefugnisse an die Hochschule verlagert.

---

136 Vgl. *Pautsch,* Stiftungshochschulen in Deutschland. Rechtliche Grundlagen, Perspektiven und Grenzen eines Reformmodells, 2008, S. 48 ff.
137 Damit kann unter dem Stiftungsmodell gar noch ein Anstieg der staatlichen Aufsicht konstatiert werden.

42 Im Zusammenhang mit der Diskussion um ihre mögliche Schließung bzw. Fusionierung ist auch in Schleswig-Holstein – allerdings ebenso wie in Hessen lediglich bezogen auf den betreffenden Einzelfall – die **Universität zu Lübeck** mit Wirkung vom 1.1.2015 durch das Gesetz über die Stiftungsuniversität zu Lübeck (StiftULG) vom 24. September 2014[138] in eine Stiftung des öffentlichen Rechts umgewandelt worden. Trotz anderslautender Einschätzung[139] handelt es sich juristisch betrachtet um ein Einheitsmodell und nicht um die Überführung in die Trägerschaft einer öffentlich-rechtlichen Stiftung. Dies folgt eindeutig aus § 1 Abs. 1 des StiftULG, der bestimmt, dass die rechtsfähige Körperschaft öffentlichen Rechts „Universität zu Lübeck" (Universität) mit Wirkung vom 1. Januar 2015 als Hochschule des Landes in eine rechtsfähige Stiftung des öffentlichen Rechts mit Sitz in Lübeck (Stiftungsuniversität) überführt wird. Ziel dieses Modells ist es, mittelfristig Zustiftungen in signifikanter Höhe einzuwerben und damit das finanzielle Fundament der überwiegend auf den Bereich der Medizin bzw. verwandte Fächer ausgerichteten Universität dauerhaft zu stärken.[140]

cc) Karlsruher Institut für Technologie (KIT) als Sonderfall

42a Unter den alternativen Organisationsmodellen ist schließlich noch auf den Sonderfall des Karlsruher Instituts für Technologie (KIT) hinzuweisen.[141] Es handelt sich um ein Konstrukt, das durch die Fusion der früheren Universität Karlsruhe und dem Forschungszentrum Karlsruhe, einer außeruniversitären Forschungseinrichtung, im Jahre 2009 entstanden ist. Seine Gründung beruht auf einem eigenständigen Errichtungsgesetz.[142] Nach § 3 Abs. 1 KITG ist das KIT öffentlich-rechtliche Körperschaft und zugleich staatliche Einrichtung, orientiert sich also an dem dualistischen Modell der Hochschulorganisation. Unterschiede bestehen vor allem in der Binnenstruktur, die in die unselbständigen Aufgabenbereiche „Universität" und „Großforschung" geteilt ist. Das Modell ist vor allem darauf ausgerichtet, universitäre Grundlagenforschung und außeruniversitäre Großforschung zur Nutzung von Synergien enger – institutionell – miteinander zu verknüpfen. In juristischer Perspektive erscheint es indes zwei-

---

138 GVOBl. 2014, 306.
139 So etwa der Generalsekretär der VolkswagenStiftung, *Wilhelm Krull*, im Vorwort des Wissenschaftsmagazins Impulse 2/2015, S. 3.
140 Vgl. etwa die Eigendarstellung der Universität unter https://www.uni-luebeck.de/universitaet/alumni-und-foerderer/stiftungsuniversitaet.html.
141 Näher auch *von Coelln*, in: Hartmer/Detmer, HSchR-Praxishandbuch, 2. Auflage, 2011, S. 294.
142 KIT-Zusammenführunsggesetz (KITG) v. 14.7.2009, BWGBl. S. 317; zu den Zielen siehe den Gesetzentwurf der Landesregierung LT-Drs. 14/4600.

felhaft, ob das Konstrukt verfassungsrechtlichen Vorgaben standhält, oder aber möglicherweise wegen der Zuordnung zu unterschiedlichen Rechsträgern – Universitätsbereich als Teil des Landes Baden-Württemberg, der Großforschungsbereich als Teil der im Zusammenhang mit den Gemeinschaftsaufgaben nach Art. 91b GG geförderten Hemholtz-Gemeinschaft – nicht gar einen Fall unzulässiger Mischverwaltung darstellt.[143]

Rechtlich nur bedingt in den Kontext des „KIT-Modells" – wohl aber von der wissenschaftspolitischen Intention her gesehen – gehört der ebenfalls auf Exzellenzsteigerung in den Natur- und Igenieurwissenschaften angelegte – zwischenzeitlich auf Betreiben der neuen niedersächsischen Landesregierung aber mit Wirkung vom 1.1.2015 wieder aufgelöste[144] – Zusammenschluss der technisch-naturwissenschaftlichen Fakultäten der Technischen Universität Braunschweig, der Technischen Universität Clausthal und der Leibniz-Universität Hannover zur Niedersächsischen Technischen Hochschule (NTH) zum 1.1.2009.[145] Unter diesem Modell, an dem zudem auch keine außeruniversitäre Forschungseinrichtung beteiligt war, verblieben die einzelnen Hochschulen in ihrer rechtlichen Selbständigkeit, sollten aber die Spitzenforschung im naturwissenschaftlich-technischen Bereich bündeln. Die beteiligten Universitäten bildeten – im Sinne eines Verwaltungsgemeinschaftsmodells – eine eigenständige Körperschaft des öffentlichen Rechts mit dem Recht der Selbstverwaltung (vgl. § 1 Abs. 1 NTHG). Die in dieses Konstrukt gesetzten Erwartungen scheinen sich indes auch mit Blick auf die Leitungs- und Verwaltungsstrukturen nicht erfüllt zu haben, was in der Folge zur Auflösung des Verbundes führte.[146]

42b

dd) Zusammenfassende Bewertung der alternativen Organisationsmodelle
In der Zusammenschau ergibt sich aus den dargestellten alternativen Organisationsmodellen – unter Ausblendung der Sonderfälle des KIT und der aufgelösten NTH – eine differenzierte Ausgestaltung der staatlichen Aufsicht. Dabei wird deutlich, dass alle Modelle zu einer Reduktion der Fach- bzw. Rechtsauf-

43

---

143 Zu den verfassungsrechtlichen Fragen etwa kritisch *Sieweke*, Zur Verfassungsmäßigkeit der Fusion der Universität Karlsruhe mit dem Forschungszentrum Karlsruhe, VBlBW. 2009, S. 290 ff.; anders *Wagner*, Das KIT-Gesetz verfassungswidrig?, VBlBW 2010, S. 133 ff.
144 Vgl. http://www.mwk.niedersachsen.de/aktuelles/presseinformationen/niedersaechsische-technische-hochschule-hat-erwartungen-nicht-erfuellt---128582.html.
145 Gesetz zur Errichtung der Niedersächsischen Technischen Hochschule (NTHG) vom 15.12.2008, Nds. GVBl. 2008, S. 416. Dazu *Gawron/Ramin*, Das Gesetz zur Errichtung der Niedersächsischen Technischen Hochschule, NordÖR 2009, S. 392ff.
146 Vgl. wiederum http://www.mwk.niedersachsen.de/aktuelles/presseinformationen/niedersaechsische-technische-hochschule-hat-erwartungen-nicht-erfuellt---128582.html.

sicht führen und damit grundsätzlich geeignet erscheinen, die **Hochschulautonomie in einem stärkeren Maße zu befördern**, als dies unter dem klassischen Modell der Hochschulorganisation der Fall ist. Sowohl die Körperschaftsmodelle (TUDG, HFG) als auch die Stiftungsmodelle belegen anhand ihrer Organisations- und Aufgabenstruktur sowie der daraus abzuleitenden Ausgestaltung der staatlichen Aufsicht, dass sie einen Zugewinn an organisationaler Autonomie im hier verstandenen Sinne hervorbringen können.

3. Hochschularten

a) Universitäten

44 Über einen langen Zeitraum hinweg existierte als Hochschultyp lediglich die Universität, die „Hohe Schule".[147] Sie war als „Gemeinschaft der Lehrenden und Lernenden" (universitas magistrorum et scholarium) konzipiert und als **„universitas litterarum"** der Gesamtheit ihrer Fächer verpflichtet. Insoweit ist bis in die Gegenwart hinein der Begriff der **Volluniversität** als einer Universität mit umfassendem Fächerkanon gebräuchlich.

45 Die Universität war ursprünglich vom Schulwesen nicht zu trennen, erhielt allerdings im Zuge der weit reichenden Preußischen Reformen unter Wilhelm von Humboldt mit Beginn des 19. Jahrhunderts ihre Eigenständigkeit. Das heutige – diversifizierte – Hochschulsystem kann im Grunde nur durch eine Abgrenzung von der Universität her erfolgen. Denn erst mit Beginn des 20. Jahrhunderts entwickelten sich **neben der Universität** und über diese hinaus vielfältige **unterschiedliche Bildungseinrichtungen**, die allesamt dem sogenannten **tertiären Sektor zuzuordnen** sind. Die nachfolgende Darstellung soll dieser Entwicklung Rechnung tragen und die wichtigsten Hochschularten in ihrem Wesen und ihrer Ausrichtung darstellen. Zu den ersten Hochschulen, die sich als wissenschaftliche Einrichtungen neben den Universitäten entwickelten, sind die Technischen Hochschulen zu nennen, die ehedem sogenannte Polytechnische Schulen oder Bau- oder Gewerbeakademien waren und nach dem Zweiten Weltkrieg nahezu komplett den Status einer Technischen Universität erhielten.[148] Diese **Aufwertung der früheren Technischen Hochschulen zu Technischen Universitäten** erscheint insofern als gerechtfertigt, als diese Einrichtungen über die Jahrzehnte ihrer Entwicklung nicht mehr nur technische Wissenschaften, insbesondere Ingenieurwissenschaften, sondern in größerem

---

[147] Eingehend dazu oben A.I sowie *Thieme*, Deutsches Hochschulrecht, 3. Auflage, 2004, Rn. 49.
[148] *Thieme*, Deutsches Hochschulrecht, 3. Auflage, 2004, Rn. 49.

Umfang auch naturwissenschaftliche Fächer und sogar Geistes- und Sozialwissenschaften in ihren Fächerkanon aufgenommen haben.[149] Vom Status den Universitäten als ebenbürtig gelten zudem vor allem die **Medizinischen Hochschulen,** daneben die Handelshochschulen und Bergakademien.[150]

Maßgebliche **Kennzeichen von Universitäten** sind neben der – indes nicht mehr durchgehend anzufindenden – **Breite der wissenschaftlichen Ausbildung** die **prinzipielle Ausrichtung aller Fächer auf eine Grundlagenforschung** und die **Zuerkennung des Promotions- und Habilitationsrechts.**[151] Damit korrespondiert eine im Vergleich zu anderen Hochschultypen deutlich verbesserte Ausstattung mit Personal- und Sachmitteln, was insbesondere am Vorhandensein eines **akademischen Mittelbaus** deutlich wird. Diese Charakteristika der Universität als Hochschultyp sind als systembildend anzusehen und haben den **materiellen Hochschulbegriff** maßgeblich geprägt, der angesichts der Herausbildung vielfältiger neuer Hochschultypen mehr und mehr durch einen formellen Hochschulbegriff abgelöst wird. Wie angedeutet, wird der Charakter der Universität durch einen Vergleich mit und eine Abgrenzung von anderen Hochschultypen deutlicher.

b) Fachhochschulen

Mit den Fachhochschulen hat sich im Hochschulsystem der Bundesrepublik Deutschland ein weiterer Hochschultypus etabliert, der hinsichtlich seines Status nicht nur als gefestigt gelten kann, sondern darüber hinaus eine ganz maßgebliche zweite Säule neben den Universitäten darstellt.[152] Die Entwicklung der Fachhochschulen geht auf bildungspolitische Konzeptionen der 1960er Jahre zurück, mit denen eine Umwandlung der Vorgängereinrichtungen – insbesondere staatlicher Ingenieurschulen und höherer Fachschulen des Sozialwesens – zu eigenständigen Hochschulen erfolgen sollte.

In ihrem **Studienangebot** haben sich die Fachhochschulen traditionell von den Universitäten abgehoben, wenngleich das Spektrum neben den **ursprünglich** fast ausschließlich angebotenen **ingenieur- und sozialwissenschaftlichen Studiengängen** kontinuierlich **um wirtschafts-, natur- und rechtswissenschaftliche sowie gestalterische Studiengänge erweitert** wurde. Der Wandel der Fachhochschulen zu vollwertigen Hochschulen lässt sich auch anhand der

---

149 *Thieme,* Deutsches Hochschulrecht, 3. Auflage, 2004, Rn. 49.
150 *Thieme,* Deutsches Hochschulrecht, 3. Auflage, 2004, Rn. 49.
151 S. auch *Thieme,* Deutsches Hochschulrecht, 3. Auflage, 2004, Rn. 49.
152 Dazu auch *Teichler,* Hochschulstrukturen im Umbruch, Eine Bilanz der Reformdynamik seit vier Jahrzehnten, S. 175.

verliehenen akademischen Grade aufzeigen. Waren es ursprünglich die Graduierung, kenntlich gemacht durch den Zusatz (grad.), später dann der anerkannte akademische Grad des Diploms – allerdings stets mit dem Klammerzusatz (FH) zu versehen –, ist nunmehr bedingt durch den Bologna-Prozess und die Einführung von Bachelor- und Mastergraden eine nahezu vollständige Angleichung der Abschlüsse an das universitäre System zu konstatieren.[153]

49 Die Abgrenzungsfragen zur Universität, die nach wie vor häufig an der Frage der **Anwendungsbezogenheit von Forschung und Lehre** und der **besonderen Bedeutung der Lehre** festgemacht werden, können spätestens vor dem Hintergrund des Bologna-Prozesses nicht mehr in der bisherigen Klarheit beantwortet werden, da sich die Fachhochschulen zu stabilen Hochschulen weiterentwickelt haben.[154] Eine Vielzahl von Fachhochschulen hat nicht nur in der Lehre, sondern gerade auch in der Forschung erhebliche Fortschritte zu verzeichnen, und dies, obwohl ihre Ausstattung – schon wegen des faktisch fehlenden akademischen „Mittelbaus" – traditionell hinter den Universitäten zurückbleibt. Die Emanzipation der Fachhochschulen im Hochschulwesen deutet insgesamt in eine positive Richtung, ohne dass es angezeigt wäre, die funktionale Abgrenzung zu den Universitäten aufzugeben. Augenfälliger Ausdruck dieser Emanzipation ist etwa die Tendenz, die Fachhochulen verstärkt in „Hochschulen" oder **„Hochschulen für angewandte Wissenschaften"** umzubenennen.[155] Die Berufungspolitik vieler Fachhochschulen leidet trotz der seit Einführung der W-Besoldung bestehenden Möglichkeit, sowohl Professuren nach Besoldungsgruppe W 2 und W 3 einzurichten, nach wie vor daran, dass die Ausstattung sowie die Verfügbarkeit nennenswerter Berufungszulagen bei der Gewinnung qualifizierten Personals Hindernisse darstellen. In diesem Kontext ist der Gesetzgeber – ebenso wie die staatliche Wissenschaftsverwaltung der Ministerien – angehalten, für adäquate Abhilfe zu sorgen, will man dauerhaft

---

153 Vgl. auch *Winkel*, Wie soll es weitergehen? Überlegungen zur Fortentwicklung des deutschen Hochschulsystems unter besonderer Berücksichtigung von Fachhochschulbelangen, FS Rieger, 2010, S. 63 ff. (64 f.).
154 Vgl. etwa den Wissenschaftsrat, Empfehlungen zur Rolle der Fachhochschulen im Hochschulsystem, http://www.wissenschaftsrat.de/download/archiv/10031-10.pdf; siehe auch *Winkel*, Wie soll es weitergehen? Überlegungen zur Fortentwicklung des deutschen Hochschulsystems unter besonderer Berücksichtigung von Fachhochschulbelangen, FS Rieger, 2010, S. 63 ff. (64 f.).
155 So jüngst in Baden-Württemberg mit der letzten Änderung des Landeshochschulgesetzes in §§ 1 Abs. 2 Nr. 4, 2 Abs. 1 Nr. 4 BWHG sowie in Niedersachsen bspw. in § 2 Abs. 1 S. 1 Nr. 1 und 2 NHG. Dem war indes bereits seit längerer Zeit die englische Bezeichnung als „universities of applied sciences" vorausgegangen.

hohe Qualitätsstandards in Lehre und anwendungsbezogener Forschung an Fachhochschulen aufrecht erhalten.

Ein Sonderproblem – allerdings nicht von minderer Bedeutung – ist die Frage nach dem **Promotionsrecht für Fachhochschulen**.[156] Die Möglichkeiten für Fachhochschulabsolventen, an Universitäten zu einem Promotionsverfahren zugelassen zu werden, sind leicht gestiegen. Die Hürden eines solchen Verfahrens liegen allerdings weiterhin hoch, obschon nach der Ratio des Bologna-Prozesses eine Gleichstellung der Abschlüsse von Universitäten und Fachhochschulen erreicht werden sollte und damit ein qualifizierter Master-Abschluss einer Fachhochschule grundsätzlich – d.h. in Abhängigkeit weiterer, auch für Universitätsabsolventen geltender Voraussetzungen – den Zugang zur Promotion eröffnet.[157] Angesichts der dargestellten Hürden für einen Promotionszugang an Universitäten stellt es sich als hochschulpolitisches Desiderat dar, die Einführung eines partiellen – fachbezogenen – Promotionsrechts an solchen Fachhochschulen, die über Schwerpunkte bzw. ein gefestigtes Profil in der angewandten Forschung verfügen, zu forcieren.[158] Gegebenenfalls kann dies durch eine professurbezogene Verleihung des Promotionsrechts umgesetzt werden. In diesem Kontext sind dieselben Qualitätsparameter zugrunde zu legen, die für eine Promotion an Universitäten auch anzulegen sind. Mitunter wäre es angezeigt, zur Qualitätssicherung auch in diesem Bereich künftig stärker auf die Instrumente von Evaluierung und Akkreditierung zu setzen, und zwar an beiden Hochschultypen gleichermaßen. Die aktuelle Entscheidung des BVerfG[159] zur Geltung der Wissenschaftsfreiheit für Professoren der Fachhochschulen könnte diese Tendenz verstärken und die Ermöglichung von Promotionen an Fachhochschulen – zumindest aber durch Fachhochschulprofessoren – beschleunigen.[160] Jedenfalls stößt die Verleihung des Promotionsrechts auch an Fachhoch-

---

156 Dazu jüngst *Hermann*, Promotionsrecht der Fachhochschulen – Gefährdung der Wissenschaft?, WissR 47 (2014), S. 237 ff.; *Pautsch*, Promotionsrecht für Fachhochschulen: nunmehr verfassungsgemäß?, NVwZ 2012, S. 674 ff.
157 Nach § 65 Abs. 2 BremHG gilt etwa ein gleichberechtigter Zugang.
158 Vgl. etwa das Positionspapier des *Hochschullehrerbundes* „Promotionsrecht für forschungsstarke Fachhochschulen" vom 14. Juli 2010, abrufbar unter http://www.hlb.de/uploads/media/hlb-Stellungnahme-Promotionsrecht.pdf.
159 BVerfG, Beschluss vom 13.4.2010 – 1 BvR 216/07 – = BVerfGE 126, 1 = NVwZ 2010, S. 1285 ff.; bestätigt jüngst in BVerfG, Beschluss vom 3.9.2014 – 1 BvR 3048/13 – = NVwZ 2015, S. 432 (433); siehe zu dieser gewandelten Rechtsprechung *Gärditz*, Zur Lehrfreiheit des Fachhochschullehrers – Anmerkung zu BVerfG, Beschl. v. 13.4.2010 – 1 BvR 216/07, JZ 2010, S. 952 ff.; *Geis*, Die Entwicklung des Hochschulrechts von 2008 bis 2012, DV 45 (2012), S. 525 (526 f.); *Vahle*, Zur Frage des Ausmaßes der Lehrfreiheit eines Fachhochschullehrers, DVP 2011, S. 79 ff.
160 So zutreffend *Waldeyer*, Die Professoren der Fachhochschulen als Träger des Grundrechts der Wissenschaftsfreiheit, NVwZ 2010, S. 1279 ff. (1282).

schulen nicht mehr auf verfassungsrechtliche Bedenken, da das BVerfG den Fachhochschulen nunmehr ausdrücklich wissenschaftlichen Charakter zuspricht.[161] Die Vorstöße einiger Länder wie etwa Baden-Württemberg, entsprechende Öffnungsklauseln für die Promotion an Fachhochschulen vorzusehen, belegen die Entwicklungsoffenheit des Hochschulrechts sowie den Trend einer Angleichung unter den Hochschultypen.[162] Gleichwohl ist vor einer allzu voreiligen Zuerkennung des Promotionsrechts auch an Fachhochschulen bzw. Fachhochschullehrer Vorsicht geboten. Neben einer nach wie vor vorhandenen Spreizung in der wissenschaftlichen Qualifikation der Professoren an Fachhochschulen – zum Teil exisiert, gerade an den Fachhochschulen für den öffentlichen Dienst (siehe sogleich Rn. 51), ausbildungsgangbedingt und daher nachvollziehbar noch eine nicht unerhebliche Zahl an berufenen Professoren ohne eigene Promotion zum ausschließlichen Einsatz in der Lehre – wirken zudem das nach wie vor mit 18 SWS angesetzte hohe Lehrdeputat auch forschungsaffiner Fachhochschulprofessoren sowie das Fehlen eines akademischen Mittelbaus eher als Hemmschuh denn als Motor eines Ausbaus der Forschungsaktivität von Fachhochschulen. Es wäre – verbunden mit einer deutlichen Reduktion des Lehrdeputats – somit zunächst einmal die Grundlage dafür zu schaffen, dass eine adäquate Forschungsstruktur an den Fachhochschulen möglich wird. Der Gesetzgeber sollte daher erwägen, in dem Maße, in welchem etwa auch Lehrprofessuren an den Universitäten mit erhöhtem Deputat geschaffen werden, in noch stärkerem Maße Forschungsprofessuren mit angesenktem Deputat (etwa 12 SWS) an den Fachhochschulen vorzusehen. In der Gesamtschau erscheint es indes vorzugswürdiger, vorerst den Weg einer Verstärkung der kooperativen Promotionsverfahren – ggf. im Rahmen gemeinsamer Promotionsprogramme – zwischen Universitäten und Fachhochschulen zu beschreiten, als den Fachhochschulen gleich das volle eigene Promotionsrecht zuzugestehen. Die Rahmenbedingungen deuten eher darauf hin, dass dieses Unterfangen möglicherweise an der fehlenden Forschungsinfrastruktur zu scheitern droht.[163]

51 Gewissermaßen einen Sonderstatus nehmen unter den Fachhochschulen traditionell die **Fachhochschulen für öffentliche Verwaltung** und **Rechts-**

---

161 *Pautsch*, Promotionsrecht für Fachhochschulen: nunmehr verfassungsgemäß?, NVwZ 2012, S. 674 (675f.).
162 Vgl. die Weiterentwicklungsklausel in § 76 Abs. 2 BWHG, wonach durch das Wissenschaftsministerium „(...)einem Zusammenschluss von Hochschulen für angewandte Wissenschaften, dessen Zweck die Heranbildung des wissenschaftlichen Nachwuchses und die Weiterentwicklung der angewandten Wissenschaften ist, nach evaluations- und qualitätsgeleiteten Kriterien das Promotionsrecht befristet und thematisch begrenzt (...)" verliehen werden kann.
163 *Pautsch*, Promotionsrecht für Fachhochschulen: nunmehr verfassungsgemäß?, NVwZ 2012, S. 674 (676).

pflege ein, die als interne Hochschulen der Länder eingerichtet sind, um für die Laufbahnen des gehobenen allgemeinen (nichttechnischen) Verwaltungsdienstes in allen Zweigen der öffentlichen Verwaltung sowie der Rechtspflege auszubilden. Gegenüber den herkömmlichen „externen" Fachhochschulen sind sie zwar auch mit einem akademischen Selbstverwaltungsrecht ausgestattet, und die Lehrenden – Professoren und Hochschuldozenten – können sich auf die Gewährleistungen der Wissenschaftsfreiheit, insbesondere die Lehrfreiheit, berufen. Indes bleibt der „interne Charakter" insoweit bestehen, als diese Fachhochschulen organisationsrechtlich eine mehr oder weniger verselbständigte Einrichtung des jeweils zuständigen Fachministeriums sind, mit anderen Worten im Regelfall also jedenfalls keine eigenständigen Körperschaften des öffentlichen Rechts darstellen.[164] Die Studierenden dieser Hochschulen stehen in einem Beamtenverhältnis zum jeweiligen Dienstherrn und erhalten Anwärterbezüge. Die Ausbildung an den Fachhochschulen für öffentliche Verwaltung bzw. Rechtspflege hat sich im Wesentlichen bewährt. Allerdings sind – nicht zuletzt auch angesichts der öffentlichen Haushaltslage – verstärkt Tendenzen erkennbar, von der internen – mit einer Verbeamtung der Studierenden verbundenen – Ausbildung zugunsten einer Externalisierung, d.h. Verlagerung der Ausbildung auf externe Fachhochschulen – zumeist in weiter gefassten Bachelor- und Masterprogrammen (etwa Public Management) –, abzurücken.[165]

Die Diskussionen um die Weiterentwicklung der Fachhochschulen innerhalb des bestehenden Hochschulsystems sind derzeit von drei Optionen – Rückkehr zur funktionalen Zweistufigkeit (Universitäten einerseits, Fachhochschulen andererseits), institutioneller Integration sowie Ausdifferenzierung unter Wettbewerbsbedingungen – geprägt.[166] Der Prozess wird mit der Verlagerung der Zuständigkeit für die Hochschulorganisation in die Zuständigkeit der Län-

---

[164] Anders aber etwa in Baden-Württermberg, wo gemäß § 1 Abs. 2 Nr. 6 BWHG eine vollständige Gleichstellung der nach § 69 BWHG errichteten besonderen Hochschulen für den öffentlicehn Dienst mit den übrigen (externen) Hochschulen für angewandte Wissenschaften des Landes hergestellt ist. Sie sind somit insbesondere auch Körperschaften des öffentlichen Rechts mit Selbstverwaltungsrecht.
[165] Beispiele aus jüngerer Zeit finden sich zahlreich; so hat etwa das Land Niedersachsen die ehemalige Verwaltungsausbildung für gehobenen Dienst weitgehend externalisiert, den Kommunen jedoch mit Errichtung einer – kommunal getragenen und staatlich anerkannten – Kommunalen Hochschule für Verwaltung in Niedersachsen die akademische Ausbildung des eigenen Verwaltungsnachwuchses überlassen, vgl. § 67a NHG.
[166] So die zutreffende Differenzierung bei *Winkel*, Wie soll es weitergehen? Überlegungen zur Fortentwicklung des deutschen Hochschulsystems unter besonderer Berücksichtigung von Fachhochschulbelangen, FS Rieger, 2010, S. 63 ff. (65 ff.). Siehe zur Entwicklung der Fachhochschulen auch *Teichler*, Hochschulstrukturen im Umbruch, S. 191 ff.

der dynamischer ausfallen als in der bisherigen Entwicklungsgeschichte der Fachhochschulen.

c) Kunst- und Musikhochschulen

53 Die Rolle und der Status der Kunst- und Musikhochschulen (auch allgemein: künstlerische Hochschulen) im deutschen Hochschulsystem ist bis heute nicht gänzlich geklärt, wenngleich maßgebliche Fragen – etwa der Professorenbesoldung und der Aufgabenstellung – mittlerweile umfassend durch die Landeshochschulgesetze geregelt werden.[167] Die Aufgabenstellung besteht – anders als bei den übrigen Hochschulen – nicht allein und zuvörderst in der Pflege der Wissenschaft, sondern vielmehr vorrangig in der Pflege der (bildenden) Kunst und der Musik. Die Übergänge zu anderen, partiell artverwandten Studiengängen wie Architektur oder Kunstgeschichte liegt nahe und kommt auch im Fächerspektrum und Profil der Hochschulen zum Ausdruck.[168]

54 Die formelle Zuordnung der künstlerischen Hochschulen zu den Hochschulen dürfte im Allgemeinen außer Frage stehen, wenngleich in materieller Hinsicht offen bleibt, ob es sich hierbei um Einrichtungen des tertiären Sektors handelt, die eher den Universitäten oder aber eher dem Bereich der sonstigen Hochschulen zuzuordnen sind. Nach hier vertretener Auffassung spielt die Unterscheidung zwar wegen der prinzipiellen Vorzugswürdigkeit des formellen Hochschulbegriffs keine entscheidende Rolle, lässt aber doch Rückschlüsse auf die grundlegenden Befugnisse zu. Bestand in der Vergangenheit mangels Bedarfs der Kunst- und Musikhochschulen kein Anlass, über ein Promotions- oder gar Habilitationsrecht dieser Einrichtungen nachzudenken, stellt sich diese Frage dieser Tage ganz anders. Vor diesem Hintergrund wird auch die Frage der Zuordnung wieder relevant, und es finden sich etwa Kunsthochschulen, die über ein Promotionsrecht verfügen.[169] Materiell-rechtlich sind die Kunsthochschulen daher – unabhängig von dem grundsätzlich vorzugswürdigen formellen Hochschulbegriff – als den Universitäten vergleichbare Einrichtungen anzusehen.[170]

---

[167] Zum Organisationsrecht *Gärditz*, Hochschulorganisation und verwaltungsrechtliche Systembildung, 2009, S. 615 ff.
[168] So finden sich an manchen Kunsthochschulen auch grundständige Studiengänge außerhalb der bildenden Künste i.e.S., etwa die Lehramtsausbildung von Kunsterziehern.
[169] So verleiht etwa die Hochschule für bildende Künste Hamburg im Rahmen eines Promotionsstudienprogrammes den akademischen Grad eines Dr. phil. in art. (philosophiae in artibus).
[170] In der Tendenz so wohl auch *Gärditz*, Hochschulorganisation und verwaltungsrechtliche Systembildung, 2009, S. 617.

d) Kirchliche Hochschulen

Neben der Ausbildung an den Theologischen Fakultäten, die an staatlichen Hochschulen gebildet sind,[171] haben insbesondere die Katholische[172] und die Evangelische[173] Kirche eigene Hochschulen errichtet. Neben Einrichtungen, die als wissenschaftliche Einrichtungen der Ausbildung des eigenen theologischen Nachwuchses bzw. religionspädagogischen Lehrpersonals dienen, existieren auch kirchliche Fachhochschulen, an denen eine vorwiegend sozialpädagogische bzw. diakoniewissenschaftliche Ausbildung angesiedelt ist.[174] Hinsichtlich ihrer Rechtsstellung sind die kirchlichen Hochschulen weder staatliche noch private Hochschulen, sondern dürften einen Status sui generis aufweisen, indem sie – errichtet bzw. getragen von Religionsgemeinschaften, die Körperschaften des öffentlichen Rechts sind – gewissermaßen zwischen staatlich verantworteter Ausbildung und privatem Wissenschaftssektor stehen.[175] Insoweit wirken die Verfassungsgarantien des Art. 140 GG in Verbindung mit den in das Grundgesetz übernommenen Gewährleistungen der Kirchenartikel der Weimarer Reichsverfassung (Art. 136 ff. WRV) in die Organisation der kirchlichen Hochschulen hinein und werden durch die grundrechtlichen Gewährleistungen des Art. 4 Abs. 1 GG verstärkt. Einige Landesverfassungen garantieren die Exis-

55

---

171 Hierzu sogleich noch näher unten II.4.f.
172 Als Beispiel sei etwa im universitären Bereich die Katholische Universität Eichstätt genannt. Frühere Philosophisch-Theologische Hochschulen – im Rang den Universitäten vergleichbar – zur Ausbildung katholischer Geistlicher sind zumeist als katholisch-theologische Fakultäten an staatliche Universitäten überführt worden. Im Bereich der Fachhochschulen findet sich hingegen noch eine gewisse Zahl katholischer Hochschulen, beispielsweise die Katholische Fachhochschule für Sozialarbeit Berlin, die Katholische Fachhochschule Mainz oder die Katholische Stiftungsfachhochschule München.
173 Hier ist unter den Hochschulen mit Universitätsrang vor allem die Augustana-Hochschule in Neuendettelsau als von der Bayerischen Landeskirche getragene Hochschule zu nennen. Im Fachhochschulbereich existieren ebenfalls einige Einrichtungen, wobei hier gewisse Abbautendenzen erkennbar sind. So ist etwa 2008 die ehemalige Evangelische Fachhochschule Hannover der allgemeinen staatlichen Fachhochschule Hannover eingegliedert als Fachbereich angegliedert worden.
174 Weiterführend zu den katholischen Fachhochschulen *Baldus*, Rechtsstellung und Aufgaben nichtstaatlicher, insbesondere kirchlicher Fachhochschulen, WissR 30 (1997), S. 1 ff.; zu den evangelischen Fachhochschulen *Sollte*, Kirchliche Fachhochschulen im staatlichen Recht, FS Link, 2003, S. 465 ff.
175 So auch *Thieme*, Deutsches Hochschulrecht, 3. Auflage, 2004, Rn. 287; weiterführend *Süsterhenn*, Zur staatskirchlichen Stellung kirchlicher Hochschulen, DVBl. 1961, S. 181 ff.; *Baldus*, Kirchliche Hochschulen, in: Flämig/Kimminich (Hrsg.), WissR-Handbuch, Band 1, 2. Auflage, 1996, S. 1131 ff.

tenz kirchlicher Hochschulen ausdrücklich, etwa in Bayern,[176] Hessen,[177] Nordrhein-Westfalen[178] und dem Saarland.[179]

56   Die konkreten rechtlichen Grundlagen für die Gründung eigener kirchlicher Hochschulen sind indes vielfältig und stützen sich überwiegend auf Übereinkünfte aus der Vergangenheit, so etwa auf die Konkordate und Kirchenverträge, die auch im Zusammenhang mit der Errichtung theologisch-wissenschaftlicher Fakultäten an den (staatlichen) Hochschulen noch immer eine entscheidende Rolle spielen.[180] Hier sind im Einzelnen unterschiedliche Rechte begründet, wobei sowohl zwischen den einzelnen Konfessionen als auch zwischen landeskirchlichen Besonderheiten zu unterscheiden ist.[181] Vor allem im Bereich der Katholischen Kirche ist eine Tendenz zu einer Rückverlagerung von theologischer Ausbildung an eigene Hochschulen zu erkennen.[182]

57   Aus der Sicht des Hochschulrechts ist anzumerken, dass das Recht, kirchliche Hochschulen zu errichten, einfachgesetzlich mit der Pflicht zur staatlichen Anerkennung verknüpft ist (§ 70 HRG bzw. die Regelungen der Landeshochschulgesetze). Insoweit besteht eine Parallelität zu den privaten Hochschulen. In einigen Landeshochschulgesetzen erfolgt die Anerkennung durch direkte Regelung bzw. Nennung, so zum Beispiel in Berlin[183] oder Hamburg.[184]

e) Sonstige Hochschulen

58   Neben den zuvor behandelten Hochschultypen lässt sich unter der Überschrift der sonstigen Hochschulen noch eine Zahl weiterer Typen unterscheiden, die nachfolgend mit ihren jeweiligen Besonderheiten dargestellt sind.

aa) Pädagogische Hochschulen

59   Etwa gegenüber den künstlerischen Hochschulen hatten die Pädagogischen Hochschulen bereits einen gegenüber den Universitäten vergleichsweise anerkannten Status. Sie dienten und dienen – soweit sie heute nur noch in Baden-Württemberg neben den Universitäten als eigenständige Hochschulen existie-

---

176 Art. 150 Abs. 1 BayVerf.
177 Art. 60 Abs. 3 HessVerf.
178 Art. 16 Abs. 2 NWVerf.
179 Art. 36 Abs. 1 SaarlVerf.
180 Hierzu sogleich auch unten II.4.f.
181 *Thieme*, Deutsches Hochschulrecht, 3. Auflage, 2004, Rn. 287 ff. m.w.N.
182 *Thieme*, Deutsches Hochschulrecht, 3. Auflage, 2004, Rn. 288.
183 § 124 BerlHG.
184 § 113 HmbHG.

ren und nicht in diese integriert wurden – der wissenschaftlichen Ausbildung von Lehrern an Volks- und Realschulen, heute somit also an Grund-, Haupt- und Realschulen sowie Sonderschulen.[185] Lediglich die Befähigung für die Lehrämter an höheren Lehranstalten (insbesondere den Gymnasien) war seit jeher Teil der universitären Ausbildung. Gleiches gilt für die Ausbildung der Berufsschullehrer, wobei in Baden-Württemberg heute Kooperationen zwischen Universitäten und Pädagogischen Hochschulen in diesem Bereich möglich sind.[186]

Während der Weimarer Zeit wurden die Pädagogischen Hochschulen zu „Pädagogischen Akademien" und errangen damit den Status von wissenschaftlichen Einrichtungen. Wenngleich unter der nationalsozialistischen Gewaltherrschaft der vordem eingeräumte Status dadurch wieder zurückgeführt wurde, dass „Lehrerbildungsanstalten" eingerichtet wurden, haben die Pädagogischen Hochschulen in der Bundesrepublik dann allerdings wieder deutlich ihren Rang als wissenschaftliche Hochschulen zurückerhalten, der vor dem Hintergrund der Etablierung der Pädagogik als eigenständiger Wissenschaftsdisziplin noch weiter maßgeblich gestärkt wurde. Die Wissenschaftlichkeit war im Wesentlichen auch der Grund, die Pädagogischen Hochschulen in die bestehenden wissenschaftlichen Hochschulen – also namentlich die Universitäten – zu integrieren. Wie erwähnt, haben lediglich die Pädagogischen Hochschulen in Baden-Württemberg bis heute ihren Status als eigenständige wissenschaftliche Hochschulen neben den Universitäten behalten. Solche existieren in Freiburg (Breisgau), Heidelberg, Karlsruhe, Ludwigsburg, Schwäbisch-Gmünd und Weingarten. Ihnen ist – wie den Universitäten auch – das Promotions- und Habilitationsrecht im Rahmen ihrer Aufgabenstellung eingeräumt.[187]

60

bb) Berufsakademien

In ihrer Praxisorientierung sind die Berufsakademien, deren Ursprünge in die 1970er Jahre – und hier wiederum nach Baden-Württemberg – zurückreichen, den Fachhochschulen als Bildungseinrichtungen des tertiären Bildungsbereichs näher als anderen Hochschultypen. Wegen der auch weiterhin rein auf fest konturierte Ausbildungsberufe bezogenen Ausrichtung sind sie indes nicht zu den Hochschulen im engeren Sinne zu zählen, wenngleich sie sich, was häufig

61

---

185 So heute § 2 Abs. 1 Satz 3 Nr. 2 BWHG. Hierzu eingehend *Gerber*, Pädagogische Hochschulen, in: Haug (Hrsg.), Das Hochschulrecht in Baden-Württemberg, S. 289.
186 Vgl. § 2 Abs. 1 Satz 3 Nr. 2 BWHG.
187 Vgl. § 38 Abs. 1 Satz 2 BWHG. S. auch *Lynen*, in: Hartmer/Detmer (Hrsg.), HSchR-Praxishandbuch, 2. Auflage, 2011, S. 86 ff.; eingehend auch *Gerber*, Pädagogische Hochschulen, in: Haug (Hrsg.), Das Hochschulrecht in Baden-Württemberg, 2009, S. 296.

übersehen wird,[188] im Einzelnen doch den (Fach-)Hochschulen angenähert haben. Beispiel hierfür ist die **Umwandlung der Berufsakademien zur Dualen Hochschule** in Baden-Württemberg im Jahre 2009.[189]

62 Maßgebliches Kennzeichen der Berufsakademien bzw. der ihnen vergleichbaren Einrichtungen ist die Ausbildung im **dualen System.** Berufsakademien sind insofern Querschnittseinrichtungen zwischen Wirtschaft und wirtschaftsnaher Ausbildung, als die Ausbildung zwischen Unternehmen und Berufsakademie aufgeteilt ist. Die einzelnen Praxis- und Theoriephasen wechseln im Regelfall im Rhythmus von drei Monaten. Berufsakademien existieren als staatliche Bildungseinrichtungen in den Ländern Baden-Württemberg (jetzt: Duale Hochschule), Sachsen und Thüringen. Als private Einrichtungen existieren zudem in den Ländern Hamburg, Hessen, Niedersachsen, dem Saarland und Schleswig Holstein Berufsakademien als Institutionen mit staatlicher Anerkennung. In Berlin bildet die Berufsakademie einen Fachbereich der Hochschule für Wirtschaft und Recht. Der mangelnde Hochschulcharakter der Berufsakademien wird – abgesehen von der Rechtslage in Baden-Württemberg – auch daran erkennbar, dass bislang grundsätzlich keine der staatlichen Hochschulabschlüsse verliehen werden durften. Allerdings ist auch insoweit eine gewisse Aufweichung erkennbar, als die Berufsakademiegesetze bzw. das Landeshochschulrecht erlauben, Bachelor-Abschlüsse in akkreditierten Studiengängen zu vergeben.[190] Zudem ist unverkennbar, dass das Lehrpersonal an Berufsakademien systemfremd in den Professorenstand erhoben wird.

cc) Fernhochschulen

63 Unter den sonstigen Hochschultypen sind überdies die Fernhochschulen zu nennen, von denen auf Universitätsniveau nur die Fernuniversität Hagen (ehedem Gesamthochschule des Landes Nordrhein-Westfalen) tätig ist, die trotz ihrer bundesweiten Bedeutung organisationsrechtlich eine Hochschule in der Trägerschaft des Landes Nordrhein-Westfalen ist. Hierneben haben sich zahlreiche Fachhochschulen als Fernhochschulen etabliert, bei denen es sich zumeist um private Hochschulen mit staatlicher Anerkennung (§ 70 HRG) handelt.

---

188 So etwa *Lynen*, in: Hartmer/Detmer (Hrsg.), HSchR-Praxishandbuch, 2. Auflage, 2012, S. 87.
189 Durch Art. 1 des Zweiten Gesetzes zur Umsetzung der Föderalismusreform im Hochschulbereich vom 3. Dezember 2008, GBl. S. 435 (Gesetz zur Errichtung der Dualen Hochschule). Ausführlich dazu *Gerber*, Die Duale Hochschule Baden-Württemberg, in: Haug (Hrsg.), Das Hochschulrecht in Baden-Württemberg, S. 341 ff.
190 Etwa §§ 5, 6 HmbBAG.

Das Studium an Fernhochschulen ist – von gewissen Präsenz- und Prüfungsphasen an den Standorten der jeweiligen Hochschule abgesehen – in erster Linie als Selbststudium mit didaktisch aufbereiteten Lehr- und Lernmaterialien ausgestaltet. Im Zusammenhang mit den Erscheinungsformen des E-Learning und dem damit verbundenen verstärkten Einsatz des Internet zu Online-Lernformen wird sich die Signifikanz des Fernstudiums neben den Fernhochschulen auch an den herkömmlichen Präsenzhochschulen noch steigern.

dd) Gesamthochschulen

Als Relikt der Hochschulreformen der ausgehenden 1960er Jahre können die sog. Gesamthochschulen angesehen werden, mit denen der – im Ergebnis wohl als gescheitert zu betrachtende[191] – Versuch gemeint ist, die grundlagenorientierte Ausbildung an den Universitäten mit der angewandten Wissenschaft der Fachhochschulen in einer organisatorischen Einheit zu verbinden.[192] Die Konzeption geht auf bildungspolitische Forderungen des Deutschen Bildungsrates[193] und des Wissenschaftsrates[194] zurück und ist aufgegangen in der damaligen Reformkonzeption des HRG (§ 5 HRG a.F.), die in der Praxis allerdings nur zu Gesamthochschulgründungen in den Ländern Hessen (Gesamthochschule Kassel, heute Universität Kassel), Nordrhein-Westfalen (Hagen, Duisburg, Essen, Paderborn, Siegen und Wuppertal) und darüber hinaus nur in Bayern mit der Gesamthochschule Bamberg (heute Universität Bamberg) und – gewissermaßen als Sonderfall – der katholisch-kirchlichen Hochschule Eichstätt (heute: Katholische Universität Eichstätt) geführt hat. Das **Modell der Gesamthochschule** sollte nach dem ehemaligen § 5 Abs. 1 Satz 2 HRG a.F. **Vorrang bei der Schaffung eines neuen Hochschulsystems** haben.[195] Grundsätzlich wurden **zwei Gesamthochschultypen** unterschieden: die **integrierte Gesamthochschule** (Universität und Fachhochschule bilden eine organische Einheit als neu-

64

---

191 So auch *Thieme*, Deutsches Hochschulrecht, 3. Auflage, 2004, Rn. 55; *Salzwedel*, Zur Bedeutung der Numerus-Clausus-Entscheidung des Bundesverfassungsgerichts für die Grundrechtsentwicklung in der Bundesrepublik Deutschland, WissR Beiheft 6, S. 250 ff.
192 Zum Konzept der Gesamthochschulen auch *Thieme*, Das Hochschulrahmengesetz, WissR (9) 1976, S. 193 ff. (203); vgl. aus der Rechtsprechung BVerfG, Beschluss vom 20.10.1982 – 1 BvR 1467/80, BVerfGE 61, 210 (233); BVerfG, Beschluss vom 3.3.1993 – 1 BvR 757, 1551/88, BVerfGE 88, 129 (135).
193 Deutscher Bildungsrat, Bildungskommission, Strukturplan für das Bildungswesen, Bonn, 1970.
194 Wissenschaftsrat, Empfehlungen zur Struktur und zum Ausbau des Bildungswesens im Hochschulbereich nach 1970, Band I, Bonn, 1970.
195 Vgl. *Lüthje*, in: Denninger (Hrsg.), Hochschulrahmengesetz, Kommentar, 1984, § 5 Rn. 26.

artige Hochschule) und die **kooperative Gesamthochschule** (Universitäts- und Fachhochschulbereich bleiben voneinander getrennt, wirken aber über die Bildung gemeinsamer Gremien letztlich wieder zusammen). Die mit dem Modell der Gesamthochschule angestrebte Durchlässigkeit zwischen den einzelnen Hochschultypen, die letztlich mit dem Ziel der Vereinheitlichung zusammengeführt werden sollten, stieß allerdings rasch an Grenzen, die mit der ansonsten unverändert gebliebenen systemischen Struktur des Hochschulwesens kollidierte. Dies wird vor allem an den unterschiedlichen Qualifikationsanforderungen an Universitätsprofessoren einerseits und Fachhochschulprofessoren andererseits deutlich, die – so jedenfalls die Grundidee – an den Gesamthochschulen einvernehmlich nebeneinander in Forschung und Lehre tätig werden sollten. Dies vorausgeschickt, haben die Gesamthochschulen in der Zusammenschau die mit ihrer Gründung verbundenen Erwartungen nicht erfüllt.[196] Die Regelungen des HRG zu den Gesamthochschulen wurden durch Gesetz vom 14.11.1985 wieder gestrichen. In Nordrhein-Westfalen wurden die bestehenden Gesamthochschulen 2002 in Universitäten sowie einzelne Standorte an Fachhochschulen überführt.[197] In den übrigen Ländern wurde ebenso verfahren. Lange Zeit war deshalb eine Neugründung von Gesamthochschulen nicht denkbar. In jüngerer Zeit (2004) ist indes mit der Fusion der Universität Lüneburg und der Fachhochschule Nordostniedersachsen zur Leuphana-Universität Lüneburg das Modell der Gesamthochschule neu belebt worden.[198] Gefolgt ist der Zusammenschluss der Brandenburgischen Technische Universität Cottbus mit der Fachhochschule Lausitz zur Brandenburgischen Technischen Universität Cottbus-Senftenberg im Jahre 2013.[199] Die Tragfähigkeit dieser neuerlichen „Gesamthochschul-Konstrukte" muss sich in der Praxis erst noch erweisen.[200] Das BVerfG hat in seiner Entscheidung zur Fusion in der Hochschulregion Lausitz auf mehrere Verfassungsbeschwerden die Fusion im Wesentlichen für verfassungskonform erklärt und damit eine grundsätzliche Entwicklungsoffenheit

---

196 *Epping*, Das Modell Lüneburg – ein neuer Gesamthochschulentwurf, WissR 42 (2009), S. 223 ff. (233, 254), spricht vom Scheitern des Gesamthochschulkonzepts.
197 Durch Gesetz vom 18.12.2002 (GVBl. NW S. 644).
198 Gesetz zur Fusion der Universität Lüneburg und der Fachhochschule Nordostniedersachsen und zur Änderung des Niedersächsischen Hochschulgesetzes vom 16.9.2004, NdsGVBl. 26/2004, S. 352.
199 Durch das Gesetz zur Weiterentwicklung der Hochschulregion Lausitz vom 11.2.2013 (BbgGWHL).
200 Dazu kritisch *Epping*, Das Modell Lüneburg – ein neuer Gesamthochschulentwurf, WissR 42 (2009), S. 223 ff. (254); ihm entgegnend *Peters*, Mussten die Gesamthochschulen scheitern? Eine Entgegnung auf Volker Eppings Kritik am Gesamthochschulkonzept, WissR 42 (2009), S. 256 ff.

für weitere Verschmelzungen von Universitäten und Fachhochschulen dargetan.[201]

4. Binnenorganisation der Hochschulen

Die innere Organisation der Hochschulen folgt auch unter den neueren Organisationsreformen weiter einem **Zwei-Ebenen-Modell**, bei dem zwischen der zentralen Ebene, auf der die Leitung der Hochschule angesiedelt ist, und der dezentralen Ebene mit den Fakultäten bzw. Fachbereichen zu unterscheiden ist.[202]

a) Die zentrale Ebene: Hochschulleitung und Hochschulverwaltung

Unter den zentralen Organen der Hochschule ist an erster Stelle die **Hochschulleitung** hervorzuheben, die im Kontext der Reformbestrebungen der letzten Jahre in nahezu allen Ländern eine maßgebliche Stärkung erfahren hat, was gleichsam den Übergang zur „**managerial university**" markiert. In vielerlei Hinsicht wird deutlich, dass die bisherigen Organisationsmodelle der Hochschulleitung – so die **reine Rektor- bzw. Präsidentenverfassung** – jedenfalls in ihrem herkömmlichen Zuschnitt nicht mehr als geeignet erscheinen, den gewachsenen Aufgaben der Hochschulen im Wettbewerb zu begegnen. Unübersehbar ist der Trend zu einer mehr oder weniger kollegial ausgestalteten **Präsidialverfassung**.[203]

Aber auch unabhängig von diesen Veränderungen haben die Hochschulgesetze der Länder die Hochschulleitung seit jeher als eines der zentralen Organe der Hochschule vorgesehen, wenngleich nunmehr verstärkt Managementkompetenzen und strategische Steuerungsaufgaben zum Aufgabenbestand der (zumeist kollegialen) Hochschulleitung zählen.[204] Waren es ehedem eher Repräsentationsaufgaben eines aus der Mitte der Hochschullehrerschaft gewählten Rektors, der auch zwingend Hochschullehrer derselben Hochschule sein musste, ist zwischenzeitlich fast überall in der Hochschulpraxis ein Ressortmodell verwirklicht, bei dem die Verantwortlichkeiten zwischen Präsidenten und Vizepräsidenten

---

201 BVerfG, Beschluss vom 12.5.2015 – 1 BvR 1501/13, 1 BvR 1682/13, NVwZ 2015, S. 1370 ff.; kritisch dazu *Knopp*, Vereinigung von Hochschulen („Hochschulfusionen") auf dem Gerichtsstand, NVwZ 2015, S. 1351 ff.
202 Vgl. etwa Art. 19 Abs. 3 BayHG und weiterführend dazu *Geis*, Hochschulorganisation, in: Geis (Hrsg.), Hochschulrecht im Freistaat Bayern, 2009, S. 272.
203 Verbindlich nunmehr z.B. in Bayern, vgl. Art. 20 Abs. 1 Satz 1 BayHG.
204 *Knopp*, Zauberformel „Mehr Hochschulautonomie"? – mit einem Fokus auf Brandenburg, in: Knopp/Peine/Nowacki/Schröder (Hrsg.), Hochschulen im Umbruch, 2009, S. 15 ff. (19), spricht in diesem Zusammenhang von einem „Hang zum Managementmodell".

(bzw. zwischen Rektor und Prorektoren) aufgeteilt sind. Unter den möglichen Leitungsmodellen ist zwar eine Typologie erkennbar; weder das HRG noch die Hochschulgesetze der Länder haben jedoch die Frage, wie die Hochschulspitze auch hinsichtlich der Organstellung zu organisieren sei, einheitlich geregelt.

68 Als **kollegiale Grundtypen** lassen sich zum einen die **Rektoratsverfassung** und zum anderen die **Präsidialverfassung** unterscheiden. Sie sind Modifikationen der ihnen als **monokratische Grundmodelle** zugrundeliegenden Erscheinungsformen der **Rektorverfassung** bzw. **Präsidentenverfassung**. Rektoratsverfassung und Präsidialverfassung unterscheiden sich demgemäß insoweit, als neben den Rektor bzw. Präsidenten weitere Mitglieder in der Hochschulleitung treten, es also folglich zur Bildung eines Kollegialorgans kommt. Der Wesensunterschied liegt aber in der Bezeichnung Rektor bzw. Präsident begründet. Während das ursprüngliche Modell der Rektorverfassung durch einen aus der Professorenschaft derselben Hochschule stammenden Rektor als Leiter der Hochschule geprägt ist,[205] handelt es sich im Falle der reinen Präsidentenverfassung um einen Leiter der Hochschule, der demgegenüber nicht Hochschullehrer – insbesondere nicht der eigenen Hochschule – sein musste. Wenn, wie dargestellt, in den meisten Hochschulgesetzen der Länder zwischenzeitlich kollegiale Leitungen bestehen, dann ist gleichwohl festzuhalten, dass auch in diesen Fällen der Rektor oder Präsident der Rektorats- bzw. Präsidialverfassung grundsätzlich den Vorsitz innerhalb der Hochschulleitung wahrnimmt und ihm auch eine Richtlinienkompetenz zugewiesen ist.[206] Im Rahmen seiner Richtlinienkompetenz ist es zudem die vornehmliche Aufgabe des Rektors bzw. Präsidenten, die Geschäftsverteilung innerhalb der Hochschulleitung zu regeln, die durch Vizepräsidenten bzw. Prorektoren ausgefüllt wird. Hinsichtlich der Wahlvorschläge besteht zugunsten des Rektors bzw. Präsidenten im Regelfall ein Vorschlagsrecht.[207]

69 Zu den **Aufgaben und Befugnissen der zentralen Leitung** zählen – vorbehaltlich der Zuständigkeit des Senats oder eines übrigen Gremiums (z.B. des Hochschulrats) – mittlerweile umfassende Exekutivzuständigkeiten. Namentlich unter den neuen Leitungsmodellen kommt der **Hochschulleitung** zumeist die Funktion eines **zentralen Entscheidungsorgans** der Hochschule zu. Als zugehörige Befugnisse sind etwa die Mitwirkung bei der Aufstellung des Haushalts, der Haushaltsvollzug inklusive der Verteilung der Mittel auf die Fakultäten, der

---

205 Vgl. aber etwa die hiervon abweichenden Regelungen zum Rektorat in Sachsen in §§ 82, 83 SächsHG.
206 Vgl. etwa § 63 BrbHG; § 38 Abs. 1 NHG; § 82 Abs. 1 SächsHG (hinsichtlich des Rektors in einem reinen Rektoratsmodell).
207 So etwa § 39 Abs. 2 S. 1 NHG.

Abschluss von Zielvereinbarungen innerhalb der Hochschulen gegenüber dem Ministerium, Personalentscheidungen, die Struktur- und Entwicklungsplanung der Hochschule (hier häufig im Zusammenwirken mit dem Senat), die Entscheidungen über die innerhochschulische Organisation, der Vollzug von Gremienbeschlüssen (insbesondere des Senats bzw. auch des Hochschulrates) sowie Maßnahmen der internen und externen Qualitätssicherung zu nennen.[208] Hinzu kommen etwa Mitwirkungsrechte beim Erlass von Satzungen der Hochschule oder gar ein Vorschlagsrecht für die Bestellung von Dekanen der Fakultäten. Die Wahrnehmung der Befugnisse der zentralen Hochschulleitung ist ganz wesentlich mit dem internen Aufsichts- und Weisungsrecht verbunden. Diese **hochschulinterne Aufsicht** ist von der staatlichen Aufsicht gegenüber den Hochschulen abzugrenzen.[209] So ist die hochschulinterne Aufsicht sowohl unter Zweckmäßigkeitsgesichtspunkten als auch unter Rechtmäßigkeitsgesichtspunkten regelmäßig bei der Hochschulleitung angesiedelt.[210] Im Rahmen dieser Organzuständigkeit steht der Hochschulleitung das Recht zu, festgestellte Verstöße zu beanstanden oder Beschlüsse, die sie für rechtswidrig hält, aufzuheben oder im Wege der Ersatzvornahme selbst zu ändern. Gegen rechtsaufsichtliche Maßnahmen besteht die Möglichkeit, das Verwaltungsgericht im Rahmen des **Hochschulverfassungsstreitverfahrens**[211] anzurufen. Mit dem Weisungsrecht der Hochschulleitung korrespondiert die **Rechtsstellung des Präsidenten bzw. Rektors** als Dienstvorgesetzter des wissenschaftlichen Personals, wobei freilich anzumerken ist, dass sämtliche Aufsichts- und Weisungsrechte nur insoweit als zulässig angesehen werden können, wie die Gewährleistungen des Art. 5 Abs. 3 GG Eingriffe in die Wissenschaftsfreiheit rechtfertigen können.

Der Hochschulleitung gleichsam zur Seite gestellt ist eine **Hochschulverwaltung**, die trotz der anzutreffenden Unterscheidung zwischen akademischen Selbstverwaltungsaufgaben und staatlichen Aufgaben traditionell als **Einheitsverwaltung**, die für beide Aufgabenbereiche zuständig ist, geführt wird. Neben dieses Modell sind in einigen Ländern Ressortmodelle getreten, bei denen die einzelnen Aufgabenbereiche der Verwaltung einem Mitglied des Präsidiums bzw. Rektorats als Geschäftsbereich übertragen sind.[212] Die Hochschulverwaltung wird – sofern am Modell der Einheitsverwaltung festgehalten wird – von einem

---

208 So ein Querschnitt der Landeshochschulgesetze hinsichtlich der Zuständigkeiten der Hochschulleitung, vgl. z.B. Art. 20 Abs. 2 BayHG.
209 Zur staatlichen Aufsicht siehe oben II.1.e.
210 Vgl. etwa Art. 20 Abs. 3 BayHG: nur Rechtsaufsicht, die allerdings als gebundene Entscheidung ausgestaltet ist, mithin besteht kein Ermessen.
211 Zum Hochschulverfassungsstreitverfahren noch näher unten II.4.g.
212 So ausgeprägt in Niedersachsen (§ 37 Abs. 4 NHG) und in Baden-Württemberg (§§ 17, 18 BWHG); daneben existieren Mischformen (§§ 40, 41 HessHG).

Kanzler geleitet, der zugleich unter dem kollegialen Leitungsmodell der kollegialen Hochschulleitung angehört. Dem Kanzler ist überdies die Vertretung in Rechts- und Verwaltungsangelegenheiten der Hochschule übertragen; er vertritt insoweit den Rektor bzw. Präsidenten der Hochschule. Aus dem Umstand, dass der Rektor bzw. Präsident Dienstvorgesetzter des *wissenschaftlichen* Personals ist, folgt angesichts der Vertretungszuständigkeit im Übrigen, dass der Kanzler **Dienstvorgesetzter für die nichtwissenschaftlichen Mitarbeiter** ist, und zwar unabhängig davon, ob sie im Beamtenverhältnis oder als tarifvertraglich Beschäftigte tätig sind. Somit sind weite Teile der Personalverwaltung und mit ihr die Dienstherren- und Arbeitgebereigenschaft auf den Kanzler übertragen. Der Kanzler fungiert zudem als **Beauftragter des Haushaltes** und ist insofern für die Bewirtschaftung der Ein- und Ausgaben und alle übrigen mit dem Haushaltsplan zusammenhängenden Aufgaben der Hochschule zuständig. Trotz dieser grundsätzlich in allen Ländern gleichermaßen anzutreffenden Stellung des Kanzlers, sind dessen Funktionen im Detail unterschiedlich ausgeprägt.[213] Dies gilt insbesondere für die Frage, inwiefern der Kanzler in seiner Funktion als Beauftragter des Haushalts und als Dienstvorgesetzter des nichtwissenschaftlichen Personals an Weisungen der Hochschulleitung gebunden werden darf. Damit ist die Frage nach einem eigenständigen weisungsfreien Aufgabenbereich gestellt. Ausdrücklich besteht ein solcher weisungsfreier Aufgabenbereich in Bayern.[214] In den übrigen Ländern ist der Kanzler zwar Mitglied der Hochschulleitung, kann jedoch Adressat von Weisungen des Kollegialorgans sein. Nach dem tradierten Modell des Kanzlers als Leiter der Hochschulverwaltung ist als Qualifikationsmerkmal bislang regelmäßig die Befähigung zum Richteramt bzw. den höheren allgemeinen Verwaltungsdienst gefordert worden; nunmehr ist zumeist der Nachweis von einschlägiger Leitungserfahrung in anderen Bereichen Voraussetzung. Nach Maßgabe der Landeshochschulgesetze wird der Kanzler – mit Ausnahme Bayerns (Beamter auf Lebenszeit) – zum Beamten auf Zeit ernannt.[215] Diese Regelungen erscheinen angesichts des gewachsenen Aufgabenspektrums des Kanzlers problematisch und vor dem Hintergrund der Rechtsprechung des BVerfG[216] zum Beamtenverhältnis auf Zeit bei Führungskräften auch verfassungsrechtlich nicht unbedenklich mit Blick

---

213 Im Einzelnen aufschlussreich hierzu *Wallerath*, Der Universitätskanzler in der Hochschulleitung, WissR 37 (2004), S. 203 ff. (211).
214 Art. 23 Abs. 3 Satz 2 BayHG.
215 Mit der Reform der Professorenbesoldung im Jahre 2002 ist auch das Leitungspersonal – und damit neben dem hauptamtlichen Leiter (Präsident bzw. Rektor) der Hochschule zumeist auch das Amt des Kanzlers – in das System der W-Besoldung überführt worden, wobei die Leitungsfunktionen nach Besoldungsgruppe W 3 eingestuft sind.
216 BVerfG, DÖV 2008, S. 770 = NVwZ 2008, S. 873.

auf Art. 33 Abs. 5 GG.[217] Die Ernennung bzw. Bestellung erfolgt regelmäßig nicht durch eine Wahl, sondern durch ein wechselseitiges Bestellungsverfahren zwischen Ministerium und Hochschule. Dienstvorgesetzter des Kanzlers ist in Abhängigkeit des jeweiligen Landesrechts der Rektor bzw. Präsident der Hochschule. Von diesem bisher üblichen Bestellungsverfahren sowie der damit erlangten Rechtsstellung des Kanzlers wurde in der jüngeren Vergangenheit im Zusammenhang mit den neuen Organisations- und Leitungsmodellen von Hochschulen abgewichen.[218] Teilweise – nämlich dort, wo Ressortmodelle anzutreffen sind – wurde das Amt des Kanzlers auch durch das eines Vizepräsidenten mit entsprechendem Geschäftsbereich ersetzt bzw. der Kanzler mit eigenem (eingeschränktem) Geschäftsbereich in die kollegiale Hochschulleitung eingebunden.[219]

b) Die dezentrale Ebene: Professuren, Fakultäten bzw. Fachbereiche

Die kleinste organisatorische Einheit der Hochschule ist die **Professur**. Sie ist jedenfalls teilweise begrifflich an die Stelle der früheren Lehrstühle getreten, welche die überkommene Organisationseinheit auf dezentraler Ebene bildete. Unzutreffend wäre es indes, die Professur deshalb korporationsrechtlich als Grundeinheit der Hochschule zu bezeichnen, wie dies zuweilen angenommen wird.[220] Dagegen spricht vor allem, dass die Professur ihrerseits allenfalls unter Berücksichtigung personalrechtlicher Kategorien als selbstständige Einheit zu qualifizieren ist, es sich hierbei aber im Regelfall um eine staatliche Aufgabe handelt. Professoren sind mithin unmittelbare Landesbeamte – und nicht mittelbare Landesbeamte der Körperschaft Hochschule. Personalrechtlich besteht Identität zwischen dem Organisationsbegriff der Professur und der im Stellenplan ausgewiesenen Planstelle. Die dem einzelnen Hochschullehrer durch die Landeshochschulgesetze zugewiesenen Aufgaben in Forschung und Lehre sowie ihre Konkretisierung in der jeweiligen Denomination der Professur haben keine Auswirkungen auf die organisationale Gliederung der Hochschule als

71

---

217 S. auch *Knopp*, Verbeamtung des Hochschulkanzlers auf Zeit verfassungsgemäß?, WissR 43 (2010), S. 109 ff. (124 f.); *ders.*, Des Hochschulkanzlers neue Kleider oder Lebenszeitverbeamtung ade? LKV 2015, S. 307 ff.
218 Z.B. durch § 19 NWHG (Vizepräsident für den Bereich der Wirtschafts- und Personalverwaltung); § 39 Abs. 1 NHG (hinsichtlich der Möglichkeit, hauptberufliche Vizepräsidenten vorzusehen).
219 *Wallerath*, Der Universitätskanzler in der Hochschulleitung, WissR 37 (2004), S. 203 ff. (211 f.).
220 So offenbar noch *Hartmer*, in: Hartmer/Detmer (Hrsg.), HSchR-Praxishandbuch, 2004, S. 167 ff. (186 f.). Wie hier zu Recht *Thieme*, Deutsches Hochschulrecht, 3. Auflage, 2004, Rn. 1027, der die Fakultät bzw. den Fachbereich als organisatorische Grundeinheit wertet.

Körperschaft des öffentlichen Rechts. Damit verfügen die Professuren als Kategorie des Organisationsrechts über keinen eigenständigen Status.

72 Anders verhält es sich mit den **Fakultäten bzw. Fachbereichen,** denen schon nach Maßgabe des früheren § 64 Abs. 1 Satz 1 Hs. 1 HRG der Status der „organisatorischen Grundeinheit der Hochschulen" zukam. Entsprechende Formulierungen finden sich auch in den Landeshochschulgesetzen.[221] Die **Begriffe Fakultät und Fachbereich** werden heute überwiegend **synonym gebraucht,**[222] wobei die Fachbereiche eher den Bezug zu einem bestimmten in der Lehre vertretenen Fach herstellen und von daher gegenüber den traditionell größeren Fakultäten eine kleinere Untergliederung darstellen. Die Entwicklung der Fachbereiche steht im Zusammenhang mit der Auflösung bzw. Diversifizierung der ursprünglichen Fakultäten der mittelalterlichen Universität sowie später der Grundfakultäten auch der Technischen Hochschulen. Auf diese Weise rückte mehr und mehr das jeweils in der Lehre vertretene Fach – mitsamt seiner Verbindung zur Forschung – an die Stelle übergreifender Einheiten.[223]

Der Rahmengesetzgeber hatte ursprünglich beabsichtigt, die Fakultäten abzuschaffen. Mit der stärkeren Betonung der Landeszuständigkeit ist indes eine Tendenz erkennbar, an die Stelle des Begriffes der Fachbereiche wieder den ursprünglichen Begriff der Fakultät treten zu lassen. Damit verbunden ist indes häufig eine **Aufwertung der Organisationseinheit** dergestalt, dass eine **Mindestpersonalstärke** – etwa eine Mindestzahl vorhandener Professorenstellen im Stellenplan – vorgesehen ist.[224] Heute finden sich mit den **Departments**[225] oder **Sektionen**[226] weitere organisatorische Gliederungsformen, die zwar an den Grundtypus der Fakultät bzw. des Fachbereichs anknüpfen, in ihrer Ausrichtung aber dem stärker hervortretenden Bedürfnis nach Interdisziplinarität auch in der Organisationsstruktur und in den Organisationstypen Rechnung tragen.

73 Allerdings bleibt festzuhalten, dass mit dem Begriff der „organisatorischen Grundeinheit" juristisch nichts gewonnen ist, weil es sich dabei nicht um einen Rechtsbegriff, sondern vielmehr um eine tatsächliche Beschreibung handelt. Sie

---

221 Art. 27 Abs. 1 S. 1 BayHG; § 69 BlnHG; § 86 BremHG; § 26 Abs. 1 NWHG.
222 Siehe auch *Thieme*, Deutsches Hochschulrecht, 3. Auflage, 2004, Rn. 1027.
223 Siehe auch *Thieme*, Deutsches Hochschulrecht, 3. Auflage, 2004, Rn. 1026 ff., mit weiteren Details zur Entwicklungsgeschichte.
224 *Thieme*, Deutsches Hochschulrecht, 3. Auflage, 2004, Rn. 1028.
225 Vgl. etwa Art. 19 Abs. 5 BayHG, wonach die Bildung von fakultätsübergreifenden wissenschaftlichen Betriebseinheiten und damit auch und gerade die Errichtung von Departmentstrukturen nach angelsächsischem Vorbild ermöglicht, vgl. dazu *Geis*, in: Geis (Hrsg.), Hochschulrecht im Freistaat Bayern, 2009, S. 271.
226 So in Baden-Württemberg, vgl. § 15 Abs. 3 BWHG. Dazu eingehend *Herberger*, in: Haug (Hrsg.), Das Hochschulrecht in Baden-Württemberg, 2. Auflage, 2009, S. 134 ff.

bietet indes einen Anhaltspunkt dafür, wie der Rechtsstatus der Fakultät bzw. des Fachbereichs zu verstehen ist. Bei den Fakultäten bzw. Fachbereichen handelt es sich um **Teilkörperschaften der Hochschule**, die mit eigenen Rechten (so insbesondere auch Art. 5 Abs. 3 GG[227]) und Zuständigkeiten[228] ausgestattet sind.[229]

c) Hochschulgremien und -organe auf zentraler und dezentraler Ebene

Mit der grundsätzlichen Zweiteilung der Hochschulorganisation in eine zentrale und eine dezentrale Ebene korrespondiert eine entsprechende Gremienstruktur, da die Hochschule als Körperschaft des öffentlichen Rechts Teil der mittelbaren Staatsverwaltung ist und die für sie agierenden Organe und Einheiten hinreichender demokratischer Legitimation bedürfen,[230] die durch gewählte Gremien vermittelt wird.[231] Diese werden in den Landeshochschulgesetzen (und zuvor auch im HRG) festgelegt. Als Grundaussage ist festzuhalten, dass die maßgeblichen Entscheidungen der Hochschule entweder von den zentralen Organen – wenngleich diese einem wahrnehmbaren Wandel unterliegen (etwa durch die Etablierung von Hochschulräten) – oder den Fakultäten bzw. Fachbereichen (und deren Organen) getroffen werden.[232] Damit kommt den zentralen wie dezentralen Organen für den demokratischen Entscheidungsprozess an der Hochschule entscheidende Bedeutung zu.

aa) Gremien und Organe auf zentraler Ebene

Die Rolle der Hochschulleitung im Sinne einer zentralen Leitung – und, damit verbunden, eine Organstellung des Rektors bzw. Präsidenten oder in jüngerer Zeit häufiger eines Kollegialorgans – ist bereits dargestellt worden. Das Hoch-

---

[227] BVerfG, Beschluss vom 16.1.1963 – 1 BvR 316/60, BVerfGE 15, 256 (261f.).
[228] Vgl. insoweit etwa den früheren § 64 Abs. 1 HRG, im Übrigen heute die Regelungen der Landeshochschulgesetze.
[229] Diese Einordnung ist nicht unumstritten, dürfte aber angesichts der Aufgabenstruktur und der den Fakultäten bzw. Fachbereichen zukommenden organschaftlichen Rechte nahe liegend sein, vgl. wie hier im Grundsatz auch *Thieme*, Deutsches Hochschulrecht, 3. Auflage, 2004, Rn. 1031.
[230] Zum Erfordernis und zur Reichweite der demokratischen Binnenorganisation staatlicher Hochschulen siehe etwa *Kahl*, Hochschulräte – Demokratieprinzip – Selbstverwaltung, AöR 130 (2005), S. 225ff. mit Blick auf die Legitimation des Aufsichtsratsmodells in Baden-Württemberg; *Pautsch*, Stiftungshochschulen in Deutschland, 2008, S. 33ff., 49ff.; siehe auch *Braukmann*, Mangelnde demokratische Legitimation und funktionswidrige Organisationsstrukturen der niedersächsischen Stiftungsuniversitäten, JZ 2004, S. 662ff.
[231] Etwa Art. 40 BayHG.
[232] Vgl. den früheren § 61 Abs. 1 Satz 1 HRG; aus dem Landesrecht etwa § 25 Abs. 2 NWHG.

schulorganisationsrecht kennt darüber hinaus weitere Gremien und Organe, die für die demokratische Grundstruktur der Hochschule von herausgehobener Bedeutung und dem zentralen Leitungsorgan zur Seite gestellt sind.

76 **Auf zentraler Ebene** kommt insbesondere dem **akademischen Senat** nach wie vor eine hervorgehobene Rolle zu, wenngleich dessen Zuständigkeiten unter dem Modell der „managerial university" eine gewisse Verschiebung in Richtung der Hochschulräte (bzw. den diesen vergleichbar ausgestalteten Stiftungsräten bei den Stiftungshochschulen) erfahren haben. Unter dem Modell der Gruppenuniversität kommt dem Senat die Rolle des **Hauptbeschlussorgans** der gesamten Hochschule zu, dessen Zuständigkeit alle Angelegenheiten umfasst, die nicht den dezentralen Gremien, insbesondere dem Fakultäts- bzw. Fachbereichsrat, vorbehalten sind. Der Senat wird demokratisch gewählt und verfügt je nach Landeshochschulrecht über weitreichende Mitwirkungsbefugnisse. Die konkreten Zuständigkeiten variieren unter den einzelnen Bundesländern und den dort vorzufindenden Regelungen der Hochschulgesetze. Im Überblick kann jedoch festgehalten werden, dass dem Senat heute in allen Ländern die bedeutsame Kompetenz zukommt, die **Grundordnung** der Hochschule **zu erlassen**.[233] Damit nimmt der Senat entscheidenden Einfluss auf die organisatorische und kompetentielle Verfasstheit der Hochschule. Hierneben kommt als strategische Kompetenz in den meisten Ländern die Entscheidungs- oder Mitwirkungszuständigkeit für den Entwicklungsplan der Hochschule, der mittlerweile zu einem zentralen Steuerungsinstrument geworden ist, hinzu.[234] Für die Zusammensetzung des Senats gilt das vom BVerfG im Hochschulurteil[235] festgelegte Besetzungsprinzip. Hieran ist der Landesgesetzgeber gebunden, wobei hier im Einzelnen unterschiedliche Modelle vorzufinden sind, die sich etwa darin unterscheiden, ob die Hochschulleitung oder die Dekane dem Senat als stimmberechtigte Mitglieder angehören oder nicht.[236]

77 Im Zuge der Veränderungen der hochschulinternen Partizipationsstrukturen ist nach dem Landeshochschulrecht dem akademischen Senat nunmehr häufig auch die Rolle zugewachsen, die zuvor dem **Konzil**[237] – dem traditionell zweiten

---

233 Vgl. etwa § 41 Abs. 1 S. 3 NHG; § 22 Abs. 1 Nr. 3 NWHG.
234 § 41 Abs. 2 NHG (Beschlusszuständigkeit); § 22 Abs. 1 Nr. 4 NWHG (Mitwirkungsrechte).
235 BVerfG, Urteil vom 29.5.1972 – 1 BvR 424/71 und 325/72, BVerfGE 35, 79 (120 ff.).
236 *von Coelln*, in: Hartmer/Detmer (Hrsg.), HSchR-Praxishandbuch, 2. Auflage, 2011, S. 314 ff. (316).
237 Hier als übergreifender Begriff verwandt, vgl. auch § 62 BlnHG. Im (zumeist nicht mehr geltenden) Landeshochschulrecht finden sich als weitere Bezeichnungen auch Großer Senat (Baden-Württemberg), Konvent (Bremen), Konsistorium (Schleswig-Holstein) oder Versammlung (Bayern). In Sachsen existiert mit dem Erweiterten Senat (§ 81a SächsHG) aktuell ein im Wesentlichen dem Konzil vergleichbares Gremium.

(größeren) Kollegialorgan der Gruppenuniversität – übertragen war, das zwar nur über wenige – allerdings bedeutsame – Zuständigkeiten verfügte. Als Kollegialorgan hatte das Konzil nach Maßgabe des früheren Hochschulrahmenrechts im Wesentlichen die Aufgabe, die Hochschulleitung zu wählen und die Grundordnung der Hochschule zu erlassen (so der frühere § 63 Abs. 1 Satz 1 HRG). Daneben war landeshochschulgesetzlich häufig noch die Wahl des Senats vorgesehen. Die Besetzung des Konzils, die durch demokratische Wahlen bestimmt wird, ist nach Fortfall rahmenrechtlicher Regelungen Sache des Landesgesetzgebers. Hervorzuheben ist, dass für das Konzil unter dem Modell der Gruppenuniversität die Wahrung eines maßgeblichen Einflusses der Professoren nicht angezeigt war, ja vielerorts auch nicht umgesetzt wurde, sondern stattdessen eine Versammlung von Hochschulmitgliedern aus allen Statusgruppen ohne professorale Mehrheit darstellte.[238] Das Konzil bzw. die diesem vergleichbaren Gremien sind auf dem Rückzug.[239] Wie bereits erwähnt, ist zwischenzeitlich insbesondere der Erlass der Grundordnung häufig zur zentralen Aufgabe des Senats geworden.

Wachsender Einfluss kommt hingegen einem neu geschaffenen Gremium zu, dem **Hochschulrat**.[240] Er steht ganz wesentlich im Zeichen der Reformen der „managerial university", die nicht nur zu einer gewissen (Re-)Hierarchisierung der Leitungs- und Organisationsstrukturen geführt haben, sondern überdies eine Anlehnung an privatwirtschaftliche Modelle, namentlich der Aktiengesellschaft, nicht verleugnen können.[241] Vor diesem Hintergrund trägt der Hochschulrat als Gremium – teilweise auch bereits als Organ eingeordnet[242] – Züge, welche die strategische Ausrichtung der Hochschule beeinflussen. Unter den vielfältigen Modellen, die vom bloßen Beratungsgremium[243] bis hin zu echten Kontroll- und Steuerungsorganen reichen, stach vor allem das Modell Baden-Württembergs hervor.[244]

78

---

238 *Thieme*, Deutsches Hochschulrecht, 3. Auflage, 2004, Rn. 1015.
239 Dieses Gremium findet sich nur noch in wenigen Hochschulgesetzen, vgl. etwa § 62 BerlHG. Zum Konzil auch *von Coelln*, in: Hartmer/Detmer (Hrsg.), HSchR-Praxishandbuch, 2. Auflage, 2011, S. 317.
240 Hierzu *Laqua*, Der Hochschulrat zwischen Selbstverwaltung und staatlicher Verwaltung, 2004, S. 25 ff.; *Gärditz*, Hochschulorganisation und verwaltungsrechtliche Systembildung, 2009, S. 26; *Kempen*, Bayerische Hochschulräte, BayVBl. 1999, S. 454 ff.
241 *Hartmer*, in: Hartmer/Detmer (Hrsg.), HSchR-Praxishandbuch, 2004, S. 167 ff. (200).
242 *Kempen*, Bayerische Hochschulräte, BayVBl. 1999, S. 454 ff. (456).
243 Insoweit können als Vorläufer der heutigen Hochschulräte die in den 1970er Jahren geschaffenen Kuratorien gelten, denen ausschließlich beratende Funktionen zukam, vgl. auch *Krüger*, Der Hochschulrat aus verfassungsrechtlicher Sicht, in: Deutscher Hochschulverband (Hrsg.), Streitfall Hochschulrat, 1998, S. 69 ff., und jüngst *Herberger*, in: Haug (Hrsg.), Das Hochschulrecht in Baden-Württemberg, 2. Auflage, 2009, S. 125 ff. mit weiteren Beispielen.
244 Zur Organstruktur siehe §§ 15 ff. BWHG a. F. Eingehend zu diesem Modell *Herberger*, in: Haug (Hrsg.), Das Hochschulrecht in Baden-Württemberg, 2. Auflage, 2009, S. 125 ff.; deutlich kritisch

Der Hochschulrat war unter dem alten Landeshochschulgesetz einem Aufsichtsrat nachgebildet und verfügte über weitreichende strategische Kompetenzen, was im Einzelnen weder als unproblematisch noch unumstritten gelten konnte.[245] Hier lag die **gesamte Entwicklungsplanung der Hochschule** in der Hand des Hochschulrates, der außerdem weitreichende Aufsichtsfunktionen gegenüber der zentralen Leitung, also im Wesentlichen gegenüber dem kollegialen Leitungsorgan – konsequent auch „Vorstand" genannt –, wahrzunehmen hatte.[246] Dieses „Modell" ist mit dem am 27.3.2014 in Kraft getretenen neuen Landeshochschulgesetz aufgegeben worden.[247] Die Befugnisse insbesondere des Hochschulrates sind nunmehr zugunsten der akademischen Selbstverwaltungsorgane – namentlich des Senats – verringert worden. Programmatisch wird dem Hochschulrat (nur) die Funktion der „Begleitung der Hochschule"[248] zugeschrieben. Seine Rolle als ehemdem zentrales strategisches Entschidungsorgan ist tendenziell zurückgeführt, wie etwa die partielle Abänderung seines Kompetenzkataloges und die Beschränkung der strategischen Zuständigkeit auf Fragen der Struktur- und Entwicklungsplanung, welche nunmehr ausdrücklich von der Zustimmung des Senats abhängt, belegen.[249] Baden-Württemberg hat damit einen Weg eingeschlagen, der wieder stärker in Richtung der Betroffenenpartizipation – d.h. der Hochschulmitglieder – weist und mitunter als wissenschaftsadäquater zu bewerten ist.

Andere Länder sind ebenfalls den Weg einer Stärkung der Entscheidungs- und Mitbestimmungsrechte des Hochschulrates gegangen, wie sich aus den Zuständigkeitsregelungen der Landeshochschulgesetze ablesen lässt.[250] Die Prob-

---

Knopp, Zauberformel „Mehr Hochschulautonomie"? – mit einem Fokus auf Brandenburg, in: Knopp/Peine/Nowacki/Schröder (Hrsg.), Hochschulen im Umbruch, 2009, S. 15 ff. (19).
245 Umfassend hierzu *Kahl*, Hochschulräte, Demokratieprinzip, Selbstverwaltung, AöR 130 (2005), S. 225 ff., der das Modell allerdings insgesamt für verfassungsrechtlich tragbar hält. Siehe auch *Laqua*, Der Hochschulrat zwischen Selbstverwaltung und staatlicher Verwaltung, 2004, S. 155 ff.; *Schmidt*, Deutsche Hochschulräte, Begriff, Darstellung, rechtliche Analyse, 2004, S. 133 ff.
246 Vgl. § 16 BWHG a.F. Ähnlich auch die Situation in Nordrhein-Westfalen angesichts der Neurungen durch das Hochschulfreiheitsgesetz, vgl. dazu eingehend *Horst/Fragel*, Zur Reichweite und Abgrenzung der Kompetenzen von Hochschulleitung und Hochschulrat nach dem neuen Hochschulgesetz NRW, WissR 41 (2008), S. 274 ff.
247 Zum neuen BWHG eingehend *Sandberger*, Paradigmenwechsel oder Kontinuität im Hochschulrecht, VBlBW 2014, S. 321 ff.; sehr kritisch zur neuen Leitungsstruktur *Jacobsen*, Die Unvereinbarkeit der baden-württembergischen LHG-Novelle 2014 mit Art. 5 Abs. 3 nach dem Hamburger Dekanats-Beschluss, VBlBW 2014, S. 328 ff.
248 Vgl. § 20 Abs. 1 Satz 1 BWHG n.F.
249 Vgl. etwa §§ 19 Abs. 1 Satz 2 Nr. 3, 20 BWHG n.F. hinsichtlich des neu geregelten Zusammenwirkens von (gestärktem) Senat und (partiell geschwächtem) Hochschulrat.
250 Etwa Art. 26 Abs. 5 BayHG.

lematik der Hochschulräte liegt weniger in ihrer Einführung, sondern vielmehr in den Disparitäten begründet, die sich daraus ergeben, dass ein überwiegend mit Externen besetztes Gremium weitreichenden – zum Teil sogar unmittelbaren – Einfluss auf akademische Angelegenheiten nehmen kann.[251] Hier bleibt zu fragen, ob dies mit dem Erfordernis demokratisch-rechtsstaatlicher Legitimation staatlicher Hochschulen noch zu vereinbaren ist.[252] Dafür spricht, dass der Gesetzgeber den jeweiligen Rahmen der Zuständigkeiten parlamentsgesetzlich klar definiert hat und zumeist ein hinreichender Einfluss des Staates (im Rahmen der Aufsicht über die Hochschulen, die gewissermaßen als Korrektiv der Laienverwaltung durch die Hochschulräte fungiert) verbleibt.[253] In diesem Zusammenhang wird abermals die Frage relevant, ob nicht jedenfalls dann, wenn der Hochschulrat mit maßgeblichen Entscheidungskompetenzen in Fragen von Forschung und Lehre – mithin also im Kernbereich der Wissenschaftsfreiheit aus Art. 5 Abs. 3 GG – ausgestattet ist, eine professorale Mehrheit in dem Gremium sicherzustellen ist.[254] Eine parallele Problematik besteht für die Stiftungshochschulen, bei denen ein **Stiftungsrat** – mit teilweise noch weitergehenden Kompetenzen – an die Stelle der Hochschulräte tritt.[255] Entscheidend dürfte es zur Beurteilung der verfassungsrechtlichen Zulässigkeit von Hochschul- bzw. Stiftungsräten auf die Grundsätze ankommen, die das BVerfG zur Frage der Legitimation im Bereich der funktionalen Selbstverwaltung, zu der auch die Hochschulen zählen, aufgestellt hat.[256] Diese ist ganz zentral auf den Bereich der

---

[251] So in Baden-Württemberg, vgl. § 20 Abs. 1 S. 3 Nr. 12 BWHG; in Bayern etwa Art. 26 Abs. 5 Nr. 7 BayHG.
[252] Kritisch insoweit *Groß*, Das Kuratorium – Hochschulautonomie durch institutionalisierte Kooperation?, DÖV 1999, S. 895 ff. (901); *Kersten*, Alle Macht den Hochschulräten?, DVBl. 1999, S. 1704 (1708 f.); umfassend mit differenziertem Ergebnis *Kahl*, Hochschulräte, Demokratieprinzip, Selbstverwaltung, AöR 2005, S. 225 ff.; für verfassungsrechtliche Unbedenklichkeit *Herberger*, in: Haug (Hrsg.), Das Hochschulrecht in Baden-Württemberg, 2. Auflage, 2009, S. 61 ff.
[253] *Herberger*, in: Haug (Hrsg.), Das Hochschulrecht in Baden-Württemberg, 2. Auflage, 2009, S. 72 f.
[254] Ein Widerspruch zu BVerfG, Urteil vom 29.5.1972 – 1 BvR 424/71 und 325/72, BVerfGE 35, 79 (123) ist jedenfalls angelegt. So auch *Hartmer*, in: Hartmer/Detmer (Hrsg.), HSchR-Praxishandbuch, 2004, S. 167 ff. (210), der eine professorale Mehrheit für erforderlich hält, dabei allerdings konzediert, dass dies in Konflikt mit der gesetzgeberischen Zielsetzung steht.
[255] Zusammenfassend *Pautsch*, Stiftungshochschulen in Deutschland, 2008, S. 26.
[256] So namentlich zur Verfassungsmäßigkeit des brandenburgischen Hochschulgesetzes (u.a. zum Hochschulrat nach dem BrbHG): BVerfG, Beschluss vom 26.10.2004, 1 BvR 911, 927, 928/00, BVerfGE 111, 333 ff.; zuvor bereits grundlegend in der Entscheidung zu den Wasserverbänden Lippe und Emscher, vgl. BVerfG, Beschluss vom 5.12.2002, 2 BvL 5/98, BVerfGE 107, 59 ff.

Normgebung verlagert, und es wird eine hinreichende demokratische Legitimation für die Organisationsformen funktionaler Selbstverwaltung im Hochschulbereich dann anzunehmen sein, wenn die Aufgaben und Handlungsformen der Amtsträger und Organe in einem von der Volksvertretung beschlossenen Gesetz ausreichend vorherbestimmt sind.[257]

bb) Gremien und Organe auf dezentraler Ebene

79 Ebenso wie die zentrale Ebene verfügen **auf dezentraler Ebene** die Fakultäten bzw. Fachbereiche über Organe, die sie nach außen und innen vertreten. Es sind dies **der Dekan** und **der Fakultäts- bzw. Fachbereichsrat**, letzterer gegebenenfalls ergänzt durch weitere Gremien (z.B. Fakultätsausschüsse für Haushaltsfragen, Studienkommission o.ä.). Ihnen kommt die Aufgabe zu, in Angelegenheiten der Fakultät bzw. des Fachbereichs tätig zu werden, d.h. insbesondere die erforderlichen Beschlüsse zu fassen und auszuführen, soweit nicht (ausnahmsweise) die Zuständigkeit eines zentralen Organs begründet ist. Soweit sie den Charakter eines Organs bzw. Organteils tragen, kommen ihnen auch organschaftliche Rechte bzw. subjektive Mitgliedsrechte zu, die im Rahmen eines Hochschulverfassungsstreitverfahrens justitiabel sind.

80 Dem **Dekan** ist als Organ die **Leitung der Fakultät bzw. des Fachbereichs** übertragen. Dies entspricht der Regelung der Organzuständigkeiten im Landeshochschulrecht.[258] Neben diesem monokratischen Leitungsmodell ist zumeist auch eine kollegiale Leitungsstruktur möglich, die durch ein **Dekanskollegium** wahrgenommen wird.[259] In diesem Fall setzt sich die kollegiale Leitung aus dem Dekan sowie einem oder ggf. auch mehreren Pro- bzw. Studiendekan(en) zusammen. Die Bestimmungen in den Landeshochschulgesetzen sind mehr oder weniger detailliert; häufig bleibt die Ausgestaltung einer Geschäftsordnung – und damit dem Hochschulinnenrecht – überlassen.

81 Das Amt des Dekans bleibt im Regelfall den Professorinnen und Professoren der jeweiligen Fakultät bzw. des jeweiligen Fachbereichs vorbehalten. Eine externe Besetzung scheidet daher nach den meisten Landeshochschulgesetzen

---

257 So mit Recht *Herberger*, in: Haug (Hrsg.), Das Hochschulrecht in Baden-Württemberg, 2. Auflage, 2009, S. 72 f.; mit Blick auf die Stiftungsräte von Stiftungshochschulen ebenso *Pautsch*, Autonomiegewinn durch Rechtsträgerwechsel? Das Modell der niedersächsischen Stiftungshochschulen, in: IHF (Hrsg.), Beiträge zur Hochschulforschung 28 (2006), S. 28 ff. (41 f.); *von Brünneck*, Verfassungsrechtliche Probleme der öffentlich-rechtlichen Stiftungshochschule, in: WissR 35 (2002), S. 21 ff. (41 f.).
258 Art. 28 Abs. 3 Nr. 1 BayHG; § 72 Abs. 2 S. 1 BerlHG; § 43 S. 1 NHG; § 27 Abs. 1 S. 1 NWHG.
259 § 43 S. 1 NHG spricht beispielsweise vom „Dekanat" und meint damit eine kollegiale Leitung, wie sich aus § 43 Abs. 3 S. 1 NHG ergibt.

aus.²⁶⁰ Ebenso ausgeschlossen ist bislang die Wahl von Personen, die zwar korporationsrechtlich, nicht aber dienstrechtlich zur Gruppe der Hochschullehrerinnen und Hochschullehrer zählen. Insoweit ist allein der dienstrechtliche Status des Hochschullehrers maßgeblich, der mit der Annahme der Wahl Hochschullehrer in diesem Sinne bleibt. Ob diese Verengung, die allein auf den beamtenrechtlichen Status abstellt, dauerhaft aufrecht erhalten werden kann, erscheint unter dem Aufgabenwandel der Hochschulen fraglich. Es erscheint angezeigt, auch korporationsrechtlich zur Hochschule gehörenden Personen den Zugang zu Leitungsämtern – zumal im Bereich der Hochschulselbstverwaltung – zu eröffnen. Dies gilt auch im Hinblick auf die nach wie vor geringe Attraktivität des Amtes unter den hauptamtlichen Hochschullehrern, denen trotz der teilweisen Befreiung von der Lehrverpflichtung und anderen Dienstpflichten zumeist eine bis zu vierjährige Amtszeit als zu lang erscheint, und die sich mitunter zu einer vorzeitigen Beendigung veranlasst sehen, obschon die Wahrnehmung von Selbstverwaltungsaufgaben zu den Dienstpflichten der Hochschullehrerinnen und Hochschullehrer gehört.²⁶¹

Die **Wahl** erfolgt sowohl bei monokratischer Besetzung als auch im Falle eines Dekanskollegiums **durch den Fakultäts- bzw. Fachbereichsrat**.²⁶² Sie legitimiert die – monokratische oder kollegiale – Fakultätsspitze in ihrer grundsätzlichen Allzuständigkeit in Angelegenheiten der Fakultät bzw. des Fachbereichs, also solchen, die nicht anderen Gremien vorbehalten sind. Eine Abgrenzung ist hier weniger gegenüber den Kompetenzen zentraler Gremien erforderlich, weil diese bereits über die hochschulgesetzlichen Regelungen erfolgen, als eine Abgrenzung gegenüber den Zuständigkeiten des Fakultäts- bzw. Fachbereichsrates. Diesem gegenüber besitzt der **Dekan oder ein Dekanskollegium weitreichende Kompetenzen**. Hierzu zählen unter anderem die Vertretung der Fakultät nach außen und innen, der Einsatz von Personal- und Sachmitteln, die Vorbereitung des dezentralen Struktur- und Entwicklungsplanes, der Abschluss von Zielvereinbarungen, die Forschungs- und Lehrevaluation, die Ausübung von Dienst- und Rechtsaufsicht, die Umsetzung der Beschlüsse des Fakultäts- bzw. Fachbereichsrates sowie die Erfüllung der Lehrverpflichtung an der Fakultät bzw. dem Fachbereich.²⁶³

82

---

260 Vgl. etwa Art. 28 Abs. 1 S. 1 BayHG. Anders aber etwa in Brandenburg, wo die Möglichkeit besteht, hauptamtliche Dekane von außerhalb der Hochschule vorzusehen (vgl. § 71 Abs. 2 BrbHG), bzw. die Regelung in § 27 Abs. 4 S. 2 NWHG. Mancherorts ist auch die Funktion von Fakultätsgeschäftsführern möglich (etwa in Hamburg).
261 *Hartmer*, in: Hartmer/Detmer (Hrsg.), HSchR-Praxishandbuch, 2004, S. 167 ff. (193).
262 Art. 28 Abs. 1 S. 1 BayHG; § 72 Abs. 1 BerlHG; § 43 Abs. 4 NHG (hinsichtlich des kollegialen Modells); § 27 Abs. 4 S. 1 NWHG.
263 Ebenso *Hartmer*, in: Hartmer/Detmer (Hrsg.), HSchR-Praxishandbuch, 2004, S. 167 ff. (196).

83   Als weiteres Gremium auf dezentraler Ebene – ausgestaltet als Organ – ist, wie angedeutet, der **Fakultäts- bzw. Fachbereichsrat** zu nennen. Seine Zuständigkeit knüpft an die Organzuständigkeiten des Dekans an und umfasst diejenigen Angelegenheiten auf dezentraler Ebene, die grundlegenderer Natur sind, als dass sie als „laufende Exekutivaufgaben" dem Dekanat zugewiesen sein könnten.[264] Die Landeshochschulgesetze sehen mitunter sogar einen eigenständigen Aufgabenkatalog auch für dieses dezentrale Gremium und Organ vor.[265] Am Fakultäts- bzw. Fachbereichsrat lässt sich für die dezentrale Ebene ebenfalls deutlich ein Aufgaben- und Zuständigkeitswandel infolge der jüngeren Hochschulreformen ablesen. Während noch zu Beginn der 1990er Jahre ein umfangreicher Zuständigkeitskatalog des Fakultäts- bzw. Fachbereichsrates durch das Landeshochschulrecht begründet war, ergibt sich nunmehr eine klare Verschiebung des Gewichts auf die Ebene der Fakultäts- bzw. Fachbereichsleitung, d.h. auf den Dekan oder ein Dekanskollegium – eine Tendenz, wie sie oben bereits für die zentrale Ebene im Verhältnis Hochschulleitung zum Senat angeklungen ist. Die Zuständigkeit des Fakultäts- bzw. Fachbereichsrates konzentriert sich nach Maßgabe der heute geltenden Landeshochschulgesetze auf gegenüber der früheren Rechtslage vergleichsweise wenige – wenngleich nach wie vor wichtige – Aufgaben, die überwiegend strategischer Natur sind. Hier sind zu nennen etwa der Erlass und die Änderung von Satzungen auf Fakultäts- bzw. Fachbereichsebene, die Wahl des Dekans (oder ggf. eines Dekanskollegiums), die Zuständigkeit für den Erlass von Struktur- und Entwicklungsplänen, Entscheidungen im Zusammenhang mit Berufungsverfahren (Berufungslisten) und Habilitationsverfahren. Mit Blick auf das Selbstverwaltungsrecht der Fakultäten bzw. Fachbereiche ist es kritisch zu bewerten, wenn in manchen Landeshochschulgesetzen etwa die Dekanswahl an ein Vorschlagsrecht des Präsidenten geknüpft ist und damit letztlich ein wesentlicher Einfluss der zentralen Ebene auf dezentrale Selbstverwaltungs- und Entscheidungsrechte genommen wird.[266] Ganz ähnlich verhält es sich auch mit der Verlagerung von Kompetenzen des Fakultäts- bzw. Fachbereichsrates bei der Verteilung von Personal- und Sachmitteln auf die Dekanatsebene.[267] Im Einzelnen bleibt auch insoweit die Entwicklung abzuwarten, wobei es wünschenswert im Sinne des Selbstverwal-

---

264 Vgl. etwa Art. 31 Abs. 2 S. 1 BayHG (Zuständigkeit in allen Angelegenheiten, für die nicht die Zuständigkeit des Dekans oder der Dekanin oder eines anderen Organs der Fakultät bestimmt ist), ähnlich auch § 28 Abs. 1 S. 1 NWHG.
265 So z.B. § 71 Abs. 1 BerlHG; § 44 Abs. 1 NHG.
266 Etwa in Brandenburg, vgl. § 73 Abs. 1 BrbHG, oder in Sachsen, vgl. § 86 Abs. 1 Satz 1 SächsHG.
267 So in Schleswig-Holstein, vgl. § 56 SHHG, oder in Brandenburg, vgl. § 73 Abs. 3 BrbHG.

tungsrechts und der damit verbundenen Stärkung der Hochschulautonomie ist, wenn Kompetenzfragen der dezentralen Ebene durch Satzung oder sonstiges Innenrecht der Fakultät durch den Fakultäts- bzw. Fachbereichsrat entschieden werden könnten. Der Gesetzgeber könnte auf den Erlass von Detailregelungen verzichten und stattdessen einen Rechtsrahmen schaffen, der den Hochschulen und ihren Entscheidungsebenen zur eigenständigen Regelung überlassen bliebe.

d) Hochschulbinnenorganisation im Spiegel der aktuellen Rechtsprechung
Die jüngere Rechtsprechung gibt Anlass, einige wesentliche Judikate betreffend die Binnenorganisation der Hochschulen – d.h. die innere Hochschulverfassung – zusammenfassend nach der Darstellung der zentralen und dezentralen Ebene nachzuzeichnen. Insoweit ergeben sich Hinweise, die für die weitere verfassungsgemäße Ausgestaltung der Hochschulorganisation durch die Landesgesetzgeber von zentraler Bedeutung sind. Die maßgebliche Kritik, die auch hier bereits angeklungen ist, betrifft im Kern die Verlagerung von Kompetenzen weg von den Hochschulmitgliedern – insbesondere den Hochschullehrern, denen nach Maßgabe der insoweit noch immer zu beachtenden professoralen Mehrheit in allen unmittelbar Lehre und Forschung betreffenden Angelegenheiten nach dem Hochschulurteil[268] des BVerfG hohe Bedeutung zukommt[269] – und hin zu quasi-externalisierten Hochschulräten unter gleichzeitiger Stärkung der zentralen und dezentralen Leitungsebene. Dieser Wandel in der Binnenorganisation der Hochschulen ist auch als Schwächung der akademischen Selbstverwaltung zu verstehen. Das BVerfG hat eine solche Zuständigkeitsverlagerung zunächst in der Entscheidung zum Brandenburgischen Hochschulgesetz im Jahre 2004 noch tendenziell als legitimiert angesehen, indem es namentlich unter Verweis auf den weiten gesetzgeberischen Spielraum geprüft hat, ob die Einführung insbesondere eines neuen Gremiums wie dem Hochschulrat eine „strukturelle Gefährdung" der freien wissenschaftlichen Betätigung und Aufgabenerfüllung darstelle,[270] und diese Frage im Ergebnis verneint hat. Es hat in dieser **„Brandenburg-Entscheidung"** damit vor allem zunächst die Freiheit des Gesetzgebers betont, auch andere als die überkommenen Struktur- und Organisationsmodelle für Hochschulen zu erproben.[271] Der Gesetzgeber sei des-

---

268 BVerfG, Urteil vom 29.5.1973 – 1 BvR 424/71 und 325/72, BVerfGE 35, 79 (insb. 132ff.).
269 Dazu oben A.I Rn. 12.
270 BVerfG, Beschluss vom 26.10.2004 – 1 BvR 911/927, 928/00, BVerfGE 111, 333ff.
271 BVerfG, Beschluss vom 26.10.2004 – 1 BvR 911/927, 928/00, BVerfGE 111, 333 (355). Dazu auch *von Coelln*, in: Hartmer/Detmer (Hrsg.), HSchR-Praxishandbuch, 2. Auflage 2011, S. 298.

halb nicht gehindert, auch einem Leitungsorgan umfangreiche Kompetenzen in Bereichen mit Wissenschaftsbezug einzuräumen.[272] Nachdem zwischenzeitlich das BVerwG das mit ähnlichen – zum Teil aber noch erheblich weiter reichenden – Kompetenzverlagerungen verbundene Modell der niedersächsischen Stiftungshochschule nur im Wege einer verfassungskonformen Auslegung „gerettet" hatte – nämlich unter anderem mit der Maßgabe, dass eine wirkungsvolle Rechtsaufsicht durch das Ministerium sicherzustellen ist (siehe oben Rn. 39), ist spätestens seit der folgenden **„Hamburg-Entscheidung"**[273] des BVerfG aus dem Jahre 2010 eine gewisse Wende in der hochschulrechtlichen Rechtsprechung insbesondere des BVerfG zu verzeichnen. Sie deutet in Richtung einer wieder stärkeren Betonung der akademischen Selbstverwaltung und der dazu bestimmten Kollegialorgane. Die „Hamburg-Entscheidung" betraf die dezentrale Dekanatsebene und ihre Ausgestaltung durch das Hamburgische Hochschulgesetz. Soweit darin bestimmt war, dass das Leitungsorgan (hier das Dekanat) mit erheblichen Kompetenzen ausgestattet ist, müsse der Gesetzgeber zugleich für ein Korrektiv sorgen, um die Selbstverwaltungsrechte der Hochschulmitglieder und ihrer Repräsentationsorgane (hier des Fakultätsrats) nicht vollends auszuhöhlen. Es gilt: Je stärker der Gesetzgeber das Leitungsorgan mit Kompetenzen ausstattet, desto stärker muss er im Gegenzug die direkten oder indirekten Mitwirkungs-, Einfluss-, Informations- und Kontrollrechte der Kollegialorgane ausgestalten, damit Gefahren für die Freiheit von Lehre und Forschung vermieden werden.[274] Die Sicherung der Wissenschaftsfreiheit durch organisatorische Regelungen verlange, dass die Träger der Wissenschaftsfreiheit durch ihre Vertreter in Hochschulorganen Gefährdungen der Wissenschaftsfreiheit abwehren und ihre fachliche Kompetenz zur Verwirklichung der Wissenschaftsfreiheit in die Universität einbringen können.[275] Der Gesetzgeber müsse daher ein hinreichendes Niveau der Partizipation der Grundrechtsträger gewährleisten.[276] Diesen Maßstäben genügten die Bestimmungen des HHG nicht zur Gänze, soweit nämlich dem Dekanat in den Bereichen der Haushaltsmittelbewirtschaftung, Stellenzuordnung und -verwendung zu weitreichende Steuerungsmöglichkeiten eingeräumt seien, die nicht durch entsprechende Einflussnahmerechte in den Kollegialorganen kompensiert würden. Das BVerfG ging in der „Hamburg-Entscheidung" mithin von einer „strukturellen Gefährdung" für eine freie Lehre und Forschung aus und erklärte die entsprechenden Bestimmungen des HHG

---

272 BVerfG, Beschluss vom 26.10.2004 – 1 BvR 911/927, 928/00, BVerfGE 111, 333 (356).
273 BVerfG, Beschluss vom 20.7.2010 – 1 BvR 748/06, NVwZ 2011, S. 224 ff.
274 BVerfG, Beschluss vom 20.7.2010 – 1 BvR 748/06, NVwZ 2011, S. 224 (228).
275 BVerfG, Beschluss vom 20.7.2010 – 1 BvR 748/06, NVwZ 2011, S. 224 (227).
276 BVerfG, Beschluss vom 20.7.2010 – 1 BvR 748/06, NVwZ 2011, S. 224 (227).

wegen Verletzung von Art. 5 Abs. 3 GG für verfassungswidrig. Diese Grundlinie findet schließlich ihre Bestätigung in einer weiteren Entscheidung des BVerfG, der sog. **„Hannover-Entscheidung"**[277] zur Verfassungswidrigkeit von Vorschriften über die innere Hochschulverfassung der Medizinischen Hochschule Hannover, die das Verhältnis von Senat und Vorstand und damit abermals die Frage betreffen, welche Mitwirkungsbefugnisse als Ausfluss der Wissenschaftsfreiheit des Art. 5 Abs. 3 GG den Wissenschaftlern über ihre Repräsentanz und ihren Einfluss im akademischen Kollegialorgan – dem Senat – gegenüber dem Leitungsorgan der Hochschule gesichert sein müssen. Ungeachtet dessen, dass die entsprechenden Vorschriften auf die besondere Organisationsform der Medizinischen Hochschule Hannover bezogen sind, lassen sich die Grundaussagen der Entscheidung ohne Weiteres als abermaligen Beleg dafür anführen, dass das BVerfG unter dem Gesichtspunkt der Stärkung der Partizipationsrechte der Professoren Organisationsregelungen im Landeshochschulrecht auf ihre Wissenschaftsadäquanz hin überprüft und bei der Besorgnis einer strukturellen Gefährdung der Wissenschaftsfreiheit als verfassungswidrig verwirft. Insbesondere die Kontinuität in der Argumentation sowohl in der „Hamburg-Entscheidung" als auch in der Bestätigung durch die „Hannover-Entscheidung" belegen, dass eine „Renaissance der akademischen Selbstverwaltung"[278] in der (Verfassungs-)Rechtsprechung erkennbar wird, die der „schleichenden Dekonstitutionalisierung des Hochschulorganisationsrechts"[279] entgegenwirkt.

e) Wissenschaftliche und nichtwissenschaftliche Einrichtungen

In der Aufbauorganisation der Hochschulen finden sich – je nach landesrechtlicher Ausgestaltung – weitere Einrichtungen, die in Abhängigkeit der ihnen zugewiesenen Aufgaben als wissenschaftliche oder nichtwissenschaftliche Einrichtungen zu bezeichnen sind. Während sich **wissenschaftliche Einrichtungen häufig auf Ebene der Fakultäten** finden, d.h. diesen organisationsrechtlich zugeordnet sind, finden sich angesichts der von ihnen wahrgenommenen Aufgaben die **nichtwissenschaftlichen Einrichtungen zumeist auf zentraler**

85

---

277 BVerfG, Beschluss vom 24.6.2014 – 1 BvR 3217/07, NVwZ 2014, S. 1370 ff.; dazu vertiefend *Gärditz*, Wissenschaftsfreiheit und Hochschulmedizin – zum Beschluss des Ersten Senats des BVerfG vom 24. Juni 2014 zur Medizinischen Hochschule Hannover, DVBl. 2014, S. 1133 ff.; *Hartmann*, Zur geplanten Änderung des Niedersächsischen Hochschulgesetzes, NdsVBl. 2015, S. 209 ff.
278 *Geis*, Die Entwicklung des Hochschulrechts von 2008 bis 2012, DV 45 (2012), S. 525 (531).
279 *Gärditz*, Die niedersächsische Stiftungshochschule vor dem Bundesverwaltungsgericht, WissR 43 (2010), S. 220 (249).

Hochschulebene wieder, weil sie überwiegend solche Aufgaben erfüllen, die von Bedeutung für die gesamte Hochschule und damit fakultätsübergreifend angelegt sind. In Anlehnung an den früheren Sprachgebrauch insbesondere des HRG, aber auch mancher Hochschulgesetze der Länder, werden die nichtwissenschaftlichen Einrichtungen als **Betriebseinheiten** bezeichnet.[280]

aa) Wissenschaftliche Einrichtungen

86 Als gleichsam **klassische Erscheinungsform** der wissenschaftlichen Einrichtungen ist das an der Fakultät bzw. dem Fachbereich angesiedelte **Institut oder Seminar**, an den medizinischen Fachbereichen zudem das Universitätsklinikum, zu nennen. In dieser klassischen Diktion stellen sich sowohl das Institut als auch das Seminar – wie darüber hinaus auch übrige Erscheinungsformen wie **Sammlungen, Laboratorien oder Arbeitsstellen** – als Einrichtungen dar, die unterhalb der Fakultätsebene liegen, dieser aber organisationsrechtlich zugeordnet sind. Insofern unterstehen sie den Organisationsentscheidungen der Fakultäts- bzw. Fachbereichsorgane. Das Hauptcharakteristikum der wissenschaftlichen Einrichtung besteht darin, *unmittelbar* wissenschaftlichen Aufgaben – mithin also Forschung und Lehre – zu dienen. In den meisten Fällen wird die Hauptaufgabe allerdings in erster Linie in der Forschung liegen, da die Einrichtung von Instituten und Seminaren nicht selten eine Zusammenfassung mehrerer Fächer einer Disziplin darstellt. Vor diesem Hintergrund ist das **Hauptabgrenzungsmerkmal der wissenschaftlichen gegenüber den nichtwissenschaftlichen Einrichtungen** darin zu sehen, **ob ein unmittelbarer Wissenschaftsbezug besteht**. Dieser äußert sich zumeist darin, dass einer wissenschaftlichen Einrichtung im Regelfall eine oder mehrere Professorenstellen aus dem Lehrkörper der Fakultät bzw. des Fachbereichs zugeordnet sind.[281]

87 Neben den Instituten und Seminaren, die nach wie vor an wissenschaftlichen Hochschulen anzufinden sind, haben sich – wenngleich in loserer Organisationsweise – **fächerübergreifende Arbeitsgruppen** vor allem im Bereich der Naturwissenschaften herausgebildet, mit denen dem Bedürfnis nach einer verstärkt interdisziplinär ausgerichteten Forschung Rechnung getragen wird. In diesen netzwerkartig zusammengeschlossenen Arbeitsgruppen, die sich maßgeblich aus Professoren desselben Fachbereichs, allerdings unterschiedlicher Fachrichtungen, zusammensetzen, fehlt es an einer der Instituts- bzw. Seminarstruktur vergleichbaren organisatorischen Klammer. Das Modell der Arbeitsgruppe lässt sich von seiner inhaltlichen Zielsetzung her aber auf die institutio-

---

280 *Thieme*, Deutsches Hochschulrecht, 3. Auflage, 2004, Rn. 1057 ff.
281 Vgl. auch *Thieme*, Deutsches Hochschulrecht, 3. Auflage, 2004, Rn. 1060.

nalisierteren Formen wissenschaftlicher Einrichtungen (also insbesondere Institute und Seminare) übertragen. Diese verfügen über feste Leitungsstrukturen, was sich insbesondere darin äußert, dass in Instituts- bzw. Seminarordnungen auch die jeweilige Leitungsorganisation geregelt wird. In Abkehr von dem überkommenen Leitungsmodell der Ordinarienuniversität findet sich auch bei den wissenschaftlichen Einrichtungen eine gewisse Demokratisierung dergestalt wieder, dass Institutsvorstände entweder kollegial zu bestellen bzw. bei monokratischer Ausgestaltung einem turnusmäßigen Wechsel unterstellt sind. Damit wird bis zu dieser Organisationsebene der Charakter der Gruppenuniversität deutlich. In dem Kontext sei zudem erwähnt, dass mit den Lehrstühlen nach früherem Recht, die zweifellos die Merkmale einer wissenschaftlichen Einrichtung im hier beschriebenen Sinne erfüllten, eine Kategorie wissenschaftlicher Einrichtungen entfallen ist. Dies gilt zumindest im Rechtssinne; gleichwohl findet sich die überkommene Bezeichnung „Lehrstuhl" auch heute noch im Sprachgebrauch vieler Fakultäten bzw. Fachbereiche des universitären Bereichs an.

Unter den wissenschaftlichen Einrichtungen sind aus jüngerer Zeit schließlich die **Zentren** hervorzuheben. Ein Zentrum als wissenschaftliche Einrichtung stellt eine unmittelbar wissenschaftlichen Zwecken dienende Organisationseinheit an einer Hochschule dar, die sich fakultäts- bzw. fachbereichsübergreifend zusammensetzt und wegen dieses übergreifenden Charakters zumeist als **zentrale wissenschaftliche Einrichtung**, also auf zentraler Hochschulebene, organisiert ist. Entsprechende Vorgaben finden sich in den Landeshochschulgesetzen oder den Grundordnungen.[282] Bei Fehlen solcher expliziten Regelungen kann – und dies gilt letztlich für alle weiteren Kooperationen im wissenschaftlichen Bereich – auf das gängige Instrumentarium des allgemeinen Verwaltungsrechts, insbesondere auf die Kooperationsformen, die durch den öffentlich-rechtlichen Vertrag im Sinne des § 54 VwVfG eröffnet werden, zurückgegriffen werden. Gerade am Beispiel der Zentren wird ersichtlich, dass es keinen Numerus Clausus der wissenschaftlichen Einrichtungen gibt, sondern unter den möglichen Organisationsformen nur eine gewisse (zum Teil traditionell bedingte) Formentypik vorzufinden ist. Ebenso wie die Frage der organisatorischen Ausgestaltung ist auch die damit verbundene **Mittelausstattung der wissenschaftlichen Einrichtungen** – zumindest im Regelfall – Angelegenheit des jeweiligen Trägers, d.h. der jeweiligen Fakultät bzw. des jeweiligen Fachbereichs, der bzw. dem die wissenschaftliche Einrichtung zugeordnet ist. Die maßgeblichen Akteure, also vor allem die Professoren und das wissenschaftliche Personal, welche organisatorisch in der wissenschaftlichen Einrichtung (z.B. einem

---

[282] Z.B. § 83 BerlHG (Zentralinstitute); § 72 Abs. 2 S. 2 BrbHG (Zentrale Einrichtungen).

Institut) zusammengefasst sind, bleiben allerdings dienstrechtlich und auch korporationsrechtlich dem Träger der wissenschaftlichen Einrichtung zugeordnet, sind also Teil der Fakultät bzw. des Fachbereichs. Die Rechtsverhältnisse werden somit auch durch Satzungen der Fakultäten bzw. Fachbereiche in ihrem Rechtsstatus als Teilkörperschaften der Hochschule geregelt. Gegebenenfalls kann vorgesehen werden, der wissenschaftlichen Einrichtung ein entsprechendes Budget zur selbständigen Verwaltung im Rahmen der den Fakultäten zugeordneten Teilhaushalte zuzuordnen. Es stellt sich vor dem Hintergrund der Herausbildung neuer Forschungsnetzwerke ohnehin die Frage, in welchem Maße die bisherigen – zum Teil hierarchisch determinierten – Organisationsformen wissenschaftlicher Einrichtungen sich dauerhaft im Hochschulbetrieb werden behaupten können oder aber durch neue Organisationsrahmen abzulösen sind.

89   Neben den bislang dargestellten wissenschaftlichen Einrichtungen *der* Hochschule existiert mit den sogenannten **„An-Instituten"** eine weitere Form der wissenschaftlichen Einrichtung, die, wie es die Bezeichnung nahelegt, *an der* Hochschule bestehen.[283] Bei den An-Instituten handelt es sich um Forschungseinrichtungen, die organisationsrechtlich nicht in die Hochschule eingegliedert sind, d.h. weder den Status einer Teilkörperschaft, vor allem aber nicht einer unselbständigen Anstalt oder eines Regiebetriebes aufweisen. Vielmehr handelt es sich um solche Einrichtungen, die einen unmittelbaren Forschungsbezug haben, allerdings organisationsrechtlich außerhalb der Hochschule angesiedelt sind. Die Trägerschaft ist im Regelfall privatrechtlich ausgestaltet, indem etwa ein eingetragener Verein, eine GmbH oder etwa eine Stiftung bürgerlichen Rechts als Träger fungiert.[284] Die organisatorische Verbindung zur Hochschule und ihren Aufgaben, d.h. der Wissenschaftsbezug (häufig im Bereich der Forschung) wird durch das jeweilige Hochschulrecht (Landeshochschulgesetze[285] sowie insbesondere die Grundordnung oder eine gesonderte Hochschulsatzung) geregelt, wobei regelmäßige Voraussetzung das Bestehen von Kooperationsbeziehungen ist.[286] Auf diese Weise können außerhalb der Hochschule bestehende Forschungseinrichtungen als wissenschaftliche Einrichtungen *an der* jeweiligen Hochschule anerkannt werden. Die Entscheidung über die Anerkennung stellt regelmäßig einen Verwaltungsakt dar, mit dem die Rechtsverhältnisse zwischen

---

283 Hierzu *Ernst/Altmann*, An-Institute als Bindeglied zwischen Hochschule und Wirtschaft, WissR 42 (2009), S. 22 ff.
284 *Ernst/Altmann*, An-Institute als Bindeglied zwischen Hochschule und Wirtschaft, WissR 42 (2009), S. 22 ff. (23).
285 Z.B. Art. 103 Abs. 2 BayHG; § 96 BremHG; § 35 Abs. 1 SHHG; § 105 ThürHG.
286 Vgl. § 96 BremHG; § 85 Abs. 1 Nr. 1 BerlHG; § 25 Abs. 6 SaarlHG; § 105 Abs. 1 Nr. 1 SächsHG.

An-Institut und Hochschule gestaltend geregelt werden.[287] Vor allen Dingen wird festgelegt, in welchem Maße räumliche, sächliche und personelle Ressourcen der Hochschule durch das An-Institut genutzt bzw. Hochschullehrer im Rahmen des Forschungs- und Technologietransfers eingesetzt werden dürfen. Die Zuständigkeit für die Anerkennungsentscheidung ist landesrechtlich unterschiedlich geregelt und obliegt entweder der Hochschule selbst[288] oder aber wird durch das zuständige Fachministerium im Zusammenwirken mit der Hochschule vorgenommen.[289] Als Brückeneinrichtung zwischen Hochschule und Wirtschaft, zunehmend aber auch dem übrigen gesellschaftlichen Bereich, hat sich das Modell des An-Instituts als Institut an der Hochschule fest etabliert.

bb) Nichtwissenschaftliche Einrichtungen

In Abgrenzung zu den soeben dargestellten wissenschaftlichen Einrichtungen stellen die auch als **Betriebseinheiten** bezeichneten nichtwissenschaftlichen Einrichtungen solche dar, die nur mittelbar – nämlich durch Zurverfügungstellung von entsprechender Infrastruktur sowie weiteren Dienstleistungen – den unmittelbaren Aufgaben der Hochschule in Forschung und Lehre zu dienen bestimmt sind.[290] Es handelt sich hierbei organisationsrechtlich um sog. **unselbständige Anstalten bzw. Regiebetriebe**, die in den Gesamthaushalt der Universität eingestellt sind, zumeist aber über ein eigenständiges Budget zur selbständigen Verwaltung verfügen. Mit der gewissen Selbständigkeit korrespondiert das Vorhandensein einer eigenständigen Leitung der jeweiligen Betriebseinheit, die sich regelmäßig nicht aus dem wissenschaftlichen Personal rekrutiert. Da es sich auch bei den nichtwissenschaftlichen Einrichtungen nicht um rechtlich selbständige Einheiten handelt, und zwar auch nicht um teilrechtsfähige Einheiten wie Fakultäten bzw. Fachbereiche als Teilkörperschaften der Hochschule, sind diese einem rechtlich selbständigen Träger zuzuordnen. Dies ist bei den nichtwissenschaftlichen Einrichtungen wegen ihres übergreifenden Charakters als Dienstleister für die gesamte Hochschule zumeist die zentrale Ebene, also die Gesamtuniversität als Körperschaft des öffentlichen Rechts. Zu den an jeder Hochschule vorzufindenden nichtwissenschaftlichen Einrichtungen zählen vor allem die **Hochschulbibliotheken**, die zur Versorgung mit Büchern sowie anderen Medien eingerichtet sind und eine maßgebli-

---

287 *Ernst/Altmann*, An-Institute als Bindeglied zwischen Hochschule und Wirtschaft, WissR 42 (2009), S. 22ff. (28).
288 Etwa Art. 103 Abs. 2 BayHG; § 102 HSG LSA; § 105 ThürHG; § 105 SächsHG.
289 Vgl. § 96 BremHG.
290 Zur Begrifflichkeit „Betriebseinheit" s. etwa § 72 Abs. 1 BrbHG.

che Bedeutung für die Hochschulaufgaben in Forschung und Lehre haben. Die Bibliotheksorganisation folgt regelmäßig der hier dargestellten Weise, ist indes an größeren Hochschulen durch eine weitere Gliederung gekennzeichnet. Diese zeichnet sich zumeist dadurch aus, dass es neben einer Zentralbibliothek, die für die gesamte Hochschule eingerichtet ist, auf Ebene der Fakultäten bzw. Fachbereiche **dezentrale Teilbibliotheken** gibt, die ihrerseits meist Präsenzbibliotheken darstellen und sich bis auf die Ebene der wissenschaftlichen Einrichtungen (Instituts- bzw. Seminarbibliotheken) ausdehnen können. Gleichwohl sind insbesondere die Hochschulbibliotheken in der Gesamtschau als einheitliches System[291] zu bezeichnen.

91 Neben den Hochschulbibliotheken existieren **weitere nichtwissenschaftliche Einrichtungen**, für die ebenfalls kein Numerus Clausus besteht. Hier liegt es vielmehr so, dass mit der stetigen Fortentwicklung der Hochschulen zu Dienstleistungsorganisationen der Wissensgesellschaft ein Bedarf an neuartigen Betriebseinheiten erforderlich wird. Zu nennen sind in diesem Kontext vor allem die **zentralen Rechenzentren** der Hochschulen, die für eine hinreichende **Ausstattung mit IuK-Technologien** sorgen und damit eine zentrale Rolle bei der Unterstützung von Forschung und Lehre einnehmen. Für den Bereich der Lehre ist etwa auf die **hochschuldidaktischen Einrichtungen** (hochschuldidaktische Zentren o. ä.) hinzuweisen, die ebenfalls wegen ihrer **mittelbaren Förderfunktion für Forschung bzw. Lehre** als nichtwissenschaftliche Einrichtung zu qualifizieren sind.

e) Organisation der Hochschulmedizin

92 Die Hochschulmedizin bildet einen der größten Teile der Universität bezüglich Verwaltung und Organisation und nimmt von daher eine Sonderposition in deren Gesamtorganisation ein.[292] Für diese Bereiche gelten im Unterschied zur Organisationsstruktur der übrigen wissenschaftlichen Bereiche der Hochschulen Besonderheiten, die nachfolgend erläutert werden. Dabei bleiben die eigenständigen Medizinischen Hochschulen außer Betracht.

aa) Allgemeines

93 Der Grund für die **Besonderheiten im Organisationsrecht** besteht für die Hochschulmedizin (d.h. die Medizinischen Fakultäten und die ihnen angeschlosse-

---

291 So auch *Thieme*, Deutsches Hochschulrecht, 3. Auflage, 2004, Rn. 1075.
292 Vgl. dazu *Sandberger*, in: Haug (Hrsg.), Das Hochschulrecht in Baden-Württemberg, 2. Auflage, 2009, S. 391; *Thieme*, Deutsches Hochschulrecht, 3. Auflage, 2004, Rn. 1079.

nen Klinika) zuvörderst in der **von anderen Studiengängen abweichenden Ausbildungsstruktur der medizinischen Studiengänge**.[293] Diese sind dadurch gekennzeichnet, dass der Schwerpunkt der wissenschaftlichen Ausbildung im klinischen Bereich zu absolvieren ist und sich demzufolge auf eine Tätigkeit im Universitätsklinikum konzentriert. Im Regelfall sind lediglich die ersten vier Semester außerhalb des Klinikums zu absolvieren (Physikum). Der Universität obliegt demnach nicht nur die Organisation und Verwaltung des Medizinischen Fachbereiches, sondern insbesondere einer klinischen Einrichtung. Daraus folgend lässt sich die Organisation in der Hochschulmedizin in zwei Hauptbereiche aufteilen:[294] die **Medizinische Fakultät** als Ausbildungsstätte mit theoretischem Schwerpunkt und das **Universitätsklinikum**, welches den Studierenden insbesondere Praxiskenntnisse vermitteln soll, daneben auch der Fortentwicklung der medizinischen Forschung dient.[295]

bb) Die Organisationsstruktur der Medizinischen Fakultäten bzw. Fachbereiche

Wie bereits angesprochen, wird im Bereich der **Medizinischen Fakultäten** größtenteils „Lehre in der Theorie" betrieben, die überwiegend in den Hörsälen oder Laboren sowie in den anatomischen Einrichtungen erfolgt.[296] Darüber hinaus besteht eine enge Verzahnung zwischen Fakultät und Klinikum.[297]

94

Wichtigste **Organe der Fakultät** sind der **Dekan** sowie ein **Fakultäts- bzw. Fachbereichsrat**, vergleichbar mit dem organisatorischen Aufbau der anderen Fakultäten. Da die Medizinische Fakultät bzw. der Medizinische Fachbereich jedoch eng mit der Organisation des Klinikums verwoben ist, hat der Fakultäts- bzw. Fachbereichsrat im Vergleich zu anderen Fakultäten der Universität nur eingeschränkte Zuständigkeiten, insbesondere im Bereich der Verwaltung und des Haushalts.[298] Zudem ist die Zusammensetzung eine andere, was sich bereits daraus erkennen lässt, dass die Hochschulmedizin in den Hochschulgesetzen

95

---

293 S. mit Blick auf die Rechtslage in Baden-Württemberg anschaulich auch *Sandberger*, in: Haug (Hrsg.), Das Hochschulrecht in Baden-Württemberg, 2. Auflage, 2009, S. 391.
294 Vgl. *Thieme*, Deutsches Hochschulrecht, 3. Auflage, 2004, Rn. 1079.
295 *Gärditz*, Hochschulmedizin und staatliche Finanzierungsverantwortung, WissR 47 (2014), S. 321 (324).
296 Vgl. *Thieme*, Deutsches Hochschulrecht, 3. Auflage, 2004, Rn. 1080.
297 Vgl. *Gärditz*, Hochschulmedizin und staatliche Finanzierungsverantwortung, WissR 47 (2014), S. 321 (324).
298 Vgl. *Thieme*, Deutsches Hochschulrecht, 3. Auflage, 2004, Rn. 1081; differenzierend für Baden-Württemberg etwa *Sandberger*, in: Haug (Hrsg.), Das Hochschulrecht in Baden-Württemberg, 2. Auflage, 2009, S. 401.

der Länder regelmäßig gesondert geregelt wird.[299] Auch der Dekan hat zumeist noch zusätzliche Aufgaben in der Klinikumsverwaltung, etwa als Mitglied im Klinikumsvorstand. Darüber hinaus gehören dem Dekanat in der Regel der ärztliche und kaufmännische Direktor des Klinikums an, welche beratend – oder in manchen Fällen sogar stimmberechtigt – an den Sitzungen des Dekanats teilnehmen können.[300]

cc) Die Organisationsstruktur der Universitätsklinika

96 Bei den Universitätsklinika handelt es sich um Krankenhäuser, welche sich dadurch auszeichnen, dass sie im Unterschied zu üblichen Krankenhäusern einen zusätzlichen Schwerpunkt darauf legen, besonders intensiv Forschung zu betreiben und diese auch in der Diagnose und Heilung von Patienten zum Tragen kommt. Neben der Patientenversorgung zählt in erster Linie die Ausbildung der Studierenden im Sinne der akademischen Lehre zu den **Aufgaben des Universitätsklinikums**. Aber auch die Ausbildung von Klinikpersonal und die Weiterbildung bereits ausgebildeten Personals sind Aufgaben, die hier angesiedelt sind.[301] Zudem zeichnen sich Universitätskliniken dadurch aus, dass sie zwar einerseits zum Medizinischen Fachbereich gehören und somit Teil der Universität sind, andererseits aber dem Gesundheitswesen und der öffentlichen Krankenversorgung zugeordnet sind.[302]

97 Die **Organisation der Universitätsklinika** ist in jedem Bundesland unterschiedlich geregelt, und zwar zum einen durch die Hochschulgesetze der Länder, zum anderen aber durch eigenständige Regelungen der Klinika selbst bzw. in den Grundordnungen sowie übrigen Satzungen der Universitäten.[303] In welcher Rechtsform das Klinikum organisiert wird, ist von den landesrechtlichen Bestimmungen abhängig. So werden die Universitätskliniken häufig als Anstalten des öffentlichen Rechts betrieben.[304] Daneben kommt auch eine Organisation in privatrechtlicher Form, beispielsweise als GmbH, in Betracht.[305] Zu den Universitätskliniken in einem weiteren Sinne gehören auch noch **außeruniver-**

---

299 Z.B. § 31f. NWHG; §§ 63a ff. NHG.
300 Etwa Art. 34 Abs. 2 S. 6 BayHSchG.
301 Vgl. *Thieme*, Deutsches Hochschulrecht, 3. Auflage, 2004, Rn. 1082.
302 Vgl. *Sandberger*, in: Haug (Hrsg.), Das Hochschulrecht in Baden-Württemberg, 2. Auflage, 2009, S. 394; *Thieme*, Deutsches Hochschulrecht, 3. Auflage, 2004, Rn. 1078.
303 Etwa § 1 BWUKG.
304 Vgl. § 1 BWUKG; § 31 Abs. 1 S. 1 NWHG.
305 Vgl. *Thieme*, Deutsches Hochschulrecht, 3. Auflage, 2004, Rn. 1084. Eingehend zu dieser Problematik auch *Sandberger*, in: Haug (Hrsg.), Das Hochschulrecht in Baden-Württemberg, 2. Auflage, 2009, S. 412ff., insbesondere mit Blick auf Art. 5 Abs. 3 GG.

sitäre **Lehrkrankenhäuser**, die Studierende zum Beispiel für Praktika und Famulaturen aufnehmen.³⁰⁶

Grundsätzlich zählen zu den **Organen des Klinikums** zunächst der **Klinikvorstand**, welcher sich aus dem Ärztlichen Direktor, dem Dekan der Medizinischen Fakultät, dem Verwaltungsdirektor und dem Pflegedirektor zusammensetzt, **sowie ein Aufsichtsgremium**. Zu den Aufgaben des Vorstands gehört primär die operative Leitung des Klinikums.³⁰⁷ Darüber hinaus entscheidet er in Übereinstimmung mit dem Fakultätsrat bei Entscheidungen, die Forschung und Lehre betreffen.³⁰⁸ Der Grund für diese Regelung liegt darin, dass ein Auseinanderfallen der Interessen von Fakultät und Klinikum vermieden werden soll.³⁰⁹

98

Weiter gehört – wie angedeutet – zu den Organen des Klinikums ein **Aufsichtsorgan**, welches je nach Einrichtung eine andere Bezeichnung tragen kann, häufig jedoch als Aufsichtsrat bezeichnet wird. Welche spezifischen Aufgaben diesem Organ zuteil werden, kann ebenfalls variieren. Wichtigste Zuständigkeitsbereiche sind in der Regel die Entscheidungshoheit bezüglich der **Personalangelegenheiten** und des **Wirtschaftsplanes** für das Klinikum.³¹⁰ Durch das Aufsichtsorgan wird das Ministerium von seiner Fachaufsicht entlastet und seine Zuständigkeit somit im Regelfall auf eine Rechtsaufsicht reduziert.³¹¹

99

Als weiteres wichtiges Organ fungiert der **Ärztliche Direktor**, welcher entweder vom Ministerium mit Beteiligung des Aufsichtsrates eingestellt oder vom Aufsichtsrat selbst direkt ernannt wird.³¹² Die Aufgaben liegen vor allem im medizinischen Bereich und umfassen unter anderem die Hygieneaufsicht, die Durchsetzung von Anordnungen der Gesundheitsbehörden, die Organisation der Zusammenarbeit mit anderen Krankenhäusern und die Aus- und Weiterbildung von Ärzten und Klinikpersonal.³¹³ Die Position ist als Bindeglied zwischen

100

---

306 Etwa Art. 34 Abs. 3 S. 1 BayHG.
307 *Sandberger*, in: Haug (Hrsg.), Das Hochschulrecht in Baden-Württemberg, 2. Auflage, 2009, S. 396.
308 *Thieme*, Deutsches Hochschulrecht, 3. Auflage, 2004, Rn. 1087.
309 *Thieme*, Deutsches Hochschulrecht, 3. Auflage, 2004, Rn. 1088.
310 Differenzierend zu den Aufgaben des Aufsichtsrates in Baden-Württemberg etwa *Sandberger*, in: Haug (Hrsg.), Das Hochschulrecht in Baden-Württemberg, 2. Auflage, 2009, S. 400 f.
311 So etwa § 3 BWUKG; dazu *Sandberger*, in: Haug (Hrsg.), Das Hochschulrecht in Baden-Württemberg, 2. Auflage, 2009, S. 394 f.; vgl. auch *Thieme*, Deutsches Hochschulrecht, 3. Auflage, 2004, Rn. 1088.
312 *Thieme*, Deutsches Hochschulrecht, 3. Auflage, 2004, Rn. 1089.
313 *Thieme*, Deutsches Hochschulrecht, 3. Auflage, 2004, Rn. 1089.

Verwaltung und Klinikumsgeschehen angesiedelt. Darüber hinaus ist der Ärztliche Direktor Mitglied des Fakultätsrates.

101 Zu weiteren wichtigen Einrichtungen gehört die Position des **Verwaltungsdirektors**. Der Verwaltungsdirektor ist für Haushaltsangelegenheiten zuständig und entwirft darüber hinaus den Wirtschaftplan, über den das Aufsichtsorgan zu entscheiden hat. Zudem kann er an den Sitzungen des Fakultätsrates teilnehmen.[314] Daneben existiert mit dem Pflegedirektor regelmäßig eine weitere Funktion, die alle Belange der pflegerischen Versorgung sowie die Sorge um das entsprechende Personal umfasst.[315]

dd) Ärztlicher Dienst an den Universitätsklinika

102 Die an der Universitätsklinik angestellten Ärzte widmen sich neben der Patientenversorgung in besonderem Maße auch der Forschungstätigkeit. Von den Ärzten sind hinsichtlich des Aufgabenumfangs die **Leitenden Ärzte** gesondert zu betrachten, da sie immer auch Professoren der Medizinischen Fakultät und in dieser Funktion neben der allgemeinen Patientenversorgung und ihrer Leitungsaufgabe fest in den Lehrbetrieb eingebunden sind.[316] Wegen dieser beiden Aufgabenbereiche haben Leitende Ärzte im Vergleich zu Professoren anderer Fakultäten zumeist geringere Lehrverpflichtungen (Deputatsermäßigung) wahrzunehmen.[317]

f) Recht der Theologischen Fakultäten bzw. Fachbereiche

103 Die wissenschaftlich fundierte theologische Ausbildung – namentlich der katholischen und evangelischen Geistlichen – findet nicht nur an kirchlichen Hochschulen[318] statt, die – abgesehen von der staatlichen Anerkennung – dem Einfluss des Staates entzogen sind, sondern vornehmlich an den Theologischen Fakultäten bzw. Fachbereichen, die an staatlichen Universitäten eingerichtet sind. Sie können auf eine lange Tradition verweisen, die ihrerseits wiederum einen Rechtsbereich von großer Bandbreite hervorgebracht hat, wenn man insoweit einmal die rechtlichen Grundlagen näher betrachtet. So bedürfen insbe-

---

314 *Thieme*, Deutsches Hochschulrecht, 3. Auflage, 2004, Rn. 1090.
315 *Thieme*, Deutsches Hochschulrecht, 3. Auflage, 2004, Rn. 1091.
316 *Thieme*, Deutsches Hochschulrecht, 3. Auflage, 2004, Rn. 1093; näher dazu und zum „Kooperationsmodell" *Epping/Becker*, Die Kooperationsverpflichtung von Universität und Universitätsklinikum, WissR 47 (2014), S. 27 ff.
317 *Thieme*, Deutsches Hochschulrecht, 3. Auflage, 2004, Rn. 1093.
318 Dazu schon oben II.3.d.

sondere der Rechtsstatus und die sich daraus ergebenden Folgeprobleme der Betrachtung im Einzelfall, weshalb sich diese Darstellung darauf beschränken muss, die Grundlinien des Organisationsrechts der Theologischen Fakultäten nachzuzeichnen.

Das Grundproblem besteht zunächst darin, ob das Fach **Theologie als Wissenschaft** zu verstehen ist. Ausgehend davon, dass es sich bei Wissenschaft im Sinne des Art. 5 Abs. 3 GG um einen von der Aufklärung geprägten Begriff handelt, der mithin also naturwissenschaftlich-erfahrungswissenschaftlicher Prägung ist,[319] ist zum Teil in Zweifel gezogen worden, ob die Theologie wegen ihres Bezuges zu einem feststehenden Glaubensfundament zur Wissenschaft in diesem Sinne gehört und nicht etwa nur die Religionswissenschaft zum Kanon der universitären Ausbildung zu zählen sei.[320] Dieser These wird heute nach ganz überwiegender Auffassung nicht mehr gefolgt, sondern vielmehr die Theologie als anerkannter Teil der universitären Wissenschaft verstanden.[321] Dem ist zuzustimmen.

Die Rechtsgrundlagen und Rahmenbedingungen für die Einrichtung Theologischer Fakultäten an den staatlichen Universitäten sind vielfältig und haben zumeist einen historischen Hintergrund. Hier ist grundlegend zwischen den Katholisch-Theologischen Fakultäten einerseits und den Evangelisch-Theologischen Fakultäten andererseits zu unterscheiden, weil jeweils unterschiedliche Rechtsregime zur Anwendung kommen, die lediglich insoweit als vergleichbar gelten können, als sie sich auf **Vereinbarungen zwischen Staat und Kirche** stützen. Im Falle der Katholischen Kirche sind dies die sogenannten Konkordate, die auf eine lange Tradition zurückgehen, wohingegen sich die Errichtung Evangelisch-Theologischer Fakultäten auf zum Teil erheblich jüngere Kirchenverträge stützt. Auf diese Weise ist den Kirchen bei der Einrichtung, Erweiterung und Schließung Theologischer Fakultäten nicht nur ein weitgehendes Mitwirkungsrecht eingeräumt, das verfassungsrechtlichen Schutz genießt, sondern in gewissem Umfang auch einen Bestandsschutz hinsichtlich der eingerichteten Fakultäten bzw. Fachbereiche sowie theologischen Studiengänge gewährleistet.[322] Praktische Bedeutung haben die in den Kirchenstaatsverträgen enthaltenen Garantien vor allem für die Besetzung der Professuren an den Theologischen Fakultäten, die den übrigen landes(verfassungs-)rechtlichen Bestim-

---

319 Näher auch *Thieme*, Deutsches Hochschulrecht, 3. Auflage, 2004, Rn. 265.
320 Zum Ganzen *Thieme*, Deutsches Hochschulrecht, 3. Auflage, 2004, Rn. 265.
321 Vgl. etwa *von Campenhausen*, Theologische Fakultäten/Fachbereiche, in: Flämig/Kimminich (Hrsg.), WissR-Handbuch, Band 1, 2. Auflage, 1996, S. 963ff. (969).
322 Vgl. auch *Eiselstein*, in: Haug (Hrsg.), Das Hochschulrecht in Baden-Württemberg, 2. Auflage, 2009, S. 33f.

mungen vorgehen, und welche grundsätzlich nur die Herstellung des Benehmens mit der jeweiligen Kirche vorsehen.[323] Damit ist sichergestellt, dass den Kirchen in den Berufungsverfahren über ein bloßes Anhörungs- und Stellungnahmerecht hinaus echte Mitwirkungs- und Mitentscheidungsrechte – bis hin zum **nihil obstat** der Katholischen Kirche – eingeräumt sind.[324]

g) Das Hochschulverfassungsstreitverfahren

106 Das Hochschulverfassungsstreitverfahren[325] ist ein mittlerweile anerkanntes verwaltungsgerichtliches Verfahren, um **Innenrechtsstreitigkeiten an der Hochschule** einer gerichtlichen Überprüfung zuzuführen. Es ist als solches nicht ausdrücklich in der – hinsichtlich der Klage- bzw. Verfahrensarten abschließenden – Verwaltungsgerichtsordnung (VwGO) aufgeführt, wird allerdings als Unterform der Feststellungsklage bzw. Allgemeinen Leistungsklage angesehen und gleicht in vielerlei Hinsicht dem ebenso anerkannten Kommunalverfassungsstreitverfahren, welches Innenrechtsstreitigkeiten innerhalb einer kommunalen Gebietskörperschaft zum Gegenstand hat.[326] Die Parallele zur kommunalen Selbstverwaltung weist hier den Weg: Soweit es sich um eine juristische Person des öffentlichen Rechts handelt, welcher – wie etwa der Gemeinde oder hier der Hochschule – als Körperschaft des öffentlichen Rechts Selbstverwaltungsrechte eingeräumt sind, müssen sich bei drohender Verletzung dieser Rechte auch die für die Körperschaft handelnden Organe darauf berufen und diese notfalls auch gerichtlich durchsetzen können.[327] Im Falle der Hochschulen ergibt sich diese Rechtsposition entweder aus den landesverfassungsrechtlichen Gewährleistungen der Selbstverwaltungsgarantie oder aber aus Art. 5 Abs. 3 GG, der jedenfalls einen Organisationsbezug aufweist.[328] Die Besonder-

---

323 Z.B. Art. 10 BWVerf.
324 *Eiselstein*, in: Haug (Hrsg.), Das Hochschulrecht in Baden-Württemberg, 2. Auflage, 2009, S. 33 f.
325 Grundlegend jüngst *Wendelin*, Der Hochschulverfassungsstreit: Subjektive Organrechte im Binnenbereich der Hochschule und deren verwaltungsprozessuale Behandlung, 2009, passim.; vgl. auch *Fink*, Der Hochschulverfassungsstreit, in: WissR (27) 1994, S. 126 ff.; *Fuss*, Verwaltungsstreitigkeiten im universitären Innenbereich, WissR (5) 1972, S. 97 ff.; *Alberts*, Vorläufiger Rechtsschutz im Hochschulverfassungsstreit, WissR (7) 1974, S. 50 ff. Erhellend aus jüngerer Zeit vor allem auch *Gärditz*, Hochschulorganisation und verwaltungsrechtliche Systembildung, 2009, S. 533 ff. m.w.N.
326 *Fink*, Der Hochschulverfassungsstreit, in. WissR (27) 1994, S. 126 ff.; *von Coelln*, in: Hartmer/Detmer (Hrsg.), HSchR-Praxishandbuch, 2. Auflage, 2011, S. 327 ff.
327 *Fink*, Der Hochschulverfassungsstreit, in: WissR (27) 1994, S. 126 ff.
328 *Fink*, Der Hochschulverfassungsstreit, in: WissR 27 (1994), S. 126 (133 ff.).

heit dieser Innenrechtsstreitigkeiten ist darin zu sehen, dass den ihnen zugrunde liegenden Maßnahmen naturgemäß **keine Außenwirkung** zukommt, sie mithin nur im Innenbereich der Hochschule oder Teilen von dieser angesiedelt sind. Sie stellen deshalb grundsätzlich **keine Verwaltungsakte** dar,[329] weshalb auf die entsprechenden Klagearten – insbesondere die Anfechtungsklage – nicht zurückgegriffen werden kann. Gleichwohl ergibt sich aus dem Vorhandensein einer Innenrechtsposition das Erfordernis der Justitiabilität, um auch umfänglich Geltung beanspruchen zu können. Ein Hochschulverfassungsstreitverfahren ist also daran geknüpft, dass die klagende Rechtsperson Mitglied eines Organs bzw. Organteils ist, welches mit eigenen Organrechten ausgestattet ist.[330] Ist in diesen Konstellationen dann eine **organschaftliche Rechtsposition** oder ein **subjektives Mitgliedschaftsrecht** betroffen, kann die mögliche Rechtsverletzung gerichtlich geltend gemacht werden.[331]

Je nachdem, in welcher konkreten Betroffenheit eine mögliche Verletzung organschaftlicher Rechte oder eines subjektiven Mitgliedschaftsrechts vorliegt, spricht man von **Interorganstreitigkeiten** (Organ macht gegenüber einem anderen Organ eine Innenrechtsverletzung geltend) oder einer **Intraorganstreitigkeit** (Organteil macht gegenüber dem Organ, dem es angehört, eine Innenrechtsverletzung geltend). Diese Differenzierung ist rechtlich ohne Belang, verdeutlicht aber in welchen Konstellationen Hochschulverfassungsstreitverfahren angesiedelt sind. In der Praxis dürften vor allem Zuständigkeitsfragen im Vordergrund stehen, wobei die möglichen Anwendungsfälle vielfältig sind und sich an den Zuständigkeitsregelungen der Landeshochschulgesetze ablesen lassen. So sind Hochschulverfassungsstreitverfahren etwa denkbar im Falle einer Auseinandersetzung zwischen Fakultät und Senat über Berufungsvorschläge (als Interorganstreitigkeit) oder aber innerhalb des Fakultätsrates zwischen diesem und einem Mitglied des Organs über das Zustandekommen von Beschlüssen, die Bildung von Ausschüssen, Bestellung von Beauftragten oder andere Fragen, die als Intraorganstreitigkeiten im Zuständigkeitsbereich eines dezentralen oder zentralen Organs (z.B. Streitigkeit innerhalb des Senats) vorkommen können. Abzuwarten bleibt insbesondere, ob die neu geschaffenen Hochschulräte[332] – sofern sie als Organ der Hochschule ausgestaltet sind – künftig derartiges Kon-

---

329 Statt vieler etwa *Kopp/Ramsauer*, Verwaltungsverfahrensgesetz, Kommentar, 11. Auflage, 2010, § 35 Rn. 142.
330 *von Coelln*, in: Hartmer/Detmer (Hrsg.), HSchR-Praxishandbuch, 2. Auflage, 2011, S. 328.
331 *von Coelln*, in: Hartmer/Detmer (Hrsg.), HSchR-Praxishandbuch, 2. Auflage, 2011, S. 329.
332 Hierzu bereits oben II.4.c.aa.

fliktpotenzial hervorrufen, dass dies zu einem Anstieg von Innenrechtsstreitigkeiten führen wird.

108 Da es sich trotz des mitunter anderes suggerierenden Titels „Hochschul*verfassungs*streit" nicht um eine verfassungsrechtliche Auseinandersetzung handelt, die in den Zuständigkeitsbereich der Verfassungsgerichtsbarkeit fällt, sondern mit „Verfassungsstreit" hier die Auseinandersetzung um Grund und Reichweite der Organverfasstheit der Hochschule als Körperschaft und somit juristische Person des öffentlichen Rechts gemeint ist, ist nach der Generalklausel des § 40 VwGO der Verwaltungsrechtsweg gegeben. Je nach Klagebegehren – Feststellung oder bestimmte Leistung – ist der Hochschulverfassungsstreit, wie eingangs erwähnt, mit seinem Klageantrag als Feststellungsklage oder Allgemeine Leistungsklage zu erheben. Für die Kostentragung gilt, dass diese grundsätzlich der Hochschule überantwortet wird.[333]

5. Reform der Hochschulorganisation

109 Die bislang dargestellte und trotz aller Reformbestrebungen im Kern erhalten gebliebene Hochschulorganisation hat zwar zahlreiche Änderungen und Modifikationen durch die Gesetzgeber erfahren; der Bezug zum demokratischen Modell der Gruppenuniversität ist dabei aber bislang nicht in Frage gestellt worden, auch wenn dies aus Sicht einer eher reformkritischen Hochschulwissenschaft immer wieder in Zweifel gezogen wurde.[334] Im Übrigen bleiben die Auffassungen darüber, wie Hochschulen in ihrer Verfasstheit verstanden werden können, weiterhin disparat.[335] Die insoweit vertretenen Grundtypen[336] – **Gelehrtenrepublik** (im Sinne einer Ordinarienuniversität), **nachgeordnete Behörde**, **Gruppenuniversität** (mit demokratischer Verstärkung der Selbstverwaltung) oder **Dienstleistungsunternehmen** – sind nach wie vor auch im geltenden Hochschulorganisationsrecht partiell erkennbar. Zusammenfassend kann festgehalten werden, dass die Entwicklung dabei auf einen Übergang von der

---

[333] VGH Mannheim, Beschluss vom 17.9.1984, in: KMK-HSchR 1985, S. 623 ff.
[334] Aus der umfangreichen Literatur etwa *Morkel*, Die Universität muss sich wehren. Ein Plädoyer für ihre Erneuerung, 2000, passim.; *Thieme*, Deutsches Hochschulrecht, 3. Auflage, 2004, Rn. 984.
[335] Weitreichend und erkenntnisreich – und zudem mit rechtsvergleichendem Ansatz – ist in diesem Kontext im Ganzen etwa die recht aktuelle Habilitationsschrift von *Fraenkel-Haeberle*, Die Universität im Mehrebenensystem, 2014.
[336] Nach *Müller-Böling*, Die entfesselte Hochschule, 2000, S. 19 ff.

Hochschule als selbstverwalteter Gelehrtenrepublik, einer Korporation, welche die Fachkompetenz ihrer Mitglieder in den Vordergrund stellt, zu einer nach Managementgrundsätzen geführten Hochschule, die verstärkt Elemente aus der Betriebswirtschaftslehre und Unternehmensführung aufnimmt, und die heute wohl treffend mit dem hier bereits mehrfach gebrauchten Begriff der **„managerial university"** (auch: unternehmerische Hochschule) zusammengefasst werden kann, zielt.[337] Dabei wird deutlich, dass es sich keineswegs um die bloße Adaption ökonomischer Prinzipien handelt, sondern es vielmehr um eine **wissenschaftsadäquate Anwendung neuer Steuerungs- und Organisationsansätze** geht, die verwaltungswissenschaftlich fundiert sind und auch in anderen Bereichen öffentlicher Verwaltung eingesetzt werden.

Im Zusammenhang mit den Reformbestrebungen der letzten zwei Jahrzehnte spielt auch für den Hochschulsektor das Modell des **New Public Management**[338] und seine zunächst in der Kommunalverwaltung erprobte Modifikation des **Neuen Steuerungsmodells** eine bedeutsame Rolle.[339] Hat der Ansatz der **„Entfesselten Hochschule"**[340] in einem ganzheitlichen Sinne den Blick auf die Organisation Hochschule und deren neues Leitbild gerichtet, so stellt das Neue Steuerungsmodell gewissermaßen die Steuerungsinstrumentarien für eine solche grundlegende Hochschulreform zur Seite. Als zentrale Aussagen allgemeiner Art – und aus Sicht der Verwaltungswissenschaft bzw. öffentlichen Betriebswirtschaftslehre, auf die das Modell zurückgeht – lassen sich die Vorteile des Neuen Steuerungsmodells vor allem daran festmachen, dass zugunsten einer ordnungspolitischen Rahmensetzung auf eine staatliche Detailsteuerung verzichtet wird und statt einer Input-Orientierung ganz wesentlich auf **Output- bzw. Outcome-Steuerung** gesetzt wird. Hierarchische Strukturen sollen einer **Steuerung durch Zielvereinbarungen und Kontraktmanagement** weichen – verbunden allerdings mit einer zeitgleichen Stärkung der zentralen und dezentralen Leitungsebenen. Viele Übergänge erscheinen hier fließend, nicht immer widerspruchsfrei, und nicht immer wird der Bezug zu einzelnen Reformmaßnahmen erkennbar, die der Gesetzgeber angestoßen hat. In diesem Zusammenhang wird auch stets die Frage nach der hinreichenden demokratisch-rechtsstaatlichen Legitimation des Neuen Steuerungsmodells und seiner Steuerungsinstru-

---

337 *Ipsen*, Hochschulen als Unternehmen?, Forschung und Lehre 2001, S. 72 ff.
338 Dazu aus Sicht der Verwaltungswissenschaft etwa *Püttner*, Verwaltungslehre, 3. Auflage, 2000, S. 260 ff.
339 *Ziegele*, Die Umsetzung von neuen Steuerungsmodellen (NSM) im Hochschulrecht, in: Fisch/Koch (Hrsg.), Neue Steuerung von Bildung und Wissenschaft – Schule – Hochschule – Forschung, 2005, S. 107 ff.
340 Grundlegend *Müller-Böling*, Die entfesselte Hochschule, 2000, passim.

mente von Belang, die allerdings an rechtlicher Brisanz verlieren, wenn man sich die Rolle des Gesetzgebers als Rahmengeber vor Augen führt. Gleichwohl stehen sowohl die Neuerungen in der Binnenorganisation der Hochschulen – namentlich in den Leitungsstrukturen – als auch die auf die äußere Organisation gerichteten neuen Organisationsmodelle in engem Bezug zum Neuen Steuerungsmodell. Zum Teil sind konkrete Anforderungen des Neuen Steuerungsmodells an das Hochschulrecht formuliert worden.[341]

111 Ausgehend von und aufbauend auf der Konzeption des Neuen Steuerungsmodells sind in jüngerer Zeit in der verwaltungswissenschaftlichen Forschung weitere Ansätze entwickelt worden, die überwiegend neue – hybride – Akteursstrukturen wie **Netzwerke** und ihr Zusammenwirken zum Gegenstand der Betrachtung und Analyse machen. Diese werden zumeist unter dem Begriff der **Governance** (oder **Public Governance**) zusammengefasst.[342] Sie reichen mittlerweile auch in das Hochschulschulrecht hinein, das hier gewissermaßen als Referenzgebiet fungiert.[343]

6. Koordinationseinrichtungen und Interessenvertretungen der Hochschulen

112 Die dezentral – d.h. auf Ebene der Länder – angesiedelte Organisation der Hochschulen im föderalen Aufbau der Bundesrepublik hat seit jeher (und damit auch unter Geltung des Hochschulrahmenrechts) ein erhöhtes Maß an Koordination unter den Ländern erfordert, um damit nicht zuletzt gewisse nationale Qualitätsstandards hervorzubringen, die im europäischen wie internationalen Bildungswettbewerb von Bedeutung sind. Hierzu dienen die Koordinierungseinrichtungen und Interessenvertretungen, die einen Hochschul- bzw. Wissenschaftsbezug aufweisen. Auf der Ministerialebene ist dies allen voran die **Kultusministerkonferenz (KMK)**,[344] welcher nach weitgehendem Fortfall des bundesgesetzlichen Rahmenrechts eine noch wichtigere Rolle bei der Abstimmung von Standards unter den Hochschulen der Länder zukommt. Beschlüsse

---

341 Etwa *Ziegele*, Die Umsetzung von neuen Steuerungsmodellen (NSM) im Hochschulrecht, in: Fisch/Koch (Hrsg.), Neue Steuerung von Bildung und Wissenschaft – Schule – Hochschule – Forschung, 2005, S. 110 ff.
342 Dazu z.B. *Trute/Denkhaus/Kühlers*, Governance in der Verwaltungsrechtswissenschaft, in: Die Verwaltung 63 (2004), S. 451 ff.
343 Anschaulich etwa *Smeddinck*, Die deregulierte Hochschule, DÖV 2007, S. 263 ff. (278 f.); vgl. auch *Pautsch*, Neue Organisationsmodelle für Hochschulen – Ein Ländervergleich, in: IHF (Hrsg.), Beiträge zur Hochschulforschung 2009, S. 36 ff. (37).
344 Ständige Konferenz der Kultusminister der Länder in der Bundesrepublik Deutschland, vgl. http://www.kmk.org.

der KMK haben – da es sich lediglich um ein Koordinierungsgremium auf der Ebene der Landesminister handelt – lediglich empfehlenden Charakter, wenngleich ihnen zumeist in politischer Hinsicht eine gewisse Verbindlichkeit zueigen ist. Sie bedürfen daher grundsätzlich der Umsetzung durch die zuständigen Landesgesetzgeber oder der verbindlichen Festschreibung in Abkommen unter den Ländern (Staatsverträgen).

Höhere Verbindlichkeit ist der Tätigkeit der ehemaligen **Bund-Länder-Kommission für Bildungsplanung und Forschungsförderung (BLK)**[345] und nunmehr der **Gemeinsamen Wissenschaftskonferenz (GWK)**,[346] als deren Nachfolgeeinrichtung, zugeschrieben, da beide Einrichtungen der Förderung von Einrichtungen und Vorhaben der wissenschaftlichen Forschung von überregionaler Bedeutung und Bildungsplanung im Zusammenwirken von Bund und Ländern (als Gemeinschaftsaufgabe) dienen und daher gegenüber der KMK echte Kompetenzen hatten (im Falle der BLK) bzw. haben (im Falle der GWK). Letzterer kommen Aufgaben vor allem im Zusammenhang mit der sog. **Exzellenzinitiative** oder dem **Hochschulpakt 2020** zu. Beide Einrichtungen stützen sich auf Art. 91b GG. 113

Neben die genannten Koordinierungseinrichtungen tritt überdies der **Wissenschaftsrat (WR)**,[347] welcher als beratendes Organ für die Bundesregierung und die Regierungen der Länder fungiert und die Aufgabe hat, Empfehlungen zur inhaltlichen und strukturellen Entwicklung der Hochschulen, Wissenschaft und Forschung zu erarbeiten. Daneben tritt eine begutachtende Tätigkeit im Rahmen der Akkreditierung privater Hochschulen in deren Anerkennungsverfahren.[348] 114

Ganz im Organisationsbereich der Hochschulen selbst ist die aus der Westdeutschen Rektorenkonferenz hervorgegangene **Hochschulrektorenkonferenz (HRK)**,[349] der freiwillige Zusammenschluss der deutschen Hochschulen, angesiedelt, die – insoweit über die Rolle einer reinen Interessensvertretung der ihr angeschlossenen Hochschulen hinausgehend – wesentliche Aufgaben bei der Weiterentwicklung des Hochschulwesens in der Bundesrepublik – besonders im Zusammenwirken mit anderen Einrichtungen wie etwa der KMK – und bei der Erarbeitung nationaler Standards und Strategien für Hochschulen und Wissenschaft wahrnimmt.[350] In diesem Kontext verdient insbesondere die ge- 115

---

345 Näher noch unter http://www.blk-bonn.de.
346 http://www.gwk-bonn.de.
347 Vgl. näher unter http://www.wissenschaftsrat.de.
348 Nach § 70 HRG bzw. Maßgabe der Landeshochschulgesetze.
349 Mit Sitz in Bonn sowie einer Außenstelle in Berlin, vgl. näher unter http://www.hrk.de.
350 Von der Hochschulrektorenkonferenz abzugrenzen sind die auf Ebene der Länder bestehenden Landeshochschulrektorenkonferenzen, die Koordinierungsaufgaben der Hochschulen

meinsam mit der Bertelsmann Stiftung erfolgte Gründung des **Centrums für Hochschulentwicklung (CHE)**[351] in Gütersloh besondere Beachtung, von dem maßgebliche Impulse für die Hochschulentwicklung in der Bundesrepublik ausgehen.

Weitere Einrichtungen – etwa die Interessenvertretungen der Professoren wie der **Deutsche Hochschulverband (DHV)**[352] für die Universitätsprofessoren und der **Hochschullehrerbund (hlb)**[353] für die Professoren der Fachhochschulen – tragen darüber hinaus mit Empfehlungen und Stellungnahmen zur konzeptionellen Weiterentwicklung des Hochschulwesens bei.

---

untereinander wahrnehmen und zum Teil landesgesetzlich angeordnet sind, vgl. etwa § 39 ThürHG.
351 Näher unter http://www.che.de.
352 Näher unter http://www.hochschulverband.de.
353 Näher unter http://www.hlb.de.

B. Studium und Lehre
I. Der Bologna-Prozess

1. Schaffung eines europäischen Hochschulraums

Auf der Ebene des Europarates und der Europäischen Union gibt es seit Jahrzehnten Bestrebungen, die grenzüberschreitende Mobilität der Studierenden und der Wissenschaftler zu fördern.[1] Als ein wirkungsvolles Aktionsprogramm der Europäischen Gemeinschaften ist beispielsweise das Mobilitätsprogramm ERASMUS (European Action Scheme for the Mobility of University Students) zu erwähnen. Dass die Gemeinschaft die Befugnis zur Durchführung des Aktionsprogramms besitzt, wurde vom EuGH bestätigt.[2] Ende der 1990er Jahre wurden schließlich durch zwei Erklärungen, die Sorbonne- und die Bologna-Erklärung, klare Strukturen für eine Vereinheitlichung der nationalen Studienabschlüsse formuliert.

a) Sorbonne-Erklärung

Am 25.5.1998 verfassten die Bildungsminister der damals vier größten Mitgliedstaaten der EU, Frankreich, Italien, Großbritannien und Deutschland, anlässlich der 800 Jahr-Feier der Universität Paris eine „Gemeinsame Erklärung zur Harmonisierung der Architektur der europäischen Hochschulbildung", die so genannte Sorbonne-Deklaration.[3] Die Bildungsminister vereinbarten,
- die gegenseitige Anerkennung akademischer Abschlüsse,
- die Mobilität der Studenten und
- die Vermittelbarkeit der Studenten auf dem Arbeitsmarkt

zu fördern. Dazu skizzierten sie ein zweistufiges Studiensystem, das die Vergleichbarkeit der Studienleistungen und Hochschulabschlüsse gewährleisten soll.

---

[1] Hierzu ausführlich *Kempen*, in: Hartmer/Detmer (Hrsg.), HSchR-Praxishandbuch, Heidelberg 2004, S. 19 ff.
[2] EuGH, Slg. 1989, 1425.
[3] Gemeinsame Erklärung der vier Minister Frankreichs, Deutschlands, Großbritanniens und Italiens (sog. Sorbonne-Erklärung), Paris 25. Mai 1998, http://www.ehea.info/Uploads/Declarations/SORBONNE_DECLARATION1.pdf.

b) Bologna-Erklärung

3   Die übrigen europäischen Staaten begrüßten die durch die Sorbonne-Deklaration angestoßene Initiative. Bereits ein Jahr später, am 19.6.1999, verpflichteten sich bei einer im italienischen Bologna stattfindenden Tagung 29 europäische Bildungsminister, das in der Sorbonne-Erklärung formulierte Ziel der Schaffung eines einheitlichen europäischen Hochschulraumes bis zum Jahr 2010 umzusetzen (**Bologna-Erklärung**).[4] Inhaltlich wurden die in der Sorbonne-Erklärung festgehaltenen Absichten konkretisiert und erweitert.

4   Die Bologna-Erklärung umfasst im Wesentlichen folgende bis 2010 zu erreichende Ziele:
- die Schaffung eines Systems leicht verständlicher und vergleichbarer Abschlüsse,
- die Schaffung eines zweistufigen Studiensystems (**konsekutive Studiengänge**), wobei in der ersten, mindestens dreijährigen Phase/Stufe der Abschluss **Bachelor** (undergraduate) und darauf aufbauend in der zweiten, ein- bis zweijährigen Phase/Stufe der Abschluss **Master** (graduate) erworben werden kann,
- der Abschluss der ersten Phase/Stufe soll bereits berufsqualifizierend sein,
- die Einführung eines Leistungspunktesystems (**Qualifikationsrahmen**), des European Credit Transfer System (ECTS), zur Anrechnung, Übertragung und Akkumulierung von Studienleistungen,
- die Förderung der **Mobilität** durch geeignete Maßnahmen, beispielsweise durch die Einführung und Intensivierung von Hochschulkooperationen.

5   Bei den Erklärungen handelt es sich nicht um Gemeinschaftsrecht, sondern nur um politische Absichtserklärungen, die rechtlich nicht verbindlich sind.[5] Die zwischen den Mitgliedstaaten vereinbarten Berichtigungspflichten und regelmäßig stattfindenden **Folgekonferenzen** üben jedoch indirekten Druck auf die beteiligten Staaten aus.

6   In der Bologna-Erklärung haben sich die Unterzeichnerstaaten darauf festgelegt, die bisher erzielten Fortschritte alle zwei Jahre auf gesonderten Konfe-

---

4 Joint declaration of the European Ministers of Education convendet in Bolgnia on the 19th of June 1999 (Bologna Declaration); zur Entwicklung siehe im Überblick auch *Herrmann/Pautsch*, Rahmenvorgaben zur Einführung juristischer Bachelor- und Masterstudiengänge, in: Fischer/Wünsch (Hrsg.), Der Bologna-Prozess an den Juristischen Fakultäten, 2006, S. 17 ff.
5 *von Wulffen/Schlegel*, Der Bologna-Prozess und seine möglichen Auswirkungen auf die Justiz, NVwZ 2005, S. 890 ff. (891).

renzen zu bewerten.[6] Die erste Folgekonferenz wurde am 19.5.2001 in Prag durchgeführt. Am 18./19.9.2003 folgte turnusgemäß die zweite Konferenz, die in Berlin stattfand, und bei der sieben weitere Staaten aufgenommen wurden. Die dritte Konferenz wurde am 19./20.5.2005 in Bergen (Norwegen) und die vierte am 17./18.5.2007 in London abgehalten.

Am 28./29.4.2009 wurde die fünfte Nachfolgekonferenz in den belgischen Städten Leuven und Louvain-la-Neuve abgehalten. An der Konferenz nahmen die nunmehr 46 Bologa-Staaten[7] teil. In Leuven wurde vereinbart, dass europaweit bis 2020 20 Prozent aller Graduierten einen Studien- und Praktikumsaufenthalt im Ausland absolviert haben sollen.[8] Die von Österreich und Ungarn jeweils am 11. bzw. 12. März 2010 in den Hauptstädten ausgeführte Folgekonferenz – unter Aufnahme Kasachstans als Neumitglied – stand im Zeichen des seinerzeit rund zehn Jahre bestehenden Zusammenschlusses (Bologna-Jubiläumskonferenz).[9] Der Zusammenschluss der „Bologna-Staaten" ist seither auf 47 angewachsen. Die Konferenz stand im Zeichen der Eröffnung des Europäischen Hochschulraums, und die „Budapest-Wien-Erklärung" diente vor allem einer ersten – zum Teil auch kritischen – Bilanz nach zehn Jahren Hochschulreformprozess im Bologna-Raum.

Die siebte Bologna-Folgekonferenz fand am 26. und 27. April 2012 in Bukarest statt. Das von den für die Hochschulen zuständigen Ministern verabschiedete sog. „Bukarest-Kommuniqué" zur Investition in Bildung bildete einen Schwerpunkt dieser Folgekonferenz. Es hebt darauf ab, dass trotz finanzieller Schwierigkeiten im Bologna-Raum die Investition in Bildung gleichsam als Antwort auf die Finanzkrise und weitere gesellschaftliche Herausforderungen angesehen werden müsse. Ausdrücklich wird in diesem Kontext zudem die Bedeutung der Stärkung der internationalen Mobilität der Studierenden hervorge-

---

6 Joint declaration of the European Ministers of Education convendet in Bolgnia on the 19th of June 1999 (Bologna Declaration).
7 Albanien, Andorra, Armenien, Aserbaidschan, Belgien (flämische und französische Gemeinschaft), Bosnien und Herzegowina, Bulgarien, Dänemark, Deutschland, die „ehemalige jugoslawische Republik Mazedonien", Estland, Finnland, Frankreich, Georgien, Griechenland, der Heilige Stuhl, Irland, Island, Italien, Kroatien, Lettland, Liechtenstein, Litauen, Luxemburg, Malta, Moldau, Montenegro, Niederlande, Norwegen, Österreich, Polen, Portugal, Rumänien, die Russische Föderation, Schweden, Schweiz, Serbien, Slowakische Republik, Slowenien, Spanien, Tschechische Republik, Türkei, Ukraine, Ungarn, Vereinigten Königreich und Zypern.
8 Kommuniqué of the Conference of the European Ministers Responsible for Higher Education Leuven and Louvain-la-Neuve, 28–29.4.2009.
9 http://www.bmbf.de/de/15553.php.

hoben, was zur Verabschiedung der Mobilitätsstrategie 2020 führte.[10] Diese Strategie knüpft an die Mobilitäts-Beschlüsse aus Leuven/Louvain-la-Neuve an und sieht – erweiternd – konkrete Maßnahmen zur Verwirklichung der Mobilitätssteigerung vor. Insbesondere die mit dem Bologna-Prozess verbundenen hohen Erwartungen an eine Steigerung der Studierendenmobilität sind bislang nicht bzw. nicht in dem erwarteten Umfang eingetreten. Unter anderem dürfte hierfür das in zeitlicher Hinsicht komprimierte und in akademischer Sicht oftmals stark „verschulte" Studium, das bezogen auf den Bachelor gerade einmal drei Jahre dauert, ursächlich sein. Insofern bleibt abzuwarten, welche – hoffentlich positiven – Wirkungen die Mobilitätsstrategie zeitigen wird.

Die achte Bologna-Folgekonferenz in Jerewan (Armenien) am 14. und 15. Mai 2015 hat diese Ausrichtung noch einmal bestärkt, indem die Minister im „Jerewan-Kommuniqué" die Rolle der Hochschulbildung, insbesondere in Bezug auf Internationalisierung und Mobilität, hervorgehoben haben.

8   Neben den Ministerkonferenzen finden mindestens zweimal jährlich Treffen der Bologna **Follow-up Group (BFUG)** statt. An den Treffen nehmen insbesondere die Regierungen der Mitgliedstaaten teil. Organisatorisch wird die BFUG vom so genannten Bologna-Sekretariat unterstützt. Auf der Website des Sekretariats sind allgemeine Informationen über Ziele und Inhalte des Bolgna-Prozesses, internationale Seminare etc. zusammengefasst.

c) Rechtliche Verankerung des Hochschulwesens auf europäischer Ebene

9   Durch den **Vertrag von Maastricht** vom 7.2.1990 wurde das Hochschulwesen erstmals primärrechtlich verankert.[11] Art. 149 EGV a.F. räumt den Mitgliedstaaten die Kompetenz ein, *„zur Entwicklung einer qualitativ hochstehenden Bildung, die Zusammenarbeit zwischen den Mitgliedstaaten zu fördern und die Tätigkeit der Mitgliedstaaten unter strikter Beachtung der Verantwortung der Mitgliedstaaten für die Lehrinhalte und die Gestaltung des Bildungssystems zu unterstützen und zu ergänzen".*

10   Die **Charta der Grundrechte der Europäischen Union (EU-GRCharta)**, die Teil des Vertrages über die Europäische Union (Art. 6 Abs. 2) ist und am 1. Dezember 2009 in Kraft getreten ist, regelt nunmehr ausdrücklich in Art. 13 EU-GRCharta die Freiheit der Wissenschaft. Das Grundrecht auf Bildung in Art. 14 EU-GRCharta erfasst nach Ansicht der Literatur und Rechtsprechung

---

10   http://www.bmbf.de/pubRD/Mobilitaetsstrategie_Bukarest_2012.pdf.
11   *Kempen,* in: Hartmer/Detmer (Hrsg.), HSchR-Praxishandbuch, 2. Auflage, 2011, S. 23.

nicht die universitäre, sondern ausschließlich die Elementarausbildung.[12] Die Wissenschaftsfreiheit garantiert die Freiheit der Forschung und die akademische Freiheit, d.h. die Freiheit der Lehre.[13] Damit wird ein Schutzniveau erreicht, das der grundgesetzlichen Gewährleistung der Wissenschaftsfreiheit entspricht.

2. Bachelor- und Masterstudiengänge in Deutschland

In Deutschland schlägt sich die Umsetzung der Reformen in erster Linie im Hochschulrahmengesetz und in den Hochschulgesetzen der Länder nieder.[14] Insbesondere wurde es den Hochschulen im Jahr 1998 durch eine Änderung des § 19 HRG erstmals ermöglicht, zur Erprobung Studiengänge einzurichten, die zu einem Bachelor- und Mastergrad führen.[15]

Aus dem Erprobungsstadium wurden die Bachelor- und Masterstudiengänge mit Wirkung zum 15.8.2002 in das Regelangebot überführt.[16] Zur Begründung heißt es, dass die Entwicklung dieser Studiengänge so beachtlich sei, *„dass es – auch im Interesse der Absolventinnen und Absolventen dieser Studiengänge – nicht mehr angemessen ist, die Vergabe von Bachelor- und Mastergraden ausschließlich zu Erprobung zuzulassen"*.[17]

Die Hochschulen richten in stetig zunehmender Anzahl Studiengänge ein, die zu einem Bachelor- und Bakkalaureusgrad und zu einem Master- und Magistergrad führen.

Zehn Jahre nach Beginn des Bologna-Prozesses waren 75 Prozent des deutschen Studienangebots auf Bachelor- und Masterstudiengänge umgestellt. Im Wintersemester 2007/08 studierten 30 Prozent aller Studierenden in Bachelor- und Masterstudiengängen. Im Wintersemester 2005/06 waren es erst 12,5 Prozent.

Mit der Einführung der Bachelor- und Masterstudiengänge wird neben der Vereinheitlichung der Studienabschlüsse innerhalb der EU primär das Ziel ver-

---

12 *Frowein*, in: Frowein/Peukert (Hrsg.), EMRK, 3. Auflage, 2009, S. 828.
13 *Bernsdorff*, in: Meyer (Hrsg.), Kommentar zur Charta der Grundrechte der Europäischen Union, 2. Auflage, 2006, Art. 13, Rn. 15.
14 Zum Hochschulrahmenrecht und Hochschulrecht der Länder siehe A.II.1.bb) und cc).
15 Art. 1 Nr. 19 des 4. Gesetzes zur Änderung des Hochschulrahmengesetzes v. 20.9.1998, BGBl. 2190; zur Gesetzesbegründung vgl. BT-Drs. 13/8796, S. 21.
16 § 19 I i.d.F. des Art. 1 Nr. 3 des 6. Gesetzes zur Änderung des Hochschulrahmengesetzes v. 8.8.2002, BGBl. I, 3138; zur Gesetzesbegründung vgl. BT-Drs. 14/8361, S. 5 zu § 19.
17 BT-Drs. 14/8732, S. 7.

folgt, die Studienzeiten zu verkürzen, Studienabbruchquoten zu senken und das Studium insgesamt praxisorientierter auszurichten.[18]

12 Durch die Länder wurde „*ein wesentlicher Schritt zur Errichtung des europäischen Hochschulraumes im Rahmen des Bologna-Prozesses*" durch den am 10.10.2003 unter den Ländern gefassten Beschluss über „**Ländergemeinsame Strukturvorgaben für die Akkreditierung von Bachelor- und Masterstudiengängen**" gemacht.[19] Die Länder kamen damit der in § 9 Abs. 2 HRG statuierten Verpflichtung zur Gewährleistung der Gleichwertigkeit einander entsprechender Studien- und Prüfungsleistungen sowie Studienabschlüsse und der Möglichkeit des Hochschulwechsels nach. Die Strukturvorgaben wurden zuletzt mit Beschluss vom 4.2.2010 neu gefasst. Dabei wurden die in den Studierenden-Protesten zum Ausdruck gebrachten Bedenken aufgegriffen.

13 Die Strukturvorgaben dienen den Hochschulen als Vorgabe für die Planung und Konzeption von Studiengängen, die der Akkreditierung unterliegen.[20] Sie sind bei der Akkreditierung zugrunde zu legen. Mit den jüngsten Beschlüssen hat die KMK die Strukturvorgaben an die differenzierten Entwicklungen in den Hochschulen und im Studierverhalten der Studierenden angepasst. Darüber hinaus wurden auch die „**Rahmenvorgaben für die Einführung von Leistungspunktesystemen und die Modularisierung von Studiengängen**" angepasst.[21]

14 Hervorzuheben sind – auch aus Sicht der KMK – folgende wesentliche Änderungen:[22]
- Die Gesamtregelstudienzeit (Bachelor- und Master-Studiengang) von 10 Semestern kann in Ausnahmefällen verlängert oder verkürzt werden. Bei der Gestaltung der Studiengänge ist zu beachten, dass sie Zeiträume für Aufenthalte an anderen Hochschulen und in der Praxis ohne Zeitverlust bieten. Hierdurch soll die Studierbarkeit verbessert und die Mobilität gefördert werden.
- Für den Bachelor-Abschluss sind nicht weniger als 180 ECTS-Punkte nachzuweisen. Bisher waren in der Regel 180 ECTS-Punkte erforderlich. Kompetenzen und Fähigkeiten, die außerhalb des Hochschulbereichs erworben

---

18 10 Thesen zur Bachelor- und Masterstruktur in Deutschland, Beschluss der KMK v. 12.6.2003.
19 http://www.akkreditierungsrat.de/index.php?id=beschluesse.
20 http://www.akkreditierungsrat.de/index.php?id=beschluesse.
21 http://www.akkreditierungsrat.de/index.php?id=beschluesse.
22 Ergebnisse der 328. Plenarsitzung der KMK am 10. Dezember 2009, http://www.kmk.org.

wurden, sind bis zur Hälfte der Leistungspunkte anzurechnen. Von 300 ETCS-Punkten, die für den Master-Abschluss erforderlich sind, kann im Einzelfall abgewichen werden.
- Die Zugangsvoraussetzungen für den Master-Studiengang sind flexibler ausgestaltet. In der Regel ist zwar weiterhin ein berufsqualifizierender Abschluss erforderlich. Die Landeshochschulgesetze können jedoch vorsehen, dass in definierten Ausnahmefällen an die Stelle des berufsqualifizierenden Hochschulabschlusses eine Eignungsprüfung treten kann. Zur Qualitätssicherung oder aus Kapazitätsgründen können für die Zulassung zu Master-Studiengängen weitere Voraussetzungen bestimmt werden.
- Die Schlüssigkeit des Studienkonzepts und die Studierbarkeit des Studiums unter Einbeziehung des Selbststudiums sind von den Hochschulen sicher zu stellen und in der Akkreditierung zu überprüfen und zu bestätigen.
- Ziel ist es außerdem, die Prüfungsleistungen zu reduzieren. Die einzelnen Module sollen in der Regel nur mit einer Prüfung abgeschlossen werden, deren Ergebnis in das Abschlusszeugnis eingeht. In besonders begründeten Fällen können auch mehrere Module mit einer Prüfung abgeschlossen werden. Der Umfang der Prüfungen ist auf das notwendige Maß zu reduzieren. Die Vergabe von Leistungspunkten ist nicht zwingend an eine Prüfung, sondern an den erfolgreichen Abschluss des Moduls geknüpft. In den Studien- und Prüfungsordnungen ist die Vergabe von Leistungspunkten präzise und nachvollziehbar zu regeln. Um einer Kleinteiligkeit der Module entgegen zu wirken, sollen Module mindestens einen Umfang von fünf ECTS aufweisen.
- Mit praktikablen Regelungen in den Studien- und Prüfungsordnungen ist die wechselseitige Anerkennung von Modulen bei Hochschul- und Studiengangwechseln sicherzustellen. Die Anerkennung ist zu erteilen, wenn keine wesentlichen Unterschiede hinsichtlich der erworbenen Kompetenzen bestehen.
- Pro Semester sollen in Regel 30 Leistungspunkte vergeben werden. Dies entspricht einer Arbeitsbelastung (inkl. Präsenz- und Selbststudium) von 25 bis max. 30 Stunden pro Woche. Die Arbeitsbelastung soll für ein Vollzeitstudium bei 32 bis 39 Stunden pro Woche bei 46 Wochen pro Jahr liegen. Die Hochschulen haben die Studierbarkeit des Studiums unter Berücksichtigung der Arbeitsbelastung darzulegen.

Mit den Änderungen wird der zunehmenden Kritik Rechnung getragen, dass überwiegend die alten Diplom-Studiengänge vollständig in einen sechs Semester umfassenden Bachelor-Studiengang überführt worden sind. Es habe lediglich eine „Umetikettierung" stattgefunden.

a) Bachelor

15   Mit dem Bachelor- oder Bakkalaureusgrad erwirbt der Studierende einen ersten berufsqualifizierenden Abschluss.[23] In den 10 Thesen der KMK zur Bachelor- und Masterstruktur vom 12.6.2003 heißt es hierzu:

„Bachelorstudiengänge müssen die für die Berufqualifizierung notwendigen wissenschaftlichen Grundlagen, Methodenkompetenz und berufbezogenen Qualifikationen vermitteln".[24]

16   Darüber hinaus verschafft der Bachelorabschluss dem Studierenden die notwendige Qualifikation für ein anschließendes Masterstudium. Als Studiengänge, die zu berufsqualifizierenden Abschlüssen führen, müssen die Bachelorstudiengänge wissenschaftliche Grundlagen, Methodenkompetenz und berufsfeldbezogene Qualifikationen entsprechend dem Profil der Hochschulen vermitteln (**Studiengangsprofil**).[25] Die Bachelorstudiengänge sollen eine breite wissenschaftliche Qualifizierung sicherstellen.

17   Der Studiengang setzt sich aus einzelnen **Modulen** zusammen. Ein Modul fasst thematisch und zeitlich abgeschlossene Studieneinheiten zusammen. Für die Absolvierung der einzelnen Module werden Leistungspunkte vergeben. Für den Bachelorabschluss sind insgesamt nicht weniger als 180 ECTS-Punkte nachzuweisen. Bei der Ausgestaltung der Module sind die **Rahmenvorgaben für die Modularisierung von Studiengängen** zu beachten.[26] Die Regelstudienzeit des Bachelorstudiengangs beträgt mindestens drei Jahre und höchstens vier Jahre (§ 19 Abs. 2 HRG). Das Unterschreitungsverbot dient der internationalen Kompatibilität und den internationalen Marktchancen der Absolventen. Die Festlegung der Mindestdauer schließt jedoch nicht aus, dass Studierende ihr Studium auch in einer kürzeren Zeit abschließen können.[27]

18   Die Bachelorstudiengänge beschränken sich grundsätzlich auf ein einzelnes Fach. An einigen Hochschulen besteht jedoch auch das Angebot, Bachelorstudiengänge mit mehreren Studienfächern zu belegen.

---

23 Die Hochschule kann frei entscheiden, ob sie den zu verleihenden akademischen Grad „Bachelor" oder „Bakkalaureus" bezeichnet; *Reich*, Hochschulrahmengesetz, Kommentar, 11. Auflage, 2012, § 19 Rn. 2.
24 http://www.kmk.org/fileadmin/veroeffentlichungen_beschluesse/2003/2003_06_12-10-Thesen-Bachelor-Master-in-D.pdf.
25 http://www.akkreditierungsrat.de/index.php?id=beschluesse.
26 http://www.akkreditierungsrat.de/index.php?id=beschluesse.
27 *Reich*, Hochschulrahmengesetz, Kommentar, 11. Auflage, 2012, § 19 Rn. 3.

Die KMK hat in den Strukturvorgaben vom 10.6.2003 festgelegt, dass in Deutschland folgende Abschlussbezeichnungen zu verwenden sind:[28]
- Bachelor of Arts (B.A.),
 für folgende Fachgebiete: Sprach- und Kulturwissenschaften, Sport, Sportwissenschaft, Sozialwissenschaft, Kunstwissenschaft, Wirtschaftswissenschaften.
- Bachelor of Science (B.Sc.),
 für folgende Fachgebiete: Mathematik, Naturwissenschaften, Medizin, Agrar-, Forst- und Ernährungswissenschaften, Wirtschaftswissenschaften.
- Bachelor of Engineering (B.Eng.),
 für Ingenieurwissenschaften, alternativ ist auch die Bezeichnung Bachelor of Science möglich.
- Bachelor of Laws (LL.B.),
 für Rechtswissenschaften.

An Kunst- und Musikhochschulen kommen folgende Abschlussbezeichnungen hinzu:
- Bachelor of Fine Arts (B.F.A.)
- Bachelor of Music (B. Mus.)

Da es keine für eine Hochschulart differenzierten Vorgaben gibt und alle Hochschulen denselben Anforderungen unterliegen, darf die Abschlussbezeichnung nicht zusätzlich mit einem Hinweis auf die Art der Bildungseinrichtung (z.B. FH oder Univ.) versehen werden.[29] Neben den Hochschulen können auch andere Institutionen, insbesondere Berufsakademien, nach Maßgabe des jeweiligen Landesrechts den Abschluss Bachelor verleihen. Die Kulturministerkonferenz hat in ihrem Beschluss vom 15.10.2004 ausdrücklich klargestellt, dass die akkreditierten Bachelorabschlüsse der Berufsakademien denen der Hochschulen gleichgestellt sind.[30] Ziel sei es, den Absolventen von Berufsakademien insbesondere den Zugang zu Masterstudiengängen zu eröffnen. Darüber hinaus

---

28 10 Thesen zur Bachelor- und Masterstruktur in Deutschland, http://www.kmk.org/file admin/veroeffentlichungen_beschluesse/2003/2003_06_12-10-Thesen-Bachelor-Master-in-D.pdf.
29 Ländergemeinsame Strukturvorgaben für die Akkreditierung von Bachelor- und Masterstudiengängen, danach sind *„fachliche Zusätze zu den Abschlussbezeichnungen ausgeschlossen"*, http://www.akkreditierungsrat.de/index.php?id=beschluesse; siehe hierzu auch A.II.3.b).
30 http://www.kmk.org/fileadmin/veroeffentlichungen_beschluesse/2004/2004_10_15-BachelorBerufsakademie-Studienstruktur.pdf; zur Definition konsekutiver Studiengänge vgl. auch OVG Koblenz, Urteil vom 9.6.2008 – 2 A 10272/08.OVG, BeckRS 2008, 36241.

können Berufsakademieabsolventen unter den gleichen Voraussetzungen wie Bachelorabsolventen von Hochschulen zu anderen weiterführenden Studienangeboten und zur Promotion zugelassen werden.

b) Master-/Magistergrad

21 Die Hochschule kann auf Grund von Prüfungen, mit denen ein *weiterer* berufsqualifizierender Abschluss erworben wird, einen Master- oder Magistergrad verleihen (§ 19 Abs. 3 S. 1 HRG). Der Master- oder Magistergrad setzt somit bereits einen anderen berufsqualifizierenden Abschluss voraus. Der Master- bzw. Magisterstudiengang dient der fachlichen und wissenschaftlichen Spezialisierung und kann nach den **Profiltypen „anwendungsorientiert" und „forschungsorientiert"** differenziert werden.[31]

22 Die Hochschule kann frei darüber entscheiden, ob sie den zu verleihenden Grad als „Master" oder „Magister" bezeichnet.[32] Der „Master" steht eher für eine internationale Ausrichtung des Studiengangs, der „Magister" für eine traditionelle Ausrichtung des Studiengangs.[33] Beim Masterstudiengang (die nachfolgenden Ausführungen gelten entsprechend für den Magisterstudiengang) wurde bisher zwischen drei unterschiedlichen Ausrichtungen differenziert. Er kann einerseits einen vorausgegangenen Bachelorstudiengang fachlich fortführen und vertiefen oder – soweit der fachliche Zusammenhang gewahrt bleibt – fachübergreifend erweitern (**konsekutive Studienstruktur**).[34] **Nicht-konsekutive** Masterstudiengänge sind hingegen solche Masterangebote, die inhaltlich nicht auf dem vorangegangenen Bachelorstudiengang aufbauen.

23 Daneben gibt es außerdem die **weiterbildenden Studiengänge**. Sie bauen ebenfalls nicht auf einem Bachelorstudiengang auf, sondern setzen eine Phase der Berufspraxis und ein Lehrangebot voraus, das die beruflichen Erfahrungen berücksichtigt.

24 Mit der am 4.2.2010 beschlossenen Neufassung der Ländergemeinsamen Strukturvorgaben für die Akkreditierung von Bachelor- und Masterstudiengängen sind die nicht-konsekutiven Studiengänge gestrichen worden.[35] Damit entfällt

---

31 http://www.akkreditierungsrat.de/index.php?id=beschluesse.
32 *Reich*, Hochschulrahmengesetz, Kommentar, 11. Auflage, 2012, § 19 Rn. 4.
33 *Reich*, Hochschulrahmengesetz, Kommentar, 11. Auflage, 2012, § 19 Rn. 4.
34 Von der KMK in den „10 Thesen zur Bachelor- und Masterstruktur in Deutschland" festgelegt; http://www.kmk.org/fileadmin/veroeffentlichungen_beschluesse/2003/2003_06_12-10-ThesenBachelor-Master-in-D.pdf.
35 Ländergemeinsame Strukturvorgaben für die Akkreditierung von Bachelor- und Masterstudiengängen http://www.akkreditierungsrat.de/index.php?id=beschluesse.

die problematische Abgrenzung zwischen konsekutiven und nicht-konsekutiven Studiengängen. Es fehlte insoweit an klaren vom Gesetzgeber vorgegebenen Abgrenzungskriterien. Zukünftig ist im Rahmen der Akkreditierung nur noch festzulegen, ob es sich um einen konsekutiven oder weiterbildenden Studiengang handelt.

Der Masterstudiengang ist ebenso wie der Bachelorstudiengang modulartig strukturiert. Für den Masterabschluss müssen 300 ECTS-Punkte nachgewiesen werden. Dabei sind die Punkte bis zum ersten berufsqualifizierenden Abschluss einzubeziehen. Soweit gleichwertige Kompetenzen und Fähigkeiten außerhalb des Hochschulbereichs erworben worden sind, werden sie bis zur Hälfte der für den Studiengang erforderlichen Leistungspunkte angerechnet. 25

Die Regelstudienzeit für den auf den Bachelorabschluss aufbauenden Master beträgt mindestens ein, höchstens zwei Jahre (§ 19 Abs. 3 HRG). Die konsekutiven Studiengänge dürfen ferner eine Gesamtregelstudienzeit von insgesamt fünf Jahren nicht überschreiten (§ 19 Abs. 4 HRG). Mit dem Beschluss der KMK vom 4.2.2010 sind die Regelstudienzeiten zur Verbesserung der Studierbarkeit etwas aufgeweicht worden. In Ausnahmefällen sind nunmehr bei entsprechender studienorganisatorischer Gestaltung nicht nur kürzere, sondern auch längere Regelstudienzeiten möglich.[36] 26

Die Kulturministerkonferenz hat mit ihren im Oktober 2003 festgelegten Strukturvorgaben[37] für konsekutive Studiengänge folgende Abschlussbezeichnungen als ausschließlich zulässig festgelegt: 27
- Master of Arts (M.A.)
  für folgende Fachgebiete: Sprach- und Kulturwissenschaften, Sport, Sportwissenschaft, Sozialwissenschaft, Kunstwissenschaft, Wirtschaftswissenschaften.
- Master of Science (M.Sc.)
  für folgende Fachgebiete: Mathematik, Naturwissenschaften, Medizin, Agrar-, Forst- und Ernährungswissenschaften, Wirtschaftswissenschaften.
- Master of Engineering (M.Eng.)
  für Ingenieurwissenschaften, alternativ ist auch die Bezeichnung Master of Science möglich.
- Master of Laws (LL.B.),
  für Rechtswissenschaften.

---

36 Ländergemeinsame Strukturvorgaben für die Akkreditierung von Bachelor- und Masterstudiengängen http://www.akkreditierungsrat.de/index.php?id=beschluesse.
37 Ländergemeinsame Strukturvorgaben für die Akkreditierung von Bachelor- und Masterstudiengängen http://www.akkreditierungsrat.de/index.php?id=beschluesse.

Mit Beschluss vom 22. Oktober 2005 hat die Kulturministerkonferenz folgende Abschlüsse für Studiengänge an Kunst- und Musikhochschulen ergänzt:
- Master of Fine Arts (M.F.A.)
- Master of Music (M.Mus.)
- Master of Education (M.Ed.)

Für weiterbildende Studiengänge können von den Hochschulen abweichende Abschlussbezeichnungen gewählt werden.

3. Weiterbildung

28 In § 2 Abs. 1 HRG ist festgeschrieben, dass neben der Pflege und Entwicklung der Wissenschaften und der Künste durch Forschung, Lehre und Studium auch die Weiterbildung zu den Aufgaben der Hochschulen gehört.[38] Die Landeshochschulgesetze enthalten eine gleichlautende Bestimmung. Von dem Weiterbildungsangebot der Hochschulen sind grundsätzlich alle Qualifizierungen erfasst, die über die Erstausbildung hinausgehen.[39]

Unabhängig von den rechtlichen Vorgaben steigt das Bedürfnis nach einem breiten Weiterbildungsangebot zunehmend. Die Qualifikationsanforderungen an die Erwerbstätigen nehmen stetig zu. Das Konzept vom **lebenslangen Lernen (lifelong-learning)** hat sich mittlerweile in allen Bereichen des Berufslebens etabliert und gewinnt auch für die Hochschulen mehr und mehr an Bedeutung.

29 Die durch den Bologna-Prozess vollzogene Reform der Studienstruktur versetzt die Hochschulen in die Lage, flexibel individuelle Weiterbildungsangebote einzurichten. Eine Einschränkung ist nur insoweit gegeben, als sich die Weiterbildungsangebote der Hochschule aus der wissenschaftsorientierten Aufgabe in Forschung und Lehre ableiten lassen müssen.[40]

---

38 Mit dem 4. HRG-Änderungsgesetz ist die Weiterbildung in die unter § 2 Abs. 1 HRG aufgeführten Primäraufgaben der Hochschulen aufgenommen worden, vgl. BT-Drs. 13/8796, S. 14. Das Gesetz ist am 25.8.1998 in Kraft getreten.
39 Differenzierend hierzu *Reich*, Hochschulrahmengesetz, Kommentar, 11. Auflage, 2012, § 2 Rn. 1 und *Epping*, in: Hailbronner/Geis (Hrsg.), Das Hochschulrecht in Bund und Ländern, § 2 HRG Rn. 13.
40 *Epping*, in: Hailbronner/Geis (Hrsg.), Das Hochschulrecht in Bund und Ländern, § 2 HRG Rn. 14.

In den Landesgesetzen ist normiert, dass die Hochschulen **weiterbildende** 30
Masterstudiengänge[41] oder ein **Kontaktstudium**[42] einrichten können. Im Gegensatz zu den postgradualen Studiengängen dienen die weiterbildenden Studiengänge nicht der Vertiefung eines Studiums, sondern explizit der Vertiefung berufspraktischer Erfahrungen. Zudem darf für die weiterbildenden Studien ein Grad nicht erteilt werden. Teilweise können weiterbildende Studien auch auf privatrechtlicher Grundlage angeboten werden.[43]

Der Zugang zu einem weiterbildenden Masterstudiengang setzt in der Regel 31 qualifizierte berufspraktische Erfahrungen von mindestens einem Jahr voraus.[44] Bei der Ausgestaltung des weiterbildenden Masterstudiengangs sind die beruflichen Erfahrungen zu berücksichtigen. Hieran anknüpfend soll der Studiengang im Sinne einer weitergehenden Spezialisierung vertiefte Kenntnisse vermitteln. In den Anforderungen müssen die weiterbildenden Masterstudiengänge den konsekutiven Masterstudiengängen entsprechen.

Das Weiterbildungsangebot der Hochschulen kann neben Masterstudien- 32 gängen auch Wochenseminare, Kompaktkurse und Abendkurse umfassen.[45] Die Hochschulen können die Weiterbildungsangebote auch in Kooperation mit privaten Weiterbildungsträgern anbieten.[46]

Zu beachten gilt es außerdem, dass die Hochschule bei der Einrichtung von Weiterbildungsangeboten – anders als bei der akademischen Erstausbildung – unter einem deutlich höheren Wettbewerbsdruck steht. Die Entscheidung über konkrete Weiterbildungsangebote muss daher an der Nachfragesituation ausgerichtet sein. Um sich auf dem Weiterbildungssektor nachhaltig zu etablieren, ist es außerdem zwingend, dass die Hochschulen mit Wirtschaftsunternehmen Kooperationen eingehen. Nur so kann das Angebot gezielt auf die Erwartungen der Zielgruppe und praxisorientiert zugeschnitten werden.

Zur Förderung der Weiterbildungsangebote durch die Hochschulen haben 33 Bund und Länder in der Gemeinsamen Wissenschaftskonferenz (GWK) den von Bund und Ländern gemeinsam getragenen Wettbewerb **„Aufstieg durch Bildung: offene Hochschulen"** vereinbart. Hochschulen, *„die sich in einem wett-*

---

41 § 57 HmbHG; § 38 SächsHG, § 35 RhPfHG, § 60 BremHG.
42 § 31 Abs. 3 BWHG; § 58 BremHG.
43 § 57 Abs. 5 HmbHG.
44 Ländergemeinsame Strukturvorgaben für die Akkreditierung von Bachelor- und Masterstudiengängen http://www.akkreditierungsrat.de/index.php?id=beschluesse.
45 *Epping*, in: Hailbronner/Geis (Hrsg.), Das Hochschulrecht in Bund und Ländern, § 2 HRG Rn. 14.
46 *Epping*, in: Hailbronner/Geis (Hrsg.), Das Hochschulrecht in Bund und Ländern, § 2 HRG Rn. 15.

bewerblichen Verfahren mit innovativen und nachfragorientierten Konzepten durchsetzen, erhalten eine Anschubfinanzierung für den Auf- und Ausbau von Studienangeboten".[47] Zur Finanzierung hat der Bund bis 2018 insgesamt 250 Mio. Euro zur Verfügung gestellt.

4. Promotionsprogramme

34   Die Promotion ist für die Wissenschaft von zentraler Bedeutung. Sie ist Zulassungsvoraussetzung für den Beruf des Hochschullehrers.[48] Zudem leisten die Promotionen einen erheblichen Beitrag für die Forschung. Mit der Promotion erbringt der Absolvent eines bestimmten Studienfaches den Nachweis, dass er zu vertiefter wissenschaftlicher Arbeit befähigt ist.[49]

Auf Grund der Promotion verleiht die Universität den akademischen Grad „Doktor".[50]

35   Das Promotionsrecht gehört zum Kernbereich des verfassungsrechtlich garantierten akademischen Selbstverwaltungsrechts der Universitäten.[51] Traditionell besitzen daher die Universitäten und ihnen gleichgestellte Hochschulen das Promotionsrecht.[52] Diese Tradition soll in Zukunft aufgebrochen werden. Der Wissenschaftsrat hat in seiner Sommersitzung am 8./9.7.2009 Kriterien verabschiedet, nach denen künftig das Promotionsrecht an nichtstaatliche Hochschulen vergeben werden soll.[53]

Für eine Differenzierung nach der Art der Hochschulen fehlte es zusehends an einer sachlichen Begründung. Immerhin ist es den privaten Hochschulen nunmehr auch möglich, die berufsqualifizierenden Abschlüsse Master und Bachelor zu verleihen. Die Promotion wird durch die Erstellung einer wissenschaftlichen Arbeit (Dissertation) und die Ablegung einer mündlichen Prüfung (Rigorosum, Kolloquium) absolviert. Die fachlichen und persönlichen Voraussetzungen sowie der Ablauf des Promotionsverfahrens sind im Einzelnen in den Landesgesetzen und in den Promotionsordnungen der Hochschulen geregelt.

---

47   http://www.gwk-bonn.de/fileadmin/Pressemitteilungen/pm2010-06.pdf.
48   § 44 Nr. 3 HRG, die Landesgesetze enthalten entsprechende Regelungen.
49   Z.B. § 65 BremHG; § 29 Abs. 2 BbgHG; § 70 HmbHG; § 35 BerlHG; § 67 NWHG.
50   *Hartmer*, in: Hartmer/Detmer (Hrsg.), HSchR-Praxishandbuch, 2. Auflage, 2011, S. 201.
51   VerfGH Berlin, Urteil 1.11.2004 – 210/03, juris.
52   *Hartmer*, in: Hartmer/Detmer (Hrsg.), HSchR-Praxishandbuch, 2. Auflage, 2011, S. 201.
53   WR-Empfehlungen zur Vergabe des Promotionsrechts, http://www.wissenschaftsrat.de/texte/9279-09.pdf.

Die Hochschulen haben das Recht, eigenverantwortlich und ohne staatliche Einwirkung die Inhalte der Promotionsordnungen festzulegen.[54]

Sind die Zulassungsvoraussetzungen erfüllt, besteht ein Anspruch auf Zulassung zur Promotion.[55] Da das Promotionsrecht in den Kernbereich der akademischen Selbstverwaltung fällt, ist es dem Staat untersagt, hinsichtlich des Ablaufs der Promotion detaillierte Vorgaben in Bezug auf die Regelungen in der Promotionsordnung zu machen.[56]

36

Voraussetzung für die Zulassung zur Promotion ist vornehmlich ein wissenschaftliches Hochschulstudium mit berufsqualifizierendem Abschluss. Masterabschlüsse, die an Universitäten und gleichgestellten Hochschulen oder an Fachhochschulen erworben wurden, berechtigen grundsätzlich zur Promotion. Dass Fachhochschulabsolventen bei gleichem Abschluss gleichen Zugang zur Promotion wie Universitätsabsolventen haben, hat die KMK mit Beschluss vom 5.3.1999 festgestellt.[57] Mit Beschluss vom 14.4.2000 hat die KMK dies noch einmal betont.[58]

Bachelorabsolventen können beispielsweise im Land Bremen zur Promotion zugelassen werden, wenn sie besonders qualifiziert sind.[59]

In Deutschland wird zwischen dem traditionellen Weg der Promotion – der **Individualpromotion** – und den **strukturierten Promotionsprogrammen** unterschieden. Bei der traditionellen Form wird die Doktorarbeit in Betreuung mit einem Professor (Doktorvater) erstellt. Die Doktoranden promovieren individuell an einer Fakultät zu einem in der Regel selbst gewählten Thema.

37

In den letzten Jahren haben sich neben der traditionellen Promotion verstärkt **strukturierte Promotionsprogramme** bzw. **Graduiertenschulen oder Graduiertenkollegs**[60] als alternative Form der Promotion etabliert. Die strukturierten Studienprogramme schaffen nicht nur verbesserte Rahmenbedingungen

---

54 BVerfGH Berlin, Urteil 1.11.2004 – 210/03, juris, Rn. 57.
55 *Hartmer*, in: Hartmer/Detmer, (Hrsg.) HSchR-Praxishandbuch, 2. Auflage, 2011, S. 204.
56 *Scholz*, in: Maunz/Dürig (Hrsg.), Grundgesetz, Bd. I, Art. 5 Abs. 3, Rn. 15, 160ff.; VerfGH Berlin, Urteil vom 1.11.2004 – 210/03, WissR 2005, S. 67ff.
57 Vgl. Ziffer 2.3 des Beschlusses vom 5.3.1999, „Strukturvorgaben für die Einführung von Bachelor-/Bakkalaureus und Master-/Magisterstudiengängen", http://www.kmk.org/presse-und-aktuelles/pm1999/285plenarsitzung/strukturvorgaben-fuer-die-einfuehrung-von-bachelor-bakkalaureus-undmaster-magisterstudiengaengen.html.
58 http://www.kmk.org/dokumentation/veroeffentlichungen-beschluesse/wissenschaft-hochschule.html.
59 Die besondere Eignung ist im Rahmen eines Eignungsfeststellungsverfahrens festzustellen.
60 Graduiertenkollegs sind Einrichtungen der Hochschulen, die von der Deutschen Forschungsgemeinschaft (DFG) zur Förderung des graduierten wissenschaftlichen Nachwuchses finanziell gefördert werden. Die Förderung ist auf maximal neun Jahre befristet.

für junge Wissenschaftler. Sie vereinfachen auch die Kooperation mit außeruniversitären Forschungseinrichtungen.

Die Doktorandenausbildung soll im Zuge der Bologna-Reformen als **„dritter Studienzyklus"** (third cycle) ausgestaltet und inhaltlich an internationale Standards angepasst werden.[61] Ziel ist, die Promotionsausbildung durch ein intensives Betreuungs- und Seminarangebot zu verkürzen und höhere Promotionsquoten zu erzielen.

38   Die **strukturierten Promotionskollegs** sollen folgende Merkmale besitzen:
- ein klar strukturiertes Betreuungs- und Ausbildungsprogramm mit eigenen Lehrveranstaltungen,
- ein objektiviertes Verfahren für den Zugang,
- inhaltlich internationalen Standards entsprechen.

39   In den universitären Promotionsstudiengängen und -programmen setzt sich die Struktur des Studiums fort. Die Doktoranden erhalten einen meist verpflichtenden Stundenplan, der sich aus Seminaren, Kursen und Diskussionsrunden zusammensetzt. Der Promotionsstudent erhält für den erfolgreichen Abschluss eines Kurses CreditPoints nach dem europäischen ECTS-Standard. Für den Abschluss ist der Nachweis einer bestimmten Anzahl an CreditPoints und die Erstellung der Promotionsarbeit erforderlich. Die Promotionsprogramme zeichnen sich neben dem strukturierten Ausbildungsprogramm außerdem durch die Einbindung in ein anspruchsvolles und interdisziplinäres Forschungsumfeld aus. In Baden-Württemberg ist im Hochschulgesetz ausdrücklich festgeschrieben, dass die Hochschulen gesonderte Promotionsstudiengänge (Doktorandenkollegs) einrichten sollen.[62]

40   Von einigen Hochschulen sind die Graduiertenkollegs und -schulen in sogenannten **Graduiertenakademien** zusammengefasst worden.[63] Die Reform der Doktorandenausbildung wird vom **EUA-Council for Doctoral Education**, einem Gremium der europäischen Universitätsvereinigung EUA (European University Association) vorangetrieben. Der EUA Rates for Doctoral Education organisiert auf europäischer Ebene den Austausch zwischen den Universitäten.[64] Hierzu werden für die Mitglieder Konferenzen und Seminare organisiert. Ziel ist

---

61 Kritisch hierzu *Pautsch*, unten C.
62 § 38 BWHG.
63 Beispielsweise in Bochum. Dort hat die Ruhr-Universität eine fakultätsübergreifende Research School gegründet, http://www.research-school.rub.de/.
64 Mehr Informationen hierzu unter www.eua.be.

es, im Zuge der Bolognareform auch die Promotionsphase innerhalb von Europa zu vereinheitlichen. Darüber hinaus soll die Entwicklung von Promotionsprogrammen vorangetrieben werden. In dem bis 2012 laufenden Projekt **DocCareers II** wird beispielsweise die Kooperation mit regionalen Partnern, d.h. u.a. kleinen und mittelständischen Unternehmen gefördert **(kooperative Promotionsprogramme).**[65]

5. Akkreditierung von Studiengängen

a) Gesetzliche Regelungen der Länder

Die Akkreditierung von Studiengängen löst die bisherige Praxis, Studieninhalte in staatlichen Rahmenprüfungsordnungen festzulegen und auf dieser Grundlage staatlich zu genehmigen, weitestgehend ab.[66]

41

Die Akkreditierung wird von einigen Ländern als verpflichtend – so in Niedersachsen und Hamburg[67] – und von anderen Ländern als Regelvoraussetzung – so in Baden-Württemberg und Schleswig-Holstein[68] vorgeschrieben.

Teilweise ist das Akkreditierungsverfahren in das staatliche **Genehmigungsverfahren** implementiert.[69] D.h. die Akkreditierung ist Voraussetzung für die Genehmigung, und im Falle eines negativen Akkreditierungsvotums ist ein Versagungsgrund gegeben. Die Letztentscheidung liegt beim Ministerium. Dies dient der Rechtssicherheit und der hinreichenden demokratischen Legitimation. Dennoch ist in wenigen Ländern die Einrichtung des Studiengangs allein von einer positiven Entscheidung der Akkreditierungsagentur abhängig.[70] Einer staatlichen Zustimmung bzw. Genehmigung bedarf es zudem nicht.

Die Landeshochschulgesetze der Länder Hessen und Berlin enthalten nunmehr auch eine Regelung zur Akkreditierung.[71]

42

---

65 Mehr Informationen hierzu unter www.eua.be.
66 *Martini*, Akkreditierung im Hochschulrecht – Institutionelle Akkreditierung, Programmakkreditierung, Prozessakkreditierung, WissR 41 (2008), S. 232 ff. (236).
67 § 6 NHG; § 52 Abs. 8 HmbHG *(„sind verpflichtet")*; eine entsprechende Verpflichtung ergibt sich auch aus § 7 Abs. 1 S. 2 NWHG; § 28 Abs. 5 MVHG; § 17 Abs. 5 BbgHG; § 50 Abs. 3 SaarlUG; nach § 10 Abs. 4 BayHG *„sollen"* Bachelor- und Masterstudiengänge durch eine anerkannte Einrichtung akkreditiert werden; § 9 Abs. 2 RhPfHG.
68 § 30 Abs. 3 BWHG; § 5 Abs. 2 SHHG; § 43 Abs. 1 ThürHG *(„in der Regel")*.
69 So beispielsweise in Bremen, vgl. § 53 BremHG.
70 So beispielsweise in Hamburg (§ 52 HmbHG) und Nordrhein-Westfalen (§ 7 Abs. 1 NWHG).
71 §§ 8a Abs. 2, 22 Abs. 3 BerlHG; § 12 Abs. 2 HessHG.

43   Die institutionelle Akkreditierung ist in den Ländern Thüringen, Niedersachsen, Bremen und dem Saarland darüber hinaus auch Voraussetzung für die staatliche Anerkennung privater Hochschulen.[72]

b) Entstehung

44 Die KMK hat im Einvernehmen mit der Hochschulrektorenkonferenz mit Beschluss vom 3.12.1998[73] ein Akkreditierungsverfahren für die **Studiengänge** des gestuften Graduierungssystems eingeführt, sog. **Programmakkreditierung**.[74] Das Akkreditierungsverfahren zielt darauf ab, bei der zunehmenden Anzahl von Studiengängen die Mindeststandards in den Curricula sicherzustellen und die Arbeitsmarktrelevanz von neu eingeführten Bachelor- und Masterstudiengängen zu bewerten. Mit der zunehmenden Anzahl der Bildungsanbieter und Studiengänge sowie der Komplexität der Sachverhalte kann eine ausreichende Prüfung durch die Behörden nicht mehr gewährleistet werden. Das Akkreditierungsverfahren soll im Ergebnis die Vielfalt der Studienangebote im internationalen Wettbewerb sicherstellen.

45   In mehreren Beschlüssen der Jahre 1998 bis 2004[75] wurde das System weiterentwickelt und mit dem am 27.1.2005 verabschiedeten nordrhein-westfälischen Gesetz zur Errichtung der „Stiftung zur Akkreditierung von Studiengängen in Deutschland"[76] schließlich auf eine rechtlich gesicherte Grundlage stellt. Die Länder haben die Wahrnehmung ihrer Aufgaben im Vollzug der gemeinsamen Strukturvorgaben nach § 9 Abs. 2 HRG mit Vereinbarung vom 16.12.2004 auf die Stiftung übertragen.

46   Neu hinzugekommen ist im Jahr 2008 das offizielle Verfahren der **Systemakkreditierung**.[77] In dem neuen Verfahren werden seither nicht mehr die Studiengänge selbst begutachtet. Es wird vielmehr geprüft, ob die hochschulinter-

---

72 § 112 Abs. 1 S. 1 Nr. 3 BremHG; § 64 Abs. 1 S. 3 NHG, § 101 Abs. 1 ThürHG; § 80 Abs. 1 S. 2 SaarlUG; In Rheinland-Pfalz „*kann*" die Anerkennung von der Akkreditierung abhängig gemacht werden, vgl. § 117 RhPfHG.
73 http://www.kmk.org/fileadmin/veroeffentlichungen_beschluesse/1998/1998_12_03-BachelorMaster-Akkred.pdf.
74 Beschluss der HRK: http://www.hrk.de/de/presse/95_998.php.
75 Insbesondere „Statut für ein länder- und hochschulübergreifendes Akkreditierungsverfahren", KMK-Beschluss vom 25.5.2002 in der Fassung vom 15.10.2004, http://www.kmk.org/wissenschafthochschule/qualitaetsentwicklung-akkreditierung-exzellenzfoerderung/evaluierung-und-akkreditie rung.html.
76 http://www.akkreditierungsrat.de/index.php?id=grundlagen&L=1%27%20AnD%201%3D1--.
77 Näher dazu *Immer*, Rechtsprobleme der Akkreditierung von Studiengängen, 2013, S. 16.

nen, auf Studium und Lehre gerichteten Steuerungs- und Qualitätssysteme geeignet und hinreichend wirksam sind, die Qualität der Studiengänge und die Einhaltung der formalen Vorgaben zu gewährleisten.[78] Die Systemakkreditierung stärkt die Autonomie der Hochschulen.

c) Organisation

Das Akkreditierungssystem ist dezentral organisiert. Die Akkreditierung von Studiengängen und hochschulinternen Qualitätssystemen erfolgt durch **Akkreditierungsagenturen**.[79] Diese werden von der Stiftung zur Akkreditierung von Studiengängen, genauer von dem zentralen Organ der Stiftung, dem **Akkreditierungsrat**, akkreditiert. Die Stiftung ist Teil der mittelbaren Staatsverwaltung des Landes Nordrhein-Westfalen. Die Agenturen werden in der Rechtsform des Privatrechts, in der Regel als anerkannte Vereine oder als rechtsfähige Stiftung, geführt.[80] Bei der Akkreditierung handelt es sich um einen Fall der so genannten **Verfahrensprivatisierung**.[81] Für eine Beleihung fehlt es an der Übertragung öffentlich-rechtlicher Rechtsmacht in Gestalt hoheitlicher Handlungsbefugnisse, so genannter förmlicher Beleihungsakt[82] Auch in den Ländern, in denen das Genehmigungsverfahren vollständig entfallen ist, wird den Akkreditierungsagenturen durch das jeweilige Landeshochschulgesetz keine öffentlich-rechtliche Rechtsmacht in Gestalt hoheitlicher Handlungsbefugnisse übertragen.[83] Die betreffenden Länder haben die Genehmigung einzelner Studiengänge somit vollständig privatisiert. Eine Einflussnahme erfolgt – wenn überhaupt – nur noch über vorab abgeschlossene Zielvereinbarungen. Es ist bedenklich, ob eine **vollständige Privatisierung** in diesem grundrechtssensiblen Bereich zulässig ist. Immerhin greift die Akkreditierungsentscheidung in die sich aus Art. 5 Abs. 3 GG ergebende Wissenschaftsfreiheit der Hochschulen ein.

47

---

78 http://www.akkreditierungsrat.de/index.php?id=beschluesse.
79 http://www.akkreditierungsrat.de/index.php?id=beschluesse.
80 *Kehm*, Struktur und Problemfelder des Akkreditierungssystems in Deutschland, in: IHF (Hrsg.), Beiträge zur Hochschulforschung 2007, S. 78 ff. (82).
81 Hierzu ausführlich *Pautsch*, Rechtsfragen der Akkreditierung, WissR 38 (2005), S. 200 ff. (211 f.); von einem privatrechtlichen Handeln geht auch die nordrhein-westfälische Landesregierung aus, vgl. Begründung zum Gesetz über die Akkreditierungsstiftung, LT-Drs. NRW 13/6182, S. 12; a.A. *Heitsch*, Rechtsnatur der Akkreditierungsentscheidungen/Prozessuale Fragen, WissR 42 (2009), S. 136 ff., der der Auffassung ist, dass die Akkreditierungsagenturen Beliehene sind; so auch *Stüber*, Akkreditierung von Studiengängen, 2009, S. 95.
82 *Pautsch*, Rechtsfragen der Akkreditierung, WissR 38 (2005), S. 200 ff. (210); *Meyer*, Der Rechtsweg für Klagen gegen Akkreditierungsentscheidungen, DÖV 2010, S. 475 ff. (475).
83 Vgl. § 52 HmbHG.

48 Es gibt insgesamt acht Agenturen mit Sitz in Deutschland, die berechtigt sind, das Qualitätssiegel des Akkreditierungsrates an von ihnen akkreditierte Studiengänge mit den Abschlüssen Bachelor/Bakkalaureus und Master/Magister zu vergeben:[84]
- ACQUIN – Akkrediterungs-, Certifizierungs- und Qualitätssicherungs-Institut, Brandenburger Str. 2, 95448 Bayreuth
- AHPGS – Akkreditierungsagentur für Studiengänge im Bereich Gesundheit und Soziales (AHOGS e.V.), Sedanstraße 22, 79098 Freiburg
- AKAST – Agentur für Qualitätssicherung und Akkreditierung kanonischer Studiengänge, Kapuzinergasse 2, 85072 Eichstätt
- AQAS – Agentur für Qualitätssicherung durch Akkreditierung von Studiengängen, In der Sürst 1, 53111 Bonn
- ASIIN – Akkreditierungsagentur für Studiengänge der Ingenieurwissenschaften, der Informatik, der Naturwissenschaften und der Mathematik, Robert-Scholz-Straße 5, 40470 Düsseldorf
- evalag – Evaluationsagentur Baden-Württemberg, M 7, 9a–10, 68161 Mannheim
- FIBAA – Foundation for International Business Administration Accreditation, Berliner Freiheit 20, 53111 Bonn
- ZEvA – Zentrale Evaluations- und Akkreditierunsagentur Hannover, Wilhelm-Busch-Straße 22, 30167 Hannover

49 Der Akkreditierungsrat schließt mit den Agenturen privatrechtliche Verträge, in denen die Rechte und Pflichten der Partner, insbesondere in Bezug auf die Durchführung der Akkreditierung, definiert sind.[85] Er hat über die Akkreditierung von Agenturen hinaus folgende Aufgaben:
- die Überwachung der Arbeit der Akkreditierungsagenturen und ihre regelmäßige Reakkreditierung und
- die Schaffung von Regelungen für ein verlässliches, transparentes und international anerkanntes Akkreditierungsverfahren (§ 6 Satzung der Stiftung zur Akkreditierung von Studiengängen in Deutschland, Stand 26.6. 2006[86]).

---

84 Vgl. hierzu *Kehm*, Struktur und Problemfelder des Akkreditierungssystems in Deutschland, in: IHF (Hrsg.) Beiträge zur Hochschulforschung 2007, S. 78 ff. (82).
85 Vgl. http://www.akkreditierungsrat.de/index.php?id=beschluesse.
86 *Martini*, Akkreditierung im Hochschulrecht – Institutionelle Akkreditierung, Programmakkreditierung, Prozessakkreditierung, WissR 41 (2008), S. 232 ff. (237).

Um die Anerkennung von Akkreditierungsentscheidung und Studienakkreditierungen auch über Deutschland hinaus zu gewährleisten, schließt der Akkreditierungsrat mit ausländischen Akkreditierungsagenturen Kooperationsvereinbarungen.[87]

d) Inhalt der Akkreditierungsentscheidung

Im Rahmen des Akkreditierungsverfahrens wird geprüft, ob ein Angebot der Hochschule bestimmten Qualitätsansprüchen genügt. Neben der Qualität der Studiengänge wird außerdem die Einhaltung formaler Vorgaben und europäischer Standards geprüft.[88] Es gibt zwei Formen der Akkreditierung: die **Programm- und die institutionelle Akkreditierung** (zum Verfahren siehe f.). Die Programmakkreditierung bezieht sich auf die Prüfung einzelner Studiengänge.[89] Dagegen hat die institutionelle Akkreditierung den Auftrag zu prüfen, ob die hochschulinternen, auf Studium und Lehre gerichteten Steuerungs- und Qualitätssysteme geeignet und hinreichend wirksam sind, die Qualität der Studiengänge und die Einhaltung der formalen Vorgaben zu gewährleisten.[90] Ist dies der Fall, wird geschlussfolgert, dass alle im Rahmen dieses Systems eingerichteten Studiengänge den Anforderungen der Programmakkreditierung genügen. 50

Der Umfang der gesetzlichen Vorgaben zum Akkreditierungsverfahren weicht zwischen den Ländern noch erheblich voneinander ab.[91] In einigen Landeshochschulgesetzen sind gar keine inhaltlichen Vorgaben für die Akkreditierung geregelt.[92] Soweit in anderen Hochschulgesetzen Regelungen zu den für die Akkreditierung zuständigen Einrichtungen und zum Verfahren normiert sind, sind sie überwiegend sehr vage. 51

In Bezug auf das Verfahren verweist das Landesrecht beispielsweise ausschließlich auf die „*geltenden Regelungen*"[93] bzw. auf das „*anerkannte Verfahren*".[94] Gerade vor dem Hintergrund, dass hier die Agenturen als Privatrechts- 52

---

87 *Kehm*, Struktur und Problemfelder des Akkreditierungssystems in Deutschland, in: IHF (Hrsg.), Beiträge zur Hochschulforschung 2007, S. 78 ff. (81).
88 *Erichsen*, in: Benz/Kohler/Landfried, Handbuch Qualität in Studium und Lehre, 2005, F. 1.1, S. 1 ff. (5).
89 http://www.akkreditierungsrat.de/index.php?id=beschluesse.
90 http://www.akkreditierungsrat.de/index.php?id=beschluesse.
91 Zum Akkreditierungsrecht der Länder: *Brinktrine*, Akkreditierungsverfahren und -modelle nach Maßgabe des Hochschulrechts der Länder, WissR 42 (2009), S. 164 ff.
92 § 30 Abs. 3 BWHG; Art. 52 BayHG; § 52 Abs. 8 HmbHG, § 9 Abs. 3 LSAHG.
93 § 7 Abs. 1 NWHG.
94 § 52 Abs. 8 HmbHG.

subjekte in besonders grundrechtssensible Entscheidungen eingebunden sind, erscheint die geringe staatliche Steuerung verfassungsrechtlich äußerst bedenklich.[95] Im Sinne einer ausreichenden gesetzlichen Legitimation **(Vorbehalt des Gesetzes)** sollte der Gesetzgeber wie im BremHG zumindest die Voraussetzungen, das Verfahren, die verschiedenen Modelle der Akkreditierung und die Rechtsfolgen normieren.[96]

Den Ländern ist außerdem zu empfehlen, klare Entscheidungsmaßstäbe und prozedurale Vorgaben für den Kontrollprozess vorzugeben. Im Sinne der Wissenschaftsfreiheit ist zu gewährleisten, dass die Agenturen unparteilich und sachgerecht entscheiden. Soweit die Akkreditierungsagenturen klare Regelungen geschaffen haben, genügt die Kontrolle. Die hochschulrechtlichen Vorgaben in der gegenwärtigen Form gewährleisten jedoch nicht, dass im Rahmen des Akkreditierungsverfahrens rechtsstaatliche, insbesondere grundrechtliche Vorgaben beachtet werden.

53   Das Verwaltungsgericht Arnsberg hat mit Beschluss vom 16.4.2010 ein Klageverfahren ausgesetzt, um die Entscheidung des Bundesverfassungsgerichts zu der Frage einzuholen, ob die Regelungen des nordrhein-westfälischen Hochschulgesetzes zur Akkreditierung von Studiengängen an privaten Hochschulen mit dem Grundgesetz vereinbar sind.[97] Nach Auffassung des Verwaltungsgerichts ist es nicht mit Art. 5 Abs. 3 GG und Art. 20 Abs. 3 GG vereinbar, dass der Gesetzgeber die formellen und materiellen Voraussetzungen des Akkreditierungsverfahren nicht geregelt hat. Der Gesetzgeber habe die wesentlichen Entscheidungen zur Akkreditierung selbst zu treffen. Eine Entscheidung des BVerfG im Rahmen des Verfahrens nach Art. 100 Abs. 1 GG steht hierzu noch aus.

---

[95] *Martini*, Akkreditierung im Hochschulrecht – Institutionelle Akkreditierung, Programmakkreditierung, Prozessakkreditierung, WissR 41 (2008), S. 232 ff. (246); *Pautsch*, Rechtsfragen der Akkreditierung, WissR 38 (2005), S. 200 ff. (206 f.); *Müller-Terpitz*, Verfassungsrechtliche Implikationen der Akkreditierungsverfahren, WissR 42 (2009), S. 116 ff., wonach nicht sicher sei, dass die derzeitigen landesgesetzlichen Regime verfassungswidrig sind. S. auch *Quapp*, Akkreditierung – ein Angriff auf die Freiheit der Lehre, WissR 43 (2010), S. 346 ff. Umfassend zum Ganzen *Immer*, Rechtsprobleme der Akkreditierung von Studiengängen, 2013, S. 171 ff. m.w.N.
[96] § 53 BremHG.
[97] Siehe 12 K 2689/08, BeckRS 2010, 49801. Hierzu *Meyer*, Akkreditierungssystem verfassungswidrig?, NVwZ 2010, S. 1010 ff.

e) Regeln des Akkreditierungsrates für die Akkreditierung von Studiengängen und für die Systemakkreditierung

Der Akkreditierungsrat hat am 8.12.2009 ein einheitliches und verbindliches Regelwerk für die Akkreditierung von Studiengängen und für die Systemakkreditierung beschlossen (**Regeln des Akkreditierungsrates für die Akkreditierung von Studiengängen und für die Systemakkreditierung**).[98] Das Regelwerk fasst im Wesentlichen die bisherigen Beschlüsse des Akkreditierungsrates zusammen. Es hat folgenden Inhalt:

1. Verfahrensregeln für die Akkreditierung von Studiengängen. Hierzu gehört insbesondere:
   - Inhalt des Antrags
   - Bestellung einer Gutachtergruppe und Art und Weise der Begutachtung
2. Kriterien für die Akkreditierung von Studiengängen. Hierzu gehört insbesondere:
   - Qualifikationsziele des Studiengangskonzeptes, Konzeptionelle Einordnung des Studiengangs in das Studiensystem
   - Studierbarkeit, Prüfungssystem, Ausstattung
   - Qualitätssicherung und Weiterentwicklung
3. Entscheidungsregeln für die Akkreditierung von Studiengängen. Hierzu gehört insbesondere:
   - Voraussetzung für die Akkreditierung
   - Regeln zur Befristung, Auflagen
   - Aufhebung der Akkreditierungsentscheidung
4. Verfahrensregeln für die Systemakkreditierung. Hierzu gehört insbesondere:
   - Inhalt des Antrags
   - Bestellung der Gutachtergruppe und Begutachtungsverfahren
5. Kriterien für die Systemakkreditierung. Hierzu gehört insbesondere:
   - Voraussetzungen für die Zulassung von Hochschulen zur Systemakkreditierung, Kriterien
6. Entscheidungsregeln für die Systemakkreditierung. Hierzu gehört insbesondere:
   - Befristung, Vorläufige Akkreditierung
   - Aufhebung von Entscheidungen
7. Regeln für die Zusammenstellung der Merkmalsstichprobe

---

98 http://www.akkreditierungsrat.de/index.php?id=beschluesse.

55 Der Akkreditierungsrat überprüft stichprobenartig, ob die Regeln von den Agenturen beachtet werden. Zuvor hatte die KMK mit den **„Ländergemeinsamen Strukturvorgaben** gem. § 9 Abs. 2 HRG für die Akkreditierung von Bachelor- und Masterstudiengängen" vom 10.10.2003[99] in der Fassung vom 22.9.2005 und den „Eckpunkten für die gegenseitige Anerkennung von Bachelor- und Masterabschlüssen in Studiengängen, mit denen die Bildungsvoraussetzungen für ein Lehramt vermittelt werden" vom 3.6.2005[100] die Grundsätze für die Akkreditierung festgelegt. Da die Strukturvorgaben auch für die Akkreditierung von **Bachelor- und Masterstudiengängen mit Katholischer oder Evangelischer Theologie/Religion** Anwendung finden,[101] ist davon auszugehen, dass diesbezüglich nunmehr auch die Regeln des Akkreditierungsrates für die Akkreditierung von Studiengängen und für die Systemakkreditierung gelten. Zudem sind die kirchlichen Vorschriften in der jeweils geltenden Fassung zu beachten. Für die Bachelorstudiengänge an Berufakademien hat die KMK darüber hinaus in ihrem Beschluss vom 15.10.2004 Strukturvorgaben für die Akkreditierung festgelegt.[102]

f) Verfahren
aa) Programmakkreditierung

56 Das Akkreditierungsverfahren wird durch einen begründeten **Antrag** der Hochschule eingeleitet. Die Hochschule wählt die Agentur, bei der sie den Antrag einreicht, frei aus. Der Antrag soll eine Darstellung des Studiengangs bzw. der Studiengänge und eine Dokumentation zu den Kriterien für die Akkreditierung von Studiengängen (Qualifikationsziele des Studienganges, Studienkonzept, Studierbarkeit) enthalten.[103] Dabei gilt es zu beachten, dass beispielsweise auch die Zugangsvoraussetzungen für die jeweiligen Masterstudiengänge Gegenstand der Akkreditierung sind.

---

99 http://www.kmk.org/fileadmin/veroeffentlichungen_beschluesse/2003/2003_10_10-Strukturvorgaben-Bachelor-Master.pdf.
100 http://www.kmk.org/fileadmin/veroeffentlichungen_beschluesse/2005/2005_09_22-Qualitaetssicherung-Lehre.pdf.
101 Punkt 6 der Eckpunkte für die Studienstruktur in Studiengängen mit Katholischer oder Evangelischer Theologie/Religion, http://www.akkreditierungsrat.de/index.php?id=beschluesse.
102 http://www.kmk.org/fileadmin/veroeffentlichungen_beschluesse/2004/2004_10_15-BachelorBerufsakademie-Studienstruktur.pdf.
103 Vgl. Regeln des Akkreditierungsrates für die Akkreditierung von Studiengängen und die Systemakkreditierung, http://www.akkreditierungsrat.de/fileadmin/Seiteninhalte/Startseite/Beschluss_Akkreditierung_Studiengaenge_Systeme_08_12_09.pdf.

Die Einrichtung, d.h. auch die inhaltliche Ausgestaltung der neuen Studiengänge, ist grundsätzlich in das Ermessen der Hochschule gestellt (vgl. § 19 Abs. 1 HRG; klarstellend auch BVerfG, Beschluss vom 7.8.2007,[104] wobei das BVerfG insoweit jedoch auch ausgesprochen hat, dass der Wissenschaft landesrechtliche Normen, die die Hochschule zur Überleitung verpflichten, nicht entgegenstehen). Die Ermessenserwägungen sollen darauf abstellen, ob es Interessenten für die Studiengänge gibt und ob die Absolventen vom Arbeitsmarkt aufgenommen werden.

Nachdem der Antrag bei der Agentur eingegangen ist und sie die Kostenzusage erhalten hat, bestellt diese eine **Gruppe** externer (unabhängiger) **Fachgutachter** und bereitet sie auf die gutachterliche Tätigkeit (sog. **Peer Review**) und auf das konkrete Akkreditierungsverfahren vor.[105] Die Gutachtergruppe muss in ihrer Zusammensetzung die fachlich-inhaltliche Ausrichtung und das spezifische Profil des Studiengangs widerspiegeln.[106]

Die vorzunehmende **Begutachtung** erfolgt nach den Regeln für die Akkreditierung von Studiengängen.[107] Sie setzt sich im Wesentlichen aus einer Analyse der Antragsbegründung und einer Begehung vor Ort, d.h. getrennte Gespräche mit der Leitung der Hochschule, den Lehrenden und ggf. Studierenden, zusammen.[108] Die Gutachtergruppe erstellt anschließend einen **Bewertungsbericht**. Der Hochschule wird die Möglichkeit eingeräumt, zum Bewertungsbericht Stellung zu nehmen.

Die Agentur entscheidet dann auf der Grundlage des Bewertungsberichts und der Beschlussempfehlung unter Würdigung der Stellungnahme der Hochschule. Spricht sie die **Akkreditierung** aus, wird sie regulär auf sieben Jahre befristet.[109] Bei der erstmaligen Akkreditierung beträgt die Akkreditierungsfrist nach den Regeln des Akkreditierungsrates für die Akkreditierung von Studiengängen fünf Jahre.[110] Die Agentur kann die Akkreditierung auch mit zusätzli-

---

104 NVwZ-RR 2008, S. 33 ff.
105 Vgl. Regeln des Akkreditierungsrates für die Akkreditierung von Studiengängen und die Systemakkreditierung, http://www.akkreditierungsrat.de/index.php?id=beschluesse.
106 *Kehm*, Struktur und Problemfelder des Akkreditierungssystems in Deutschland, in: IHF (Hrsg.), Beiträge zur Hochschulforschung, 2007, S. 78 ff. (83).
107 Vgl. Regeln des Akkreditierungsrates für die Akkreditierung von Studiengängen und die Systemakkreditierung, http://www.akkreditierungsrat.de/index.php?id=beschluesse.
108 Hierzu im Einzelnen: *Kehm*, Struktur und Problemfelder des Akkreditierungssystems in Deutschland, in: IHF (Hrsg.), Beiträge zur Hochschulforschung 2007, S. 78 ff. (81).
109 Ziffer 3.2.1 der Regeln des Akkreditierungsrates für die Akkreditierung von Studiengängen und die Systemakkreditierung, http://www.akkreditierungsrat.de/index.php?id=beschluesse.
110 Ziffer 3.2.3 der Regeln.

chen Auflagen versehen. Alternativ kann die Agentur die Akkreditierung versagen oder das Verfahren aussetzen.

Die Akkreditierung, die meist optional erfolgt, in Hamburg aber gesetzlich vorgeschrieben ist, wird in der Regel erst nach Einführung eines neuen Studiengangs begonnen. Diese Vorgehensweise wird vielerorts kritisiert. Sinnvoll wäre, wenn die Landeshochschulgesetze klare Regelungen zum Verfahren enthalten.

Bei **Studiengängen mit Katholischer oder Evangelischer Theologie/Religion** wirkt ein Vertreter der Kirche mit. Die Akkreditierung bedarf der Zustimmung.[111]

bb) Systemakkreditierung

59 Die formalen Verfahrensschritte bei der Systemakkreditierung sind teilweise deckungsgleich mit denen der Programmakkreditierung. Bei der inhaltlichen Ausgestaltung gibt es dagegen erhebliche Unterschiede. Die Systemakkreditierung ist darauf ausgerichtet, alle für das Studium und die Lehre relevanten Strukturen und Prozesse daraufhin zu überprüfen, ob sie das Erreichen der Qualifikationsziele und eine hohe Qualität der Studiengänge gewährleisten.[112]

Wird das interne Qualitätssicherungssystem einer Hochschule bzw. einer Teileinheit der Hochschule erfolgreich akkreditiert, sind alle Studiengänge, die das System durchlaufen haben, für einen Zeitraum von sechs Jahren akkreditiert.[113]

60 Die Hochschule leitet das Verfahren durch einen **Antrag** bei der Akkreditierungsagentur ein. Dieser muss eine kurze Darstellung der Einrichtung und der internen Steuerungs- und Qualitätssicherungssysteme im Bereich von Studium und Lehre enthalten.[114] Die Hochschule fügt das Ergebnis der Halbzeitstichprobe bei. Soweit das Landesrecht dies vorsieht, ist der Antrag über das zuständige Ministerium einzureichen. Die Agentur führt eine **Vorprüfung** durch. Im Rah-

---

[111] Punkt 8 der Eckpunkte für die Studienstruktur in Studiengängen mit Katholischer oder Evangelischer Theologie/Religion, http://www.akkreditierungsrat.de/index.php?id=beschluesse.
[112] Vgl. Einleitung zu den Regeln des Akkreditierungsrates für die Akkreditierung von Studiengängen und die Systemakkreditierung, http://www.akkreditierungsrat.de/index.php?id=beschluesse.
[113] Ziffer 5.1 der Regeln des Akkreditierungsrates für die Akkreditierung von Studiengängen und die Systemakkreditierung; http://www.akkreditierungsrat.de/index.php?id=beschluesse.
[114] Ziffer 4.2 der Regeln des Akkreditierungsrates für die Akkreditierung von Studiengängen und die Systemakkreditierung; http://www.akkreditierungsrat.de/index.php?id=beschluesse.

men dieser prüft sie, ob die Zulassungsvoraussetzungen für die Systemakkreditierung erfüllt sind.[115]

Ist das Ergebnis positiv, bestellt die Akkreditierungsagentur für das Begutachtungsverfahren eine **Gutachtergruppe**. Diese setzt sich aus drei Mitgliedern mit Erfahrung auf dem Gebiet der Hochschulsteuerung und der hochschulinternen Qualitätssicherung, einem studentischen Mitglied mit Erfahrung in der Hochschulselbstverwaltung und der Akkreditierung und einem Mitglied aus der Berufspraxis zusammen. Ein Mitglied der Gutachtergruppe sollte zudem über Erfahrungen in der Hochschulleitung, in der Studiengestaltung und in der Qualitätssicherung von Studium und Lehre verfügen. Außerdem sollte ein Mitglied der Gutachtergruppe aus dem Ausland kommen.

Zum **Begutachtungsverfahren** gehören zwei Begehungen und eine sich auf alle Bachelor- und Masterstudiengänge erstreckende vertiefte vergleichende Untersuchung relevanter Merkmale der Studiengestaltung, der Durchführung von Studiengängen und der Qualitätssicherung (**Merkmalsstichprobe**). Hinzu kommt eine vertiefte Prüfung von 15% der Studiengänge, mindestens aber von drei Studiengängen (**Programmstichprobe**).[116]

Die Gutachtergruppe fertigt im Anschluss an die Begutachtung einen endgültigen **Bericht** mit einer **Beschlussempfehlung**. Diese wird der Hochschule zur Stellungnahme zugeleitet. Im Anschluss hieran entscheidet die Agentur über die Akkreditierung. Sie kann die Akkreditierung nur aussprechen oder versagen, eine Akkreditierung unter Auflagen ist nicht möglich.

g) Rechtsschutz gegen Akkreditierungsentscheidungen

Gegen die Entscheidungen der Agenturen kann zunächst **Beschwerde** bei der Agentur erhoben werden. Die Agenturen müssen nach den Vorgaben des Akkreditierungsrates ein internes Beschwerdeverfahren vorsehen. Die Beschwerde kann sich sowohl gegen die Akkreditierungsentscheidung als auch gegen das Verfahren richten. Soweit die Beschwerde bei der Agentur erfolglos geblieben ist, besteht die Möglichkeit, beim Akkreditierungsrat eine schriftliche Beschwerde einzureichen. Kommt der Akkreditierungsrat zu dem Ergebnis, dass die Beschwerde begründet ist, fordert sie die Agentur zur Abhilfe auf.

Daneben steht der Rechtsweg offen. Bei einem isolierten Vorgehen gegen die Akkreditierungsentscheidung ist der ordentliche Rechtsweg zu beschrei-

---

115 Ziffer 4.3 der Regel des Akkreditierungsrates für die Akkreditierung von Studiengängen und die Systemakkreditierung; http://www.akkreditierungsrat.de/index.php?id=beschluesse.
116 Ziffer 4.6 der Regel des Akkreditierungsrates für die Akkreditierung von Studiengängen und die Systemakkreditierung; http://www.akkreditierungsrat.de/index.php?id=beschluesse.

ten.[117] Die Rechtsbeziehungen zwischen der Hochschule und der Akkreditierungsagentur sind rein privatrechtlicher Natur, sie werden durch einen privatrechtlichen Vertrag geregelt.[118] Im Rahmen des zivilgerichtlichen Verfahrens ist zu prüfen, ob die **Regeln des Akkreditierungsrates** fehlerfrei angewendet worden sind.[119]

64 Aus Sicht der Hochschulen wird es jedoch vermutlich praktikabler sein, gegen die Versagung der Genehmigung des Ministeriums vorzugehen. Die Genehmigung wird in Form eines Verwaltungsaktes (§ 35 VwVfG) erteilt. Die Hochschule hat daher beim Verwaltungsgericht eine kombinierte **Anfechtungs- und Verpflichtungsklage** zu erheben.

6. Stand der Umsetzung/Bilanz

65 Nach der statistischen Veröffentlichung der Kulturministerkonferenz (Stand Oktober 1.3.2010) gab es in Deutschland 10.806 Bachelor- und Masterstudiengänge.[120] Dies sind 81 Prozent aller Studiengänge an deutschen Hochschulen.

a) Bachelorstudiengänge

66 In Bezug auf die inhaltliche Ausgestaltung der Bachelorstudiengänge ist gerade in jüngster Vergangenheit sowohl von Studenten-, als auch von Professorenseite vermehrt Kritik geäußert worden. Die Kritik sollte zum Anlass genommen werden, zu überprüfen, ob die Studiengänge möglicherweise inhaltlich überfrachtet sind und der Prüfungsumfang zu reduzieren ist. Die am 4.2.2010 von der KMK beschlossenen Ländergemeinsamen Strukturvorgaben von Bachelor- und Masterstudiengängen versuchen den negativen Tendenzen entgegenzusteu-

---

117 So auch *Pautsch*, Rechtsfragen der Akkreditierung, WissR 38 (2005), S. 200 ff. (215); wenn man dagegen wie *Heitsch*, WissR 42 (2009), S. 136 ff., davon ausgeht, dass die Akkreditierungsentscheidung in Form eines Verwaltungsaktes ergeht, ist gemäß § 40 Abs. 1 S. 1 VwGO der Verwaltungsrechtsweg einschlägig.
118 So auch *Meyer*, Der Rechtsweg für Klagen gegen Akkreditierungsentscheidungen, DÖV 2010, S. 475 ff. (477); dagegen ist das VG Arnsberg in einem einstweiligen Verfügungsverfahren davon ausgegangen, dass der Verwaltungsrechtsweg gegeben ist, Beschluss vom 19.11.2008 – 12 L 576/08, juris.
119 *Meyer*, Der Rechtsweg für Klagen gegen Akkreditierungsentscheidungen, DÖV 2010, S. 475 ff. (479).
120 HRK, Statistische Daten zur Einführung von Bachelor- und Masterstudiengängen, http://www.hrk-bologna.de/bologna/de/download/dateien/HRK_StatistikBA_MA_SoSe_2010_finale_mit_Cover(1).pdf.

ern. Unabhängig hiervon sollte es hinreichende Möglichkeiten geben, das Studium auch in Teilzeit zu durchlaufen.

Problematisch ist außerdem, dass immer noch keine Einigkeit darüber besteht, wie viele Studierende nach dem Bachelor-Abschluss einen Master-Studiengang aufnehmen können.

b) Akkreditierungsverfahren

Das **Akkreditierungsverfahren** wird in einzelnen Punkten immer wieder kritisiert.[121] Diese lassen sich wie folgt zusammenfassen. Wie bereits zum Punkt Akkreditierung ausführlich erörtert, fehlt es immer noch an hinreichenden Regelungen in den Landeshochschulgesetzen. Insbesondere die Zuständigkeit, das Verfahren, die Rechtsfolgen und die verschiedenen Modelle werden vom Gesetzgeber nicht geregelt. Hinzu kommt, dass die vom Akkreditierungsrat normierten Voraussetzungen für die Akkreditierung einzelner Studiengänge zu unbestimmt sind. Zwar ist mit den „Regeln des Akkreditierungsrates für die Akkreditierung von Studiengängen und für die Systemakkreditierung" nunmehr ein einheitliches Regelwerk geschaffen worden. Im Wesentlichen wurden hiermit jedoch nur die Beschlüsse der KMK zusammengefasst. Den privaten Akkreditierungsagenturen verbleibt immer noch ein zu weiter Beurteilungsspielraum, der letztendlich zu einer uneinheitlichen Prüfung der Studiengänge führt. Es müssen hinreichend eindeutige und einheitliche Bewertungsmaßstäbe formuliert werden. Dies könnte auf der Basis bereits abgeschlossener Akkreditierungen erfolgen. Die Kriterien, die im Rahmen des Akkreditierungsverfahrens herangezogen werden, sind außerdem teilweise noch nicht einmal geeignet, die Qualität der Studiengänge zu beurteilen.[122]

67

Hinzu kommt, dass die Agenturen die zunehmende Anzahl von Akkreditierungsanträgen kaum noch bewältigen können. Die neuen Studiengänge werden bei nicht rechtzeitiger Akkreditierung ohne diese begonnen. Die Hochschule muss dann das Risiko tragen für den Fall, dass die Akkreditierung abgelehnt wird, von den Studierenden verklagt zu werden. Die KMK hat bereits in ihrem Bericht zur „Qualitätssicherung in der Lehre" vom 22.9.2005 darauf hingewiesen, dass es aufgrund des zunehmenden Antragsvolumens erforderlich ist, weitere Rationalisierungs-, Beschleunigungs- und effizienzsteigernde Verfahren zu entwickeln.[123]

68

---

121 Vgl. insoweit *Pautsch*, Rechtsfragen des Akkreditierung, WissR 38 (2005), S. 200 ff. (206 ff.).
122 *Meyer*, Akkreditierungssystem verfassungswidrig?, NVwZ 2010, S. 1010 ff.
123 Am 22.9.2005 hat die KMK einen Bericht zur Qualitätssicherung in der Lehre verabschiedet, der auf der Grundlage einer Bestandsaufnahme der in den Ländern bereits bestehenden

69   Die neu eingeführte **Systemakkreditierung** ist als ein großer Schritt in die richtige Richtung zu werten. Die Entscheidungsprozesse im Rahmen der Akkreditierung gilt es jedoch mehr und mehr zu optimieren. Ein weiterer Ansatz hierfür könnte die sog. **„Cluster-Akkreditierung"** sein. Danach werden alle Studiengänge einer Hochschule oder alle Studiengänge eines bestimmten Faches an mehreren Hochschulen in einem Akkreditierungsverfahren zusammengefasst. Vorteil dieser Verfahrensweise ist, dass alle Querschnitts- und Fachfragen in einem Verfahren vorab geprüft werden können, was Zeit und Kosten sparen würde. Gerade die mit der Programmakkreditierung verbundenen **Kosten** stehen immer wieder im Zentrum der Kritik. Für die Akkreditierung einzelner Studienprogramme sind Kosten in Höhe von 10.000 bis 15.000 Euro zu veranschlagen.[124] Die Hochschulen müssen die Kosten vollständig tragen. Es gibt keine staatlichen Zuschüsse.

II. Qualitätssicherung in Studium und Lehre

70 Die Kompetenzen der Hochschulen, insbesondere im finanziellen und organisatorischen Bereich, wurden in den letzten Jahren sukzessive erhöht und im Gegenzug die staatliche Steuerung in vielen Bereichen mehr und mehr abgebaut. Hinzu kommt, dass die Hochschulen sowohl national als auch international verstärkt dem Wettbewerb untereinander ausgesetzt sind. Die Veränderungen machen ein funktionierendes und dauerhaftes **Qualitätsmanagement** im Hochschulbereich notwendig. Studierenden und Arbeitgebern sollen dadurch verlässliche Orientierungen hinsichtlich der Qualität von Studienprogrammen und Hochschulen gegeben werden.

Die Vertreter von Bund, Ländern und Hochschulen entwickeln zurzeit auf der Grundlage des auf der Bergen-Konferenz verabschiedeten **Europäischen Qualifikationsrahmens** (EQR) einen Deutschen Qualifikationsrahmen (DQR).[125] An dem Prozess sind Vertreter des Bundes, der Länder und der Hochschulen betei-

---

Maßnahmen und Instrumentarien der Qualitätssicherung im Hochschulbereich diejenigen Kernelemente und unverzichtbaren Standards festlegt, um das erforderliche Maß an Zuverlässigkeit, Objektivität und Vergleichbarkeit der Verfahren zu gewährleisten, http://www.kmk.org/fileadmin/veroeffentlichungen_beschluesse/2005/2005_09_22-Qualitaetssicherung-Lehre.pdf.

124 So *Schmidt/Horstmeyer*, Systemakkreditierung: Voraussetzungen, Erfahrungen, Chancen am Beispiel der Johannes-Gutenberg Universität Mainz, in: IHF (Hrsg.), Beiträge zur Hochschulforschung 2008, S. 40ff. (44).

125 http://ec.europa.eu/education/lifelong-learning-policy/doc44_de.htm.

ligt. Mithilfe des europäischen Qualifikationsrahmens werden nationale Qualifikationen europaweit verständlich und vergleichbar. Der EQR definiert insbesondere acht Referenzniveaus anhand derer eingeordnet werden kann, was ein Lernender weiß, versteht und in der Lage ist zu tun. Der nationale Qualifikationsrahmen ist wiederum „*ein Instrument zur Klassifizierung von Qualifikationen anhand eines Bündels von Kriterien zur Bestimmung des jeweils erreichten Lernniveaus.*"[126]

Darüber hinaus unterstützt Deutschland die Arbeit des **Europäischen Qualitätsregisters EQAR**. Das Register nimmt nach der Überprüfung durch ein unabhängiges Gremium Qualitätssicherungsagenturen auf, die auf der Grundlage der Standards und Leitlinien tätig sind.

Die HRK hat mit Beschluss vom 11.5.2010 wesentliche Eckpunkte für eine kontinuierliche Verbesserung der Qualität von Lehre und Studium zusammengefasst.[127]

Die **Qualitätsentwicklung** und **Qualitätssicherung** fällt vornehmlich in den Aufgabenbereich der Länder. Um ein dauerhaftes und flächendeckendes Qualitätsmanagement durch die Hochschulen sicherzustellen, hat der überwiegende Anteil der Länder gesetzlich festgeschrieben, dass die Hochschulen zur Qualitätsentwicklung und -sicherung in Forschung und Lehre verpflichtet sind.[128] Sie haben in regelmäßigen Abständen Berichte zum Qualitätsmanagement vorzulegen. Daneben werden in vielen Ländern mit den Hochschulen vertragliche Vereinbarungen geschlossen, die Maßnahmen und Verfahren zur Qualitätssicherung und Förderung verpflichtend regeln.

Insgesamt ist das Qualitätsmanagement darauf ausgerichtet, die Autonomie der Hochschulen, insbesondere in organisatorischen und finanziellen Angelegenheiten, zu wahren und die Ergebnisse der Aufgabenwahrnehmung staatlich zu kontrollieren.

1. Instrumente der Qualitätssicherung

Im Bereich der Lehre dienen die **Akkreditierung von Studiengängen** (Programm- und Systemakkreditierung), der Akkreditierungsrat und die Akkre-

---

126 http://ec.europa.eu/education/pub/pdf/general/eqf/broch_de.pdf.
127 HRK, Weiterführung der Bologna-Reform – Kontinuierliche Qualitätsverbesserung in Lehre und Studium, Entschließung der 8. Mitgliederversammlung der HRK am 11.5.2010, http://www.hrk.de/de/download/dateien/MV_8-_3_Entschliessung_Weiterfuehrung_Bologna-Reform.pdf.
128 Z.B.: § 69 BremHG; § 25 BbgHG; § 3 Abs. 2 HmbHG.

ditierungsagenturen, sowie die Ländergemeinsamen Strukturvorgaben für die Bachelor- und Masterstudiengänge der Qualitätssicherung.[129] In der Mission Statement des Akkreditierungsrates heißt es: *„Der Akkreditierungsrat hat die gesetzliche Aufgabe, das System der Qualitätssicherung in Studium und Lehre durch die Akkreditierung von Studiengängen bzw. des Qualitätsmanagements einer Hochschule zu organisieren."*[130]

Er ist nach dem Stiftungsgesetz verpflichtet, den Ländern regelmäßig über die Qualitätsentwicklung im Rahmen der Akkreditierung und über die Entwicklung bei der Umstellung des Studiensystems auf die gestufte Studienstruktur zu berichten (§ 2 Abs. 2 Nr. 4 Akkreditierungs-Stiftungs-Gesetz).

73 Als weiteres Instrument der Qualitätssicherung ist in den Hochschulgesetzen der Länder die **Evaluierung** von Studiengängen und -fächern gesetzlich normiert worden. Im Rahmen des Evaluationsverfahrens werden die Stärken und Schwächen der Universität aufgezeigt und konstruktive Anregungen für die Verbesserung der Qualität gegeben.[131] Die Evaluierung sollte sich dabei gemäß des Beschlusses der KMK vom 22.9.2005[132] insbesondere auf folgende Merkmale beziehen:

- *Anzahl und Anteil der Studierenden innerhalb der Regelstudienzeit*
- *Studiendauer*
- *Studienerfolgsquote*
- *Lehr- und Prüfungsorganisation*
- *Betreuung der Studierenden*
- *Umsetzung der Studiengangskonzeption, Studierbarkeit des Lehrangebots*
- *Kohärenz und Abstimmung des Lehrangebots*
- *Internationalität*
- *Multimediale Anteile*
- *Berücksichtigung von Gender-Aspekten*
- *Prüfungs- und Benotungspraxis*
- *Verbleib der Absolventen.*[133]

---

129 http://www.kmk.org/wissenschaft-hochschule/qualitaetsentwicklung-akkreditierung-exzellenzfoerderung.html.
130 Mission Statement, Beschluss des Akkreditierungsrates vom 18.6.2007, http://www.akkreditierungsrat.de/index.php?id=beschluesse.
131 Beschluss der KMK vom 22.9.2005; http://www.kmk.org/fileadmin/veroeffentlichungen_beschluesse/2005/2005_09_22-Qualitaetssicherung-Lehre.pdf.
132 http://www.kmk.org/fileadmin/veroeffentlichungen_beschluesse/2005/2005_09_22-Qualitaetssicherung-Lehre.pdf.
133 Der Katalog wurde von der KMK mit Beschluss vom 22.9.2005 zusammengestellt, http://www.kmk.org/fileadmin/veroeffentlichungen_beschluesse/2005/2005_09_22-Qualitaetssicherung-Lehre.pdf.

Im Sinne einer möglichst hohen Aussagekraft der Evaluationen sind im Landes- bzw. Satzungsrecht der Hochschulen folgende Vorgaben für die Durchführung zu machen:
- *Kombination von interner und externer (peer review) Evaluation*
- *Festlegung eines bestimmten zeitlichen Turnus*
- *Einbeziehung der Studierenden (z.B. Evaluation der Veranstaltungen durch die Studierenden, Bewertung der Lehr- und Prüforganisation)*
- *Beteiligung von Agenturen/Netzwerken/Verbünden mit anderen Hochschulen, um fach- und hochschulübergreifende Vergleichsmaßstäbe zu erhalten*
- *Veröffentlichung der Ergebnisse*
- *Einbeziehung der Absolventen, z.B. durch Befragung*
- *Festlegung der sich aus den Evaluationen ergebenden Konsequenzen (z.B. Zielvereinbarungen, leistungsbezogene Mittelvergabe, Sanktionen)*.[134]

Die Hochschulen können den durch die regelmäßigen Akkreditierungen und Evaluierungen entstehenden Aufwand minimieren, indem sie der Verpflichtung im Verbund mit anderen Hochschulen nachkommen. Im Sinne einer Prozessoptimierung sollten die Evaluations- und Akkreditierungsverfahren außerdem sinnvoll miteinander verknüpft werden. Die Ergebnisse der Evaluation könnten beispielsweise die Grundlage für die nach Jahren erneut durchzuführende Akkreditierung sein.

Neben den Evaluationen können anhand von **Rankings** die Stärken und Schwächen einzelner Einrichtungen dokumentiert werden. Sie unterscheiden sich von den Evaluationen in der Methodik und dem Verfahren. Es ist allerdings umstritten, inwiefern Rankings zur Qualitätsentwicklung tatsächlich beitragen können. Die in den meisten Ländern bereits eingeführten bzw. in Vorbereitung befindlichen Hochschulkontrakte und die **leistungsorientierte Mittelvergabe** dienen einer langfristigen und effektiven Qualitätssicherung und Effizienzsteigerung im Hochschulbereich. Der leistungsbezogene Anteil am Gesamtbudget variiert zwischen den Ländern jedoch immer noch erheblich. Im Sinne einer effektiven Qualitätssicherung ist zu empfehlen, dass die Länder den Anteil des leistungsbezogenen Budgets deutlich erhöhen.

Die Hochschulen haben zudem bei der Rekrutierung des Personals, insbesondere bei der **Berufung der Hochschullehrer**, die Möglichkeit, qualitätssichernde Maßnahmen zu ergreifen. Für den Regelfall einer Berufung ist eine internationale Ausschreibung vorzusehen. Daneben sollten Kandidaten, die als

---

134 Der Katalog wurde von der KMK mit Beschluss vom 22.9.2005 zusammengestellt, http://www.kmk.org/fileadmin/veroeffentlichungen_beschluesse/2005/2005_09_22-Qualitaetssicherung-Lehre.pdf.

besonders geeignet erscheinen, ggf. auch aus der außeruniversitären Praxis, direkt angesprochen werden (aktive Rekrutierung).[135] Ein weiterer zentraler Punkt ist, dass in der Berufungskommission externe Gutachter und Mitglieder mitwirken. In den Landesgesetzen ist dies teilweise bereits gesetzlich festgeschrieben.[136] Die Kandidaten, die in die engere Auswahl kommen, stellen sich der Kommission in Form eines öffentlichen wissenschaftlichen Vortrags oder einer entsprechenden fachüblichen Präsentationsform, eigener Forschungsergebnisse, einer Vorstellungskomponente mit Lehrbezug und eines Interviews durch die Berufungskommission vor.[137]

76 Zur Qualitätssicherung ist für das **Lehrpersonal** die Möglichkeit der kontinuierlichen **Weiterbildung**, beispielsweise in (länderübergreifenden) Hochschuldidaktikzentren, zu schaffen. Der Staat hat darauf hinzuwirken, dass die Hochschulen entsprechende Angebote für das Lehrpersonal bereithalten.

Ferner gehört zur Qualitätssicherung die Einrichtung eines **Betreuungs- und Beratungssystems** für die Studierenden.[138] Dies kann durch Information über Lehrangebote im Internet, Tutoren- und Mentorenprogramme, Präsenzpflicht von Professoren etc. ausgestaltet sein.

77 Über qualitätssichernde Maßnahmen während des Studiums hinaus haben die Hochschulen auch an den **Schnittstellen zum Studium** entsprechende Maßnahmen zu ergreifen. Sie haben unter anderem durch den Abschluss von **Kooperationsverträgen mit den Schulen** die Möglichkeit, das schulische Ausbildungsangebot auf die hochschulischen Anforderungen abzustimmen und die Qualität langfristig zu steigern. Auch die Auswahl der Studienbewerber können die Hochschulen qualitätsorientiert ausgestalten. Nach Abschluss des Studiums kann der Berufseintritt durch Stellenbörsen und Messen erleichtert werden.

78 Zur Verbesserung der Studienbedingungen und mehr Qualität in der Lehre haben die Regierungschefs der Länder am 10.6.2010 einen **Qualitätspakt** verabschiedet. Kernpunkte des Programms sind Initiativen zur Personalgewinnung

---

135 Vgl. Wissenschaftliche Kommission Niedersachsen, Empfehlungen zur Qualitätssicherung von Berufungsverfahren in Universitäten und Hochschulen, 2005.
136 § 48 Abs. 4 S. 4 BWHG; § 26 Abs. 3 NHG; § 38 Abs. 2 S. 9 BbgHG: „Den Berufungskommissionen sollen hochschulexterne sachverständige Personen angehören."; § 36 Abs. 5 S. 2 LSAHG: „Dem Berufungsvorschlag sind für die darin aufgenommenen Kandidaten jeweils zwei Gutachten von auf dem Berufungsgebiet ausgewiesenen Wissenschaftlern, Wissenschaftlerinnen, Künstlern und Künstlerinnen beizufügen"; § 38 Abs. 3 S. 2 NWHG.
137 Wissenschaftliche Kommission Niedersachsen, Empfehlungen zur Qualitätssicherung von Berufungsverfahren in Universitäten und Hochschulen, 2005.
138 Beschluss der KMK vom 22.9.2005; http://www.kmk.org/fileadmin/veroeffentlichungen_beschluesse/2005/2005_09_22-Qualitaetssicherung-Lehre.pdf.

sowie zur Weiterentwicklung der Lehrqualität an den Hochschulen. Der Bund stellt bis zum Jahr 2020 rund 2 Milliarden Euro zur Verfügung.

2. Qualitätssicherungssystem

Aus den einzelnen Instrumenten setzt sich das jeweilige Qualitätssicherungssystem einer Hochschule zusammen. Mit der nunmehr eingeführten Systemakkreditierung steigt das Bedürfnis nach klaren Vorgaben, denen das Qualitätssicherungssystem genügen muss. Die Regeln des Akkreditierungsrates für die Systemakkreditierung enthalten hierzu erste Konkretisierungen.[139] In der Praxis wird sich zeigen, ob diese aus Sicht der Hochschulen hinreichend bestimmt sind.

79

III. Der Zugang zum Hochschulstudium

1. Hochschulzugangsrecht

Das **Hochschulzugangsrecht** regelt, ob der Studienbewerber die notwendige Qualifikation für den Zugang zu dem jeweiligen Studium besitzt.[140] Das Hochschulzugangsrecht ist mit der ersten Föderalismusreform, die am 1.9.2006 in Kraft trat, in die alleinige Gesetzgebungskompetenz der Länder übergegangen.[141] Das **Hochschulzulassungsrecht**, das die Verteilung der Studienplätze regelt, ist dagegen auch nach der ersten Föderalismusreform Gegenstand der „bundeseigenen" konkurrierenden Gesetzgebung (Art. 74 Abs. 1 Nr. 33 GG).

80

Das Recht auf Zugang zum Hochschulstudium folgt aus dem in Art. 12 Abs. 1 S. 1 GG gewährleisteten Recht auf freie Wahl des Berufes und der Ausbildungsstätte in Verbindung mit dem allgemeinen Gleichheitsgrundsatz und dem Sozialstaatsprinzip.[142] Schafft der Staat mit öffentlichen Mitteln Ausbildungseinrichtungen, so muss er auch den freien und gleichen Zugang zu ihnen gewährleisten.[143] Jeder Deutsche im Sinne des Artikels 116 des GG ist demgemäß grundsätzlich zu dem von ihm gewählten Hochschulstudium berechtigt (§ 27

81

---
139 http://www.akkreditierungsrat.de/index.php?id=beschluesse.
140 Dies ergibt sich aus § 27 HRG und den entsprechenden landesrechtlichen Regelungen.
141 BGBl. I S. 2034.
142 BVerfG, Beschluss vom 18.7.1972 – 1 BvL 25/71, BVerfGE 33, 303, 330 = NJW 1972, S. 1561ff. (1563/4).
143 *Reich*, Hochschulrahmengesetz, Kommentar, 11. Auflage, 2012, § 27 Rn. 1.

Abs. 1 S. 1 HRG). Das Recht auf Teilhabe an den vom Staat zur Verfügung gestellten Ausbildungsleistungen steht faktisch unter dem Vorbehalt des Möglichen im Sinne dessen, was der Einzelne vernünftigerweise von der Gesellschaft beanspruchen kann.[144] Beschränkungen im freien Zugang zu der vorgeschriebenen Ausbildung sind nur unter strengen formellen und materiellen Voraussetzungen zulässig.[145] Sie sind ausschließlich durch oder aufgrund eines Gesetzes verfassungsrechtlich statthaft, vgl. Art. 12 Abs. 1 S. 2 GG.

Bei der Beurteilung der Verfassungsmäßigkeit von Zugangsbeschränkungen wird in der verfassungsgerichtlichen Rechtsprechung die Unterscheidung des Bundesverfassungsgerichts zwischen bloßen Regelungen der Berufsausübung und der objektiven oder subjektiven Einschränkung der Berufswahl herangezogen.[146]

Während für die Einschränkung der Berufsausübung jeder vernünftige Grund des Gemeinwohls ausreicht, bedarf es für die Beschränkung der freien Berufswahl und somit auch der Studienwahl erhöhter Voraussetzungen, wobei wiederum zwischen objektiven und subjektiven Voraussetzungen unterschieden wird.

Das Bundesverfassungsgericht hat in neuerer Rechtsprechung jedoch betont, dass es für die verfassungsrechtliche Überprüfung der Zulässigkeit von Beschränkungen nicht auf die formale Zuordnung zu einer der Stufen ankomme.[147] Vielmehr müsse eine allgemeine Verhältnismäßigkeitsprüfung erfolgen, bei der maßgeblich auf die Schwere des Eingriffs abzustellen ist. Hieran bemisst sich das Gewicht der rechtfertigenden Gründe. Eine subjektive Zulassungsvoraussetzung ist gegeben, wenn die Voraussetzungen an die Person des Studienbewerbers geknüpft und von dieser erfüllbar sind. Hierzu gehören unter anderem bestimmte Kenntnisse, Fähigkeiten und Eignungskriterien, d.h. der Nachweis einer für das Studium erforderlichen **Qualifikation (Hochschulzugangsrecht)**. Die Beschränkung des Hochschulzugangs ist durch ein überragend wichtiges Gemeinschaftsgut, der Sicherung der Qualität des Studiums und Abschlüsse, gerechtfertigt.[148]

---

[144] BVerfG, Beschluss vom 18.7.1972 – 1 BvL 25/71, BVerfGE 33, 303, 330 = NJW 1972, S. 1561 ff.
[145] BVerfG, Beschluss vom 18.7.1972 – 1 BvL 25/71, BVerfGE 33, 303, 330 = NJW 1972, S. 1561 f. (1565).
[146] BVerfG, Beschluss vom 18.7.1972 – 1 BvL 25/71, BVerfGE 33, 303, 330 = NJW 1972, S. 1561 f. (1565).
[147] BVerfG, Beschluss vom 11.2.1992 – 1 BvR 1531/90, BVerfGE 85, S. 248 ff. (261).
[148] *Lindner*, Aktuelle Entwicklungen im Hochschulzugangsrecht, NVwZ-Extra 2010, S. 1 ff. (7).

a) Allgemeine Qualifikationsvoraussetzung

Das Bundesverfassungsgericht hat hinsichtlich der subjektiven Zulassungs- 82
voraussetzungen klargestellt, dass alle Studienbewerber mit dem Abitur bzw.
dem Abitur gleichgestellten Qualifikationsnachweisen die Studieneignung besitzen.[149] Im Hochschulrahmengesetz und in den Landesgesetzen ist dementsprechend festgeschrieben, dass jeder Bewerber mit
- der allgemeinen Hochschulreife,
- der fachgebundenen Hochschulreife,
- der Fachhochschulreife oder
- einer von dem für die Schulen zuständigen Ministerium allgemein oder für bestimmte Studiengänge als gleichwertig anerkannten schulischen Vorbildung

eine Hochschulzugangsberechtigung besitzt.[150]

Darüber hinaus hat die KMK am 6. März 2009 beschlossen, dass nunmehr auch Meister, Techniker und Fachwirte mit einem berufsqualifizierenden Berufsabschluss eine Hochschulzugangsberechtigung besitzen. Der Hochschulzugang wird damit auch für **beruflich Qualifizierte** geöffnet, die die herkömmlichen schulischen Zugangsvoraussetzungen nicht besitzen. Teilweise findet sich in den Landeshochschulgesetzen bereits eine entsprechende Regelung.[151] Nach der vom Niedersächsischen Landtag am 8.6.2010 beschlossenen Änderung des Hochschulgesetzes erhalten alle Absolventen der geläufigsten bundes- und landesrechtlich geregelten Fortbildungen eine allgemeine Studienberechtigung.[152] Durch die Erweiterung des Hochschulzugangs soll **die Durchlässigkeit der Bildungswege** erhöht werden.

b) Besondere Qualifikationsvoraussetzungen

Es ist grundsätzlich zulässig, dass der Zugang zum Studium über die schulische 83
bzw. berufliche Bildung hinaus von der Erfüllung weiterer Zugangsvoraussetzungen in Form bestimmter Fähigkeiten und Kenntnisse oder im Falle gestufter Studienstrukturen an den Erwerb eines vorausgegangenen Studienabschlusses (z.B. Bachelor- oder Diplomabschluss) abhängig gemacht wird, so genannte **besondere Qualifikationsvoraussetzungen**. Neben den besonderen Qualifikationsvoraussetzungen muss die Hochschulzugangsberechtigung jedoch wei-

---

149 BVerfG, Beschluss vom 18.7.1972 – 1 BvL 25/71, BVerfGE 33, 303, 330 = NJW 1972, S. 1561 ff.
150 Vgl. u.a. § 18 NHG; § 33 BremHG; § 49 NWHG; § 8 BbgHG.
151 Vgl. u.a. § 18 Abs. 4 NHG.
152 § 18 Abs. 4 Nr. 4–6 NHG.

terhin mindestens gleichrangig berücksichtigt werden.¹⁵³ Über die Zulässigkeit besonderer Qualifikationsanforderungen entscheidet der Gesetzgeber. Soweit die besonderen Qualifikationsvoraussetzungen nicht bereits in den Landesgesetzen selbst festgeschrieben sind, werden die Hochschulen durch das Landesrecht ermächtigt, ergänzende Zugangsvoraussetzungen in einer Ordnung zu regeln.¹⁵⁴ Den Hochschulen wird damit mehr Eigenständigkeit bei der Entscheidung über die Studieneignung von Studienbewerbern zugesprochen. Zu beachten ist, dass nach der obergerichtlichen Rechtsprechung die verfahrensrechtlichen Vorgaben der Eignungsfeststellung, die inhaltlichen Kriterien, die für die Eignungsfeststellung maßgeblich sein sollen, sowie deren jeweilige Gewichtung hinreichend klar normiert sein müssen.¹⁵⁵

84   Insbesondere der Zugang zu den Masterstudiengängen soll im Interesse des internationalen Ansehens und der Akzeptanz der Masterabschlüsse durch den Arbeitsmarkt von besonderen Voraussetzungen abhängig gemacht werden.¹⁵⁶ Die in der Zugangs- und Zulassungsordnung festgelegte besondere Eignung dient damit dem Gemeinwohl und ist verfassungsrechtlich unbedenklich. Zwar ist mit dem Abschluss des Bachelorstudiums als erstem berufsqualifizierendem Abschluss der Anspruch auf das Hochschulstudium noch nicht verbraucht.¹⁵⁷ Der Gesetzgeber bzw. Satzungsgeber kann im Rahmen seiner durch Art. 12 Abs. 1 S. 2 GG eingeräumten Gestaltungsfreiheit jedoch von einem geringeren Schutz- und Förderanspruch für das Zweitstudium ausgehen.¹⁵⁸

85   In Bezug auf die lehramtsbezogenen Bachelor- und Masterstudiengänge, die an die Stelle des bisher einheitlichen Hochschulstudiums treten, das mit dem Ersten Staatsexamen abgeschlossen wurde, wird eine notenspezifische Beschränkung des Zugangs zum Masterstudium jedoch teilweise abgelehnt. Zur Begründung wird angeführt, dass hierdurch geeignete Studienbewerber von der Fortsetzung ihrer Lehrerausbildung ausgeschlossen werden.¹⁵⁹ Dies widerspreche nicht nur gesicherten hochschulrechtlichen Grundsätzen, sondern auch

---

153 VG Augsburg, Beschluss vom 21.10.2008 – Au 3 E 08.1186, juris, Rn. 23.
154 § 33 Abs. 7 BremHG.
155 VGH München, Beschluss vom 11.1.2010 – 7 CE 09.2804, juris mit Hinweis auf weitere Entscheidungen.
156 OVG Münster, Beschluss vom 14.1.2010 – 13 BB 1632/09, juris, Rn. 7, 12.
157 OVG Münster, Beschluss vom 14.1.2010 – 13 BB 1632/09, juris, Rn. 7, 12 mit Verweis auf das BVerfG, Urteil vom 8.2.1977, NJW 1977, S. 569 ff.
158 OVG Münster, Beschluss vom 23.4.2009 – 13 B 269/09, juris, Rn. 15 m.w.N.
159 *Wex*, Wer darf zum Masterstudium?, http://www.hrk.de/de/download/dateien/01-2007-_Zulaessige_und_unzulaessige_Zugangsvoraussetzungn_Masterstudium_-_Wex.pdf; vgl. hierzu auch *Hailbronner*, Notenabhängige Zulassungsbeschränkungen im Übergang von der Bachelor- zur Masterphase in Lehramtsstudiengängen, WissR 41 (2008), S. 106 ff. (114 f.).

den aus Art. 12 GG folgenden Erfordernissen an Geeignetheit und Verhältnismäßigkeit beschränkender Regelungen. Eignungs- und Befähigungsnachweise dürften nur am Anfang einer Hochschulausbildung verlangt werden. Dem ist jedoch entgegenzuhalten, dass sich diese Argumentation nicht aus der Rechtsprechung des Bundesverfassungsgerichts ableiten lässt.[160]

Als besondere Qualifikationsvoraussetzungen kommt neben einer bestimmten **Einzelnote** die sog. **Eignungsprüfung**[161] in Betracht. Das Landesrecht kann eine Eignungsprüfung beispielsweise vorsehen, wenn das Studium ein bestimmtes Leistungsniveau in den Bereichen Kunst, Musik oder Sport voraussetzt. Die Eignungsprüfungen dürfen jedoch nicht dazu dienen, Zulassungen auf das kapazitätsbedingte Maß zu beschränken.

86

Bei einer Einschränkung des Zugangs zum Studium durch besondere Qualifikationsvoraussetzungen ist allerdings zu beachten, dass sie im Hinblick auf die Ausbildungs- und Berufsfreiheit nur zulässig sind, wenn das betreffende Studium zwingend neben der schulischen bzw. beruflichen Bildung besondere qualitative Anforderungen stellt.[162] Das zwingende **Erfordernis** besonderer **Qualifikationsanforderungen** muss von der Hochschule dargelegt werden. Es bedarf einer hinreichenden Fundierung. Insoweit ist zu empfehlen, bei der Begründung den Inhalt der Akkreditierungsunterlagen heranzuziehen. Bestenfalls war die besondere Qualifikationsvoraussetzung sogar Gegenstand der Akkreditierung.

Im Rahmen der Erforderlichkeit ist auch zu prüfen, ob andere Instrumentarien als weniger einschneidende Maßnahmen zur Zweckerreichung ausreichen. So ist es alternativ möglich im Rahmen der Auswahlentscheidung die Einzelnote zu gewichten. Fehlt es an der Erforderlichkeit, verstößt die Zulassungsbeschränkung gegen höherrangiges Recht.[163] Die Qualifikationsanforderung muss außerdem **geeignet** sein. In Bezug auf die Aussagekraft von einschlägigen Einzelnoten kommt der Wissenschaftsrat in seinen Empfehlungen zur Reform des Hochschulzugangs vom 30.1.2004 beispielsweise zu dem Ergebnis, dass die

---

160 So auch *Hailbronner*, Notenabhängige Zulassungsbeschränkungen im Übergang von der Bachelor- zur Masterphase in Lehramtsstudiengängen, WissR 41 (2008), S. 106 ff. (114 f.).
161 Vgl. Art. 44 Abs. 4 S. 1 BayHG.
162 VG Augsburg, Beschluss vom 21.10.2008 – Au 3 E 08.1186, juris, Rn. 22; VGH München, Beschluss vom 22.12.2009 – 7 CE 09.2466, BeckRS 2010, 01676.
163 So beispielsweise VG Bremen, Beschluss vom 29.9.2009 – 6 V 1163/09, NordÖR 2009, S. 457 ff., in dem Fall wurde durch die Hochschulsatzung festgelegt, dass Voraussetzung für die Immatrikulation in das Bachelor-Studienfach Germanistik eine Schulabschlussnote von 10 Punkten im Grund- und Leistungskurs im Fach Deutsch sei. Nach den Feststellungen des VG Bremen ist die Regelung mit höherrangigem Recht nicht vereinbar.

Aussagekraft für den Studienerfolg stets niedriger sei als die Durchschnittsnote im Abitur.[164] Soweit die Hochschule daher die Qualifikation von einer bestimmten Einzelnote abhängig macht, ist dies zu beachten.

Letztendlich müssen die zusätzlichen Anforderungen auch im Verhältnis zu dem verfolgten Zweck stehen (**Verhältnismäßigkeit im engeren Sinne**). Hiervon ist in der Regel auszugehen, wenn sie durch besonders wichtige Gemeinschaftsgüter gerechtfertigt sind.

c) Zugangshindernisse

87 Die weiteren Einschränkungen sind als **Zugangshindernisse** zusammenzufassen, die in der Person des Studienbewerbers liegen.

Zulässig ist es, den Zugang zu dem konkreten Studiengang davon abhängig zu machen, dass der Studienbewerber nicht an einer anderen Hochschule bereits endgültig erfolglos versucht hat, die seinen Studiengang beendende Prüfung abzulegen.[165] Darüber hinaus ist Hinderungsgrund für die Zulassung zum Studium auch, dass der Bewerber bereits Student ist (**Doppelstudium**) oder ein Studium erfolgreich absolviert hat.[166] Es besteht nur der Anspruch auf ein Studium.

88 Zulassungshindernis kann ausnahmsweise auch das **Lebensalter sein.** Das OVG Münster hat festgestellt, dass es in Numerus-clausus-Studiengängen zulässig ist, den Zugang zum Studium ab einem Lebensalter von 55 Jahren zu versagen.[167]

Zur Begründung führt das OVG Münster aus: „*Die staatliche Gemeinschaft hat ein überragendes Interesse daran, die knappen und kostenintensiven hochschulischen Ausbildungsplätze jedenfalls in Studiengängen mit einer das Ausbildungsangebot überschießenden Nachfrage solchen hochschulreifen Bewerbern bereitzustellen, die am Anfang ihres Berufslebens stehen und sich durch ihr Studium eine berufliche Existenzgrundlage begründen wollen und die den angestrebten Beruf voraussichtlich auch werden ausüben können.*"

Demgegenüber darf die Zulassung eines Studienbewerbers nicht davon abhängig gemacht werden, in welchem Land der Bundesrepublik er seinen Wohnsitz oder seine Zugangsberechtigung erworben hat (§ 35 HRG). Zulässig ist es

---

164 http://www.wissenschaftsrat.de/download/archiv/5920-04.pdf.
165 *Reich*, Hochschulrahmengesetz, Kommentar, 11. Auflage, 2012, § 27 Rn. 4 mit Rechtsprechungsnachweisen.
166 *Reich*, Hochschulrahmengesetz, Kommentar, 11. Auflage 2012, § 27 Rn. 3.
167 OVG Münster, Beschluss vom 11.1.2001 – 13 B 1691/00, NVwZ-RR 2001, S. 449 ff.

dagegen, dass aus sozialen Gründen auf die Nähe des Wohnsitzes zur Hochschule abgestellt wird.[168]

Verfassungsrechtlich bedenklich ist es, wenn Studienbewerbern die Immatrikulation versagt wird, weil sie infolge Richterspruchs nach § 45 StGB die **Fähigkeit zur Bekleidung öffentlicher Ämter nicht besitzen**.[169] Die Landesgesetzgeber regeln damit weitere strafrechtliche Nebenfolgen. Es stellt sich die Frage, ob eine dahingehende Beschränkung zum Schutz besonders wichtiger Gemeinschaftsgüter tatsächlich erforderlich ist. 89

Demgegenüber kann der Landesgesetzgeber den Zugang durch eine entsprechende gesetzliche Regelung versagen, wenn der Bewerber wegen einer vorsätzlich begangenen Straftat verurteilt worden ist und aufgrund der begangenen Straftat zukünftig eine Störung des Studienbetriebs mit hinreichender Wahrscheinlichkeit zu befürchten ist.[170]

Nach einigen Landesgesetzen kann die Immatrikulation zudem versagt werden, wenn der Bewerber aufgrund einer **Krankheit** die Gesundheit anderer Hochschulmitglieder gefährden oder den ordnungsgemäßen Studienbetrieb erheblich beeinträchtigen würde.[171] Die Immatrikulation kann auch von der Zahlung der zu entrichtenden Gebühren und Beiträge abhängig gemacht werden.[172] Die Erhebung allgemeiner **Studienbeiträge** stellt keine unzulässige subjektive Zulassungsbeschränkung dar.[173] Mit der Erhebung von Studienbeiträgen in einer Größenordnung von 500 Euro wird der Zugang zum Studium nicht von gesellschaftlichen oder wirtschaftlichen Gegebenheiten abhängig gemacht.[174] Die Bildungschancengleichheit wird gewahrt. Das BVerwG hat in seiner Entscheidung vom 29.4.2009[175] jedoch klargestellt, dass Voraussetzung ein für jedermann tragbares oder aber ein um ein finanzielles Ausbildungsför- 90

---

168 *Thieme*, Deutsches Hochschulrecht, 3. Auflage, 2004, Rn. 815.
169 So beispielsweise Art. 46 Nr. 2 BayHG; kritisch *Reich*, Hochschulrahmengesetz, Kommentar, 11. Auflage 2012, § 27 Rn. 3.
170 Vgl. hierzu BayVGH, Urteil vom 17.2.1978 – 87 III 77, BayVBl 1978, S. 435 ff.
171 § 50 Abs. 2a NWHG.
172 BVerwG, Urteil vom 4.7.1969 – VII C 29.67, BVerwGE 32, S. 308 ff.; BVerwG, Urteil vom 13.12.1979 – 7 C 65/78, BVerwGE 59, S. 242 ff.; OVG Münster, Urteil vom 8.9.1966 – V A 243/65, DVBl 1967, S. 160 ff.; die Nichtzahlung von Gebühren im Rahmen des Rückmeldeverfahrens kann zu Exmatrikulation führen, OVG Lüneburg, Beschluss vom 11.5.2005 – 2 LB 6/03, NVwZ-RR 2006, S. 37 ff. (38/9).
173 Zur Verfassungsmäßigkeit von Studiengebühren siehe B.IV.3.
174 BayVGH, Urteil vom 28.5.2009 – Vf. 4-VII-07, NVwZ 2009, S. 1036 (1036); BVerwG, Urteil vom 29.4.2009 – 6 C 16.08, NWVBl. 2009, S. 428 ff.
175 NWVBl. 2009, S. 428 ff.

derungssystem zu ergänzendes Ausbildungsangebot ist, das allen dazu Befähigten ein Studium ermöglicht und eine Sonderung der Studierenden nach den Besitzverhältnissen der Eltern verhindert. Zweifel an der Verfassungsmäßigkeit bestehen dagegen, wenn Studiengebühren nur von Ortsfremden zu zahlen sind.[176]

2. Hochschulzulassungsrecht

91 Das Hochschulzulassungsrecht, das die Verteilung der Studienplätze im Rahmen der vorhandenen Kapazität regelt, ist grundrechtsdogmatisch (Art. 12 GG) als objektive (absolute) Zulassungsbeschränkung einzustufen. Hierzu gehört insbesondere der auf Erschöpfung der Ausbildungskapazität beruhende Numerus clausus.[177]

Bei objektiven Zulassungsbeschränkungen müssen überragend wichtige Gemeinschaftsgüter vorliegen. Zu den überragend wichtigen Gemeinschaftsgütern gehört u.a. die Funktionsfähigkeit der Universitäten in Wahrnehmung ihrer Aufgabe in Forschung, Lehre und Studium.[178]

a) Kapazitätsermittlung

92 Die Berechtigung zu einem Studium entspricht einer Verpflichtung des Staates, für die Verwirklichung des Anspruchs durch Bereitstellung der nötigen Studienplätze Sorge zu tragen.

Die Art und Weise der Kapazitätsermittlung gehört daher zum Kern des Zulassungswesens.

Das BVerfG hat in der grundlegenden Entscheidung vom 18.7.1972[179] festgelegt, dass objektivierte und nachprüfbare Kriterien für die Kapazitätsermittlung in normativer Form zu entwickeln sind, um allen Hochschulbewerbern gleiche Zugangschancen zu gewährleisten.

Dementsprechend entwickeln die Hochschulen im Zusammenwirken mit den zuständigen staatlichen Stellen einheitliche Grundsätze für die Ermittlung

---

176 OVG Hamburg, Beschluss vom 27.10.2005 – 3 Bs 61/05, NordÖR 2006, 106 f.
177 BVerfG, Beschluss vom 18.7.1972 – 1 BvL 25/71, BVerfGE 33, 303, 330 = NJW 1972, S. 1561 ff. (1566).
178 BVerfG, Beschluss vom 22.10.1991 – 1 BvR 393, 610/85, NVwZ 1992, S. 361 (361).
179 BVerfG, Beschluss vom 18.7.1972 – 1 BvL 25/71, BVerfGE 33, 303, 330 = NJW 1972, S. 1561 ff.

und Festsetzung der Ausbildungskapazitäten (§ 29 Abs. 1 HRG). Die Art des Zusammenwirkens ist durch das Landesrecht geregelt. Das Zusammenwirken kann durch ein gegenseitiges Anhörungsrecht, eine einvernehmliche Regelung, aber auch die Einsetzung gemeinsamer Gremien ausgestaltet sein.[180]

aa) Gegenwärtiges Modell zur Ermittlung der Kapazität

In Deutschland hat sich über mehrere Jahrzehnte hinweg ein komplexes System zur Ermittlung der Kapazität herausgebildet. Nach den rahmenrechtlichen Vorgaben sind bei der Kapazitätsermittlung zwingend zu berücksichtigen:
- die Regelstudienzeit (§ 29 Abs. 1 S. 2 HRG) und
- die personellen, räumlichen, sachlichen und fachspezifischen Gegebenheiten, um eine geordnete Wahrnehmung der Aufgaben der Hochschule in Forschung, Lehre und Studium sowie in der Krankenhausversorgung zu gewährleisten (§ 29 Abs. 2 S. 1 HRG).

Unter Zugrundelegung dieser Vorgaben haben die Länder das Kapazitätsrecht in den jeweiligen Kapazitätsverordnung (KapVO) normiert. Diese wiederum sind Grundlage für die Zulassungsverordnungen, in denen pro Jahr bzw. Semester für den jeweiligen Studiengang einer Hochschule die maximale Anzahl von Studienplätzen festgelegt wird.

Das OVG Lüneburg hat mit Beschluss vom 14.11.2005[181] ausgesprochen, dass auch Hochschulen in Trägerschaft einer Stiftung des öffentlichen Rechts an das bundeseinheitlich geltende Kapazitätsrecht gebunden sind. Daran ändert auch der Umstand, dass die Stiftungsuniversität von Gesetzes wegen befugt ist, in eigener Verantwortung einen Wirtschaftsplan aufzustellen und damit auch eigenständige Stellen zu bewirtschaften, nichts. Denn auch bei einer Universität in der Trägerschaft einer rechtsfähigen Stiftung des öffentlichen Rechts handelt es sich weiterhin um eine staatliche Hochschule. Die jährliche Aufnahmekapazität wird bisher durch eine Gegenüberstellung des zur Verfügung stehenden Lehrangebots und des für die Ausbildung eines Studierenden nötigen Betreuungsaufwands (**Curricularnormwert**), korrigiert durch kapazitätserhöhende bzw. kapazitätsmindernde Faktoren, errechnet. Bei Professoren wird von einer Lehrverpflichtung von 8 LVS, bei den Juniorprofessoren dagegen von einer Lehrverpflichtung von 6 LVS ausgegangen.[182]

---

180 *Reich*, Hochschulrahmengesetz, Kommentar, 11. Auflage, 2012, § 29 Rn. 1.
181 2 NB 1304/04, NVwZ-RR 2006, S. 256 ff.
182 OVG Lüneburg, Beschluss vom 30.11.2004 – 2 NB 430/03, NVwZ-RR 2005, S. 409 ff. (410).

95 Der Staat ist grundsätzlich auch zum **Abbau von Studienplätzen** berechtigt.[183] Die Verminderung von Studienplätzen muss sich jedoch an Art. 12 GG messen lassen.[184] Art. 12 GG fungiert insoweit als Abwehrrecht. Die staatlichen Organe haben darauf zu achten, dass Kapazitätseinbußen bei Änderungen der Haushalts- und Stellenlage nach Möglichkeit vermieden werden. [185] Die für den Haushalt verantwortlichen Stellen müssen im Konfliktfall darlegen, dass die Zulassungsbeschränkungen nur zum Schutz eines überragend wichtigen Gemeinschaftsguts und in den Grenzen des unbedingt Erforderlichen angeordnet werden.[186]

Das unbedingte Erfordernis der Konsolidierung des Staatshaushalts kann – wenn auch nicht allein – als Argument für den Kapazitätsabbau herangezogen werden.[187] Im Rahmen der vorzunehmenden Gesamtabwägung gilt es jedoch zu prüfen, ob der Abbau von Studienplätzen unter Berücksichtigung aller Umstände tatsächlich gerechtfertigt ist. In die Abwägung ist auch einzustellen, wie viel entsprechende Studienplätze von den anderen Ländern zur Verfügung gestellt werden.[188] Bei Studiengängen mit einem besonders hohen Bewerberüberhang ist äußerst zurückhaltend mit dem Abbau von Studienplätzen umzugehen. Eine besondere Begründungslast besteht, wenn in einem Studiengang mit so genanntem „hartem" Numerus clausus überdurchschnittlich hohe Einsparungen vorgenommen werden.[189]

bb) Reformansätze

96 Das gegenwärtige System der Kapazitätsermittlung ist vor dem Hintergrund der zunehmenden Ausdifferenzierung des verfügbaren Studienangebots und dem

---

183 OVG Berlin, Beschluss vom 13.3.1996 – 7 NC 147/95, NVwZ 1996, S. 1239 ff. (1242); Nds. OVG, Urteil vom 15.6.1999 – 10 K 661/97, NVwZ-RR 2000, S. 504 ff.; hierzu ausführlich *Brehm/Zimmerling*, Abbau von Hochschulkapazitäten unter Berücksichtigung von Art. 12 Abs. 1 GG, WissR 33 (2000), S. 22 ff. (40 f.).
184 OVG Hamburg, Beschluss vom 26.3.1999 – 3 Nc 34/98, NVwZ-RR 2000, S. 219 f. (220); OVG Berlin, Beschluss vom 13.3.1996 – 7 NC 147/95, NVwZ 1996, S. 1239 ff. (1242).
185 BVerwG, Buchholz 421.21 Nr. 34 S. 32.
186 BVerfG, Beschluss vom 18.7.1972 – 1 BvL 25/71, BVerfGE 33, 303, 330 = NJW 1972, S. 1561 ff. (1566); *Brehm/Zimmerling*, Abbau von Hochschulkapazitäten unter Berücksichtigung von Art. 12 Abs. 1 GG, WissR 33 (2000), S. 22 ff. (40 ff.).
187 BVerfG, Beschluss vom 22.7.1999 – 1 BvR 709/97, NVwZ-RR 2000, S. 22 f.; OVG Berlin, Beschluss vom 13.3.1996 – 7 NC 147/95, NVwZ 1996, S. 1239 ff. (1243).
188 OVG Hamburg, Beschluss vom 26.3.1999 – 3 Nc 34/98, NVwZ-RR 2000. S. 219 ff. (222).
189 OVG Hamburg, Beschluss vom 26.3.1999 – 3 Nc 34/98, NVwZ-RR 2000. S. 219 ff. (222).

Wettbewerb unter den Hochschulen reformbedürftig.[190] Nach Einschätzung des Wissenschaftsrats werden Profilbildung und Wettbewerb unter den Hochschulen dadurch erschwert, dass Aufnahmekapazitäten ex ante auf der Grundlage fachspezifisch standardisierter und für alle Hochschulen gleicher Kriterien festgelegt werden (Curricularnormwert und Personalbestand).[191] Dies berücksichtigt die zunehmende horizontale und vertikale Ausdifferenzierung des Hochschulsystems nicht hinreichend und wird der Möglichkeit unterschiedlicher Aufgabenprofile von Hochschulen in Forschung und Lehre nicht gerecht. Den Hochschulen ist es aufgrund des Kapazitätserschöpfungsgebots nicht möglich, die Betreuungsrelation zu verbessern und Qualitätsaspekte zu berücksichtigen.[192]

Es gilt daher, unter Beachtung der verfassungsrechtlichen Vorgaben eine flexiblere Alternative zu finden. In diesem Zusammenhang ist zu prüfen, inwieweit die vom BVerfG entwickelten Maßstäbe vor dem Hintergrund der zahlreichen Reformen noch aufrechterhalten werden können. Sie basierten auf einem Hochschulsystem mit einheitlichen Ausbildungskonzeptionen und einer prinzipiell gleichen Zugangsberechtigung aller hochschulreifen Studienbewerber.[193]

Die Bestimmungen der Kapazitätsverordnung (KapVO) sollen langfristig durch ein System ersetzt werden, das die Aufgaben- und Leistungsprofile der Hochschulen berücksichtigt.

Der Weg für Reformen ist bereits geebnet. Die KMK hat mit Zustimmung der Ministerkonferenz vom 30.3.2006 Art. 7 Abs. 6 des Staatsvertrages über die Vergabe von Studienplätzen gestrichen.[194] In Art. 7 Abs. 6 des Staatsvertrages war geregelt, dass die Vorschriften im Staatsvertrag zur Ermittlung der Studienplatzkapazitäten in den ZVS-Studiengängen für die Studiengänge entsprechend gelten, die nicht in das zentrale Verfahren einbezogen sind. Mithin sind die Länder

---

190 Mitteilung der KMK, http://www.kmk.org/fileadmin/veroeffentlichungen_beschluesse/2005/2005_11_17-Weiterentwicklung-Kapazitaetsrecht.pdf.
191 Wissenschaftsrat, Empfehlungen zur Qualitätsverbesserung von Lehre und Studium, 4.7.2008, http://www.exzellente-lehre.de/pdf/empfehlungen_zur_qualitaetsverbesserung_von_lehre_und_studium_2008.pdf.
192 Wissenschaftsrat, Empfehlungen zur Qualitätsverbesserung von Lehre und Studium, 4.7.2008, http://www.exzellente-lehre.de/pdf/empfehlungen_zur_qualitaetsverbesserung_von_lehre_und_studium_2008.pdf; mit Hinweis auf die neuen hochschulpolitischen Entwicklungen, OVG Berlin, Beschluss vom 7.7.2004 – 5 NC 8.04, juris.
193 *Steinberg/Müller*, Art. 12 GG, Numerus Clausus und die neue Hochschule, NVwZ 2006, S. 1113 ff. (1117), nach Auffassung der Autoren ist der Kapazitätserschöpfungsanspruch im Sinne der hergebrachten kapazitätsrechtlichen Dogmatik obsolet.
194 http://www.kmk.org/wissenschaft-hochschule/studentische-angelegenheiten/hochschulzulassung-und-kapazitaetsermittlung.html.

in den Nicht-ZVS-Studiengängen nunmehr frei, wie sie die Regelungen zur Kapazitätsermittlung ausgestalten. Die Länder können zwischen folgenden Möglichkeiten wählen:
- Verbleiben beim bisherigen System der Kapazitätsermittlung auf der Grundlage von Curricularnormwerten,
- Flexibilisierung durch die Einführung von Bandbreiten bei den Curricularnormwerten,
- Festsetzung von Ausbildungskapazitäten über das „Vereinbarungs- und Vorgabemodell".

99 Mit der Einführung des **„Vereinbarungsmodells"** wäre eine grundlegende Reform verbunden. Nach diesem Modell werden die Kapazitäten der einzelnen Hochschule pro Fakultät bzw. Fachbereich in einer Kapazitätsvereinbarung zwischen dem Land (Wissenschaftsverwaltung) und Hochschule (z.B. in Form von Zielvereinbarungen) bzw. einer ministeriellen Kapazitätsvorgabe und damit im Haushaltsgesetz festgelegt.[195] Das Landshochschulgesetz müsste eine Ermächtigung zum Abschluss einer entsprechenden Vereinbarung enthalten.

Im Rahmen der Vereinbarungen ist die Anzahl der Studierenden und hieran anknüpfend die Höhe der zu gewährenden Mittel festzulegen. Die festgelegten Studienplatzzahlen in den jeweiligen Lehreinheiten werden als Anlage zum jeweiligen Haushaltsgesetz parlamentarisch bestätigt.[196] Hierdurch wird die verwaltungsgerichtliche Kontrolle beschränkt.

100 Als Alternative zu dem bisherigen CNW-Modell kommt außerdem das **Bandbreitenmodell** in Betracht. Anstatt der bisherigen festen Curricularwerte werden für die Bachelor- und Masterstudiengänge Bandbreiten für die Curricularwerte festgelegt. Innerhalb der Bandbreite kann die Ausbildungskapazität des einzelnen Studiengangs festgelegt werden.[197] In Hamburg wurde beispielsweise zum 1.1.2010 die Lehrverpflichtungsordnung geändert und eine Bandbreitenregelung mit einem Übergangszeitraum bis zum 1.10.2012 eingeführt.[198]

---

195 Beschluss der HRK, http://www.hrk.de/de/beschluesse/109_3436.php.
196 Beschluss der HRK, http://www.hrk.de/de/beschluesse/109_3436.php; zur Ausgestaltung der Kapazitätsermittlung und -festsetzung durch die Länder vgl. Bericht des Ausschusses für Hochschule, Forschung und Weiterbildung an die KMK, http://www.kmk.org/fileadmin/ver oeffentlichungen_beschluesse/2005/2005_11_17-Weiterentwicklung-Kapazitaetsrecht.pdf.
197 Zur Ausgestaltung der Kapazitätsermittlung und -festsetzung durch die Länder vgl. Bericht des Ausschusses für Hochschule, Forschung und Weiterbildung an die KMK, http://www. kmk.org/fileadmin/veroeffentlichungen_beschluesse/2005/2005_11_17-Weiterentwicklung-Ka pazitaetsrecht.pdf.
198 NordÖR 2010, S. 59.

Soweit alternativ zum bisherigen System angedacht war, die Ausbildungs- 101
kapazität nach dem **Kostennormmodell** zu errechnen, wäre hiermit keine
grundlegende Reform verbunden gewesen.

Nach dem Kostennormmodell errechnet sich die jährliche Aufnahmekapazität in der Weise, dass ein ausgewiesenes Budget für Lehre und den Grundbedarf der Forschung mit dem sog. Kostennormwert konfrontiert wird, der die Kosten für die ordnungsgemäße Ausbildung eines Studierenden in dem jeweiligen Studiengang festlegt.[199] Das Kostennormmodell steht jedoch gleichermaßen wie das Curricularnormwert-System einer Profilbildung der Hochschulen durch differenzierte Ausbildungsangebote im Wege.[200]

b) Auswahlverfahren
aa) Stiftung für Hochschulzulassung

In den Studiengängen, für die für mehrere Hochschulen Zulassungszahlen fest- 102
gesetzt sind, können die Studienplätze von der von den Ländern durch Staatsvertrag errichteten **Stiftung für Hochschulzulassung** vergeben werden. Die Stiftung für Hochschulzulassung ist im Frühjahr 2010 an die Stelle der Zentralstelle für die Vergabe von Studienplätzen getreten. Sie beruht auf dem Staatsvertrag der Länder über die Errichtung einer gemeinsamen Einrichtung für Hochschulzulassung vom 5.6.2008.

Im Moment gibt es vier Studiengänge, für die die Studienplätze zentral vergeben werden: Medizin, Pharmazie, Tiermedizin und Zahnmedizin. Übersteigt die Bewerberzahl die errechnete Gesamtzahl der Studienplätze des ersten Fachsemesters, findet ein **Auswahlverfahren** nach Maßgabe von § 32 HRG statt.

Die KMK hat am 6. März 2003 Eckpunkte zur Neuordnung der Hochschulzulassung für diejenigen Studiengänge beschlossen, für die bundesweite Zulassungsbeschränkungen gelten.[201] Ziel der Neuordnung war es, einerseits das Auswahlrecht der Hochschulen zu stärken und andererseits den bestqualifizier-

---

[199] Ehemals Art. 7 Abs. 4 des Staatsvertrages über die Vergabe von Studienplätzen, die Regelung ist in dem am 22.6.2006 von den Ministerpräsidenten unterzeichneten Staatsvertrag wieder entfallen. Die erforderliche Mehrheit von Länder-Stimmen im Verwaltungsausschuss der ZVS und in der KMK kam nicht zustande.
[200] *Steinberg/Müller*, Art. 12 GG, Numerus Clausus und die neue Hochschule, NVwZ 2006, S. 1113 ff. (1116).
[201] http://www.kmk.org/presse-und-aktuelles/pm2003/neuordnung-der-hochschulzulas sung-ausw ahlrecht-bewerber-sollen-hochschulen-waehlen-koennen.html.

ten Bewerberinnen und Bewerbern die Möglichkeit einzuräumen, sich ihre Hochschule auszuwählen.[202]

Durch das 7. HRG-Änderungsgesetz[203] vom 28.8.2004 wurde das Auswahlrecht der Hochschulen schließlich wesentlich ausgedehnt. Nunmehr werden 20% der Studienplätze an die auf Bundesebene **Abiturbesten** vergeben. Weitere 20% werden nach **Wartezeit** und die restlichen 60% durch die Hochschulen nach dem Ergebnis eines **Auswahlverfahrens der Hochschule** vergeben (§ 32 Abs. 3 HRG; Art. 10 Abs. 1 Nr. 3 des Staatsvertrages über die Errichtung einer gemeinsamen Einrichtung für Hochschulzulassung). Das neue Verfahren wird seit dem Wintersemester 2005/06 angewandt.

bb) Durchschnittsnote

103 Trotz der fehlenden Vergleichbarkeit der in den verschiedenen Bundesländern erworbenen Hochschulzugangsberechtigung wird die **Abiturdurchschnittsnote** auch von der Rechtsprechung weiterhin als geeignetes Auswahlkriterium angesehen.[204]

Auch der Wissenschaftsrat hat in den Empfehlungen vom 30.1.2004 ausdrücklich festgehalten, dass die Abiturdurchschnittsnote für eine optimale Bewerberauswahl unverzichtbar ist, zumal sie bei nahezu allen Bewerbern um einen Studienplatz vorliegt.[205] Die Durchschnittsnote der Hochschulzugangsberechtigung stellt einen geeigneten Indikator für die Aussagefähigkeit des Studien- und Berufserfolges dar. Er hat sich jedoch dafür ausgesprochen, durch landesweite Zentralabiture oder andere Verfahren zur Sicherung angemessener einheitlicher anerkannter Anforderungen und durch länderübergreifende Bildungsstandards die Vergleichbarkeit von Schulabschlüssen wesentlich zu verbessern.

104 Soweit die Qualifikationsnachweise der einzelnen Länder nicht vergleichbar sind, können die Studienplätze gem. § 32 Abs. 3 Nr. 1 S. 4 HRG nach **Landesquoten** vergeben werden. Wie die Landesquoten zu bilden sind, ergibt sich

---

202 http://www.kmk.org/presse-und-aktuelles/pm2003/neuordnung-der-hochschulzulassung-auswahlrecht-bewerber-sollen-hochschulen-waehlen-koennen.html.
203 BGBl. 2004 I, Nr. 47.
204 Neben der Durchschnittsnote ist es nicht zwingend erforderlich ein weiteres Auswahlkriterium festzulegen, so VGH München, Beschluss vom 30.6.2006 – 7 CE 06.10175, NVwZ-RR 2006, S. 695ff.
205 Empfehlungen zur Reform des Hochschulzugangs, S. 5, Januar 2004, http://www.wissenschaftsrat.de/texte/5920-04.pdf.

im Einzelnen aus § 32 Abs. 3 Nr. 1 S. 4 HRG. Die Regelung steht im Einklang mit der Verfassung.[206]

Der Wissenschaftsrat gibt trotz dieser im Grundsatz positiven Einschätzung außerdem zu bedenken, dass die Durchschnittsnote zur Abstimmung mit studienfachspezifischen Anforderungen nur begrenzt geeignet ist. Insbesondere fehlt es überwiegend an einer aussagekräftigen Information über die studienfachbezogenen persönlichen Stärken und Schwächen.

cc) Hochschulzulassung

Die Hochschulen vergeben nunmehr 60 Prozent ihrer Studienplätze eigenständig. Anders als bei der Vergabe nach der Abiturnote und der Wartezeit werden die Studienplätze nicht von der ZVS bzw. nunmehr der Stiftung vergeben. Die Stiftung kann die Hochschulen bei der Vergabe jedoch unterstützen. Insbesondere bei der Zulassung von örtlich zulassungsbeschränkten Studiengängen können die Hochschulen sich zukünftig des Serviceangebots der **„Stiftung für Hochschulzulassung"** bedienen. Die bisherige Zentralstelle für die Vergabe von Studienplätzen (ZVS) mit Sitz in Dortmund ist hierzu in eine Stiftung des öffentlichen Rechts umgewandelt worden.

105

Die KMK hat am 14.6.2007 den Entwurf eines entsprechenden Staatsvertrages verabschiedet,[207] der am 6.3.2008 von den Ministerpräsidenten beschlossen und unterzeichnet wurde. Der Staatsvertrag und das Stiftungsgesetz müssen nun von den Ländern ratifiziert werden. Aufgabe der Stiftung ist es, Hochschulen und Bewerber bei der Studienplatzwahl und Zulassung zu unterstützen (Artikel 2, 5 des Staatsvertrages). Hierzu ist ein Bewerbungsportal eingerichtet worden, über das die Studienbewerber informiert und beraten werden. Die Bewerberdaten werden aufbereitet, Mehrfachzulassungen abgeglichen sowie nicht besetzte Studienplätze vermittelt.

Die KMK und die HRK haben am 3.3.2009 folgende Eckpunkte zum Verfahren der Hochschulzulassung beschlossen:
- *„Die KMK und HRK werden darauf hinwirken, dass das Verfahren flächendeckend genutzt wird.*
- *Die Hochschulen verständigen sich auf einheitliche Termine für die Zulassung ab dem Jahr 2009: 15. Juli Bewerbungsschluss und Mitte August werden die Zulassungsbescheide zugestellt.*

---

[206] BVerfG, Urteil vom 8.2.1977 – 1 BvF 1/76 u.a., NJW 1977, S. 569 ff. („Numerus-clausus-Urteil").
[207] http://www.kmk.org/wissenschaft-hochschule/studentische-angelegenheiten/hochschul zulassung-und-kapazitaetsermittlung.html.

– *Die Studienplätze, die dann noch frei sind, werden in den ersten Septembertagen über das Internet in einer „Börse" bekannt gegeben. Studierwillige, die noch keinen Studienplatz erhalten haben, können sich dann unmittelbar bei den jeweiligen Hochschulen um freie Plätze bewerben."*[208]

Die endgültige Regelung soll zum Wintersemester 2011/2012 in Kraft treten. Bis dahin gelten wesentliche Elemente des Systems bereits übergangsweise.

Die Einrichtung der Servicestelle war insbesondere aufgrund der zunehmenden Anzahl von Mehrfachbewerbungen für Studienplätze notwendig. Dies führte dazu, dass ein Teil der Studienplätze nicht oder nur mit erheblicher zeitlicher Verzögerung besetzt wurde.

106 Das Auswahlverfahren der Hochschulen ist in den Hochschulzulassungsgesetzen der Länder[209] und den Satzungen der Hochschulen normiert. Es orientiert sich maßgeblich an folgenden Kriterien:
– Grad der Qualifikation nach § 27 HRG (Durchschnittsnote des Schulabschlusses),
– gewichtete Einzelnoten des Schulabschlusses, die über die fachspezifische Eignung Auskunft geben,
– Ergebnis eines fachspezifischen Studierfähigkeitstests,
– Art einer Berufsausbildung oder Berufstätigkeit oder
– Ergebnis eines Auswahlgesprächs, das Aufschluss über die Motivation und die Identifikation mit dem gewählten Studium und dem angestrebten Beruf geben sowie zur Vermeidung von Fehlvorstellungen dienen soll,
– Motivationserhebung in schriftlicher Form
– oder eine Kombination dieser Kriterien.

Das Land kann darüber hinaus weitere Kriterien wie z.B. außerschulische Aktivitäten vorsehen und den Hochschulen nähere Vorgaben für das Auswahlverfahren machen, z.B. die obligatorische Anwendung von weiteren Kriterien neben der Abiturdurchschnittsnote vorsehen.

Die Kriterien für die Auswahl müssen jedoch so gewählt werden, dass alle Bewerber die **Chance** haben, einen Studienplatz zu erhalten und nicht von vornherein ausgeschlossen sind.[210]

107 Dennoch bleiben die Leistungen in der Schule maßgebliches Auswahlkriterium. Die **Schulabschlussnote** muss zwingend berücksichtigt werden (§ 32

---

208 http://www.bmbf.de/_media/press/pm_20090303-041.pdf.
209 §§ 5 ff. Niedersächsisches Hochschulzulassungsgesetz (NHZG); § 2a i.V.m. 6 Hochschulzulassungsgesetz Baden-Württemberg (BWHZG).
210 BVerfG, Beschluss vom 18.7.1972 – 1 BvL 25/71, BVerfGE 33, 303, 330 = NJW 1972, S. 1561 ff.

Abs. 3 Nr. 3a) HRG).[211] Die Auswahlentscheidung kann sogar allein auf den Grad der Durchschnittsnote der Hochschulzugangsberechtigung gestützt werden.[212] Dagegen sind die übrigen Kriterien fakultativ, es sei denn, dass landesrechtliche Regelungen sie als zwingend normieren.

Eine **Gewichtung von Einzelnoten** wird erzielt, indem Noten bzw. Punkte einzelner Fächer, ggf. auch in Bezug auf mehrere Schuljahre, multipliziert und anschließend durch die Anzahl der Fächer dividiert werden.[213] Gewichtete Einzelnoten haben nach bisherigen Erkenntnissen jedoch nur eine geringe Steigerung der Prognosequalität ergeben.

Der **fachspezifische Studierfähigkeitstest** soll Aufschluss darüber geben, ob der Studienbewerber für das gewählte Studium geeignet ist. Mit dem Test sollen Fähigkeiten und Kenntnisse abgefragt werden, die sich nicht schon mithilfe der Hochschulzugangsberechtigung feststellen lassen.[214]

Das **Auswahlgespräch** hat zum Ziel, Aufschluss über die Motivation und Identifikation mit dem gewählten Studium und dem angestrebten Beruf zu geben sowie der Vermeidung von Fehlvorstellungen zu dienen.[215] Welche Motivation und Eignung für das Studium erforderlich ist, lässt sich anhand der Prüfungs- und Berufsordnung näher konkretisieren.[216] Das Gespräch hat in der Regel eine Dauer von 30 Minuten.

Das Verfahren, der Gegenstand und die Bewertung des Auswahlverfahrens sollten in einer Richtlinie bzw. in der Satzung der Hochschule festgelegt sein. Dies dient sowohl dem Interesse der Bewerber als auch dem Ziel, einen möglichst hohen Aussagewert zu erzielen. Die Auswahlgespräche in der bisher überwiegend praktizierten unstrukturierten Form haben gezeigt, dass sie keinen verlässlichen

---

211 Vgl. hierzu auch BT-Drs. 15/3475, S. 7/9.
212 VGH Kassel, Beschluss vom 22.3.2006 – 8 MM 3780/05, NVwZ-RR 2006, S. 700 f. (701); VG Münster, Beschluss vom 20.1.2006 – 9 L 1050/05, juris; bestätigt OVG Münster, Beschluss vom 7.3.2006 – 13 B 174/06; BayVGH, Beschluss vom 20.3.2006 – 7 CE 06.10175, juris; kritisch VG München, Beschluss 19.12.2005, juris, Rn. 22ff., für das Auswahlverfahren an den Hochschulen sei keine Landesquote vorgesehen. Eine verfassungskonforme Ausgestaltung des Auswahlverfahrens gebiete, nicht allein auf die Durchschnittsnote abzustellen; *Selbmann/Kiebs*, Rechtsprobleme des neuen Auswahlverfahrens der Hochschule, DÖV 2006, S. 816 ff. (818), sie sind der Meinung, dass es *„zwingend erforderlich sei, mindestens zwei unterschiedliche Auswahlkriterien heranzuziehen"*.
213 *Reich*, Hochschulrahmengesetz, Kommentar, 10. Auflage, 2007, § 32 Rn. 26a.
214 *Reich*, Hochschulrahmengesetz, Kommentar, 10. Auflage, 2007, § 32 Rn. 26b.
215 *Reich*, Hochschulrahmengesetz, Kommentar, 10. Auflage, 2007, § 32, Rn. 27; zur Unzulässigkeit bestimmter Fragen vgl. *Rottmann/Breinersdorfer*: Das Auswahlgespräch im Hochschulzulassungsrecht – Erste Erfahrungen – Rechtliche und rechtspolitische Bewertung, NVwZ 1988, S. 879 ff. (881 ff.).
216 VGH München, Beschluss vom 11.12.1987 – 7 CE 87/01052, NVwZ 1988, S. 952 ff. (953).

Rückschluss auf den Studienerfolg zulassen. Die Aussagekraft der Auswahlgespräche kann durch eine bessere Strukturierung in jedem Fall gesteigert werden.

Der Inhalt und das Ergebnis des Auswahlgesprächs muss außerdem im Sinne einer nachträglichen Überprüfbarkeit nachvollziehbar dokumentiert (**Dokumentationspflicht**) werden.[217] Beruht die Auswahlentscheidung auf einem (verfahrens-)fehlerhaften Auswahlgespräch, hat der Bewerber einen Anspruch darauf, beim nächsten Auswahlgespräch erneut teilzunehmen.[218] Der Studienbewerber kann seinen Anspruch im Wege einer Klage gegen die Ablehnungsentscheidung und eines Antrags auf Erlass einer einstweiligen Anordnung durchsetzen.[219] Ob der Bewerber auch bei Erschöpfung der Kapazität einen Anspruch hat, vorläufig zum Studium zugelassen zu werden, ist streitig.[220]

109 Die Hochschulen können die Zahl der Teilnehmer am Auswahlverfahren vorab durch die Bildung einer **Binnenquote** beschränken (§ 32 Abs. 3 Nr. 3 S. 4 HRG).

Die Vorauswahl kann wahlweise unter Heranziehung folgender Kriterien erfolgen:
– Grad der Qualifikation nach § 27 HRG (Durchschnittsnote des Schulabschlusses),
– gewichtete Einzelnoten des Schulabschlusses, die über die fachspezifische Eignung Auskunft geben,
– Auskunft eines fachspezifischen Studierfähigkeitstests,
– Art einer Berufsausbildung oder Berufstätigkeit,
– Grad der Ortspräferenz
– oder eine Kombination dieser Kriterien.

dd) Vergabe von Studienplätzen außerhalb des zentralen Verfahrens

110 In einem nicht in das Verfahren der Zentralstelle bzw. Stiftung einbezogenen Studiengangs sollen Zulassungszahlen festgesetzt werden, wenn zu erwarten ist, dass die Zahl der Einschreibungen die Zahl der Studienplätze an den einzelnen Hochschulen in dem Studiengang erheblich übersteigen wird.

---

217 VG Mainz, Beschluss vom 3.5.2005 – 115/05.MZ, juris, Rn. 6 f., danach sind die von der Rechtsprechung entwickelten Grundsätze zur Begründung von Prüfungsentscheidungen entsprechend anwendbar.
218 VG Mainz, Beschluss vom 3.5.2005 – 115/05.MZ, juris, Rn. 4 mit Hinweis auf weitere Entscheidungen.
219 Vgl. hierzu *Selbmann/Kiebs*, Rechtsprobleme des neuen Auswahlverfahrens der Hochschule, DÖV 2006, S. 816 ff. (819).
220 Vgl. hierzu *Selbmann/Kiebs*, Rechtsprobleme des neuen Auswahlverfahrens der Hochschule, DÖV 2006, S. 816 ff. (819 f.), die im Ergebnis grundsätzlich einen Anspruch auf vorläufige Zulassung bejahen.

Die Art und Weise der Festsetzung der Zulassungszahlen und das anschließende Auswahlverfahren ist in den Hochschulzulassungsgesetzen der Länder, den Vergabeverordnungen und den Satzungen der Hochschule geregelt. In den Grundsätzen stimmt das gesamte Verfahren mit dem ZVS-Verfahren überein. Hinsichtlich der Vorgaben für die Festsetzung der Zulassungszahlen und den Kriterien für das Auswahlverfahren wird daher auf die Ausführungen zum ZVS-Verfahren bzw. Verfahren der Stiftung verwiesen.

IV. Die Rechtsverhältnisse der Studierenden

1. Rechtsstatus

Die Studierenden stehen in einem öffentlichen Rechtsverhältnis zur Hochschule.[221] Der Student erwirbt die Rechtsstellung als Student durch die Einschreibung (**Immatrikulation**).[222] Mit der Immatrikulation werden Studienbewerber Mitglied der Hochschule. Die Immatrikulation wird von dem Studenten unter Beibringung von allen erforderlichen Unterlagen beantragt. Die Immatrikulation ist ein rechtlich begünstigender Verwaltungsakt.[223] Sie bezieht sich ausschließlich auf einen bestimmten Studiengang. Soweit der Student den Studiengang wechselt, bedarf es daher einer erneuten Immatrikulation.

a) Rechte der Studierenden

Der Student besitzt das Recht, die in Zusammenhang mit dem Studiengang angebotenen Veranstaltungen (u.a. Vorlesungen) und die Einrichtungen (u.a. Bibliothek) zu nutzen (**Nutzungsrecht**).[224] Er hat aber nicht nur das Nutzungsrecht, er kann gegenüber der Hochschule auch beanspruchen, dass die Leistungen durch Lehre erbracht werden (**Leistungsanspruch**).[225] Das Recht ergibt sich aus Art. 12. Abs. 1 S. 1 GG. Die danach gewährleistete freie Wahl der Ausbildungsstätte bedeutet für den Studenten nicht nur, dass er im Rahmen des Möglichen einen Zugang zur Universität beanspruchen kann. Es gibt dem Studenten vielmehr auch das Recht, dass er durch Teilnahme an den Lehrveranstaltungen

---

221 *Lynen*, in: Hartmer/Detmer (Hrsg), HSchR-Praxishandbuch, 2. Auflage, 2011, S. 112.
222 Vgl. § 34 BremHG; § 13 BbgHG; § 60 BWHG.
223 *Thieme*, Deutsches Hochschulrecht, 3. Auflage, 2004, Rn. 802.
224 *Thieme*, Deutsches Hochschulrecht, 3. Auflage, 2004, Rn. 802.
225 *Reich*, Hochschulrahmengesetz, Kommentar, 11. Auflage, 2012, § 27 Rn. 1.

seine Wahl laufend bestätigen kann.[226] Mit dem Recht auf Beteiligung an den Lehrveranstaltungen ist das Recht verknüpft, geprüft zu werden.[227] Dies setzt das Erfüllen der erforderlichen Prüfungsvoraussetzungen voraus. Darüber hinaus stärken weitere Grundrechte wie die Meinungs- und Versammlungsfreiheit die Rechtsposition des Studenten innerhalb der Hochschule.[228]

113 Weitere Rechte ergeben sich für den Studenten aus dem Status als **Mitglied der Hochschule**. Der Mitgliedsstatus liegt in der Eigenschaft der Hochschule als Körperschaft des öffentlichen Rechts begründet. Der Student wird mit der Immatrikulation automatisch Mitglied der Hochschule, vgl. § 36 HRG. Die Mitgliedschaft endet mit der Exmatrikulation. Zu den Mitgliedschaftsrechten gehört neben der Wahl der Organe der Hochschule die Wahrnehmung der studentischen Selbstverwaltung. Die Studenten haben das Recht und die Pflicht, an der Selbstverwaltung der Hochschule mitzuwirken, vgl. § 37 HRG. In Zusammenhang mit der studentischen Selbstverwaltung besitzen sie das aktive und passive Wahlrecht in Bezug auf das Studentenparlament und den Fachschaftsrat.[229]

Neben dem Hochschulrecht werden auch durch das Sozialrecht Rechte des Studenten begründet. Er besitzt Kranken- und Unfallversicherungsschutz[230] und das Recht, Leistungen nach dem BAföG zu beantragen.

b) Pflichten

114 Die **Pflichten** des Studenten werden dagegen im Wesentlichen durch das Hausrecht und die Ordnungsgewalt, d.h. u.a. die Ordnungen über die Benutzung der Bibliotheken und Laboratorien der Hochschule, begründet.[231]

2. Studentische Selbstverwaltung

115 Die immatrikulierten Studenten einer Hochschule bilden die **Studentenschaft**.[232] Es handelt sich um einen Zwangsverband.[233]

---

226 OVG Hamburg, Beschluss vom 26.5.1977 – Bs III 20/77, NJW 1977, S. 1254 ff.
227 *Thieme*, Deutsches Hochschulrecht, 3. Auflage 2004, Rn. 860.
228 Hierzu ausführlich *Thieme*, Deutsches Hochschulrecht, 3. Auflage 2004, Rn. 841/845.
229 *Reich*, Hochschulrahmengesetz, Kommentar, 11. Auflage, 2012, § 37 Rn. 1.
230 § 2 Abs. 1 Nr. 8c) SGB VII (Unfallversicherung); § 5 Abs. 1 Nr. 9 SGB V (Krankenversicherung).
231 *Thieme*, Deutsches Hochschulrecht, 3. Auflage 2004, Rn. 802.
232 Z.B. § 45 BremHG; § 20 NHG; § 53 NWHG; § 15 BbgHG.
233 *Schmidt*, Studentenschaftsbeiträge für den Studentenausweis als Nahverkehrszeitkarte, NVwZ 1992, S. 40 ff. (41).

Die Studentenschaft ist eine rechtsfähige Teilkörperschaft der Hochschule. Sie wirkt an der Selbstverwaltung der Hochschule mit. Die Studentenschaft nimmt hochschulpolitische, soziale[234] und kulturelle Belange der Studierenden wahr, § 41 Abs. 1 HRG. Die Aufzählung hat nur beispielhaften Charakter und ist nicht abschließend.[235] Das Nähere hierzu regeln die Hochschulgesetze der Länder, soweit sie Studentenschaften mit Zwangsmitgliedschaft vorsehen.[236]

Vor dem Hintergrund der Zwangsmitgliedschaft ist das Aufgabengebiet der Studentenschaften jedoch einschränkend auszulegen. So ist es beispielsweise unzulässig, wenn die Studentenschaften ein allgemeinpolitisches Mandat für sich beanspruchen.[237] Die Studentenschaften haben sich neutral zu verhalten. Obwohl die Rechtsprechung eindeutig Bedenken an dem politischen Mandat geäußert hat, enthalten die Hochschulgesetze der Länder teilweise Regelungen, nach denen die Studentenschaften ein politisches Mandat wahrnehmen.[238]

Bei der Aufgabenwahrnehmung gilt es zudem zu beachten, dass die Aufgaben einen Hochschul- und Studienbezug haben müssen.[239] Es dürfen nur Belange der Mitglieder wahrgenommen werden.

Die **Organe** der Studentenschaft sind das Studentenparlament und der Allgemeine Studierendenausschuss.[240] Die Studierenden wählen zur Wahrnehmung ihrer Aufgaben ein **Studentenparlament**. Das Parlament bestimmt wiederum den Allgemeinen Studentenausschuss (**AStA**). Der AStA erledigt die laufenden Geschäfte der Studentenschaft. Soweit ein Studentenparlament nicht existiert, wird der AStA von den Studierenden direkt gewählt.

In den einzelnen Studiengängen bzw. Fachbereichen wird die Interessenvertretung der Studierenden von **Fachschaften** wahrgenommen, die wiederum **Fachschaftsräte** wählen.

---

234 Die den Studierendenschaften übertragende Aufgabe, sich um die sozialen Belange ihrer Mitglieder zu kümmern, umfasst auch, sich um eine verbilligte Nutzung des öffentlichen Nahverkehrs für diese zu kümmern, BVerwG, Urteil vom 12.5.1999 – 6 C 14/98, NVwZ 2000, S. 319 ff. (320).
235 BVerwG, Urteil vom 12.5.1999 – 6 C 14/98, NVwZ 2000, S. 319 ff. (320).
236 § 45 BremHG; § 20 NHG; § 53 NWHG; § 15 BbgHG; § 74 SächsHG.
237 NWVerfGH, Urteil vom 25.1.2000 – VerfGH 2/98, NVwZ-RR 2000, S. 594 ff. (596); OVG Münster, Beschluss vom 13.7.2000 – 8 B 482/99, NVwZ-RR 2001, S. 102 ff. (102).
238 Siehe § 20 Abs. 1 NHG.
239 Vgl. § 41 HRG und die entsprechenden landesrechtlichen Regelungen; zu den Aufgaben der Studentenschaften vgl. auch *Schmidt*, Studentenschaftsbeiträge für den Studentenausweis als Nahverkehrszeitkarte, NVwZ 1992, S. 40 ff. (41).
240 Die Organe der Studentenschaft und dessen Aufgaben sind in der Organisationssatzung der Studentenschaft geregelt.

Der tatsächliche Einfluss der Studenten auf die Willensbildung ist jedoch eher gering. Dies ist auf den geringen Zuständigkeitsbereich der Selbstverwaltungsorgane und die geringe Stimmgewalt, d.h. die tatsächlichen Einflussmöglichkeiten, aber auch auf die niedrige Wahlbeteiligung der Studenten zurückzuführen.[241] Die Wahlbeteiligung ließe sich unter Umständen durch eine Stärkung der Studentenschaften erhöhen.

3. Studiengebühren und -beiträge

117 Nach der allgemeinen Begriffsdefinition sind Gebühren Geldleistungen für eine konkrete Gegenleistung. Demgegenüber sind Beiträge eine Geldleistung, die den Aufwand für die Herstellung, Anschaffung und Erweiterung öffentlicher Einrichtungen und Anlagen ersetzen soll.[242]

Es gibt drei Arten von Abgaben:
- allgemeine Studiengebühren bzw. -beiträge
- Langzeitstudiengebühren bzw. Studienkonten
- Verwaltungs-, Einschreibungs- und Rückmeldegebühren

a) Allgemeine Studiengebühren

118 Die Erhebung allgemeiner Studiengebühren bzw. -beiträge ab dem ersten Semester ist in Deutschland relativ neu. Sie wurden sukzessive von der überwiegenden Zahl der Bundesländer im Landesrecht vorgesehen. Infolge veränderter politischer Mehrheitsverhältnisse, zumeist durch Änderungen der Regierungsmehrheit, wurden sie indes nach den jüngsten Landtagswahlen relativ rasch flächendeckend wieder abgeschafft. Die letzten Maßnahmen dieser Art betreffen Baden-Württemberg (Abschaffung zum Sommersemester 2012), Hamburg (zum Wintersemester 2012/2013), Bayern[243] (zum Wintersemester 2013/14) und schließlich Niedersachsen (mit Beginn des Wintersemesters 2014/15). Damit existiert **gegenwärtig in keinem Bundesland mehr eine Regelung über die Erhebung allgemeiner Studiengebühren bzw. -beiträge.** Die nachfolgenden allgemeinen Ausführungen zur Zulässigkeit und den Voraussetzungen der Erhebung von Studiengebühren werden in dieser Auflage des Kompendiums noch

---

241 *Thieme*, Deutsches Hochschulrecht, 3. Auflage 2004, Rn. 866.
242 Vgl. § 8 Abs. 2 KAG NW.
243 In Bayern wurde die Abschaffung maßgeblich durch das Volksbegehren „Nein zu Studiengebühren in Bayern" aus dem Januar 2013 beschleunigt.

zur besseren Illustration der Historie – auch unter Berücksichtigung der grundsätzlichen verfassungsrechtlichen Zulässigkeit solcher Abgaben – beibehalten. Dem Leser möge gleichwohl verdeutlicht sein, dass die Darstellung zwar nicht mehr mit der aktuellen Rechtslage übereinstimmt, Studiengebühren bzw. -beiträge jedoch landesrechtlich jederzeit wieder einführbar wären.

Bis zur Entscheidung des BVerfG vom 26.1.2005[244] war es den Ländern nach § 27 Abs. 4 HRG[245] untersagt, für das Erststudium und einen konsekutiven Studiengang, der zu einem weiteren berufsqualifizierenden Abschluss führt, eine Studiengebühr zu erheben. Das BVerfG hat die Regelung für nichtig erklärt, weil der Bund keine Gesetzgebungskompetenz zum Erlass eines entsprechenden Verbots besitzt.

Den Ländern steht es seither frei, allgemeine Studiengebühren bzw. -beiträge zu erheben.

Da das Beitragsaufkommen zur Verbesserung des Angebots und der Qualität in Studium und Lehre dient und nicht in Zusammenhang mit einer konkreten Gegenleistung steht, handelt es sich genau genommen um **Beiträge**. Bis zum Frühjahr 2007 hatten sieben Länder Gesetze zur Einführung von allgemeinen Studienbeiträgen verabschiedet.[246] Mit Urteil vom 29.4.2009 hat das BVerwG die Studienbeitragserhebung in Nordrhein-Westfalen als verfassungsgemäß bewertet.[247] Auch die Erhebung der Studienbeiträge in Bayern sowie Baden-Württemberg ist nach dem Urteil des BayVGH vom 28.5.2009 und VGH Baden-Württemberg vom 16.2.2009 mit der Verfassung vereinbar.[248] Das Recht des Einzelnen, zum Studium seiner Wahl zugelassen zu werden, beinhalte nicht, kostenfrei studieren zu können. Im Übrigen entspreche die konkrete Ausgestaltung den verfassungsrechtlichen Vorgaben, insbesondere dem Gleichbehandlungsgebot und dem Sozialstaatsprinzip. Die Vorschriften über die Studienge-

---

244 2 BvF 1/03, BVerfGE 112, S. 226 ff.
245 Eingeführt durch das Sechste Gesetz zur Änderung des Hochschulrahmengesetzes (6. HRGÄndG) vom 8.8.2002, BGBl. I, S. 3138.
246 Bayern, Baden-Württemberg, Hamburg, Hessen, Niedersachsen, Nordrhein-Westfalen, Saarland.
247 6 C 16/08, NVwZ 2009, S. 1562 ff.; mit Hinweis hierauf OVG Münster, Beschluss vom 7.10.2009 – 15 A 3141/07; BeckRS 2009 39670; außerdem Urteil vom 9.10.2007 – 15 A 1596/07, juris; zur Entscheidung des OVG Münster *Deppner/Heck*, Studiengebühren vor dem Hintergrund der Umsetzung völkerrechtlicher Verpflichtungen im Bundesstaat und der Vorgaben materiellen Verfassungsrechts, NVwZ 2008, S. 45 ff.; *Pieroth/Hartmann*, Studienbeitragsdarlehen am Maßstab höherrangigen Rechts, NWVBl. 2007, S. 81 ff.
248 BayVGH, Urteil vom 28.5.2009 – Vf. 4-VII-07, NVwZ 2009, S. 1036 ff.; VGH Baden-Württemberg, Urteil vom 16.2.2009 – 2 S 1855/07, juris.

bühr sind außerdem auch mit Art. 13 Abs. 2 lit. c des UN-Sozialpaktes über wirtschaftliche, soziale und kulturelle Rechte vereinbar.[249]

Bereits im Juni 2008 wurde in Hessen die Studienbeitragspflicht zum WS 2008/09 wieder abgeschafft. Hamburg hat ab dem WS 2008/09 ein neues Studienbeitragsmodell eingeführt und schließlich 2011 nach erfolgtem Regierungswechsel auf die Erhebung von Abgaben ab Wintersemester 2012/2013 ganz verzichtet. Die ursprüngliche Regelung sah vor, dass ausschließlich auswärtige Studierende, die keine Hauptwohnung in der Freien und Hansestadt Hamburg oder in der Metropolregion hatten, zur Zahlung von Studiengebühren verpflichtet sind, sogenannte Landeskinderklausel. Das OVG Hamburg hat mit Beschluss vom 27.10.2005 ernstliche Zweifel an der Regelung festgestellt.[250] In der Folge waren daher grundsätzlich alle Studenten zur Entrichtung von Studienbeiträgen verpflichtet.

119 Bei der Normierung gesetzlicher Vorgaben zur Erhebung von Studienbeiträgen haben die Länder – wie bereits angedeutet – die verfassungsrechtlichen Vorgaben zu beachten. Das BVerfG hat in der Entscheidung vom 26.1.2005[251] betont, dass bei der Regelung von Studienbeiträgen die Bildungschancen für alle gleichermaßen gewahrt werden müssen. D.h., dass insbesondere den Belangen einkommensschwacher Bevölkerungskreise angemessen Rechnung getragen wird.

Dementsprechend sind nach den Landesgesetzen von der Pflicht zur Entrichtung der Studienbeiträge in der Regel befreit gewesen:
– Studenten, die ein Kind bis zum 10. bzw. 14. Lebensjahr erziehen oder pflegen,
– behinderte bzw. schwerbehinderte Studenten,
– ausländische Studenten, die wegen einer Vereinbarung mit ihrer Heimathochschule oder ihrem Heimatland von Gebühren befreit sind,
– beurlaubte Studenten, die vor Vorlesungsbeginn beurlaubt wurden,
– Promotionsstudenten.

Darüber hinaus waren nach einigen Landesgesetzen Studenten von der Pflicht zur Entrichtung von Studiengebühren teilweise oder vollständig befreit, wenn sie überdurchschnittliche Leistungen vorweisen können. Die Universität kann –

---

249 *Horst*, Studienbeiträge und ihre rechtlichen „Fallstricke", Bericht über den 3. Deutschen Hochschulrechtstag, Vortrag von *von Coelln*, DÖV 2009, S. 29 ff. (30).
250 3 Bs 61/05, NordÖR 2006 S. 106 ff.; so auch VG Bremen, Beschluss vom 17.9.2007 – u.a. 6 K 1577/06, juris; zur Verfassungswidrigkeit von Landeskinderklauseln siehe auch *Badura*, in: Maunz/Dürig (Hrsg.), Grundgesetz, Art. 33 Rn. 16.
251 2 BvF 1/03, BVerfGE 112, S. 226 ff.

allgemein gesprochen – die Befreiung jedoch in solchen Fällen nicht allein auf einen mit über 130 Punkten abgeschlossenen IQ-Test oder die Zugehörigkeit zu einer anerkannten Begabtenförderung stützen.[252]

Um die Bildungschancengleichheit für alle zu gewährleisten, wurde außerdem in allen Ländern ein Darlehenssystem zur Finanzierung der Gebühren eingerichtet.

Im Einklang mit der Verfassung steht es darüber hinaus, wenn die Studienbeitragssatzung einer Hochschule für Studenten, die bereits vor der Einführung von Studienbeiträgen an der Hochschule immatrikuliert waren, niedrigere Beiträge vorsieht.[253] Die Länder sahen nach den ehedem bestehenden Regelungen bislang einen Studienbeitrag von höchstens 500 € pro Semester vor. Das BVerfG hat insoweit festgehalten, dass eine Studiengebühr in der Größenordnung von 500 € im Vergleich zu den Lebenshaltungskosten von nachrangiger Bedeutung sei.[254]

Die genaue Höhe sowie die Erhebung und Verwendung der Studienbeiträge regelt die Hochschule durch Satzung.[255] In Bezug auf die Höhe wird teilweise zwischen den einzelnen Studiengängen differenziert. Dies erscheint insofern gerecht, als der Betreuungsaufwand und die notwendige Ausstattung nicht in allen Studiengängen gleich hoch sind, sondern partiell sogar erheblich voneinander abweichen.

Die Verteilung der finanziellen Mittel innerhalb der Hochschule ist gesetzlich nicht geregelt. Die Gebühren stehen der Hochschule, die sie eingenommen hat, zur Verfügung. Sie haben die Mittel zweckentsprechend, d.h. zur Verbesserung der Studien- und Lehrbedingungen, zu verwenden. In einigen Landesgesetzen war eine Zweckbindung bzw. die konkrete Verwendung der Mittel ausdrücklich festgeschrieben.[256] Soweit dies nicht vorgesehen war, hatten die Beitragzahler keinen Anspruch auf eine bestimmte, ihnen nutzbringende Ver-

---

252 Das VG Freiburg hat eine entsprechende Regelung der Uni Freiburg für unzulässig erklärt, Urteil vom 14.11.2007 – 1 K 1146/07, BeckRS 2008, 31290.
253 Zur Rechtfertigung einer Ungleichbehandlung von Personengruppen hinsichtlich der Beitragshöhe, OVG Münster, Urteil vom 3.11.2009 – 15 A 2318/07, WissR 43 (2010), S. 195 ff. (200 ff.), das OVG Münster hält insoweit fest: *„Je länger der Student bereits studierte, desto stärker hat sich sein Vertrauen auf die Unentgeltlichkeit des Erststudiums verfestigt und desto schwerer würde ihn ein mit Rücksicht auf die Beitragshöhe herbeigeführter Abbruch des Studiums treffen."*.
254 Urteil vom 26.1.2005 – 2 BvF 1/03, BVerfGE 112, S. 226 ff.
255 Vgl. Art. 71 Abs. 6 BayHG.
256 § 11 Abs. 1 NHG; Art. 71 Abs. 1 S. 2 BayHG; § 2 NWStBAG.

wendung der Beiträge.[257] Die Einnahmen dienen dann vielmehr haushaltsrechtlich zur Deckung aller Ausgaben. Nach Auffassung des BVerwG verstößt es nicht gegen die Verfassung, wenn das Studienbeitragaufkommen neben dem Einsatz für die Verbesserung der Lehre und der Studienbedingungen für Ausgleichszahlungen der Hochschule an den Fonds zur Absicherung des Ausfalls von gewährten Studienbeitragsdarlehen verwendet wird.[258] Insoweit gilt es jedoch zu bedenken, dass die Akzeptanz der Studienbeiträge nur dann gefördert wird, wenn sie zu einer spürbaren Verbesserung der Studienbedingungen verwendet werden und die Verwendung transparent offen gelegt wird.[259]

In das Niedersächsische Hochschulgesetz (NHG) war dementsprechend eine Regelung aufgenommen worden, wonach die Studierenden bei der Entscheidung über die Verwendung der Einnahmen aus den Studienbeiträgen zu beteiligen sind.

b) Langzeitstudiengebühren

121 Zahlreiche Länder sehen die Erhebung von Langzeitstudiengebühren vor.[260] Die Gebühren werden ab einer bestimmten Semesteranzahl, in der Regel Regelstudienzeit zuzüglich 2 bis 4 Semester, erhoben. In Rheinland-Pfalz[261] haben Studierende ein Studienkonto mit einer bestimmten Semesterzahl zur Verfügung. Sobald diese verbraucht ist, werden Studiengebühren erhoben.

Bei den Langzeitstudiengebühren handelt sich um eine Benutzungsgebühr.[262] Die Gebühr wird für die tatsächliche Nutzung des Ausbildungsangebots der Hochschule erhoben.

Der Gesetzgeber verfolgt mit den Langzeitstudiengebühren das Ziel, die Studierenden zu einem zügigen Abschluss ihres Studiums anzuhalten und damit die Leistungsfähigkeit und Effizienz der Hochschulen zu verbessern. Das

---

257 BayVGH, Urteil vom 28.5.2009 – Vf. 4-VIII-07, juris, Rn. 111.
258 Vgl. § 2 Abs. 2 StBAG; hierzu BVerwG; Urteil vom 29.4.2009 – 6 C 16/08, juris, Rn. 17; *Kronthaler*, Gestaltungsmöglichkeiten und Grenzen bei der Einführung von Studienbeiträgen – Verfassungsrechtlicher Rahmen und einfach-rechtliche Spielräume –, WissR 2006, S. 276 ff. (295 ff.); kritisch hierzu *Bosse*, Zur Rechtmäßigkeit des nordrhein-westfälischen Studiengebührenmodells – Zugleich eine kritische Auseinandersetzung mit dem Kronthaler-Gutachten, NWVBl. 2007, S. 87 ff.
259 Dies wurde jüngst auch von den Hochschulgruppen im Bundesverband Deutscher Volks- und Betriebswirte e.V. (bdvb) gefordert, http://idw-online.de/pages/de/news371749.
260 Z.B. § 13 NHG.
261 § 70 RhPfHG.
262 BVerwG, Urteil vom 25.7.2001, Urteil vom 25.7.2001 – 6 C 8/00, juris, Rn. 27, 42.

BVerwG hat mit Urteil vom 25.7.2001 bestätigt, dass die Studiengebühr für Langzeitstudierende verfassungsgemäß ist.[263]

c) Verwaltungs-, Einschreibungs- bzw. Rückmeldegebühren

In einigen Ländern ist vor der Einschreibung bzw. Rückmeldung eine Gebühr in Höhe von ca. 50 € pro Semester zu entrichten. Die Gebühren werden als Gegenleistung für eine öffentlich-rechtliche Leistung, insbesondere die Bearbeitung der Einschreibung bzw. Rückmeldung, erhoben. Es handelt sich daher um eine herkömmliche Gebühr. Bei der Bemessung der Gebühr ist zu beachten, dass sie der Höhe nach sachlich gerechtfertigt sein muss. Die sachliche Rechtfertigung kann sich aus Zwecken der Kostendeckung, des Vorteilsausgleichs, der Verhaltenslenkung oder aus sozialen Zwecken ergeben. Aufgabe des Gesetzgebers ist es, die Gebühr auf Basis einer verlässlichen Ermittlung der Kosten der Verwaltungsleistung festzulegen.

Das BVerfG hat mit Urteil vom 19.3.2003 die baden-württembergische Rückmeldegebühr für nichtig erklärt, weil die Gebühr von 100 DM (= 51,13 €) in grobem Missverhältnis zu dem vom Gesetzgeber normierten Gebührenzweck, der Deckung der speziellen Kosten der Bearbeitung der Rückmeldung, steht.[264] Die Kosten für die Bearbeitung der Rückmeldung beliefen sich tatsächlich auf etwa 8,33 DM (= 4,26 €). Unabhängig von der fehlenden Notwendigkeit der Gebühr aus Kostendeckungsgründen vermochten auch die möglichen Gebührenzwecke des Vorteilsausgleichs, der Verhaltenslenkung oder soziale Zwecke die Gebühr in der festgesetzten Höhe nicht zu rechtfertigen.

Dagegen hat der VGH Hessen mit Urteil vom 15.11.2007 bestätigt, dass ein „Verwaltungskostenbeitrag" in Höhe von 50,00 € für jedes Semester rechtmäßig sei.[265] Anders als in dem vom BVerfG entschiedenen Fall sollen mit dem Verwaltungskostenbeitrag nicht allein die Kosten für die Verwaltungsleistung (Immatrikulation bzw. Rückmeldung) erstattet werden. Der Beitrag diene nach dem gesetzgeberischen Willen vielmehr auch dazu, die personellen und sachlichen

---

263 BVerwG, Urteil vom 25.7.2001, Urteil vom 25.7.2001 – 6 C 8/00, juris, Rn. 27, 42; vgl. zur Studiengebühr für Langzeitstudierende auch OVG Hamburg, Beschluss vom 28.10.2008 – 3 Bf 260/07.Z, DÖV 2009, S. 255.
264 2 BvL 9/98 u.a., NVwZ 2003, S. 715 ff. (717 f.); das BVerwG hat mit Verweis auf die Entscheidung des BVerfG die Entscheidung des OVG Berlin vom 14.7.1998 (8 B 186.96) aufgehoben und die Sache an OVG zurückverwiesen, vgl. Urteil vom 3.12.2003 – 6 C 13/03, juris.
265 8 UE 1584/05, juris; so auch VG Hamburg, Urteil vom 21.6.2006 – 4 K 573/06, juris; OVG Hamburg, Urteil vom 14.10.2008 – 3 Bf 252/06, DÖV 2009, S. 255; OVG Bremen, Beschluss vom 11.8.2006 – 1 A 49/06, NordÖR 2006, S. 464 ff.

Vorhaltekosten für das allgemeine studentenbezogene Verwaltungs- und Betreuungssystem der Hochschulen zu decken.

4. Recht der Ausbildungsförderung

124 Soweit dem Studenten die für das Studium erforderlichen Mittel anderweitig nicht zur Verfügung stehen, hat er unter den im Bundesausbildungsförderungsgesetz (BAföG) normierten Voraussetzungen einen Rechtsanspruch auf Ausbildungsförderung (§ 1 BAföG).[266]

Unionsbürger haben nach § 8 Abs. 1 Nr. 2 BAföG einen Anspruch auf Ausbildungsförderung, wenn sie ein Recht auf Daueraufenthalt im Sinne von § 4a FreizügG/EU besitzen. Das Recht auf Daueraufenthalt entsteht, wenn sich der Unionsbürger seit fünf Jahren ständig rechtmäßig im Bundesgebiet aufhält. Der EuGH hat mit Urteil vom 18.11.2008 entschieden, dass diese Regelung nicht gegen europäisches Gemeinschaftsrecht verstößt.[267]

Die Förderung wird bei dem Besuch einer Hochschule zur Hälfte als Darlehen und im Übrigen als Zuschuss geleistet (§ 17 Abs. 1, 2 BAföG). Das Darlehen ist nicht zu verzinsen.

125 Die Höhe der Förderung richtet sich nach dem für den Lebensunterhalt und das Studium notwendigen Bedarf (§§ 11, 13 Abs. 1 Nr. 2 BAföG). Auf den Bedarf sind nach Maßgabe des BAföG Einkommen und Vermögen des Studierenden sowie Einkommen seines Ehegatten und seiner Eltern in dieser Reihenfolge anzurechnen (§ 11 Abs. 2 BAföG). Überträgt der Student sein Vermögen rechtsmissbräuchlich auf einen Dritten, wird es ihm weiterhin zugerechnet. So hat beispielsweise das OVG Lüneburg entschieden, dass die Übernahme von Kosten für die grundlegende Renovierung einer im Eigentum eines Dritten stehenden Wohnung durch den Studierenden ohne angemessene Gegenleistung eine rechtsmissbräuchliche Vermögensübertragung darstellt.[268]

Nachdem die seit längerem angekündigte BAföG-Erhöhung, für die sich auch die HRK ausgesprochen hatte,[269] bereits nicht mehr realisierbar schien,

---

[266] Zu den Entwicklungen des Ausbildungsförderungsrechts in jüngerer Zeit siehe *Lackner*, BAföG – Aktuelle Entwicklungen und Rechtsprechungsüberblick 2010–2012, NVwZ 2013, S. 912 ff.
[267] Entscheidung in der Sache Jacqueline Förster/Hoffddirectie van de Informatie Beheer Groep, NVwZ 2009, S. 93 ff.; *Lindner*, Interpretation des EG-Primärrechts nach Maßgabe des EG-Sekundärrechts? Zur Europakonformität von § 8 I Nr. 2 BAföG, NJW 2009, S. 1047 ff.
[268] Beschluss vom 25.3.2010 – 4 ME 38/10, juris.
[269] http://www.hrk.de/de/download/dateien/HRK_DSW_PM_zu_BAfoeG-Erh._BR_8.7.10.pdf.

konnten sich Bundestag und Bundesrat im Herbst 2010 doch noch auf eine Erhöhung einigen. Dem von der Bundesregierung vorgelegten Entwurf eines Gesetzes zur Änderung des BAföG[270] hatte der Bundesrat am 9.7.2010 zunächst nicht zugestimmt.[271] Stattdessen rief der Bundesrat den Vermittlungsausschuss an. Am 15.10.2010 stimmte der Bundesrat dem 23. Gesetz zur Änderung des BAföG schließlich zu.[272] Demnach werden die Freibeträge um drei Prozent und die Bedarfssätze um zwei Prozent angehoben werden. Darüber hinaus soll die Altergrenze für Masterstudiengänge auf 35 Jahre angehoben werden.[273] Die Leistungen werden in der Regel nur für ein Jahr bewilligt (§ 50 Abs. 3 BAföG). Die Höchstdauer der Förderung entspricht der Regelstudienzeit, die in den Prüfungsordnungen festgelegt sind (§ 15a BAföG).

Aktuell ist eine **grundlegende Reform der Ausbildungsförderung** zu verzeichnen.[274] Mit dem 25. BAföG-Änderungsgesetz[275] ist nach Zustimmung des Bundesrates am 19.12.2014 die Finanzierung der Ausbildungsförderung nunmehr vollständig auf den Bund übergegangen. Damit verbunden ist eine Entlastung der Länder um rund 1,2 Milliarden Euro jährlich, die diesen für zusätzliche Investitionen im Bildungssektor – Ziel ist indes ein primärer Einsatz für die Hochschulen – zur Verfügung stehen. Die Novelle führte auch inhaltlich zu einigen Änderungen. So ist eine Anhebung der Bedarfssätze um 7 Prozent sowie des Wohnzuschlages auf 250 Euro erfolgt. Ebenso erfolgte eine Anhebung der Einkommensfreibeträge um ebenfalls 7 Prozent, womit der Kreis der Förderungsberechtigten ansteigt. Angehoben wurden auch der Freibetrag für eigenes Vermögen der Auszubildenden (auf 7.500 Euro) sowie Kinderbetreuungszuschlag (nunmehr einheitlich 130 Euro für jedes Kind). Ergänzend bereinigt die Novelle die bestehenden Unzulänglichkeiten der Ausbildungsförderung in Bezug auf das gestufte Bachelor-/Master-Studiensystem und die Förderung von Studierendenmobilität und Internationalität, etwa auch dadurch, dass die Förderungsberechtigung nichtdeutscher Studierender – was längst überfällig gewesen ist – erheblich erleichtert wird (insbesondere durch Absenkung des erforderlichen „Voraufenthalts" von Nicht-EU-Ausländern von bisher vier Jahren auf 15 Monate). Schließlich hält das E-Government Einzug in das Ausbildungsförderungsrecht, indem nun auch eine elektronische Antragstellung ermöglicht

---

270 BT-Drs. 17/1551, http://dip21.bundestag.de/dip21/btd/17/015/1701551.pdf.
271 BR-Drs. 359/10.
272 BR-Drs. 655/10.
273 BT-Drs. 17/1551, http://dip21.bundestag.de/dip21/btd/17/015/1701551.pdf.
274 S. dazu die eingehende Analyse bei *Lackner*, Das Fünfundzwanzigste Gesetz zur Änderung des Bundesausbildungsförderungsgesetzes (25. BAföGÄndG), NVwZ 2015, S. 938 ff.
275 25. BAföGÄndG vom 23. Dezember 2014 (BGBl. I S. 2475).

werden soll, wofür den Ländern bis zum 1.8.2016 eine Übergangszeit eingeräumt ist.

5. Stipendien

Mit einem Stipendium werden begabte Studierende und Promovierende finanziell gefördert (**Begabtenförderung**). Die finanzielle Förderung wird ergänzt durch Seminarangebote, Tagungen, Workshops etc.

Zwischenzeitlich dürfte es – auch infolge der Umsetzung des nationalen Stipendienprogramms (sog. „Deutschlandstipendium") durch das StipG (siehe sogleich näher) – angezeigt sein, von einem **„Mehrsäulenmodell"** der (Ausbildungs-)Förderung zu sprechen. Es besteht vor allem aus der staatlichen BAföG-Förderung, der Förderung durch die privaten Begabtenförderungswerke/Stiftungen sowie der nunmehr neu hinzugetretenen öffentlich-privaten Förderung nach dem StipG und wird ergänzt durch eigenständige Stipendienprogramme der Länder sowie die unterschiedlichen Erscheinungsformen der Bildungskredite.[276]

126 Die Stipendien wurden und werden klassischerweise überwiegend von (privaten) Stiftungen vergeben, die sich in einem bestimmten gesellschaftlichen Bereich (u.a. politisch/kirchlich) engagieren. Sie sehen es als ihre Aufgabe an, Studierenden neben der fachlichen Ausbildung eine Bildung in einem gesellschaftlichen Bereich zu vermitteln. Zwölf Stiftungen bzw. Begabtenförderwerke erhalten wiederum eine Förderung vom Bundesministerium für Bildung und Wissenschaft.

Die Gewährung eines Stipendiums setzt eine erfolgreiche Bewerbung voraus. Das Bewerbungs- und anschließende Auswahlverfahren ist von den Stiftungen unterschiedlich geregelt. Alle sehen jedoch neben der schriftlichen Bewerbung ein persönliches Auswahlgespräch vor.

127 Die Höhe der finanziellen Leistungen richtet sich bei einem Vollstipendium nach dem BAföG-Satz. In Deutschland ist die Anzahl derer, die ein Stipendium erhalten, relativ gering. Nach Einschätzung der Bundesregierung waren es im Jahre 2010 etwa zwei bis drei Prozent.[277] Die Begabtenförderung ist somit durchaus ausbaufähig.

Zu diesem Zwecke hat die frühere „schwarz-gelbe" Bundesregierung das auch als **„Deutschlandstipendium"** bezeichnete **nationale Stipendienpro-**

---

276 *Lackner*, Deutschlandstipendium, S. 2, 99 ff.
277 http://www.bundesregierung.de/Content/DE/__Anlagen/2010/2010-04-21-gesetzentwurf-stipe ndienprogramm,property=publicationFile.pdf.

gramm, das Bestandteil des damaligen Koalitionsvertrages gewesen ist, auf den Weg gebracht. Es sieht vor, den Anteil der Stipendiaten durch eine zusätzliche Förderung mittelfristig auf zehn Prozent zu erhöhen. Seine Rechtsgrundlage findet das sog. Deutschlandstipendium im Gesetz zur Schaffung eines nationalen Stipendienprogramms vom 21.7.2010,[278] das am 26.7.2010 verkündet wurde und am 1.8.2010 in Kraft trat.[279] Nach dem StipG können begabte Studierende an staatlichen oder staatlich anerkannten Hochschulen seit dem Sommersemester 2011 von der Hochschule ein Stipendium erhalten. Hierzu statuiert § 1 StipG einen sog. **Fördergrundsatz**. Es wird einkommensunabhängig in Höhe von 300 Euro monatlich vergeben. Trotz anfänglicher Vorbehalte[280] namentlich der damaligen Oppositionsparteien ist das nationale Stipendienprogramm bisher mit Erfolg umgesetzt worden.[281] An der Finanzierung sollten ursprünglich auch die Länder beteiligt werden. Das 1. StipG-ÄndG[282] sichert nunmehr jedoch endgültig die vollständige Kostenübernahme durch den Bund, indem dort weitere Finanzierungsmodalitäten bezüglich des Bundeszuschusses – insbesondere dessen betragsmäßige Verdoppelung unter Ausschluss der Länder – geregelt wurden.[283]

In der Sache handelt es sich um ein Modell der sog. **Öffentlich-Privaten-Partnerschaft** (ÖPP), bei dem öffentliche Hand und Zivilgesellschaft zusammenwirken.[284] Die Finanzierung wird nämlich dergestalt sichergestellt, dass sie zur Hälfte aus öffentlichen Mitteln und zur anderen Hälfte aus von den Hochschulen und Universitäten zu akquirierenden Mitteln von Unternehmen, Stiftungen, Vereinen und sonstigen Privatpersonen aufgebracht wird (§ 11 StipG). Der öffentliche Mittelzuschuss wird erst als Aufstockung gewährt, wenn der private Teil von den Hochschulen erfolgreich eingeworben wurde. Die Voraussetzungen für die Stipendienvergabe – die sich nach §§ 1 Abs. 1, 3 StipG an den Kriterien „Begabung" und „Leistung" bemisst – sind im Gesetz sowie in der auf dessen Grundlage ergangenen Stipendienprogramm-Verordnung (StipV)[285] –

---

278 Gesetz zur Schaffung eines nationalen Stipendienprogramms (Stipendienprogramm-Gesetz – StipG) vom 21.7.2010, BGBl. I S. 957.
279 Zur Genese des Gesetzes eingehend *Lackner*, Deutschlandstipendium, S. 10 ff.
280 Dazu *Lackner*, Der große Streit um das nationale Stipendienprogramm, NJW 2010, S. 2845 ff.
281 *Lackner*, Deutschlandstipendium, S. 4 ff.
282 Erstes Gesetz zur Änderung des StipG (1. StipG-ÄndG) vom 21.12.2010, BGBl. I S. 2204.
283 *Lackner*, Deutschlandstipendium, S. 28.
284 *Lackner*, Deutschlandstipendium, S. 4: „öffentlich-private Finanzierungspartnerschaft".
285 Verordnung zur Durchführung des Stipendienprogramm-Gesetzes (Stipendienprogramm-Verordnung – StipV) vom 20.12.2010, BGBl. I, S. 2197. Näher dazu *Lackner*, Das Deutschland-

dort in § 2 StipV – detailliert geregelt.[286] Allerdings ist das Auswahl- bzw. Vergabeverfahren nach § 2 StipG selbst rein hoheitlich ausgestaltet und obliegt allein den Hochschulen.[287] Private Hochschulen werden durch § 2 Abs. 4 StipG mit dieser Aufgabe beliehen. Damit ist die Einflussnahme der privaten Mittelgeber auf die Auswahlentscheidung ausgeschlossen.[288] Eine anderweitige Praxis an den Hochschulen, die das konkrete Verfahren durch Satzung[289] regeln bzw. modifizieren, wäre als Verstoß gegen höherrangiges Bundesrecht (nämlich die insoweit eindeutigen Bestimmungen des StipG) rechtswidrig. Die Verfahrensherrschaft liegt allein bei den Hochschulen, die insoweit hoheitlich tätig werden.[290] Die Auswahl- bzw. Vergabeentscheidung stellt einen Verwaltungsakt im Sinne von § 35 Satz 1 VwVfG dar.

Im Sinne einer Erhöhung der Stipendiatenzahl ist auch die jüngste Änderung des Niedersächsischen Hochschulgesetzes. Danach sind die Möglichkeiten der Hochschule, Stipendien zu vergeben, deutlich erweitert worden. Neben den Fällen besonderer Leistungen und herausgehobener Befähigung können Stipendien nunmehr auch für herausgehobenes ehrenamtliches Engagement vergeben werden.[291]

V. Studiengänge

1. Allgemeines

128 Ein Studiengang führt in der Regel zu einem **berufsqualifizierenden Abschluss**.[292] Es gibt eine Vielzahl unterschiedlicher Studiengänge. Sie werden gekennzeichnet durch eine Studienrichtung oder einen Studienschwerpunkt und sind in Module und Abschnitte gegliedert.[293]

---

stipendium geht an den Start, Ein Überblick über die neue Stipendienprogramm-Verordnung, NVwZ 2011, S. 1303 ff.
286 Eingehend dazu die Kommentierung der einzelnen Vorschriften bei *Lackner*, Deutschlandstipendium, S. 31 ff.
287 *Lackner*, Deutschlandstipendium, S. 34 ff., insb. 36.
288 *Lackner*, Deutschlandstipendium, S. 37.
289 Vgl. etwa die „Mustersatzung" des Ministeriums für wissenschaft, Forschung und Kunst Baden-Württemberg, abgedruckt bei *Lackner*, Deutschlandstipendium, S. 167 ff.
290 *Lackner*, Deutschlandstipendium, S. 36 f.
291 § 3 Abs. 1 Nr. 8 NHG.
292 § 10 Abs. 1 HRG, die Landesgesetze enthalten eine gleichlautende Regelung.
293 § 52 Abs. 4 HmbHG; § 60 Abs. 3 NWHG.

Der Ablauf eines Studiengangs, d.h. auch die Regelstudienzeit (§ 10 Abs. 2 HRG), ist in den Studien- und Prüfungsordnungen geregelt. Mehrere Studiengänge, die im Wesentlichen identische Wissensgebiete zum Gegenstand haben, werden als eine **Fachrichtung** bezeichnet.

Von den grundständigen Studiengängen, d.h. denjenigen, die zu einem ersten Hochschulabschluss führen, sind die **postgradualen Studiengänge** abzugrenzen. Postgraduale Studiengänge setzen den Abschluss eines grundständigen Studiums bereits voraus. Sie dienen der Vermittlung weiterer wissenschaftlicher oder beruflicher Qualifikationen oder der Vertiefung eines Studiums.[294]

129

2. Studienabschlüsse

Mit dem erfolgreichen Abschluss eines berufsqualifizierenden Hochschulstudiums hat der Studierende einen Anspruch darauf, dass ihm von der Hochschule ein **akademischer Grad** verliehen wird.[295] Die Hochschule kann einen Hochschulgrad auch aufgrund einer staatlichen oder kirchlichen Prüfung verleihen. Die **Verleihung des Hochschulgrades** ist ein **eigener Verwaltungsakt**.[296] Die Verleihung der Hochschulgrade ist in den Landeshochschulgesetzen und den Prüfungsordnungen der Hochschulen geregelt.

130

Der Bologna-Prozess hat dazu geführt, dass das Studium im Regelfall mit dem **Bachelorgrad** und ggf. zusätzlich mit dem **Mastergrad** abgeschlossen wird.[297] Mit dem Mastergrad wird ein weiterer berufsqualifizierender Abschluss erworben. Auch die Kirchen streben für den akademischen Abschluss den akademischen Grad „Magister Theologie" an.[298]

Da es keine für eine Hochschulart differenzierten Vorgaben gibt und alle Hochschulen denselben Anforderungen unterliegen, darf der Bachelor- und

---

294 § 12 HRG.
295 Vgl. § 10 Abs. 1 HRG; § 19 Abs. 2 HRG; *Reich*, Hochschulrahmengesetz, Kommentar, 11. Auflage, 2012, § 18 Rn. 1.
296 *Reich*, Hochschulrahmengesetz, Kommentar, 11. Auflage, 2012, § 18 Rn. 1.
297 Im Gegensatz zu § 18 HRG und § 19 HRG wird in den Landesgesetzen der Bachelorgrad neben dem Diplomgrad als gleichrangig bzw. sogar vorrangig festgelegt, vgl. § 64 BremHG, § 30 RhPfHG; § 67 HmbHG; § 66 NWHG, § 26 BbgHG.
298 Siehe Punkt 3. der Eckpunkte für die Studienstruktur in Studiengängen mit Katholischer oder Evangelischer Theologie/Religion, http://www.akkreditierungsrat.de/index.php?id=beschluesse.

Mastergrad nicht zusätzlich mit einem Hinweis auf die Art der Bildungseinrichtung (z.B. FH oder Univ.) versehen werden.[299]

131   Daneben gibt es weiterhin den Diplomgrad. Der **Diplomgrad** wird im Gegensatz zum Bachelor- und Mastergrad mit dem Zusatz „Fachhochschule" („FH") versehen, wenn er auf Grund einer Hochschulprüfung an einer Fachhochschule oder eines Fachhochschulstudiengangs anderer Hochschulen verliehen wird.[300]

Universitäten können für den berufsqualifizierenden Abschluss eines Studiums zudem den **Magistergrad** verleihen. Der Hochschulgrad wird mit Angabe der Fachrichtung verliehen.[301]

132   Ein weiterer Abschluss ist das **Staatsexamen**. Die Prüfung erfolgt insoweit nicht durch die Hochschulen, sondern durch staatliche Stellen. Aufgrund von Kooperationsvereinbarungen mit ausländischen Hochschulen kann die Hochschule auch deren Grad verleihen.[302]

Darüber hinaus berechtigt die Promotion zur Führung des **Doktorgrades** mit einem die Fachrichtung kennzeichnenden Zusatz. Bei der Neueinführung eines Hochschulgrades ist die Hochschule nicht verpflichtet, diesen auch Personen zu verleihen, die die Hochschule nach erfolgreichem Abschluss eines Studiums bereits verlassen haben.[303]

3. Errichtung und Schließung von Studiengängen

133   Studiengänge werden von den Hochschulen eingerichtet, geändert und aufgehoben. Da es sich um eine Selbstverwaltungsangelegenheit von grundsätzlicher Bedeutung handelt, beschließt hierüber der Senat.[304]

Die Einrichtung, wesentliche Änderung oder Schließung von Studiengängen ist in den meisten Ländern Bestandteil der zwischen der Hochschule und dem zuständigen Ministerium abgeschlossenen Zielvereinbarung.[305] Soweit das

---

299 Ländergemeinsame Strukturvorgaben für die Akkreditierung von Bachelor- und Masterstudiengängen, danach sind „fachliche Zusätze zu den Abschlussbezeichnungen ausgeschlossen", http://www.akkreditierungsrat.de/index.php?id=beschluesse.
300 § 18 Abs. 1 S. 2 HRG.
301 Zur näheren Bezeichnung wird auf die Ausführungen im Kapitel „Bachelor" verwiesen.
302 Vgl. § 66 Abs. 1 NWHG.
303 So BVerwG, Urteil vom 22.2.2002 – 6 C 11/01, WissR (35) 2002, S. 367 ff. Die Entscheidung erging zu dem neu eingeführten Grad des „Diplom-Juristen", der Studierenden der Rechtswissenschaften nach Absolvierung der ersten Staatsprüfung verliehen werden kann.
304 Vgl. § 41 Abs. 2 S. 2 NHG; Art. 25 Abs. 3 BayHG.
305 § 1 Abs. 3 S. 4 Nr. 1 NHG; § 15 Abs. 3 MVHG.

Einvernehmen nicht bereits in einer Zielvereinbarung enthalten ist, ist in den meisten Ländern die Zustimmung der zuständigen Landesbehörde einzuholen.[306] Bei dem Einvernehmen handelt es sich um rein internes Verwaltungshandeln.[307]

a) Einrichtung von Studiengängen

Der Einrichtung eines neuen Studiengangs geht in der Regel die Bewertung des Studienangebots **(Akkreditierung)** durch eine unabhängige und wissenschaftsnahe Einrichtung voraus. Die Akkreditierung wird von einigen Ländern als verpflichtend – so in Niedersachsen und Hamburg[308] – und von anderen Ländern als Regelvoraussetzung – so in Baden-Württemberg und Schleswig-Holstein[309] vorgeschrieben.

134

In den meisten Ländern ist das Akkreditierungsverfahren in das staatliche Genehmigungsverfahren implementiert.[310] In Hamburg und Nordrhein-Westfalen wird die Einrichtung des Studiengangs dagegen allein von einer positiven Entscheidung der Akkreditierungsagentur abhängig gemacht.[311] Einer staatlichen Zustimmung bzw. Genehmigung bedarf es nicht mehr. Zum Akkreditierungsverfahren im Einzelnen wird auf die Ausführungen zum Punkt Akkreditierung verwiesen (B.I.5.).

Bei der **Einrichtung von Studiengängen mit Katholischer oder Evangelischer Theologie/Religion** gilt es neben den Vorgaben des Landeshochschulrechts auch die staatskirchenrechtlichen Vorgaben einschließlich der in den Konkordaten bzw. Staatskirchenverträgen festgelegten Vorschriften zu beachten.[312] Die geltenden kirchlichen Vorschriften sind in der Anlage zu den Eckpunkten für die Studienstruktur in den Studiengängen mit Katholischer oder Evangelischer Theologie/Religion zusammengefasst.[313]

---

306 Art. 57 Abs. 3 BayHG, § 22 Abs. 3 BerlHG; vgl. hierzu auch VGH München, Urteil vom 21.1.2009 – 7 N 08.1140, BeckRS 2009, 32603.
307 VGH München, Urteil vom 21.1.2009 – 7 N 08.1140, BeckRS 2009, 32603, S. 6.
308 § 6 NHG; § 52 Abs. 8 HmbHG *("sind verpflichtet")*; die Akkreditierung ist außerdem auch in NRW zwingend, vgl. § 7 Abs. 1 NWHG.
309 § 30 Abs. 3 BWHG *(in der Regel")*.
310 So beispielsweise in Bremen, vgl. § 53 BremHG.
311 § 52 HmbHG; § 7 NWHG.
312 Eckpunkte für die Studienstruktur in Studiengängen mit Katholischer oder Evangelischer Theologie/Religion, Beschluss der KMK vom 13.12.2007, http://www.hrk-bologna.de/bologna/de/download/dateien/2003_10_10-Laendergemeinsame-Strukturvorgaben.pdf.
313 Siehe http://www.hrk-bologna.de/bologna/de/download/dateien/2003_10_10-Laenderge meinsa me-Strukturvorgaben.pdf.

b) Schließung von Studiengängen

135 Bei der Entscheidung über die Schließung von Studiengängen gilt es zu beachten, dass die Ausbildung an der Hochschule notwendiger Teil der Realisierung der freien Berufswahl ist und deshalb vom Schutzbereich des Grundrechts aus Art. 12 Abs. 1 GG mit umfasst ist. Demzufolge sind Einschränkungen nur unter den vom Bundesverfassungsgericht festgelegten Voraussetzungen zulässig.

Die für den Haushalt verantwortlichen Stellen müssen im Konfliktfall darlegen, dass die Zulassungsbeschränkungen nur zum Schutz eines überragend wichtigen Gemeinschaftsguts und in den Grenzen des unbedingt Erforderlichen angeordnet werden.[314] Insoweit wird auf die detaillierten Ausführungen zum Abbau von Kapazitäten unter dem Punkt Kapazitätsermittlung verwiesen (B.III.2.a).

4. Studien- und Prüfungsordnung

a) Studienordnungen

136 Für den Erlass einer Studienordnung ist weder eine gesetzliche Ermächtigung noch eine staatliche Genehmigung erforderlich. Die Befugnis zur eigenständigen Regelung der Studiengänge ergibt sich aus dem Selbstverwaltungsrecht der Hochschulen.[315]

Die Hochschulen erlassen für jeden Studiengang und Teilstudiengang eine Studienordnung.[316] Sie basiert auf der **Prüfungsordnung** (insoweit wird auf die nachstehenden Ausführungen verweisen). Studienordnungen werden in Form einer **Satzung** erlassen und regeln die Zulassungsvoraussetzungen für den Studiengang, den Inhalt und Aufbau eines Studiengangs sowie die Ziele und gegebenenfalls die in den Studiengang eingeordneten berufspraktischen Tätigkeiten.[317]

Hierzu gehört im Einzelnen:
- Zulassungsvoraussetzungen für den Studiengang. Insoweit sind die Ermächtigungsgrundlagen in den Landeshochschulgesetzen zu beachten.
- Studienbeginn und Regelstudienzeit (§ 11 HRG)

---

314 BVerfG, Beschluss vom 18.7.1972 – 1 BvL 25/71, BVerfGE 33, 303, 330 = NJW 1972, S. 1561 ff. (1566); *Brehm/Zimmerling*, Abbau von Hochschulkapazitäten unter Berücksichtigung von Art. 12 Abs. 1 GG, WissR 33 (2000), S. 22 ff. (40 ff.).
315 *Schnellenbach*, in: Hartmer/Detmer (Hrsg.), HSchR-Praxishandbuch, 2. Auflage, 2011, S. 594 f.
316 Vgl. § 24 BlnHG.
317 Vgl. § 24 BlnHG.

– Aufbau des Studiengangs; Modulübersicht (Pflicht- und Wahlpflichtmodule). Bei der Bemessung der erforderlichen Lehrveranstaltungen gilt es zu beachten, dass den Studenten ausreichend Gelegenheit zur selbständigen Vorbereitung und Vertiefung des Stoffes und zur Teilnahme an zusätzlichen Lehrveranstaltungen nach eigener Wahl verbleibt (vgl. § 4 Abs. 4 HRG).
– Inhaltliche Ausgestaltung des Studiengangs und der einzelnen Lehrveranstaltungen.
– Definition der Lehr- und Lernformen
– die für den erfolgreichen Abschluss des Studiengangs bzw. der Module zu erreichenden Leistungspunkte (**Credit Points**)
– Abschluss des Studiengangs

Teilweise werden diese Punkte auch in den Prüfungsordnungen geregelt. Bei der Ausgestaltung der Studienordnungen für Bachelor- und Masterstudiengänge sind die in den **„Ländergemeinsamen Strukturvorgaben für die Akkreditierung von Bachelor- und Masterstudiengängen"** und den **„Rahmenvorgaben für die Einführung von Leistungspunktesystemen und die Modularisierung von Studiengängen"**[318] enthaltenen Vorgaben zu beachten. Diese wurden zuletzt mit Beschluss vom 4.2.2010 neu gefasst. Darüber hinaus gilt es, die Studienordnung auf den Inhalt der Prüfungsordnungen abzustimmen.

b) Prüfungsordnung

Hochschulprüfungen und staatliche Abschlussprüfungen (Medizin, Rechtswissenschaften etc.) dürfen nur auf Grund einer Prüfungsordnung abgelegt werden.[319]

Für die Hochschulprüfungen erlassen die Hochschulen die Prüfungsordnungen. Sie werden vom Fachbereichsrat erlassen und bedürfen der Genehmigung des Präsidenten[320] bzw. der zuständigen Senatsverwaltung.[321] Das Hochschulprüfungsrecht fällt in den Schutzbereich von Art. 5 Abs. 3 GG.[322]

Bei Studiengängen, die mit einer staatlichen Prüfung abschließen, ist stets das Einvernehmen mit dem für die betreffende Staatsprüfung zuständigen Mi-

---

318 http://www.akkreditierungsrat.de/index.php?id=beschluesse.
319 Vgl. § 16 HRG.
320 Vgl. u.a. § 21 Abs. 2 S. 1 BbgHG; Art. 61 Abs. 2 S. 1 BayHG; § 64 Abs. 1 S. 1 NWHG; § 62 Abs. 1 S. 1 BremHG.
321 § 31 Abs. 4 BlnHG.
322 *Schnellenbach*, in: Hartmer/Detmer (Hrsg.), HSchR-Praxishandbuch, 2. Auflage, 2011, S. 595.

nisterium erforderlich.[323] Die staatlichen Abschlussprüfungen sind ansonsten in Rechtsverordnungen oder Gesetzen geregelt, die auf Bundes- bzw. Landesebene erlassen worden sind.[324]

Die Prüfungsordnung wird in Form einer Satzung erlassen.[325] Sie regelt die Prüfungsanforderungen und das Prüfungsverfahren.[326] Der notwendige Inhalt wird teilweise durch die Landeshochschulgesetze vorgegeben.[327]

Sie muss insbesondere regeln:
- den Inhalt, das Ziel und den Aufbau des Studiums, insbesondere die Zahl der Module
- die Regelstudienzeit (§ 11 HRG) und den Umfang der erforderlichen Lehrveranstaltungen
- die für den erfolgreichen Abschluss des Studiengangs bzw. der Module zu erreichenden Leistungspunkte (**Credit Points**)
- die Voraussetzungen für die Zulassung zur Prüfung, für den Erwerb der Zulassungsvoraussetzungen und für die Wiederholung von Prüfungsleistungen
- den Gegenstand der Prüfung und die Gliederung der Prüfungsabschnitte
- die Prüforgane
- Gewichtung und Bewertung von Prüfungsleistungen
- die Anrechnung von Prüfungsleistungen, Studienzeiten oder erworbenen Leistungspunkten
- die Fristen für die Meldung zu den Prüfungen und zum Ablegen der Prüfung
- die Mitteilung von Ergebnissen und das Recht zur Akteneinsicht
- Rechtmittel und Verfahren
- den nach bestandener Prüfung zu verleihenden akademischen Grad.

Die Prüfungsordnungen müssen die Einhaltung der Schutzbestimmungen nach dem Mutterschutzgesetz gewährleisten sowie die Inanspruchnahme der Elternzeit ermöglichen.[328] Außerdem gilt es, die Chancengleichheit zu wahren.

---

323 Vgl. u.a. Art. 61 Abs. 2 S. 2 BayHG.
324 Beispielsweise Juristenausbildungs- und -prüfungsgesetze, vgl. hierzu auch *Schnellenbach*, in: Hartmer/Detmer (Hrsg.), HSchR-Praxishandbuch, 2004, S. 394.
325 *Schnellenbach*, in: Hartmer/Detmer (Hrsg.), HSchR-Praxishandbuch, 2. Auflage, 2011, S. 592f.
326 Vgl. § 16 S. 2 HRG.
327 Vgl. Art. 61 Abs. 3 BayHG; § 64 Abs. 2 NWHG; § 62 Abs. 2 BremHG; § 21 BbgHG.
328 § 16 S. 3 HRG.

5. Leistungspunktesystem

Ein Leistungspunktesystem dient dazu, den quantitativen Studienaufwand zu bestimmen. Die Leistungspunkte werden zum Nachweis von Studien- und Prüfungsleistungen vergeben.[329]

Das im **Europäischen Hochschulraum** geltende und mit dem European Credit Transfer (and Accumulation) System **(ECTS)** eingeführte Kreditpunktesystem **(ECTS-Credits)** ist ein Leistungspunktesystem in diesem Sinne.[330] Entgegen der ursprünglichen Konzeption dient es neben der Übertragung und Anrechnung von Studien- und Prüfungsleistungen (Transfer) nunmehr auch der Akkumulierung.[331] Die ECTS-Credits sind ein wesentlicher Bestandteil des **Bologna-Prozesses.**

Akkumulierung bedeutet das Sammeln von Leistungspunkten für einen Studienabschluss. Der Schwerpunkt wird damit mehr auf ein studienbegleitendes Prüfungssystem und nicht mehr auf die Abschlussprüfung gelegt. Die studienbegleitenden Prüfungen sollen modulbezogen durchgeführt werden.

Anerkennung bedeutet, dass Hochschulen die Studienleistungen und Abschlüsse, die an anderen Hochschulen erbracht worden sind, anerkennen müssen. Voraussetzung ist, dass sie gleichwertig sind.

Die ECTS-Credits haben aus Sicht der HRK folgende Funktionen:[332]
- *„Planungsinstrument (auch zur Gestaltung eines Teilzeitstudiums) und Studierbarkeit*
- *Flexibilisierung des Studiums*
- *Definition des Abschlussniveaus."*

Die ECTS-Credits fördern die Mobilität der Studierenden und die Qualität des Studiums.

Die Einführung der ECTS-Credits ist für die Hochschulen nach den meisten Landeshochschulgesetzen verpflichtend.[333] Außerdem ist zur Akkreditierung von Bachelor- bzw. Masterstudiengängen auch nach den Ländergemeinsamen

---

329 Vgl. § 15 Abs. 3 HRG.
330 Das ECTS wurde 1989 im Rahmen des Erasmus-Programms eingeführt.
331 ECTS-Grundsätze, http://ec.europa.eu/education/lifelong-learning-policy/doc/ects/key_de.pdf.
332 HRK, Empfehlung des Senats der HRK vom 12.6.2007, http://www.hrk-bologna.de/bologna/de/download/dateien/ects2007.pdf.
333 § 45 Abs. 2 ThürHG; § 60 Abs. 5 SaarlUG; § 12 Abs. 7 LSAHG.

Strukturvorgaben erforderlich, dass sie mit einem Leistungspunktesystem ausgestattet sind.[334]

Eine Orientierungshilfe zur Umsetzung der ECTS-Credits bietet der von der Europäischen Kommission verfasste ECTS-Leitfaden vom 6.2.2009.[335] Der Leitfaden richtet sich insbesondere an akademische und verwaltungstechnische Mitarbeiter von Hochschulen.

140 Mithilfe der ECTS-Credits wird die zeitliche Gesamtbelastung der Studierenden umschrieben **(Arbeitsaufwand)**, die erforderlich ist, um die erwarteten **Lernergebnisse** zu erreichen.

Die Lernergebnisse stellen überprüfbare Aussagen über die zu erwartenden Kenntnisse, Fähigkeiten und Kompetenzen von Studierenden dar.[336] Es bedarf einer hinreichend bestimmten Definition.

Vom Arbeitsaufwand ist gemäß der Definition in den Ländergemeinsamen Strukturvorgaben „*der unmittelbare Unterricht, die Zeit für die Vor- und Nachbereitung des Lehrstoffes (Präsenz- und Lehrstudium), der Prüfaufwand und die Prüfvorbereitungen einschließlich Abschluss- und Studienarbeiten sowie gegebenenfalls Praktika erfasst.*"[337]

Die Module des jeweiligen Studiengangs, sind unter Bewertung des Aufwands mit Kreditpunkten zu versehen. Dabei sind die Ländergemeinsamen Strukturvorgaben der KMK, d.h. insbesondere die hierin enthaltenen „**Rahmenvorgaben für die Einführung von Leistungspunktesystemen und die Modularisierung von Studiengängen**" zu beachten.[338] Hervorzuheben sind die mit Beschluss vom 10.2.2010 jüngst gefassten neuen Vorgaben:

– „*Für den Bachelor-Abschluss sind nicht weniger als 180 ECTS-Punkte nachzuweisen. Bisher waren in der Regel 180 ECTS-Punkte erforderlich. Kompetenzen und Fähigkeiten, die außerhalb des Hochschulbereichs erworben wurden, sind bis zur Hälfte der Leistungspunkte anzurechnen. Von 300 ETCS-Punkten, die für den Master-Abschluss erforderlich sind, kann im Einzelfall abgewichen werden.*

– *In den Studien- und Prüfungsordnungen ist die Vergabe von Leistungspunkten präzise und nachvollziehbar zu regeln. Um einer Kleinteiligkeit der Module*

---

334 Punkt A 7. der Ländergemeinsamen Strukturvorgaben, http://www.hrk-bologna.de/bologna/de/download/dateien/2003_10_10-Laendergemeinsame-Strukturvorgaben.pdf.
335 http://ec.europa.eu/education/lifelong-learning-policy/doc/ects/guide_de.pdf.
336 ECTS-Leitfaden der Europäischen Kommission, Seite 13, http://ec.europa.eu/education/lifelong-learning-policy/doc/ects/guide_de.pdf.
337 http://www.akkreditierungsrat.de/index.php?id=beschluesse.
338 http://www.akkreditierungsrat.de/index.php?id=beschluesse.

entgegen zu wirken, sollen Module mindestens einen Umfang von fünf ECTS aufweisen.
- *Pro Semester sollen in Regel 30 Leistungspunkte vergeben werden. Dies entspricht einer Arbeitsbelastung (incl. Präsens- und Selbststudium) von 25– max. 30 Stunden. Die Arbeitsbelastung soll für ein Vollzeitstudium bei 32– 39 Stunden pro Woche bei 46 Wochen pro Jahr liegen. Die Hochschulen haben die Studierbarkeit des Studiums unter Berücksichtigung der Arbeitsbelastung darzulegen."*

Der Akkreditierungsrat hatte bereits in seinen Empfehlungen zum ECTS aus dem Jahre 2007 darauf hingewiesen, dass keine mechanische Umrechnung von SWS in ECTS erfolgen darf.[339]

Die Zuweisung von Kreditpunkten fällt in die Verantwortung der Hochschulen.

VI. Prüfungsrecht

Die Hochschulprüfung bzw. staatliche und kirchliche Prüfung dient der Feststellung, ob der Studierende mit seiner individuellen Leistung das Ziel des Studienabschnitts **(studienbegleitende Prüfung, Zwischenprüfung)** oder des Studiums **(Abschlussprüfung)** erreicht hat.[340]

Zwischenprüfungen sind bei einer Regelstudienzeit von mindestens vier Jahren einzurichten (§ 15 Abs. 1 S. HRG). Mithilfe der Prüfungen soll der Studierende möglichst frühzeitig eine Prognose darüber treffen können, ob er das Studium erfolgreich zu Ende führen kann und will.[341]

Die Abschlussprüfung sollte innerhalb der Regelstudienzeit abgelegt werden (vgl. § 16 Abs. 1 S. 2 HRG). Für geeignete Studiengänge sind die Voraussetzungen zu bestimmen, unter denen eine innerhalb der Regelstudienzeit abgelegte Abschlussprüfung im Falle des Nichtbestehens als nicht unternommen gilt, sog. **Freiversuch** (§ 15 Abs. 2 S. 1 HRG). Das Prüfungsergebnis **(akademischer Grad)** soll darüber Aufschluss geben, ob und in welchem Maße der Stu-

141

---

339 Handreichung des Akkreditierungsrates an die Agenturen auf der Grundlage des „Abschlussberichts der AG „ECTS" an den Akkreditierungsrat", http://www.hrk-bologna.de/bologna/de/download/dateien/2007_10_12_Empfehlungen_ECTS.pdf.
340 So beispielsweise § 25 Abs. 1 RhPfHG. Grundlegend und weiterführend zu den Grundlagen des Prüfungsrechts *Zimmerling/Brehm*, Prüfungsrecht, 2. Auflage, 2001.
341 BT-Drs. 13/8796, S. 18; *Schnellenbach*, in: Hartmer/Detmer (Hrsg.), HSchR-Praxishandbuch, 2. Auflage, 2011, S. 593.

dierende für den angestrebten Beruf bzw. die angestrebte Tätigkeit qualifiziert ist.[342] Sowohl Zwischen- als auch Abschlussprüfungen können durch studienbegleitende Prüfungen ersetzt werden.[343]

1. Hochschulprüfungen

142 Hochschulprüfungen werden im Rahmen eines Studiums abgelegt, dessen Ausgestaltung und damit auch Prüfung in den Kompetenzbereich der Hochschule fällt. Dies gilt insbesondere für die Bachelor- und Masterstudiengänge sowie für die Promotion.[344] Die Hochschulen unterliegen insoweit lediglich der staatlichen Kontrolle. Die Organisation der Hochschulprüfungen ist in den von der Hochschule erlassenen **Prüfungsordnungen** geregelt. Insoweit wird auf die ausführlichen Erörterungen zu dem Punkt Prüfungsordnungen verwiesen (B.V.4.b).

2. Staatsprüfungen

143 Staatsprüfungen zeichnen sich dadurch aus, dass sie zur Gewährleistung einheitlicher Standards auf Bundes- oder Landesebene staatlich geregelt sind. Die Organisation der staatlichen Prüfungen ist in der Regel in Rechtsverordnungen oder Gesetzen normiert, die auf Bundes- bzw. Landesebene erlassen worden sind.[345] Die Prüfung wird nicht von der Hochschule, sondern von staatlichen Prüfungsämtern abgenommen.

Staatsprüfungen werden noch in folgenden Studiengängen abgelegt: Human-, Zahn-, Tiermedizin sowie Pharmazie und Rechtswissenschaft. Die Lehramtsstudiengänge werden gegenwärtig sukzessive in ein Bachelor- und Masterstudium überführt. Damit wird die Staatsprüfung durch eine Hochschulprüfung ersetzt. Eine generelle Abschaffung der Staatsexamina konnte sich bislang nicht durchsetzen. Insbesondere für das Studium der Rechtswissenschaften ist eine Abschaffung der Staatsexamina sehr umstritten.[346]

---

342 *Schnellenbach*, in: Hartmer/Detmer (Hrsg.), HSchR-Praxishandbuch, 2. Auflage, 2011, S. 589.
343 BT-Drs. 13/8796, S. 19; § 61 Abs. 3 BremHG.
344 *Waldeyer*, in: Hailbronner/Geis (Hrsg.), Das Hochschulrecht in Bund und Ländern, § 15 HRG Rn. 10.
345 Beispielsweise Juristenausbildungs- und -prüfungsgesetze, vgl. hierzu auch *Schnellenbach*, in: Hartmer/Detmer (Hrsg.), HSchR-Praxishandbuch, 2. Auflage, 2011, S. 592.
346 Das Bayerische Justizministerium hat sich gegen eine Reform der Juristenausbildung ausgesprochen, zur Begründung siehe http://www.ba-ma.bayern.de/staatsexamen.html#2; das

In diesem Zusammenhang gilt es zu bedenken, dass die erste juristische Staatsprüfung genau genommen keine reine Staatsprüfung mehr ist. Sie gliedert sich in eine staatliche Pflichtfachprüfung und eine universitäre Schwerpunktbereichsprüfung.[347] Nur die staatliche Pflichtfachprüfung wird vom Justizprüfungsamt abgenommen. Die universitäre Schwerpunktprüfung wird dagegen von der Universität abgenommen.

3. Kirchliche Prüfungen

Die kirchliche Prüfung wird gleichermaßen wie das Studium von der jeweiligen Landeskirche geregelt und von ihr[348] oder der Hochschule abgenommen. Dies soll sich zukünftig jedoch ändern. Jedenfalls hat die KMK in den Eckpunkten für die Studienstruktur in Studiengängen mit Katholischer oder Evangelischer Theologie/Religion angedeutet, dass die Studiengänge in Bachelor- und Magisterstudiengänge überführt werden sollen. Damit werden die Prüfungen zukünftig allein von der Hochschule abgenommen. Bei Entscheidungen über Prüfungs-, Promotions- und Habilitationsordnungen ist allerdings auch weiterhin die zuständige Kirche mit dem Ziel des Einvernehmens zu beteiligen.[349] **144**

4. Prüfverfahren

Der Studierende wird auf Antrag zur Prüfung zugelassen, wenn er die in der Prüfungsordnung normierten Voraussetzungen erfüllt. Voraussetzung für die Zulassung zur Prüfung ist insbesondere, dass der Studierende zumindest im Semester der Zulassung zur Prüfung bzw. während der Prüfung immatrikuliert ist. Im Hochschulgesetz des Landes Nordrhein-Westfalen ist ausdrücklich festgeschrieben, dass die Studierenden während der Hochschulprüfungen, staatlichen und kirchlichen Prüfungen eingeschrieben sein müssen.[350] Mit der Zulassung zur Prüfung wird ein **Prüfverhältnis** begründet, das für die Beteiligten **145**

Justizministerium von Nordrhein-Westfalen hatte am 14.5.2007 angekündigt, die Juristenausbildung auf Bachelor und Master umzustellen, becklink 223850; *Groß*, Bologna für Juristen?, NordÖR 2008, S. 297 ff.; *Katzenstein*, Der Bologna-Prozess und die universitäre Juristenausbildung, DÖV 2006, S. 709 ff.
347 Vgl. beispielsweise § 10 Abs. 1 BremJAPG.
348 Sog. Erstes theologisches Examen.
349 So beispielsweise Evangelischer Kirchenvertrag Brandenburg vom 1.1.2002.
350 § 63 Abs. 1 S. 1 NWHG.

Rechte und Pflichten begründet.[351] Das Prüfverhältnis endet mit dem Bestehen oder endgültigen Nichtbestehen der Prüfung.[352] Der Studierende kann sich, nachdem er sich zur Hochschulprüfung angemeldet hat, nicht durch eine Exmatrikulation der Prüfung entziehen.[353] Aus Art. 12 GG kann nicht das Recht hergeleitet werden, ein einmal begonnenes Prüfungsverfahren ohne Rechtsnachteil abzubrechen und zu einem frei gewählten Zeitpunkt fortzusetzen.

146 In Bezug auf die Ladung und das sonstige Prüfungsverfahren sind die Regelungen in der Prüfungsordnung zu beachten. Ein Verstoß gegen die Bestimmungen ist in der Regel erst beachtlich, wenn das Recht der Studierenden auf Wahrung der **Chancengleichheit** (Art. 3 GG) verletzt ist.[354] Die Prüfungsbedingungen müssen für alle gleich sein. Geringfügige Beeinträchtigungen bleiben außer Betracht.

Den Prüfling trifft im Prüfverfahren die Obliegenheit, Mängel im Prüfverfahren unverzüglich geltend zu machen **(Rügepflicht).**[355] Hierdurch soll der Prüfbehörde die Möglichkeit gegeben werden, Mängel zeitnah aufzuklären und ihnen gegebenenfalls abzuhelfen.[356] Kommt der Prüfling der Rügepflicht nicht nach, ist ihm im Einzelfall nach dem Grundsatz von Treu und Glauben eine nachträgliche Berufung auf einen (angeblichen) Verfahrensfehler verwehrt.[357]

147 Aus Art. 12 GG lässt sich zwar kein Anspruch darauf herleiten, Prüfungen unbeschränkt wiederholen zu dürfen.[358] Im Sinne einer nicht übermäßigen Beschränkung der Berufswahl ist jedoch eine einmalige **Wiederholungsmöglichkeit** geboten.[359] Die klassische Form der Begrenzung der Wiederholungsmöglichkeiten eignet sich im Leistungspunktesystem und den studienbegleitenden Prüfungen jedoch nicht. In Betracht kommt stattdessen die Einführung von so genannten **Maluspunkte**n. Hiermit in der Wirkung zu vergleichen ist das so genannte **Belegpunktesystem.** Danach folgt ein Ausschluss von der Prüfung, wenn die Anzahl der noch zur Verfügung stehenden Belegpunkte die Anzahl der noch für den Abschluss notwendigen Leistungspunkte unterschreitet. Das

---

351 *Haase*, in: Johlen/Oerder (Hrsg.), Münchener Anwaltshandbuch, Verwaltungsrecht, 3. Auflage 2012, § 16 Rn. 14.
352 OVG Münster, Urteil vom 27.1.1993 – 22 A 992/91, juris, Rn. 29.
353 BayVGH, Beschluss vom 25.8.2009 – 7 ZB 09.1832, juris; VG Trier, Urteil vom 28.4.2010 – 5 K 701/09.TR, becklink 1000431.
354 Hierzu eingehend *Niehues/Fischer*, Prüfungsrecht, 6. Auflage, 2014, Rn. 111 ff.
355 BVerwG, Urteil vom 22.6.1994 – 6 C 37/92, juris.
356 BVerwG, Urteil vom 22.6.1994 – 6 C 37/92, juris.
357 OVG Münster, Beschluss vom 15.9.2005 – 14 A 2778/04, juris; OVG Lüneburg, Beschluss vom 22.12.2003 – 2 NB 394/03, juris.
358 BVerwG, Beschluss vom 3.11.1986 – 7 B 108/86, NVwZ 1987, S. 987 f. (979).
359 BVerwG, Beschluss vom 7.3.1991 – 7 B 178/90, juris.

OVG Berlin hat mit Urteil vom 17.12.2008 festgestellt, dass die Regeln über ein Belegpunktesystem keinen unverhältnismäßigen Eingriff in die Rechte der Studenten darstellen und daher in materieller Hinsicht wirksam sind.[360] Es ist außerdem zu beachten, dass Prüfungsleistungen nur von Personen bewertet werden dürfen, die selbst mindestens die durch die Prüfung festzustellende oder eine gleichwertige Qualifikation besitzen.[361]

---

[360] Az.: 10 A 1.08, 10 A 1/08, BeckRS 2009, 39067, S. 10.
[361] § 15 Abs. 4 HRG; § 62 Abs. 3 BremHG.

C. Forschung

I. Forschungsbegriff und Forschungsauftrag der Hochschulen

Neben Studium, Lehre sowie Weiterbildung gehört die **Forschung** zu den **maß-** **geblichen Aufgaben der Hochschulen**, wie sich aus § 2 Abs. 1 Satz 1 HRG sowie den entsprechenden Aufgabenzuweisungen der Landeshochschulgesetze[1] ergibt. Die Bedeutung der Forschung im Zusammenhang mit der Wissenschaftsfreiheit ist bereits an anderer Stelle hervorgehoben worden.[2] Die Forschungsfreiheit gilt neben der Lehrfreiheit somit als die zentrale Einzelgewährleistung der Wissenschaftsfreiheit aus Art. 5 Abs. 3 GG. Dabei kann die traditionell enge Verknüpfung von Forschung und Lehre im Sinne des Humboldtschen Bildungsideals auch in dieser Form bis heute Geltung beanspruchen. 1

Die Forschungsfreiheit zielt vorrangig auf das dem Grundrecht zugeschriebene Erkenntnisstreben. In der Weiterentwicklung des vom BVerfG[3] entwickelten Forschungsbegriffs, wonach Forschung der „nach Inhalt und Form ... ernsthafte und planmäßige Versuch zur Ermittlung der Wahrheit" sei, welche zum Ziel habe, „in methodischer, systematischer und nachprüfbarer Weise neue Erkenntnisse zu gewinnen", hat diese Definition in ihrer einfachgesetzlichen Ausprägung den Bezug zur Gewinnung neuer wissenschaftlicher Erkenntnisse durch wissenschaftliche Methoden in einem betreffenden Fachgebiet erfahren.[4] Ungeachtet der verfassungsrechtlichen Bedeutung der Wissenschaftsfreiheit findet sich eine einfachgesetzliche Ausgestaltung namentlich im HRG sowie den Landeshochschulgesetzen. So hat etwa § 22 HRG ausdrücklich die Aufgabe der Forschung in den Hochschulen sowie – weitergehend – die Koordination der Forschung unter den Hochschulen festgeschrieben, die Veröffentlichung der Forschungsergebnisse vorgeschrieben (§ 24 HRG) sowie Regelungen zur Drittmittelforschung (§ 25 HRG) getroffen und die Erstreckung der Forschungsfreiheit auf Entwicklungsvorhaben (§ 26 HRG) geregelt. Entsprechende eigene Abschnitte, die die Forschung an Hochschulen betreffen, finden sich in den Landeshochschulgesetzen.[5] Unterschiede hinsichtlich des Gewährleistungsge- 2

---

1 Vgl. Art. 2 Abs. 1 S. 1 BayHG; § 4 Abs. 1 S. 1 BerlHG; § 3 Abs. 1 BrbHG; § 3 Abs. 1 S. 1 Nr. 1 NHG; § 3 Abs. 1, 2 NWHG.
2 Siehe A.II.1.a.aa.
3 BVerfG, Urteil vom 29.5.1973 – 1 BvR 424/71 und 325/72, BVerfGE 35, 79 (113); BVerfG, Beschluss vom 1.3.1978 – 1 BvR 333/75 und 174, 178, 191/71, BVerfGE 47, 327 (367).
4 Vgl. auch *Krüger*, in: Flämig/Kimminich (Hrsg.), WissR-Handbuch, Band 1, 2. Auflage, 1996, S. 262.
5 So etwa Art. 6–9 BayHG; §§ 37–42 BerlHG; §§ 33, 34 BrbHG; §§ 70, 71 NWHG.

halts ergeben sich indes nicht. Konstituierend für den Begriff der Forschung ist, dass dieser durch Schrifttum und Rechtsprechung anhand bestimmter objektiver und subjektiver Merkmale konkretisiert wird.[6] **In objektiver Hinsicht** zeichnet sich **wissenschaftliche Forschung** vor allem dadurch aus, dass sie von der Einhaltung bestimmter Grundregeln der Logik abhängig ist und – darauf basierend – eine Nachvollziehbarkeit des Gedankengangs bzw. Experiments zu fordern ist.[7] Über diese objektiven Merkmale hinaus existieren – je nach Fachgebiet – **besondere subjektive Merkmale**, nach denen im jeweiligen Fachgebiet Forschung im Sinne wissenschaftlicher Erkenntnis zu betreiben ist. Der subjektive Charakter ergibt sich daraus, dass diese Merkmale als übereinstimmende Kriterien aller Wissenschaftler des jeweiligen Fachgebiets angesehen werden. Weiter ist zu berücksichtigen, dass Forschung jedenfalls ein Bemühen voraussetzt, wissenschaftliche Erkenntnis zu erstreben, die von einer Unabgeschlossenheit und mangelnden Fixierung auf bestimmte Ausgangspunkte und Methoden gekennzeichnet sind. In Letzterem besteht gleichsam ein wichtiges Wesensmerkmal des Forschungsbegriffs, da ein bloßes unkritisches Voraussetzen bestimmter Ausgangspunkte, Methoden oder Rahmenbedingungen und ihre Nichtreflektion schon begrifflich ausschließen, dass es sich bei der jeweiligen Tätigkeit um Forschung im Sinne der Wissenschaftsfreiheit handelt.

3 Forschung in dem soeben beschriebenen Sinne ist grundsätzlich und zuvörderst an den Hochschulen – und hier unabhängig davon, ob es sich um eine universitäre oder aber sonstige Einrichtung des tertiären Sektors handelt – zu verorten; daneben finden sich auch Forschungseinrichtungen außerhalb der Hochschule (hierzu noch näher III.). Wenngleich die Unterscheidung einzelner Kategorien – etwa Grundlagenforschung, angewandte Forschung oder Ressortforschung – für die Bestimmung des Forschungsbegriffs keine wesentliche Rolle spielt, handelt es sich gleichwohl um Abgrenzungsmerkmale, die für die institutionelle Zuordnung der unterschiedlichen Forschungsaufgaben und Inhalte von praktischer Relevanz sind. Nicht zuletzt hängt von der Zuordnung der jeweiligen Forschungskategorie zu einer Institution ab, welche wissenschaftlichen Mindeststandards Geltung beanspruchen sollen. Die Zuordnung zu einer bestimmten **Wissenschaftsgemeinschaft ("scientific community")**, welche nach Hochschultypen variiert und unterschiedlichen Maßstäben zu genügen hat (etwa Grundlagenforschung gegenüber angewandter Forschung), bestimmen den Rahmen, aus dem die jeweiligen fachlichen Standards abzuleiten sind. In diesem Kontext sind die in der Hochschulpraxis in jüngerer Zeit vorzufinden-

---

6 Vgl. *Krüger*, in: Flämig/Kimminich (Hrsg.), WissR-Handbuch, Band 1, 2. Auflage, 1996, S. 262.
7 *Krüger*, in: Flämig/Kimminich (Hrsg.), WissR-Handbuch, Band 1, 2. Auflage, 1996, S. 262.

den **Richtlinien zur Sicherung guter wissenschaftlicher Praxis** und zum Umgang mit wissenschaftlichem Fehlverhalten, die dem universitären Innenrecht zuzuordnen sind, einzuordnen. Sie bilden als Negativabgrenzung den Rahmen, der bei Überschreitung bzw. Missachtung allgemein anerkannter fachlicher Standards und Methoden eine nicht wissenschaftskonforme und damit nicht mehr als wissenschaftliche Forschung zu bezeichnende Verhaltensweise definiert. Der Forschungsauftrag der Hochschulen und der übrigen außerhochschulischen Forschungseinrichtungen bedingt die Forschungsfreiheit der Forscher selbst. Er lässt sich – wie angedeutet – in gewisse Grundkategorien einteilen, die wegen ihrer praktischen Bedeutung nachfolgend dargestellt werden sollen.

1. Grundlagenforschung

Im Universitätsbereich angesiedelt ist die Grundlagenforschung, soweit diese 4
nicht im Rahmen der außeruniversitären Forschung durch bestimmte Forschungseinrichtungen – allen voran den Instituten der Max-Planck-Gesellschaft (MPG) – wahrgenommen wird. Dieser gleichsam klassische Bereich der Forschung definiert sich dadurch, dass Forschung als Erkenntnisstreben mit dem alleinigen Ziel erfolgt, die wissenschaftlichen Erkenntnisse zu erweitern, ohne dabei vordergründig die praktische Anwendbarkeit von Ergebnissen oder aber auch nur einen Anwendungsbezug zu verfolgen.[8] Dass mit dieser überkommenen Definition nicht viel gewonnen ist, wird deutlich, wenn man bedenkt, dass die so erlangten Erkenntnisse der Grundlagenforschung auch mittelbar in weiterführende Forschungen *mit* Anwendungsbezug einfließen können. So scheint es angezeigt, hier eine weitere Unterscheidung vorzunehmen, und sei diese auch nur gradueller Natur: Es erscheint insbesondere sachgemäß, die auch für die Praxis nutz- und fruchtbare Grundlagenforschung als **„anwendungsorientierte Grundlagenforschung"** zu bezeichnen und in Abgrenzung hierzu für die Bereiche, in denen es an jedem Anwendungsbezug fehlt, von **„reiner Grundlagenforschung"** zu sprechen. Insbesondere in Übereinstimmung mit der Rechtsprechung des BVerfG[9] kann in beiden Varianten der Grundlagenforschung, d.h. auch im Falle der reinen Grundlagenforschung, immer vorausgesetzt werden, dass diese zur Erreichung eines – wenngleich nicht immer ex ante definier-

---

[8] Vgl. *Trute*, Die Forschung zwischen grundrechtlicher Freiheit und staatlicher Institutionalisierung, 1994, S. 97 ff.; siehe auch *Meusel*, Außeruniversitäre Forschung im Wissenschaftsrecht, 2. Auflage, 1999, S. 2 ff.
[9] BVerfG, Urteil vom 29.5.1973 – 1 BvR 424/71 und 325/72, BVerfGE 35, 79 (113).

ten – Ziels erfolgt, das weiterführenden Forschungsaufgaben mindestens als Grundlage dient. Während sich die anwendungsorientierte Grundlagenforschung durch die bereits im Forschungsgegenstand angelegte spätere Praxisrelevanz äußert, ist nämlich auch die reine Grundlagenforschung nicht zweckfrei zu betreiben. In diesem Fall besteht der Zweck darin, mindestens den jeweiligen Stand der Forschung durch die Gewinnung neuer wissenschaftlicher Erkenntnisse zu erweitern.

5   Bei allen Abgrenzungsfragen, die sich im Zusammenhang mit der Grundlagenforschung stellen, bleibt im Ergebnis anzumerken, dass auch diese Forschungskategorie von einer grundsätzlich einheitlichen Struktur geprägt ist. Zudem ist eine Verortung der Grundlagenforschung nicht nur an den Universitäten oder Instituten der MPG vorzufinden, sondern auch in Einrichtungen, die üblicherweise eher im Bereich der angewandten Forschung angesiedelt sind, etwa industrielle Großforschungseinrichtungen oder die Institute der Fraunhofer Gesellschaft, so dass im Ergebnis vieles dafür spricht, die **Grundlagenforschung als Einheit** zu begreifen.

2. Angewandte Forschung

6   Neben die soeben behandelte Grundlagenforschung tritt begrifflich die **angewandte Forschung als weitere Kategorie.** Die Terminologie ist insoweit allerdings nicht immer einheitlich; es existieren zudem Begriffe wie „Zweckforschung" bzw. „anwendungsorientierte Forschung", die zumeist synonym gebraucht werden. Der wesentlich treffendere Begriff der angewandten Forschung erscheint – gerade in Abgrenzung zur Grundlagenforschung – als besonders geeignet, da hieran die Fokussierung auf bestimmte Forschungsziele deutlich wird, bei denen die Bedürfnisse der Praxis, mithin also der Anwendungsbezug, maßgeblich im Vordergrund stehen.[10] Im Unterschied und in Abgrenzung zur anwendungsorientierten Grundlagenforschung im oben beschriebenen Sinne versteht sich die angewandte Forschung im engeren Sinne als eine Forschung, bei der schon der Gegenstand des jeweiligen Forschungsvorhabens den **Anwendungs- bzw. Praxisbezug** belegt. Dies bedeutet indes nicht – andernfalls wäre angewandte Forschung auch nicht mit dem zuvor dargestellten Forschungsbegriff im Sinne der Wissenschaftsfreiheit nach Art. 5 Abs. 3 GG vereinbar –, dass angewandte Forschung in ihrer Methodik nicht auch wissenschaftlichen Gesetzmäßigkeiten und Grundsätzen folgte. Hinzu kommt aller-

---

10 *Meusel*, Außeruniversitäre Forschung im Wissenschaftsrecht, 2. Auflage, 1999, S. 2.

dings eine grundsätzliche Orientierung auch auf die wirtschaftliche Umsetzbarkeit und gesellschaftliche Nutzbarmachung des mit der Forschung verfolgten Zieles. Demgemäß findet sich angewandte Forschung im Unterschied zur Grundlagenforschung auch und vor allem in Großforschungseinrichtungen der Industrie sowie in den Einrichtungen der Fraunhofer Gesellschaft. Im Bereich der Hochschulforschung ist die angewandte Forschung traditionell an den Technischen Universitäten bzw. Hochschulen sowie ganz maßgeblich an den Fachhochschulen angesiedelt, für die der Auftrag zu angewandter Forschung konstituierendes Merkmal ist. Die angewandte Forschung ist wegen ihres Bezuges zur gesellschaftlichen Nutzbarmachung der Forschungsergebnisse in anderer Weise auf spezielle Formen und Maßnahmen der Forschungsförderung und Forschungsfinanzierung angewiesen. So spielen etwa das Drittmittelaufkommen und die Drittmitteleinwerbung neben der Inanspruchnahme spezieller Projekt- und Forschungsprogramme und die Auftrags- und Vertragsforschung in dieser Kategorie der Hochschulforschung eine herausgehobene Rolle, die im Zuge der Weiterentwicklung zur „managerial university" an Bedeutung auch an den Universitäten zunehmen wird.

3. Drittmittelforschung

Konnten Grundlagenforschung einerseits und angewandte Forschung andererseits noch im Wesentlichen bestimmten Hochschultypen bzw. außerhochschulischen Forschungseinrichtungen zugeordnet werden, so verhält es sich mit der Kategorie der Drittmittelforschung insoweit anders, als diese aus Mitteln privater (auch: öffentlicher) Dritter finanzierte und zum Teil auch erst ermöglichte Forschung an allen Hochschultypen gleichermaßen verbreitet ist. Die Drittmittelforschung hat ihre gesetzliche Grundlage in § 25 HRG sowie den entsprechenden Vorschriften der Landeshochschulgesetze[11], die allesamt Vorgaben für Organisation und Durchführung der Forschung mit Mitteln Dritter vorsehen. Die Drittmittelforschung ist nach dem gesetzgeberischen Willen grundsätzlich darauf ausgerichtet, die **staatlich finanzierte Forschung zu ergänzen**[12] (vgl. § 25 Abs. 1–3 HRG) und sichert zudem das Recht, die Abwicklung und Durchführung der Drittmittelforschung ohne staatliche Beteiligung zu gewährleisten (§ 25 Abs. 4 HRG).

Von Drittmittelforschung ist begrifflich dann auszugehen, wenn ein Forschungsprojekt nicht aus staatlichen Mitteln der Hochschule (also Haushalts-

7

8

---

11 So z.B. Art. 8 BayHG; § 40 BerlHG; § 34 BrbHG; § 71 NWHG; § 59 ThürHG.
12 Vgl. *Löwer*, in: Hailbronner/Geis (Hrsg.), Das Hochschulrecht in Bund und Ländern, § 25 HRG Rn. 9; *Reich*, Hochschulrahmengesetz, Kommentar, 11. Auflage, 2012, § 25 Rn. 1.

mitteln, die für Forschungsaufgaben in den Hochschulhaushalt eingestellt sind) erfolgt, sondern diese Projekte aus Mitteln Dritter zu bestreiten sind.[13] Forschung, die in diesem Sinne als Drittmittelforschung einzuordnen ist, gilt als Teil der regulären Hochschulforschung und unterfällt somit dem Forschungsauftrag der Hochschulen. Drittmittelforschung unterliegt daher – abgesehen von spezialgesetzlichen Voraussetzungen, die sich etwa in § 25 HRG finden – den Vorschriften, die für die Hochschulforschung im Allgemeinen nach Maßgabe der Hochschulgesetze gelten.[14] Das Recht der Drittmittelforschung steht grundsätzlich nur den in der Forschung selbständig tätigen Hochschulmitgliedern – also den Professoren – zu. Insofern enthält § 25 HRG eine die gewöhnlichen dienstlichen Aufgaben erweiternde Vorschrift des Inhalts, dass die Durchführung der dienstlichen Aufgaben in der Forschung ausdrücklich auch unter Verwendung von Drittmitteln erfolgen darf. Folglich zählt die **Drittmittelforschung** kraft gesetzlicher Regelung zu den **dienstlichen** und somit hauptamtlichen **Tätigkeiten der Hochschullehrer**. Eine Einschränkung ist lediglich insoweit zu den herkömmlichen Forschungsaufgaben als dienstlichen Aufgaben festzustellen, als Drittmittelvorhaben die übrigen Aufgaben in Studium und Lehre sowie Weiterbildung nicht beeinträchtigen dürfen. Mit dem Umstand, dass es sich bei der Drittmittelforschung um einen Teil der hauptamtlichen Aufgaben der Hochschulmitglieder handelt, korrespondiert die gesetzliche Maßgabe in § 25 Abs. 4 HRG bzw. den entsprechenden Regelungen in den Landeshochschulgesetzen, dass die Drittmittel regelmäßig durch die Hochschule zu verwalten sind. Hierdurch sollen insbesondere die bereits erwähnten und in der Drittmittelforschung angelegten Konflikte in der Hochschule, die durch die Inanspruchnahme von Personal- und Sachmitteln und sonstigen Einrichtungen der Hochschule entstehen, vermieden werden. Auf diese Weise wird nicht nur dem auch für die Drittmittelforschung geltenden öffentlichen Interesse des Forschungsauftrages der Hochschule genüge getan, sondern auch Vorkehrungen zur Sicherung der Unabhängigkeit des Hochschullehrers getroffen. Hier sind auch strafrechtliche Aspekte, insbesondere hinsichtlich § 331 Abs. 1 StGB (Vorteilsannahme), zu beachten. Insoweit ist die Befolgung entsprechender verbindlicher **Drittmittelrichtlinien** in den Ländern zur Sicherung der erforderlichen Transparenz unbedingt angezeigt. Zum Teil finden sich im Landeshochschulrecht zudem ausdrückliche Transparenzvorschriften (so z.B. in § 41a BWHG), die zu besonderer Offenlegung etwa in Form eines Registers verpflichten. Rechtliche Bezüge bestehen auch zum Steuerrecht. Allerdings sind die steuerrechtlichen Anforderungen an die Drittmittelforschung insoweit klar umrissen, als

---

13 *Reich*, Hochschulrahmengesetz, Kommentar, 11. Auflage, 2012, § 25 Rn. 2.
14 *Reich*, Hochschulrahmengesetz, Kommentar, 11. Auflage, 2012, § 25 Rn. 4.

nach § 4 Nr. 21a UStG Drittmittelforschung als steuerfrei gilt, soweit es sich nicht um Tätigkeiten ohne jeglichen Forschungsbezug handelt, und die jeweiligen Wissenschafts- und Forschungseinrichtungen als Körperschaften des öffentlichen Rechts von der Körperschaftsteuer befreit sind (§ 5 Abs. 1 Nr. 23 Hs. 1 KStG), was im Regelfall eine steuerfreie Drittmittelforschung gewährleistet.

Die Bedeutung der Drittmittelforschung hat im Zuge der Etablierung der „managerial university" erheblich zugenommen, wobei der Schwerpunkt im Bereich der anwendungsbezogenen Forschung zu verorten ist.[15] In der Folge dieser Entwicklung haben allerdings auch die Problemstellungen zugenommen, die sich im Zusammenhang mit der Drittmittelforschung ergeben. Eine grundlegende Frage ist in diesem Kontext, wo – etwa innerhalb oder außerhalb der Hochschule – Drittmittelforschung anzusiedeln ist bzw. stattfindet. Es ergeben sich namentlich Konflikte mit dem Nebentätigkeitsrecht des Drittmittelforschers, der etwa zur Durchführung von Drittmittelforschungsvorhaben Einrichtungen und Personal sowie sonstige Sachmittel der Hochschule in Anspruch nimmt. Hier fallen im Einzelfall die Abgrenzungen zur Nebentätigkeit nicht immer leicht, wobei stets zu fordern ist, dass es sich in der Sache entweder um Drittmittelforschung im Sinne von § 25 HRG bzw. einer entsprechenden Regelung des Landeshochschulrechts oder aber um eine Nebentätigkeit handelt, für die die besonderen Vorschriften der Nebentätigkeitsverordnungen und übrigen Regelungen gelten.[16] Insofern kommt der Drittmittelforschung eine Relevanz auch für das Hochschullehrerrecht, welches im Kern besonderes Beamtenrecht darstellt, zu.

II. Forschung außerhalb der Hochschule

Ungeachtet des gesetzlich festgelegten Forschungsauftrages der Hochschulen findet wissenschaftliche Forschung – dies ist bereits mehrfach angedeutet worden – nicht nur an Universitäten, Fachhochschulen sowie sonstigen Hochschultypen statt, sondern ist im deutschen Wissenschaftsraum traditionell auch in Einrichtungen und Organisationen außerhalb der Hochschulen vorzufinden. Sowohl der Begriff der außeruniversitären Forschung als auch die Typologie der einzelnen Einrichtungen, an denen außeruniversitär Forschung betrieben wird, ist trotz eingehender Kategorisierungsversuche noch immer uneinheitlich geblieben.[17] Dies mag vor allem darin begründet liegen, dass sich außerhochschu-

---

15 Vgl. *Reich*, Hochschulrahmengesetz, Kommentar, 11. Auflage, 2012, § 25 Rn. 1.
16 Siehe hierzu unten D.III.7.
17 Vgl. etwa *Meusel*, Außeruniversitäre Forschung in der Verfassung, in: Zeitträger (Hrsg.), In Sachen außeruniversitäre Forschung, 1996, S. 35 ff. (65); *ders.*, Rechtsprobleme der außeruni-

lische Forschung nicht strukturiert herausgebildet hat, sondern aufgrund spezifischer Bedürfnisse an und in unterschiedlichen Einrichtungen außerhalb der Universitäten, später auch außerhalb anderer Hochschultypen, entstanden ist. Um im Rahmen dieses Kompendiums einen Überblick zu geben, der den unterschiedlichen Zielrichtungen außeruniversitärer Forschung annähernd gerecht wird, wird im Folgenden zwischen den gewissermaßen klassischen außeruniversitären Forschungseinrichtungen (1.) und der sogenannten Ressortforschung, die mit anderer Zielrichtung im Geschäftsbereich bestimmter Ministerien angesiedelt ist (2.), unterschieden. Diese Einteilung ist indes keineswegs zwingend; sie soll lediglich die jeweils unterschiedlichen Zielsetzungen und Ausrichtungen der Forschung außerhalb der Hochschule illustrieren.

1. Außeruniversitäre Forschungseinrichtungen

11   Außeruniversitäre Forschung meint bereits begrifflich diejenige **Forschung, die außerhalb der Hochschulen organisiert ist**. Außeruniversitäre Forschungseinrichtungen haben sich nicht etwa erst in den vergangenen Jahrzehnten in der Bundesrepublik herausgebildet, sind also keineswegs ein Phänomen der Wissenschaftslandschaft der Nachkriegszeit. Die Gründung der zum Teil heute noch bestehenden außeruniversitären Wissenschafts- und Forschungseinrichtungen liegt bereits wesentlich weiter zurück und kennt Vorläuferorganisationen, die auf eine längere Geschichte verweisen können. Als bekanntes Beispiel sei in diesem Zusammenhang etwa auf die unmittelbar nach dem Ersten Weltkrieg gegründete **„Notgemeinschaft der deutschen Wissenschaft"** als eine frühe Forschungsförderungsorganisation und Vorläuferin der heutigen **Deutschen Forschungsgemeinschaft** genannt. Vor diesem Hintergrund erklärt sich auch die besondere Bedeutung, die diese Organisationsform der Forschung in Deutschland insbesondere gegenüber anderen europäischen Staaten genießt.

12   **Unter den außeruniversitären Forschungseinrichtungen** kann eine **grundsätzliche Zweiteilung** vorgenommen werden. Zum einen existieren als **eigenständige Forschungseinrichtungen**, d.h. solche, die *selbst* wissenschaftliche Forschung betreiben, zum anderen **Forschungsförderungseinrichtungen**. Bei den eigenständigen Forschungseinrichtungen handelt es sich um Institutionen, die zumeist einer übergeordneten Dachgesellschaft angehören. In diesen Zusammenhang fallen vor allen Dingen die nachfolgend genannten Einrichtungen:

---

versitären Forschung, in: Zeitträger (Hrsg.), In Sachen außeruniversitäre Forschung, 1996, S. 85 ff. (91).

- Die **Max-Planck-Gesellschaft zur Förderung der Wissenschaften (MPG)**, die als gemeinnütziger eingetragener Verein mit Sitz in Berlin und Verwaltungssitz in München organisiert ist. Ihre Aufgabe ist es, die Wissenschaft durch die Unterhaltung von Forschungsinstituten zu fördern.[18] Gegenwärtig bestehen rund 80 rechtlich unselbständige Max-Planck-Institute als Forschungseinrichtungen. Die Institute der MPG sind überwiegend im Bereich der natur-, sozial- und geisteswissenschaftlichen Grundlagenforschung tätig und verfügen häufig über enge Kooperationen mit den Universitäten. Zum Ausbau dieser Kooperationen sind in den vergangenen Jahren überdies sogenannte Max-Planck-Forschungsgruppen (MPFG) ins Leben gerufen worden.

- Die **Fraunhofer-Gesellschaft**, die im Jahre 1949 gegründet wurde und deren Ziel es ist, vor allem anwendungsorientierte Forschung mit einem unmittelbaren Nutzen für die Wirtschaft bzw. Gesellschaft durchzuführen.[19] Die Fraunhofer-Gesellschaft hat als Dachorganisation ihren Sitz in München und betreibt zur Zeit mehr als 80 Forschungseinrichtungen, darunter 59 Institute, an 40 Standorten in Deutschland. Die Forschungseinrichtungen sind im Wesentlichen auf die Natur- und Ingenieurwissenschaften ausgerichtet.

- Die **Helmholtz-Gemeinschaft Deutscher Forschungszentren e.V.** (Helmholtz-Gemeinschaft), die 2001 gegründet wurde und ihren Sitz in Berlin und Bonn hat.[20] Die Helmholtz-Gemeinschaft gilt mittlerweile als größte Wissenschaftsorganisation in Deutschland und ist im Bereich der sogenannten Großforschung angesiedelt. Sie ist hervorgegangen aus dem früheren „Arbeitsausschuss für Verwaltungs- und Betriebsfragen der deutschen Reaktorstationen" (1958), die von den Forschungszentren Karlsruhe und Jülich sowie der früheren Gesellschaft für Kernenergieverwertung Schiffbau und Schifffahrt sowie einigen Kernforschungsinstituten von Universitäten ins Leben gerufen worden war und in der Folge in der früheren „Arbeitsgemeinschaft der Großforschungseinrichtungen" aufgegangen ist. Der heutige Mitgliedsverbund der Helmholtz-Gemeinschaft ist als eingetragener Verein organisiert und hat, bestehend aus 16 unabhängigen Forschungszentren, die Aufgabe, im Bereich der naturwissenschaftlich-technischen und biologisch-medizinischen Forschung, die „großen und drängenden Fragen von Wissenschaft, Gesellschaft und Wirtschaft zu beantworten".[21]

---

18 Vgl. http://www.mpg.de/146082/organisation.
19 Vgl. http://www.fraunhofer.de/ueber-fraunhofer.
20 Vgl. näher http://www.helmholtz.de.
21 Vgl. http://www.helmholtz.de/ueber_uns/mission/.

16 – Die **Wissenschaftsgemeinschaft Gottfried Wilhelm Leibniz e.V.** (Leibniz-Gemeinschaft) als ein Zusammenschluss deutscher Forschungsinstitute unterschiedlicher Fachrichtungen. Gegenwärtig zählen zur Leibniz-Gemeinschaft rund 87 außeruniversitäre Forschungsinstitute sowie weitere Serviceeinrichtungen für die Forschung.[22] Die Leibniz-Institute sind darauf ausgerichtet, Grundlagenforschung und Anwendungsbezug zu verbinden. Sie decken ein Spektrum ab, das von den Natur-, Ingenieur- und Umweltwissenschaften über die Wirtschafts-, Sozial- und Raumwissenschaften bis zu den Geisteswissenschaften reicht.[23] Die heutige Leibniz-Gemeinschaft geht auf das sogenannte Königsteiner Staatsabkommen zurück, mit dem im März 1949 die deutschen Länder sich über die Finanzierung wissenschaftlicher Forschungseinrichtungen dergestalt verständigten, dass sie sich verpflichteten bei größeren Forschungseinrichtungen überregionaler Bedeutung zusammenzuwirken und insbesondere die erforderlichen Mittel zur Erfüllung der Forschungsaufgaben gemeinsam bereitzustellen.[24] Über den 1969 in das Grundgesetz eingefügten Art. 91b GG wurden die unter diesem Abkommen geführten Forschungseinrichtungen zur Gemeinschaftsaufgabe der Forschungsförderung zwischen Bund und Ländern erhoben.[25] Ab 1977 erschienen Forschungseinrichtungen, die in den Geltungsbereich des Abkommens und den Anwendungsbereich des Art. 91b Grundgesetz fielen, auf einer gesonderten Liste, die als „Blaue Liste" und die ihr angeschlossenen Institute als sogenannte „Blaue-Liste-Institute" bezeichnet wurden.[26] Nach Aufnahme von Forschungseinrichtungen aus der ehemaligen DDR ging im Jahre 1992 zunächst die Arbeitsgemeinschaft „Blaue Liste" hervor, welche bereits eine dachverbandsähnliche Organisationsstruktur bereithielt und welche drei Jahre später zunächst in „Wissenschaftsgemeinschaft Blaue Liste" und schließlich „Wissenschaftsgemeinschaft Gottfried Wilhelm Leibniz" (WGL) umfirmiert wurde.[27]

17 Zu den genannten außeruniversitären Forschungsorganisationen, die *selbst* Forschung betreiben (insbesondere durch eigene Forschungsinstitute), zählen neben kleineren Forschungseinrichtungen insbesondere noch die **wissenschaftlichen Akademien**. Sie zeichnen sich in Abgrenzung zu den Universitä-

---

22 Vgl. http://www.leibniz-gemeinschaft.de/?nid=pro&nidap=&print=0.
23 Vgl. http://www.leibniz-gemeinschaft.de/?nid=pro&nidap=&print=0.
24 Vgl. eingehend http://www.leibniz-gemeinschaft.de/ueber-uns/geschichte.
25 Vgl. eingehend http://www.leibniz-gemeinschaft.de/ueber-uns/geschichte.
26 Vgl. eingehend http://www.leibniz-gemeinschaft.de/ueber-uns/geschichte.
27 Vgl. eingehend http://www.leibniz-gemeinschaft.de/ueber-uns/geschichte.

ten dadurch aus, dass sie ganz maßgeblich der Forschung dienen, indem sie mit eigener wissenschaftlicher Tätigkeit und in Kooperation mit Wissenschaftlern und Forschungseinrichtungen des In- und Auslandes im Dienst der Wissenschaft stehen. In Deutschland existieren gegenwärtig acht größere wissenschaftliche Akademien, die überwiegend auf eine lange wissenschaftliche Tradition zurückblicken können. Sie sind in der **Akademienunion** (Union der deutschen Akademien der Wissenschaften) zusammengeschlossen.[28]

Unter den außeruniversitären Forschungseinrichtungen, die wie die genannten *eigene* Forschung betreiben, ist die privatrechtliche Organisationsform des eingetragenen Vereins vorherrschend. Dies gilt unabhängig von der Frage, ob die Finanzierung der jeweiligen außeruniversitären Forschung auch durch öffentliche Mittel erfolgt bzw. sich die jeweilige Dachorganisation auch aus juristischen Personen des öffentlichen Rechts rekrutiert.

Zu den außeruniversitären Forschungseinrichtungen, die vornehmlich selbst, d.h. durch Unterhaltung eigener Forschungsinstitute bzw. Zentren, Forschung betreiben, treten die **forschungs- bzw. forscherfördernden Organisationen**. Bei ihnen steht anders als bei den zuvor behandelten Einrichtungen die Bereitstellung von Mitteln für die Forschung bzw. einzelne konkrete Forschungsvorhaben im Vordergrund. Hierzu zählen vor allem die nachfolgend dargestellten Einrichtungen:

- Die **Deutsche Forschungsgemeinschaft (DFG)**,[29] welche mittlerweile als die zentrale Einrichtung zur Förderung der Wissenschaft und Forschung in der Bundesrepublik Deutschland gelten kann. Sie geht auf die 1920 gegründete Notgemeinschaft der Deutschen Wissenschaft zurück, welche nach dem Zweiten Weltkrieg 1949 als solche wiedergegründet wurde. Nach ihrer Aufgabenstellung ist die Deutsche Forschungsgemeinschaft eine von Bund und Ländern gemeinsam finanzierte und in der Rechtsform eines gemeinnützigen eingetragenen Vereins geführte Forschungsorganisation mit Sitz in Bonn. Nach dieser Aufgabenstellung wird die Deutsche Forschungsgemeinschaft in allen Zweigen der Wissenschaft durch finanzielle Unterstützung von Forschungsaufgaben und durch finanzielle Förderung der Zusammenarbeit unter den Forschern tätig. Das Spektrum der Forschungsförderung der DFG umfasst Einzelprojekte, Graduiertenkollegs, Forschungskooperationen und die Förderung von Forschungsinfrastruktur. Die Förderung zielt dabei auf universitäre bzw. innerhochschulische Forschungsvorhaben ab, für die antragsberechtigt neben Institutionen wie etwa Universitäten namentlich auch einzelne Wissenschaftler (ab der Promotion) sowie Zusammenschlüsse

---

28 Näher http://akademienunion.de/.
29 Vgl. http://www.dfg.de/.

von Forschern sind. Die DFG hält besondere Förderprogramme vor, etwa das Heisenberg-Programm als Förderprogramm für junge Nachwuchswissenschaftler, die sich auf eine wissenschaftliche Leitungsposition vorbereiten sollen (Heisenberg-Stipendium), oder das Emmy Noether-Programm, welches sich ebenfalls an herausragende Nachwuchswissenschaftler wendet, denen im Rahmen dieses Programms etwa die Leitung einer Nachwuchsgruppe übertragen wird. Neben diesen Maßnahmen der Einzelförderung liegt ein wesentlicher Schwerpunkt auf den koordinierten Programmen der Forschungsförderung wie den Sonderforschungsbereichen, Forschungszentren, Graduiertenkollegs oder Forschergruppen. Hierneben treten einzelne Wissenschaftspreise sowie eine zentrale Rolle der DFG im Rahmen der **Exzellenzinitiative des Bundes und der Länder**.

21 – Die **Alexander-von-Humboldt-Stiftung**, die als Stiftung des bürgerlichen Rechts privatrechtlich organisiert ist und die Aufgabe hat, die internationale Zusammenarbeit in der Forschung zu fördern.[30] Maßgeblich wird die Alexander-von-Humboldt-Stiftung tätig, um ausländischen Wissenschaftlern Forschungsaufenthalte in Deutschland zu ermöglichen. Sie wurde bereits 1860 nach dem Tode Alexander von Humboldts in Berlin gegründet und erfuhr nach einer wechselvollen Geschichte mit einer Neugründung 1925 ihre heutige Organisation durch Neugründung am 1. April 1953 in Bonn, wo sie auch gegenwärtig ihren Sitz hat. Seit 2008 verleiht die Alexander-von-Humboldt-Stiftung mit der Alexander-von-Humboldt-Professur den gegenwärtig am höchsten dotierten Preis für Forschung in Deutschland, der vom Bundesministerium für Bildung und Forschung (BMBF) aus dem internationalen Forschungsfonds für Deutschland finanziert wird.

22 – Der **Deutsche Akademische Austauschdienst (DAAD)**,[31] welcher eine Gemeinschaftseinrichtung der deutschen Hochschulen und der Studierendenschaften mit dem Ziel der Pflege der internationalen Beziehungen ist. Die Gründung des DAAD geht ursprünglich auf eine private studentische Initiative des Jahres 1925 zurück. Der DAAD wurde 1945 zunächst aufgelöst und dann 1950 wieder gegründet. Er hat seinen Sitz in Bonn. Als Forschungsförderungseinrichtung hat der DAAD neben seiner Tätigkeit auf dem Gebiete der Ermöglichung von Studienaufenthalten im Ausland und der Vergabe von Stipendien an ausländische und deutsche Studierende darin, dass auch der internationale Forschungsaustausch – etwa durch die Vergabe von Forschungsstipendien bzw. der Herstellung und Verbreitung von Informationen zu Forschungsmöglichkeiten im Ausland – betrieben wird.

---

30 Im Einzelnen näher http://www.humboldt-foundation.de.
31 Näher http://www.daad.de.

– Die **Volkswagenstiftung**,[32] die als privatrechtliche Stiftung 1961 im Zusammenhang mit der Regelung der Eigentumsverhältnisse am Volkswagenwerk und dessen Überführung in eine Aktiengesellschaft errichtet wurde. Sie hat ihren Sitz in Hannover und verfolgt als Stiftungszweck die Förderung der Wissenschaft in Forschung und Lehre.

23

Die hier getätigte Aufzählung außerhochschulischer Forschungs- und Forschungsförderungseinrichtungen erhebt keinen Anspruch auf Vollständigkeit, sondern will in erster Linie die in der Forschungspraxis häufig hervortretenden Einrichtungen benennen. Daneben erfolgt sowohl Forschungstätigkeit als auch Forschungsförderung durch eine Vielzahl größerer und kleinerer Organisationen, die indes ihren Schwerpunkt nicht immer ausschließlich im Umfeld der Forschung haben.

24

2. Ressortforschung

Neben die zuvor behandelten Bereiche der Forschung außerhalb der Hochschule tritt als eigenständiger Zweig noch die sog. Ressortforschung. Es handelt sich dabei um Forschungseinrichtungen, die im Geschäftsbereich eines Ministeriums liegen und im Regelfall rechtlich unselbständig sind. Ressortforschungseinrichtungen finden sich sowohl auf Ebene der Bundes- als auch der Landesministerien, wobei die meisten Einrichtungen auf Bundesebene angesiedelt sind. Im Vordergrund dieser Form außerhochschulischer Forschung steht das Bedürfnis nach einer anwendungsnahen **Politikberatung** durch entsprechende Forschungsaufträge. Zu den bundesweit bekannteren Einrichtungen der Ressortforschung zählen die **Bundesforschungsanstalten**, zu denen so unterschiedliche Einrichtungen wie z.B. die Physikalisch-Technische Bundesanstalt (Braunschweig und Berlin),[33] die Bundesanstalt für Materialforschung und -prüfung (Berlin)[34] oder das Robert-Koch-Institut (Berlin).[35] Ihnen ist häufig der **Status einer Bundesoberbehörde** zugeordnet, was ihre Einbindung in den Aufbau der unmittelbaren Bundesverwaltung unterstreicht. Die ihnen zugewiesenen Aufgabenbereiche sind vielfältig, indes immer an einer ressort- und damit politiknahen Auftragsforschung orientiert.

25

---

32 Näher http://www.volkswagen-stiftung.de/.
33 Im Geschäftsbereich des Bundesministeriums für Wirtschaft und Technologie.
34 Im Geschäftsbereich des Bundesministeriums für Wirtschaft und Technologie.
35 Im Geschäftsbereich des Bundesministeriums für Gesundheit.

3. Rechtsfragen der Forschung außerhalb der Hochschule und der Forschungsförderung

26 Die außerhalb der Universitäten – und weiteren Hochschultypen – betriebene Forschung hat trotz ihrer langen Tradition in Deutschland stets auch Anlass zu eingehenderer rechtlicher Betrachtung gegeben.[36] Die zentralen Fragestellungen in diesem Zusammenhang sind verfassungsrechtlicher Natur und betreffen neben Zuständigkeitsaspekten im Wesentlichen die Abgrenzung zur Forschung an Hochschulen sowie die damit verbundenen grundgesetzlichen Gewährleistungen im Kontext der Ermöglichung und Förderung von Forschung. Die **Gesetzgebungszuständigkeit für die außeruniversitäre Forschung** dürfte nach wie vor – d.h. auch nach der Föderalismusreform – deshalb außer Frage stehen, weil **Art. 74 Abs. 1 Nr. 13 GG** die Förderung der wissenschaftlichen Forschung nach wie vor als konkurrierende Zuständigkeit dem Bund zuweist und es sich bei dem ebenfalls fortbestehenden – und modifizierten – Art. 91b GG bei der Forschungsförderung nach wie vor um eine Gemeinschaftsaufgabe von Bund und Ländern handelt. Namentlich Art. 74 Abs. 1 Nr. 13 GG hat als eigentliche Kompetenznorm immer dem Bund die Befugnis verliehen, neben der Forschungsförderung im Hochschulbereich besonders auch im Bereich der außeruniversitären Forschung tätig zu werden, und zwar sowohl durch Bereitstellung finanzieller Förderung als auch durch Organisationsmaßnahmen. Durch Bundesgesetz können daher Förderungsmaßnahmen und Förderungsgrundsätze ebenso geregelt werden wie organisationsbezogene Maßnahmen. Gesetzgeberisch tätig ist der Bund allerdings vorwiegend bei der Förderung von Forschung an den Hochschulen geworden;[37] die außeruniversitäre Forschung im hier beschriebenen Sinne ist hingegen zumeist auf vertraglicher Grundlage – und damit verfassungsrechtlich als Gemeinschaftsaufgabe gemäß Art. 91b GG – verwirklicht worden. Ein Forschungsförderungsgesetz, welches auch die außeruniversitäre Forschung mit umfasste, existiert in der Bundesrepublik – im Unterschied zu Österreich und der Schweiz – bislang nicht. Im Wesentlichen sind Maßnahmen der Forschungsförderung bislang durch Maßnahmegesetze oder auf vertraglicher Grundlage zwischen Bund und Ländern (Art. 91b GG) umgesetzt worden.

27 Neben der Gesetzgebungskompetenz ist die **Verwaltungskompetenz für die Forschungsförderung** zu berücksichtigen, die sich mangels spezieller Regelungen an den allgemeinen Kompetenzbestimmungen des Grundgesetzes

---

36 Grundlegend vor allem *Meusel*, Außeruniversitäre Forschung im Wissenschaftsrecht, 2. Auflage, 1999.
37 *Meusel*, Außeruniversitäre Forschung im Wissenschaftsrecht, 2. Auflage, 1999, S. 121 f.

zu orientieren hat.³⁸ Es geht dabei um die Frage, welche Ebene im föderalen Staatsaufbau – also Bund oder Länder – für die Ausführung der auf Grundlage des Art. 74 Abs. 1 Nr. 13 GG ergangenen Bundesgesetze im Bereich der Forschungsförderung zuständig ist. Ausgangspunkt kann insoweit nur Art. 30 GG sein, wonach im Regelfall von einer Länderkompetenz auszugehen ist. Diese erfährt durch Art. 83 ff. GG eine Modifikation dahingehend, dass im Bereich der Ausführung von Bundesgesetzen von einem Vorrang der Länderexekutive auszugehen ist. Staatliche Maßnahmen der Forschungsförderung werden also nach Maßgabe von Art. 83, 84 GG durch die Länder ausgeführt.³⁹ Dieser verfassungsrechtliche Befund wird indes den vielfältigen Verflechtungen von Bund und Ländern im Bereich der Forschung nicht gerecht, weshalb in der Vergangenheit auch eine unmittelbare Finanzierungskompetenz (und damit eine Verwaltungskompetenz) unmittelbar aus Art. 74 Abs. 1 Nr. 13 GG gefolgert wurde,⁴⁰ was durch die dargestellte klare Kompetenzordnung des Grundgesetzes kaum vertretbar erscheint. Die Problematik ist indes infolge der Einfügung der Gemeinschaftsaufgabe nach Art. 91b GG im Jahre 1969 deutlich abgemildert werden, da auf dieser Grundlage auch der Bund als an sich unzuständige Ebene in die Durchführung von Forschungsförderungsmaßnahmen – auch und gerade im Bereich der außerhochschulischen Forschung – vertraglich eingebunden werden kann. Die Kompetenz ist mit Blick auf die jüngste Neufassung des Art. 91b GG (siehe oben A. Rn. 19) bezogen auf die außeruniversitäre Forschungsförderung unverändert geblieben.

Neben den kompetentiellen Fragen ist zudem relevant, ob **Einrichtungen** 28 **der außeruniversitären Forschung institutionelle Träger des Grundrechts der Wissenschaftsfreiheit** sein können, was für die staatlichen Hochschulen durchweg angenommen wird.⁴¹ Ist diese hinsichtlich des einzelnen, an einer nichthochschulischen Einrichtung tätigen Wissenschaftlers in Gestalt des Individualgrundrechts als subjektivem Abwehrrecht unstreitig gegeben, stellt sich die Frage, ob sich in vergleichbarer Weise auch die außerhochschulische Forschungseinrichtungen darauf berufen können. Hier dürfte Folgendes gelten: Da der Staat außeruniversitäre Forschung – unabhängig von der jeweils gewählten Rechtsform – grundsätzlich als öffentliche Aufgabe betrachtet und sie auch der Forschung an Hochschulen vergleichbar organisiert, bleibt im Ergebnis festzu-

---

38 *Meusel*, Außeruniversitäre Forschung im Wissenschaftsrecht, 2. Auflage, 1999 S. 129 ff.
39 Vgl. auch das BVerfG zu Förderungsmaßnahmen: BVerfG, Urteil vom 18.7.1967 – 2 BvF 3/62 u.a., BVerfGE 22, 180 (216 ff.); eingehend mit weiteren Nachweisen *Meusel*, Außeruniversitäre Forschung im Wissenschaftsrecht, 2. Auflage, 1999, S. 130 f.
40 So etwa *Henle*, Die Finanzreform und die Beschaffenheit des Staates, DÖV 1968, S. 396 ff. (402); ähnlich auch *Kipp*, Zum Problem der Förderung der Wissenschaften durch den Bund, DÖV 1956, S. 555 ff. (559).
41 Dazu oben A.II.1.a.aa. mit umfangreichen Nachweisen.

halten, dass die institutionelle Grundrechtsträgerschaft, die staatlichen Hochschulen ebenfalls zukommt, auch für außerhochschulische Forschungseinrichtungen gelten muss.[42]

III. Wissenschaftliche Qualifikation und Forschung

29 Wissenschaftliche Qualifikation, wissenschaftliche Nachwuchsförderung und Forschung stehen in einem engen Zusammenhang. So ist die Förderung des wissenschaftlichen Nachwuchses nicht nur weitere Aufgabe der Hochschulen, und hier in erster Linie der Universitäten, sondern sie knüpft klassischerweise an die traditionellen wissenschaftlichen Qualifikationswege von Promotion und Habilitation an, die beide gleichermaßen ein Kernmerkmal universitärer Forschung darstellen. Sie sollen daher im Zusammenhang mit ihrem Forschungsbezug im Kapitel zur Forschung dargestellt werden.

1. Promotion

30 Mit der Promotion verleiht eine mit dem Promotionsrecht ausgestatte Hochschule – d.h. im Regelfall die Universität – den akademischen Doktorgrad. Voraussetzung dafür ist regelmäßig die Vorlage einer wissenschaftlichen Arbeit, der **Dissertation**, sowie das Absolvieren einer **mündlichen Prüfung**, die entweder als **Rigorosum, Kolloquium oder Disputation** ausgestaltet ist. In Ausnahmefällen kann anstelle der Dissertation auch eine Erbringung durch aufeinander abgestimmte wissenschaftliche Einzelleistungen erfolgen (kumulative Promotion). Die formellen und materiellen Voraussetzungen, die an die Promotion geknüpft sind, ergeben sich – unabhängig davon, dass die Promotion als eigenständige wissenschaftliche Leistung auch den Schutz von Art. 5 Abs. 3 GG genießt – entweder aus dem Landeshochschulrecht oder aber vornehmlich aus den **Promotionsordnungen** der Hochschulen mit Promotionsrecht, die ihrerseits Satzungen der Hochschule darstellen und üblicherweise wegen ihres engen Fachbezuges in einem abgestimmten Verfahren von Fakultätsrat und Senat beschlossen werden. Das zentrale Charakteristikum der Promotion und der damit verbundenen Verleihung der Doktorwürde für ein bestimmtes Fach ist augenfälliger Ausdruck dafür, dass die Promotion im Bereich der Forschung – und nicht im Rahmen von Studium und Lehre (Stichwort **„third cycle/doctoral"**) – anzu-

---

42 S. auch *Meusel*, Rechtsprobleme der außeruniversitären Forschung, in: Zeitträger (Hrsg.), In Sachen außeruniversitäre Forschung, 1996, S. 85 ff.

siedeln ist. Wenngleich sich die Entwicklung in Richtung von **Doktoranden- bzw. Graduiertenkollegs** bewegt und sich damit eine stärkere „Verschulung" im Rahmen des Qualifikationsweges der Promotion herausbildet – mit der Folge, dass die Individualpromotion zurückgedrängt wird –, ändert dies nichts daran, dass die eigenständig erbrachte wissenschaftliche Forschungsleistung den Kern der Promotion ausmacht und diese daher auch die **erste Qualifikationsvoraussetzung für eine Tätigkeit als Hochschullehrer** darstellt.[43] Die Promotionsleistung selbst wird durch Bildung einer Gesamtnote aus Dissertationsleistung und mündlicher Leistung bewertet, bei der traditionell die lateinischen Bezeichnungen[44] gebraucht werden. Prüfungsberechtigt sind in der Regel nur habilitierte Hochschullehrer, d.h. Universitätsprofessoren und Privatdozenten. Der **Vollzug der Promotion** erfolgt – im Einzelnen in den Promotionsordnungen der Hochschulen geregelt – **durch Aushändigung einer Promotionsurkunde**, welche auch erst zum Führen des Doktortitels („Dr." mit entsprechendem fachlichen Zusatz wie Dr. iur. oder Dr. theol.) berechtigt. Die **mit der Promotion verbundenen Rechtsakte** – also insbesondere die Annahme als Doktorand, die Zulassung zur Promotion und die Verleihung der Doktorwürde – sind wegen des öffentlich-rechtlichen Charakters des Promotionsverfahrens regelmäßig **als Verwaltungsakte zu qualifizieren**,[45] auch wenn es in den Promotionsordnungen der Hochschulen an einer konkreten Regelung entsprechender Befugnisse fehlen sollte.

2. Habilitation

Trotz der Einführung der Juniorprofessur und der überdies seit jeher bestehenden Möglichkeit, sich durch die Erbringung habilitationsadäquater Leistungen für eine Tätigkeit als Hochschullehrer an einer Universität zu qualifizieren, bildet die Habilitation in den meisten Fächern (vor allem in den Geisteswissenschaften) nach wie vor den **zentralen Qualifikationsweg für die Universitätsprofessur**. Die faktische Abschaffung der Habilitation durch die 5. HRG-Novelle hat es nicht vermocht, die Landesgesetzgeber davon abzuhalten, im

31

---

43 So ist nach den Landeshochschulgesetzen eine qualifizierte – d.h. mindestens mit magna cum laude abgeschlossene – Promotion nunmehr auch Regelberufungsvoraussetzung für eine Professur an Fachhochschulen, vgl. etwa § 25 Abs. 1 Nr. 3 NHG. Überdies knüpft die Juniorprofessur ebenfalls an eine qualifizierte Promotion an.
44 Es sind dies zumeist: summa cum laude, magna cum laude, cum laude, satis bene, rite sowie insufficientes.
45 Zu den Rechtsverhältnissen in der Promotion auch näher *Wendelin*, in: Geis (Hrsg.), Hochschulrecht im Freistaat Bayern, 2009, S. 227 ff.; vgl. auch *Sandberger*, in: Haug (Hrsg.), Das Hochschulrecht in Baden-Württemberg, 2. Auflage, 2009, S. 241 f.

Landeshochschulrecht an der Habilitation als gleichberechtigter Qualifikationsvoraussetzung für die Laufbahn des Universitätsprofessors festzuhalten. Sie dient daher nach geltendem Landeshochschulrecht noch immer der Feststellung der wissenschaftlichen (und pädagogischen) Eignung zum Professor in einem bestimmten Fachgebiet an Universitäten.[46] Das Habilitationsverfahren ist – ebenso wie das Promotionsverfahren – öffentlich-rechtlich ausgestaltet, wobei wegen der Bedeutung der Habilitation für eine berufliche Laufbahn als Universitätsprofessor Art. 12 Abs. 1 GG ein subjektives Recht auf Zulassung zur Habilitation zugesteht, sofern die fachlichen Voraussetzungen erfüllt sind.[47] Die formellen und materiellen Voraussetzungen für die Habilitation finden sich – ungeachtet der Vorgaben, die sich unmittelbar aus dem Landeshochschulrecht ergeben – ebenso wie bei der Promotion in Satzungen der Universitäten, den Habilitationsordnungen. Kernvoraussetzungen der Habilitation sind eine **Habilitationsschrift** („zweites Buch") sowie – je nach landesrechtlicher bzw. hochschulinterner Ausgestaltung in der Habilitationsordnung – das Absolvieren eines Habilitationskolloquiums sowie einer Probelehrveranstaltung. Eine an der Hochschule (im Regelfall dezentral auf Ebene der Fakultät bzw. des Fachbereichs) zu bildende **Habilitationskommission** oder ein vergleichbares Gremium ist – nach Maßgabe des universitären Satzungsrechts – für die Durchführung des Habilitationsverfahrens zuständig, welches dazu dient, die Befähigung zur selbständigen Vertretung eines Faches oder Gebietes in Forschung und Lehre festzustellen.[48] Das Verfahren findet seinen Abschluss in der **Entscheidung über die Habilitation** (bzw. deren Ablehnung), die einen **Verwaltungsakt** darstellt. Als Ausweis der erfolgreichen Habilitation dienen die Zuerkennung der **Lehrbefähigung (facultas docendi)** und die Verleihung der damit verknüpften **Lehrbefugnis (venia legendi)**. Diese Zweiteilung spielt in der Praxis keine besondere Rolle, da beide – grundsätzlich voneinander zu trennenden – Akte zumeist zusammenfallen, wenngleich die Lehrbefugnis – als das Recht, ein bestimmtes Fach bzw. Gebiet selbständig in der Lehre zu vertreten – regelmäßig auf Antrag verliehen wird und die Lehrbefähigung bereits mit der Entscheidung über die Habilitation selbst erfolgt.

32   Die nach wie vor streitige Frage, ob auch bereits berufenen Universitätsprofessoren, die infolge der Erbringung habilitationsadäquater Leistungen oder durch eine Juniorprofessur berufen worden sind, das Recht zur Habilitation zu-

---

46 Vgl. etwa Art. 65 Abs. 1 BayHG; § 39 Abs. 1 BWHG; § 9a Abs. 2 NHG.
47 So zutreffend *Wendelin*, in: Geis (Hrsg.), Hochschulrecht im Freistaat Bayern, 2009, S. 232.
48 So etwa § 39 Abs. 1 S. 2 BWHG.

steht, dürfte angesichts dessen, dass es sich bei der Habilitationsleistung in erster Linie um eine Qualifikationsarbeit im Rahmen der Forschung handelt, zu lösen sein. Solange der Charakter als eigenständige Forschungsleistung im Vordergrund steht, bleibt die Habilitation trotz der im Berufungsverfahren vorgenommen Eignungsprüfung ein zentrales Qualifikationsmerkmal für künftige Berufungsverfahren, etwa bei Wechsel der Universität. Vor dem Hintergrund des Gewährleistungsgehalts des Art. 12 Abs. 1 GG wäre ein Ausschluss bereits berufener Universitätsprofessoren vom Habilitationsrecht daher verfassungsrechtlich nicht zu rechtfertigen.[49]

IV. Weitere rechtliche Aspekte der Forschung

Auch eine nach der grundgesetzlichen Gewährleistung in Art. 5 Abs. 3 GG freie Forschung unterliegt rechtlichen Bindungen und ist damit Schranken oder zumindest einer Konkretisierung durch den Gesetzgeber ausgesetzt. Diese rechtlichen Aspekte betreffen zum einen die Veröffentlichungspflicht und die – damit eng verbundenen – Fragen des Urheberrechts. Daneben sind Regelungen betreffend die Sicherung wissenschaftlicher Redlichkeit relevant. 33

1. Veröffentlichungspflicht und urheberrechtliche Fragen

Mit einer staatlich verantworteten und finanzierten Forschung – namentlich an den staatlichen Hochschulen – ist das gesellschaftliche Interesse verbunden, die Forschungsergebnisse mindestens einer Fachöffentlichkeit verfügbar zu machen. Dies wird abgesichert durch eine **grundsätzliche Veröffentlichungspflicht von Forschungsergebnissen.** Die entsprechenden Rechtsgrundlagen finden sich vor allem in den Landeshochschulgesetzen.[50] In Anlehnung an § 24 HRG ist zudem bestimmt, dass bei der Veröffentlichung von Forschungsergebnissen Personen, die einen eigenen wissenschaftlichen Beitrag geleistet haben, als Mitautorinnen oder Mitautoren zu nennen sind und ihr Beitrag nach Möglichkeit zu kennzeichnen ist.[51] Insoweit wird der Bezug zur eigenen wissenschaftlichen Leistung weiterer Beteiligter und damit zum Urheberrecht (siehe 34

---

49 Wie hier auch *Sandberger*, in: Haug (Hrsg.), Das Hochschulrecht in Baden-Württemberg, 2. Auflage, 2009, S. 247 f.
50 So etwa § 41 Abs. 1 S. 2 BWHG; § 48 Abs. 2 MVHG.
51 Z.B. Art. 6 Abs. 2 BayHG.

sogleich näher) deutlich, wenngleich die Regelungen regelmäßig nicht die Miturheberschaft i.S.d. § 8 Abs. 1 UrhG im Blick haben.[52]

35 Im umgekehrten Sinne korrespondiert mit der Veröffentlichungspflicht das **Recht, die Ergebnisse eigener Forschungstätigkeit zu veröffentlichen,** ein **zentraler Gewährleistungsgehalt der Wissenschaftsfreiheit** aus Art. 5 Abs. 3 GG.[53] Es gehört zu den maßgeblichen Freiheitsgewährleistungen des Grundrechts in seiner subjektiv-abwehrrechtlichen Ausprägung, selbst über die Veröffentlichung als eigene wissenschaftliche Leistung zu bestimmen und staatliche Eingriffe in diese Gewährleistungen abzuwehren.[54] Die Veröffentlichungspflicht ist nach dieser Betrachtung also eine zuvörderst grundrechtsdienende Vorgabe, da nicht zuletzt die Publikation erst den Ausweis wissenschaftlicher Qualifikation erbringt und damit auch den Maßstab für die Beurteilung des Wissenschaftlers bildet.[55] Besteht demnach auch unter Berücksichtigung der grundrechtlichen Vorgaben eine grundsätzliche Veröffentlichungspflicht, so bleibt eine negative Forschungsfreiheit, mit anderen Worten also das Recht, die Forschungsergebnisse nicht zu veröffentlichen, grundsätzlich nur in engem Rahmen möglich.[56] Dies schließt freilich nicht das von Art. 5 Abs. 3 GG geschützte Recht des Wissenschaftlers aus, insbesondere über Form, Inhalt und Zeitpunkt der Publikation frei zu entscheiden.[57] Daraus folgt insbesondere, dass der Forscher nicht angehalten werden kann, jedes Forschungsergebnis zu verbreiten.[58]

36 In engem Zusammenhang mit der Veröffentlichung wissenschaftlicher Werke steht das Urheberrecht, dessen maßgebliche Rechtsquelle das **Gesetz über Urheberrecht und verwandte Schutzrechte**[59] ist.[60] Es dient dazu, die Schöpfer

---

52 So zutreffend für die Rechtslage nach dem BayHG *Reich*, Bayerisches Hochschulgesetz, Kommentar, 5. Auflage, 2007, Art. 6 Rn. 5.
53 *Reich*, Bayerisches Hochschulgesetz, Kommentar, 5. Auflage, 2007, Art. 6 Rn. 5.
54 *Reich*, Hochschulrahmengesetz, Kommentar, 11. Auflage, 2012, § 4 Rn. 14.
55 So zutreffend auch *Reich*, Bayerisches Hochschulgesetz, Kommentar, 5. Auflage, 2007, Art. 6 Rn. 5.
56 S. auch *Walter*, in: Haug (Hrsg.), Das Hochschulrecht in Baden-Württemberg, S. 262. Demgegenüber geht *Reich*, Hochschulrahmengesetz, Kommentar, 11. Auflage, 2012, § 4 Rn. 14, offenbar von einer grundsätzlichen Freiheit des Forschers, über das „Ob" der Veröffentlichung zu entscheiden – und damit letztlich von einer umfänglichen negativen Veröffentlichungsfreiheit – aus.
57 *Reich*, Hochschulrahmengesetz, Kommentar, 11. Auflage, 2012, § 4 Rn. 14.
58 *Dallinger*, Hochschulrahmengesetz, Kommentar, 1978, § 3 Rn. 6; anders zum Teil die Rechtsprechung, vgl. BVerfG, Beschluss vom 1.3.1978 – 1 BvR 333/75, BVerfGE 47, 327 = NJW 1978, S. 1621.
59 UrhG vom 9.9.1965, BGBl. I S. 1273.
60 Umfassend hierzu *Götting/Leuze*, in: Hartmer/Detmer (Hrsg.), HSchR-Praxishandbuch, 2. Auflage, 2011, S. 627 ff.

von Werken der Literatur, **Wissenschaft** und Kunst in ihren materiellen und ideellen Belangen zu schützen (§ 11 S. 1 UrhG) und ihnen damit das geistige Eigentum am Werk zu sichern. Die ausdrückliche Hervorhebung der Wissenschaft in § 11 S. 1 UrhG unterstreicht die Bedeutung des **geistigen Eigentumsschutzes** im Zusammenhang mit wissenschaftlicher Forschung, was naturgemäß auf der Hand liegt, da wissenschaftliche Forschung im Begriffssinne auf die Gewinnung neuer Erkenntnisse zielt. Zu den urheberrechtlich geschützten Werken zählt eine große Bandbreite unterschiedlicher Werkkategorien, wobei in der Forschung die Sprachwerke i.S.v. § 2 Abs. 1 Nr. 1 UrhG zu den verbreitetsten Schutzgütern zählen. Hierzu gehören Monographien, Lehrbücher, Abhandlungen wie Zeitschriftenaufsätze und Beiträge zu wissenschaftlichen Sammelbänden und Festschriften ebenso wie Lehrmaterialien, d.h. also z.B. Vorlesungsmaterialien, Prüfungsaufgaben und dergleichen mehr.[61] Der Begriff des Sprachwerks ist somit weit zu verstehen und lässt hinsichtlich des Schutzumfangs auch die Verbindung der Forschung zu Lehre und Prüfung – als Verbreitungs- und Rezeptionsraum von Forschungsergebnissen – erkennen. Weiter sind Computerprogramme ebenso dazu zu zählen wie im Weiteren Werke der Musik (§ 2 Abs. 1 Nr. 2 UrhG), der bildenden Künste, Baukunst und angewandten Kunst (§ 2 Abs. 1 Nr. 4 UrhG) sowie darüber hinaus Lichtbildwerke (§ 2 Abs. 1 Nr. 5 UrhG), Film- und Fernsehwerke (§ 2 Abs. 1 Nr. 6 UrhG) und Darstellungen wissenschaftlicher oder technischer Art (§ 2 Abs. 1 Nr. 7 UrhG).[62]

Der Urheberrechtsschutz setzt beim Schöpfer des Werkes, d.h. im hier verstandenen Sinne beim jeweiligen Forscher, an.[63] Maßgebliche Bestimmung ist in diesem Kontext § 7 UrhG, der dieses **Schöpferprinzip** enthält. Wegen der Personenbezogenheit des Urheberrechts gilt dieses nur für natürliche – und nicht auch für juristische – Personen sowie auch im Zusammenhang mit Dienst-, Arbeits- und Auftragsverhältnissen, weshalb sich insbesondere weder die jeweilige Hochschule oder ein sonstiger Träger wissenschaftlicher Forschung noch Dienstvorgesetzte der urheberrechtlich geschützten Ergebnisse wissenschaftlicher Arbeit bemächtigen dürfen.[64] Vom Schutzumfang ausgenommen sind frei zugängliche amtliche Werke wie Gesetze, Verordnungen, öffentliche Bekanntmachung sowie Gerichtsentscheidungen einschließlich der amtlichen Leitsätze. Geschützt ist im Einzelnen das **Urheberpersönlichkeitsrecht** mit seinen Ausprägungen, die – wie angedeutet – sowohl dem ideellen wie materiellen Schutz

37

---

61 *Götting/Leuze*, in: Hartmer/Detmer (Hrsg.), HSchR-Praxishandbuch, 2. Auflage, 2011, S. 637.
62 Siehe hierzu im Einzelnen wiederum die Übersicht bei *Götting/Leuze*, in: Hartmer/Detmer (Hrsg.), HSchR-Praxishandbuch, 2. Auflage, 2011, S. 637, jeweils mit Beispielen.
63 *Götting/Leuze*, in: Hartmer/Detmer (Hrsg.), HSchR-Praxishandbuch, 2. Auflage, 2011, S. 642f.
64 *Götting/Leuze*, in: Hartmer/Detmer (Hrsg.), HSchR-Praxishandbuch, 2. Auflage, 2011, S. 642.

des Schöpfers dienen. § 11 UrhG sieht zunächst einen Schutz hinsichtlich der **Werknutzung** (§ 11 S. 1 UrhG) sowie einer **angemessenen Vergütung** (§ 11 S. 2 UrhG) vor, wobei nach § 11 S. 1 UrhG auch die **geistigen und persönlichen Beziehungen des Urhebers zum Werk** Schutz beanspruchen können. Der Konkretisierung der Schutzrechte dienen vor allem die §§ 12–14 sowie §§ 15 ff. UrhG. Letztere umfassen die Verwertungsrechte (§§ 16–18 UrhG), die dem Urheber gemäß § 15 Abs. 1 UrhG vor allem ein Vervielfältigungsrecht (§ 16 UrhG), ein Verbreitungsrecht (§ 17 UrhG) und ein Ausstellungsrecht (§ 18 UrhG) einräumen. Vornehmlich ideelle Belange schützen die Rechte, die als Ausprägungen des Urheberpersönlichkeitsrechts im engeren Sinne verstanden werden können: § 12 UrhG gewährt ein Veröffentlichungsrecht, § 13 UrhG ein Recht auf Anerkennung der Urheberschaft und § 14 UrhG den Schutz der Werkintegrität. Bei Urheberrechtsverletzungen ist grundsätzlich der **ordentliche Rechtsweg** zu beschreiten. Die Rechtsfolgen sind zivilrechtlicher (insbesondere Unterlassungs- und Beseitigungsansprüche sowie Schadensersatz gemäß § 97 Abs. 1 UrhG) sowie strafrechtlicher (§ 106 UrhG) Natur.

38 Neben das Urheberrecht tritt das **Erfindungsrecht**[65] im Zusammenhang mit wissenschaftlicher Forschung, auf das im Rahmen dieses Kompendiums nicht näher eingegangen werden kann. Erfindungen, die im Zusammenhang mit Forschungsergebnissen stehen, werden über Patente und Gebrauchsmuster nach Maßgabe des Patentgesetzes (PatG)[66], des Gebrauchsmustergesetzes (GebrMG)[67] sowie das Europäische Patentübereinkommen (EPÜ)[68] geschützt. Die mitunter maßgeblichste und für die Hochschulforschung bedeutsamste Änderung der vergangenen Jahre dürfte in diesem Zusammenhang in der Abschaffung des sog. **Hochschullehrerprivilegs** im Gesetz über Arbeitnehmererfindungen (ArbEG)[69] zu sehen sein. § 42 ArbEG sieht i.V.m. § 4 ArbEG nunmehr vor, dass – im Unterschied zur früheren Rechtslage – Erfindungen, die im Rahmen eines Beschäftigungsverhältnisses von einem an der Hochschule Beschäftigten entstanden sind, **als Diensterfindungen gelten** und daher die patentrechtliche Verwertung der Hochschule – allerdings gegen eine Vergütung in Höhe von 30 v.H.

---

[65] Umfassend für den Hochschulbereich *Kraßer*, in: Hartmer/Detmer (Hrsg.), HSchR-Praxishandbuch, 2. Auflage, 2011, S. 675 ff.
[66] PatG in der Fassung der Bekanntmachung vom 16.12.1980 (BGBl. 1981 I S. 1), zuletzt geändert durch Art. 1 des Gesetzes vom 31.7.2009 (BGBl. I S. 2521).
[67] GebrMG in der Fassung der Bekanntmachung vom 28.8.1986 (BGBl. I S. 1455), zuletzt geändert durch Art. 2 des Gesetzes vom 31.7.2009 (BGBl. I S. 2521).
[68] Übereinkommen über die Erteilung europäischer Patente (Europäisches Patentübereinkommen) vom 5.10.1973, BGBl. 1976 II, S. 826.
[69] ArbEG vom 25.7.1957, zuletzt geändert durch Art. 7 des Gesetzes vom 31. Juli 2009 (BGBl. I S. 2521).

der aus der Verwertung erzielten Einnahmen (§ 42 Nr. 4 ArbEG) – zufällt. Hintergrund dieser Änderung im Hochschulerfinderrecht ist das Bestreben, den Technologie- und Wissenstransfer durch die Hochschulen auszubauen.[70] Ob unter dem neuen § 42 ArbEG genügend Anreize hierfür gegeben werden, wird die Praxis zeigen.[71] Verfassungsrechtliche Bedenken an der Neuregelung scheinen jedenfalls zwischenzeitlich ausgeräumt.[72]

2. Sicherung wissenschaftlicher Redlichkeit

Wissenschaftliche Redlichkeit im Sinne einer der Wahrheitssuche verpflichteten 39
Forschung setzt mitunter bereits unterhalb der Schwelle zur Urheberrechtsverletzung an und verpflichtet zu Lauterkeit des Wissenschaftlers nicht nur mit Blick auf die bereits erwähnte urherberrechtliche Komponente, sondern erfordert die Einhaltung bestimmter fachlicher und methodischer Standards, wie sie etwa in einer allgemeinen Wissenschaftstheorie formuliert sind. Die Sicherung von Redlichkeit in der Wissenschaft erfolgt nach Maßgabe des Landeshochschulrechts grundsätzlich im Rahmen der **Selbstkontrolle**.[73] Das maßgebende – wenngleich nicht im Rechtssinne verpflichtende – Regelwerk sind die „**Empfehlungen zur Sicherung guter wissenschaftlicher Praxis**" der Kommission „Selbstkontrolle in der Wissens der Deutschen Forschungsgemeinschaft vom 19.12.1997.[74]

3. Insbesondere: Entziehung akademischer Grade und Titel infolge von Fehlverhalten

a) Allgemeine Vorbemerkungen

Wissenschaftliches Fehlverhalten kann insbesondere die Folge haben, dass 40
akademische Grade und Titel nachträglich wieder entzogen werden. **Akademische Grade** sind nach der geläufigen Definition solche Abschlussbezeichnun-

---

70 BT-Drs. 14/5975, S. 2. Vgl. auch *Walter*, in: Haug (Hrsg.), Das Hochschulrecht in Baden-Württemberg, 2. Auflage, 2009, S. 261 f.
71 Weiterführend und lesenswert in diesem Zusammenhang *Pahlow/Gärditz*, Konzeptionelle Anforderungen an ein modernes Recht der Hochschulerfindungen, WissR 39 (2006), S. 48 ff.; zur Vertiefung *Gärditz/Pahlow*, Hochschulerfinderrecht, 2011.
72 BVerfG, Beschluss vom 12.3.2004 – 1 BvL 7/03 = BVerfG, NVwZ 2004, S. 974.
73 Z.B. § 3 Abs. 5 S. 4 BWHG.
74 Abrufbar unter http://www.dfg.de/download/pdf/dfg_im_profil/reden_stellungnahmen/down load/empfehlung_wiss_praxis_0198.pdf.

gen, welche Hochschulen infolge eines erfolgreich abgeschlossenen Studiums (Bachelor, Master, Diplom o.ä.) oder aufgrund einer bestimmten wissenschaftlichen Leistung nach Abschluss eines dafür vorgesehenen Graduierungsverfahrens (Promotion, Habilitation) vergeben.[75] **Akademische Titel** sind Bezeichnungen, die im Zusammenhang mit einem akademischen Amt – in der Regel demjenigen eines Professors (Prof.)[76] – oder aufgrund einer sonstigen akademischen Würde, die nicht unmittelbare Folge eines Graduierungsverfahrens ist – etwa apl. Professor, Honorarprofessor – verliehen sind.[77] Im Unterschied zu den akademischen Graden beruhen sie gerade nicht auf einem Graduierungsverfahren, das mit einer Prüfung endet, sondern sie sind vielmehr durch ein öffentlich-rechtliches Dienstverhältnis (meist Beamtenverhältnis) zum jeweiligen Träger der Hochschule (zumeist dem Land, soweit es sich nicht um Hochschulen handelt, die selbst Dienstherreneigenschaft haben) begründet.[78] Die akademischen Titel stehen zwar in der Nähe zu den akademischen Graden; sie sind aber regelmäßig nicht selbständig wegen (wissenschaftlichen) Fehlverhaltens entziehbar.[79] Sanktionsmöglichkeiten bestehen daher lediglich im Rahmen des Beamtenrechts, insbesondere des Disziplinarrechts, das neben dienstlichem Fehlverhalten auch das außerdienstliche Verhalten eines an der Hochschule tätigen Beamten (z.B. einem Professor) bei dem Vorsehen einer Disziplinarmaßnahme berücksichtigen kann. Nur nicht im Dienst der Hochschule stehende Beamte fallen nicht unter die Disziplinargewalt ihres Dienstherrn; für diese besteht wegen des fehlenden Wissenschaftsbezugs ihrer aktuellen Tätigkeit auch kein Bedürfnis für Sanktionen. Die mit Blick auf den akademischen Bereich tat-

---

75 *Lindner*, in: Geis (Hrsg.), Das Hochschulrecht im Freistaat Bayern, 2009, Rn. 165.
76 Zum Teil ist dies ausdrücklich so im Landeshochschulrecht angeordnet, vgl. etwa § 52 Abs. 4 RhPfHG („zugleich akademische Bezeichnung").
77 *Lindner*, in: Geis (Hrsg.), Das Hochschulrecht im Freistaat Bayern, 2009, Rn. 165 mit Fn. 203.
78 Ob die Verleihung der Bezeichnung „Privatdozent" an einen habilitierten Wissenschaftler noch als Teil des Habilitationsverfahrens gilt und somit als akademischer Grad zu werten ist, oder aber es sich um einen infolge des erfolgreich abgeschlossenen Habilitationsverfahrens verliehenen akademischen Titel (im Sinne einer akademischen Bezeichnung) handelt, dürfte sich nach den Bestimmungen der Habilitationsordnungen der Universitäten bemessen. Gleiches gilt für die über die Verleihung der venia legendi hinausgehende Frage nach der rechtlichen Einordnung des landesrechtlich zum Teil zulässigen Zusatzes Dr. *habil.* (habilitatus); klar hingegen etwa die landeshochschulgesetzlichen Bestimmungen in § 55 Abs. 5, 6 ThürHG („akademische Bezeichnung").
79 *Gärditz*, Wissenschaftsunwürdigkeit? Zu Begriff und Folgen des wissenschaftlichen Fehlverhaltens in der Rechtsprechung des Bundesverwaltungsgerichts, WissR 47 (2014), S. 119 (120); s. auch *Tiedemann*, Entzug des Doktorgrades bei wissenschaftlicher Unlauterkeit, ZRP 2010, S. 53 ff.

sächlich zur Anwendung gelangenden Maßnahmen bleiben indes überschaubar, da auch im Disziplinarrecht ein Stufenverhältnis von Disziplinarmaßnahmen existiert, bei dessen Anwendung dem Verhältnismäßigkeitsgrundsatz zu genügen ist. Vor allem im Zusammenhang mit solchem Fehlverhalten, das einen spezifischen Bezug zur Wissenschaft selbst aufweist – namentlich bei falschen oder fehlerhaften Publikationen in den Geistes-, Rechts- und Sozialwissenschaften sowie Experiment- oder sonstigen Versuchsreihen in den Naturwissenschaften – sind die Reaktionsmöglichkeiten begrenzt, solange kein Bezug zu einem Graduierungsverfahren gegeben ist.[80] Wie mit Blick auf die Sanktionspraxis zu Recht festzustellen ist, verbleibt es in den meisten Fällen bei einer Rüge und damit auf der untersten Stufe des disziplinarrechtlichen Instrumentariums, soweit es sich um Fehlverhalten handelt, das nicht im Zusammenhang mit einem Graduierungsverfahren steht, und welches im Rahmen der Dienstausübung im Hauptamt zu verorten ist. Ein ergänzender Rückgriff auf das Strafrecht – im Sinne eines „Wissenschaftsbetrugs" – ist allenfalls ausnahmsweise in Betracht zu ziehen und mit Blick auf die Zielrichtung, die Lauterkeit der Wissenschaft zu sichern, nicht zielführend bzw. sogar von Verfassungs wegen problematisch.[81]

Gemeinsam ist akademischen Graden und Titeln, dass es sich bei den konstituierenden Verleihungsakten um Verwaltungsakte im Sinne des § 35 Satz 1 VwVfG handelt.[82] Ihre Entziehung stellt sich daher im Sinne der Kehrseitentheorie (actus contrarius)[83] als Aufhebung im verwaltungsverfahrensrechtlichen Sinne und damit jeweils selbst als Verwaltungsakt dar.[84] Unproblematisch ist dies bei der Entziehung akademischer Grade – insbesondere des Doktortitels – der Fall.[85] Beim akademischen Titel des Professors wäre dies – wie bereits angedeutet – allerdings nur im Zusammenhang mit der schärfsten Disziplinarmaßnahme, nämlich der Entfernung aus dem Dienst durch Entscheidung der bei

---

80 *Gärditz*, Wissenschaftsunwürdigkeit? Zu Begriff und Folgen des wissenschaftlichen Fehlverhaltens in der Rechtsprechung des Bundesverwaltungsgerichts, WissR 47 (2014), S. 119 (120); dazu auch schon *Schmidt-Aßmann*, NVwZ 1998, S. 1225 ff.
81 *Gärditz*, Wissenschaftsunwürdigkeit? Zu Begriff und Folgen des wissenschaftlichen Fehlverhaltens in der Rechtsprechung des Bundesverwaltungsgerichts, WissR 47 (2014), S. 119 (120); vertiefend zur Rolle des Strafrechts *Goeckenjahn*, „Wissenschaftsbetrug" als Straftat?, JZ 2013, S. 723 (729 ff.); *Ottemann*, Wissenschaftsbetrug und Strafrecht: Zu Möglichkeiten der Sanktionierung von Fehlverhalten in der Wissenschaft 2006, passim.
82 VG Freiburg, Urteil vom 23.5.2012 – 1 K 58/12, NVwZ-RR 2013, S. 186.
83 Vgl. etwa VGH Mannheim, Urteil vom 14.9.2011 – 9 S 2667/10 –, juris; VG Freiburg, Urteil vom 23.5.2012 – 1 K 58/12, NVwZ-RR 2013, S. 186; s. auch *Lindner*, in: Geis (Hrsg.), Das Hochschulrecht im Freistaat Bayern, 2009, Rn. 170.
84 *Lindner*, in: Geis (Hrsg.), Das Hochschulrecht im Freistaat Bayern, 2009, Rn. 170.
85 *Lindner*, in: Geis (Hrsg.), Das Hochschulrecht im Freistaat Bayern, 2009, Rn. 170.

den Verwaltungsgerichten eingerichteten Disziplinarkammern, denkbar, weil damit zugleich die Titelführungsbefugnis (Prof.) endete. Dass dies bislang wegen wissenschaftlichen Fehlverhaltens nicht zum Tragen gekommen ist, wurde bereits angedeutet. Allenfalls in besonders gelagerten Ausnahmefällen ist es wegen außerdienstlichen Fehlverhaltens zu entsprechenden Maßnahmen gekommen, die aber rein disziplinarrechtlichen Charakter aufweisen.

42   Somit verlagert sich das Problem einer Sanktionierung wissenschaftlichen Fehlverhaltens auch rechtspraktisch fast vollständig auf den Bereich der akademischen Grade – und hier besonders auf das Promotionsverfahren und die Frage nach der Möglichkeit einer nachträglichen Aberkennung des verliehenen Doktorgrades.[86] Dies soll nachfolgend näherer Betrachtung unterzogen werden. Die prominenten Fälle unter anderem der ehemaligen Bundesminister zu Guttenberg und Schavan, bei denen es um die Frage des Vorliegens eines Wissenschaftsplagiates im Zusammenhang mit Dissertationen ging, spiegeln unter anderem die Brisanz der Thematik wider, und insbesondere aus der verwaltungsgerichtlichen Auseinandersetzung in der Sache Schavan vor dem VG Düsseldorf[87] lassen sich einige zentrale Schlussfolgerungen für den juristischen Umgang mit der Sanktionierung wissenschaftlichen Fehlverhaltens ziehen. Überdies haben die zweifellos hilfreichen Anstöße sog. „Plagiatsjäger" gewiss dazu beigetragen, dass die Problematik wissenschaftlichen Fehlverhaltens und der damit verbundenen Probleme („Ghostwriting" o.ä.) Einzug in die wichtige Diskussion über angemessene juristische Reaktionsmöglichkeiten gefunden hat.[88] Demgegenüber gibt eine Entscheidung des BVerwG[89] Anlass zu einer kritischen Betrachtung der Reichweite des Entzugs akademischer Grade wegen „Wissenschaftsunwürdigkeit".[90]

43   Damit ist auch der Gang der weiteren Untersuchung umrissen. Denn nach wie vor umstritten und nicht abschließend geklärt ist die Frage, inwieweit außerhalb streng wissenschaftsbezogenen Fehlverhaltens im unmittelbaren Zusammen-

---

86 Eine Parallelproblematik besteht für die Aberkennung der mit erfolgreichem Abschluss des Habilitationsverfahrens verliehenen venia legendi infolge (wissenschaftlichen) Fehlverhaltens.
87 VG Düsseldorf, Urteil vom 20.3.2014 – 15 K 2271/13, ZUM 2014, 602. Vgl. dazu die Besprechung von *Apel*, ZUM 2014, S. 621.
88 Vgl. etwa die eingehende Auseinandersetzung mit den vielen Facetten der Problematik in den Beiträgen in *Dreier/Ohly* (Hrsg.), Plagiate, 2013.
89 BVerwG, Urteil vom 31.7.2013 – 6 C 9/12, NVwZ 2013, S. 1614; früher bereits BVerwG, Beschluss vom 25.8.1992 – 6 B 31.91, NVwZ 1992, S. 1201.
90 Eingehende und kritische Auseinandersetzung mit dieser Entscheidung bei *Gärditz*, Wissenschaftsunwürdigkeit? Zu Begriff und Folgen des wissenschaftlichen Fehlverhaltens in der Rechtsprechung des Bundesverwaltungsgerichts, WissR 47 (2014), S. 119 ff. (121, 148 f.); s. auch *Rixen*, Macht wissenschaftliches Fehlverhalten unwürdig?, NJW 2014, S. 1058 ff.

hang mit einer Graduierungsleistung (insbesondere der Promotion) – und damit sind namentlich die Plagiatsfälle (d.) angesprochen – auch eine Entziehung etwa des Doktorgrades wegen „Unwürdigkeit" (c.) in Betracht kommen kann.

b) Erfordernis einer hinreichenden Rechtsgrundlage

Die Entziehung akademischer Grade und Titel stellt einen Verwaltungsakt dar, der in die Rechte des Betroffenen eingreift. Nach dem aus dem rechtsstaatlichen Grundsatz der Gesetzmäßigkeit der Verwaltung (Art. 20 Abs. 3 GG) abgeleiteten Vorbehalt des Gesetzes bedarf es daher einer hinreichenden gesetzlichen Grundlage. Dies ist je nach Intensität des Eingriffs – nämlich dann, wenn die Entscheidung eine Grundrechtsrelevanz, etwa mit Blick auf Art. 5 Abs. 3 GG[91] oder Art. 12 Abs. 1 GG,[92] aufweist – bis zum Eingreifen des Parlamentsvorbehalts zu steigern. Die wesentlichen Voraussetzungen für die Entziehung akademischer Grade und Titel sind daher vom parlamentarischen Gesetzgeber zu treffen und dürfen nicht der Rechtsetzungsbefugnis der Universitäten im Rahmen von als Satzung erlassenen Promotionsordnungen überantwortet bleiben. Dies wird im Weiteren zu berücksichtigen sein.

44

c) Entziehung aufgrund von „Unwürdigkeit"

Zunächst ist die – jüngst wieder durch die bereits erwähnte Entscheidung des BVerwG vom 31.7.2013[93] in die aktuelle Diskussion gleichsam zurückgeführte – Problematik zu behandeln, ob die Entziehung eines akademischen Grades tatbestandlich aufgrund von „Unwürdigkeit" in Betracht kommt. Eine entsprechende Rechtsgrundlage bestand zunächst für geraume Zeit mit dem Gesetz über die Führung akademischer Grade (GFaG) vom 7.6.1939,[94] einem Gesetz also, das aus der Zeit der nationalsozialistischen Gewaltherrschaft stammte und in der Bundesrepublik über Art. 123, 70 GG als Landesrecht fortgalt.[95] Mittlerwei-

45

---

91 Hinsichtlich Art. 5 Abs. 3 GG ist indes zu berücksichtigen, dass wissenschaftsbezogenes Fehlverhalten nach dem BVerwG schon gar nicht vom Schutzbereich des Grundrechts umfasst sein soll, vgl. BVerwG, Urteil vom 31.7.2013 – 6 C 9/12, NVwZ 2013, S. 1614 Rn. 26. Richtigerweise ist dies aber eine Frage des Eingriffs und dessen Rechtfertigung, so dass der Gesetzesvorbehalt hier ausgelöst sein dürfte.
92 Etwa im Falle der früheren Bundesministerin *Schavan*, die mit dem Dr. phil. zugleich ihren ersten berufsqualifizierenden Abschluss erlangt hat.
93 BVerwG, *Urt.* v. 31.7.2013 – 6 C 9/12, NVwZ 2013, S. 1614.
94 RGBl. 1939, S. 985.
95 So noch BVerwG, Urteil vom 26.2.1960 – VII C 198.59, BVerwGE 10, 195; *Kuchinke*, Zur Zuständigkeit bei der Entziehung und Wiederverleihung des Doktorgrades, DVBl. 1957, S. 773; mit

le ist das GFaG in keinem Bundesland mehr in Kraft.[96] Namentlich die Regelung des § 4 Abs. 1 lit. c GFaG, der die nachträgliche Entziehung eines akademischen Grades ermöglichte, „wenn sich der Inhaber durch ein späteres Verhalten der Führung eines akademischen Grades unwürdig erwiesen hat", kann nicht mehr als Rechtsgrundlage für die Entziehung akademischer Grade wegen „Unwürdigkeit" herangezogen werden. Neben der fehlenden Bestimmtheit bzw. Bestimmbarkeit dessen, was als „unwürdig" zu gelten hat, waren es die unhaltbare Herkunft des Gesetzes und die mit ihm verbundenen Intentionen, die zu dessen landesrechtlicher Abschaffung geführt haben.[97]

46   Während somit gegenwärtig in der überwiegenden Zahl der Bundesländer eine hochschulgesetzliche Grundlage für die Entziehung akademischer Grade wegen „Unwürdigkeit" fehlt, haben die Länder Baden-Württemberg, Bayern, Berlin, Rheinland-Pfalz, Sachsen-Anhalt und Thüringen gewissermaßen Nachfolgeregelungen zum GFaG in ihre Hochschulgesetze aufgenommen.[98] Nach diesen Vorschriften ist – in zumeist weitgehend gleicher bzw. ähnlicher Diktion und in rechtsstaatlich kaum haltbarer Wortlautanlehnung an das GFaG – die Entziehung akademischer Grade wegen nachträglicher Unwürdigkeit weiterhin sogar auf parlamentsgesetzlicher Grundlage möglich.[99] Alle diese Bestimmungen halten einer verfassungsrechtlichen Überprüfung nicht stand. Sie sind ebenso wie ihr Vorläufer – das GFaG – nicht hinreichend bestimmt und verstoßen somit gegen eine zentrale Ausprägung des Rechtsstaatsprinzips.[100] Auf „Unwürdigkeit" lässt sich nach zutreffender Auffassung mithin auch nicht aufgrund einer strafrechtlichen Verurteilung schließen.[101] Eine (landes-)ver-

---

Recht ablehnend *Tiedemann*, Entzug des Doktorgrades bei wissenschaftlicher Unlauterkeit, ZRP 2010, S. 53 f., unter Verweis auf die geänderte Rechtslage in den Ländern.
96   *Tiedemann*, Entzug des Doktorgrades bei wissenschaftlicher Unlauterkeit, ZRP 2010, S. 53.
97   Zur Kritik an der Herkunft *Menzel*, Die Entziehung des Doktorgrades, JZ 1960, S. 459 (462); vgl. auch *Linke*, Verwaltungsrechtliche Aspekte der Entziehung akademischer Grade, WissR 32 (1999), S. 146 ff.; *Tiedemann*, Entzug des Doktorgrades bei wissenschaftlicher Unlauterkeit, ZRP 2010, S. 53.
98   Vgl. § 36 Abs. 7 BWHG; Art. 69 BayHG; § 34 Abs. 7 Nr. 2 BerlHG; § 31 Abs. 7 Satz 6 RhPfHG; § 20 Satz 1 Nr. 2, 3 HSG LSA; § 53 Abs. 2 ThürHG.
99   *Tiedemann*, Entzug des Doktorgrades bei wissenschaftlicher Unlauterkeit, ZRP 2010, S. 53 f.
100 So zutreffend *Tiedemann*, Entzug des Doktorgrades bei wissenschaftlicher Unlauterkeit, ZRP 2010, S. 53 (54 f.), mit dem zutreffenden Hinweis auf den ebenfalls nicht weiterführenden Beschluss des BVerfG im Fall Stäglich, vgl. BVerfG, Beschluss v. 30.11.1988 – 1 BvR 900/88. Ebenfalls so bereits *Karpen/Maas*, Die Entwicklung der Rechtsprechung zum Wissenschaftsrecht seit 1984, JZ 1990, S. 626 (630); *Maurer*, in: Flämig/Kimminich (Hrsg.), Handbuch des Wissenschaftsrechts, Bd. 1, S. 769; *Zimmerling*, Akademische Grade und Titel, 1995, Rn. 85 ff., 95.
101 *Linke*, Verwaltungsrechtliche Aspekte der Entziehung akademischer Grade, WissR 32 (1999), S. 146 ff. (153 ff.).

fassungsgerichtliche Überprüfung der bestehenden gesetzlichen Regelungen ist bisweilen nicht erfolgt. Die Landesgesetzgeber wären indes gut beraten, eine entsprechende Streichung – wie z.B. in Nordrhein-Westfalen bereits im Jahre 1987 erfolgt[102] – vorzunehmen.

Eine Entziehung wegen Unwürdigkeit kann überdies aus demselben Grund – 47 d.h. wegen mangelnder Bestimmtheit – auch nicht auf die Widerrufsvorschrift des § 49 Abs. 2 Nr. 3 VwVfG – bzw. die entsprechenden Vorschriften des Landesverwaltungsverfahrensrechts – gestützt werden. Überdies handelt es sich bei nachträglich eingetretenem – „unwürdigem" – Verhalten des Promovierten (bzw. Habilitierten) nicht um eine Tatsache, die den ursprünglichen Verleihungsakt „getragen" hätte.[103] Auch daran wird deutlich, dass das Merkmal der „Unwürdigkeit" tatbestandlich nicht innerhalb rechtsstaatlicher Kategorien zu fassen ist.

Wenn demnach also bereits die parlamentsgesetzlichen Rechtsgrundlagen 48 für eine nachträgliche Entziehung eines akademischen Grades wegen „Unwürdigkeit" nicht zu halten sind, bleibt zudem in jedem Fall festzuhalten, dass die untergesetzlichen „Unwürdigkeitstatbestände" in den Promotionsordnungen der Universitäten, die als Satzungsrecht ergehen, erst recht einer verfassungsrechtlichen Überprüfung nicht standhalten.[104] Auch insoweit besteht vordringlicher Änderungs- bzw. Streichungsbedarf.

Problematisch ist indes, wenn es das BVerwG nunmehr unternimmt, die ver- 49 bliebenen landesrechtlichen Regelungen – so zumindest bezogen auf das Beispiel Baden-Württembergs – einer engen verfassungskonformen Auslegung zuzuführen und damit gewissermaßen Raum für ein neues Verständnis von „Wissenschaftsunwürdigkeit" zu schaffen. Die Entscheidung überzeugt in der Sache nicht, wenn sie zum einen zwar anerkennt, dass sich die Annahme von Unwürdigkeit nicht auf persönlichkeitsbezogene bzw. außerakademische Anknüpfungen wie strafrechtliche (Vor-)Verurteilungen stützen lässt, zum anderen aber die Sanktionsfolge einer solcherart angenommenen „Wissenschaftsunwürdigkeit" an einer früheren Graduierung festmacht und in der Folge damit die Entziehung eines ohne jegliches Fehlverhalten erlangten Doktorgrades begründet.

Die Entscheidung belegt im Kern vielmehr ein weiteres Mal, wie schwierig – 50 nach hiesiger Auffassung gar unmöglich – es ist, den unbestimmten Rechtsbegriff der „Unwürdigkeit" sowohl durch ein außerhalb eines Prüfungs- bzw. Gra-

---

102 Durch Art. VIII des 4. Änderungsgesetzes zum WissHG vom 20.11.1987, GVBl. S. 366.
103 *Tiedemann*, Entzug des Doktorgrades bei wissenschaftlicher Unlauterkeit, ZRP 2010, S. 53 (54). A.A. offenbar *Thieme*, Deutsches Hochschulrecht, 3. Auflage, 2004, Rn. 436, der unzutreffend mit dem Begriff des „unehrenhaften Verhaltens" argumentiert.
104 Zutreffend daher *Tiedemann*, Entzug des Doktorgrades bei wissenschaftlicher Unlauterkeit, ZRP 2010, S. 53 (54), mit Beispielen.

duierungsverfahrens angesiedelten Fehlverhaltens als auch in Bezug auf die sich anschließende Rechtsfolge der Doktorgradentziehung auszufüllen. Dem BVerwG ist – wie angedeutet – zwar zuzugeben, dass sich ein möglicherweise relevantes Fehlverhalten nur daraus ergeben kann, dass es in Bezug zur „scientific community" betrachtet wird und damit außerakademische Anknüpfungspunkte ausgeblendet bleiben müssen.[105] Da damit aber nichts anderes gesagt ist, als dass die nachträgliche „Unwürdigkeit" eines Wissenschaftlers sich naturgemäß immer nur aus einem wissenschaftsbezogenen Fehlverhalten ergeben kann, darf auch nur eine solche Sanktion erwogen werden, die in einem Kausalzusammenhang mit dem aktuellen Fehlverhalten steht.[106] Die nachträgliche Unwürdigkeit kann – wenn überhaupt – nur streng wissenschaftsbezogen mit Blick auf Art. 5 Abs. 3 GG bewertet werden und muss sich auf den aktuellen Zeitpunkt beziehen.[107] Dies ist bei der Entziehung des akademischen Doktorgrades erkennbar nicht der Fall. Kategorien von „Würde" oder „Ehrenhaftigkeit" spielen bei der Verleihung des Doktorgrades gerade keine Rolle und dürfen folglich auch bei der Entziehung als „actus contrarius" nicht angelegt werden.[108] Bereits der Umstand, dass das weitere Merkmal der Nachträglichkeit der die „Unwürdigkeit" tragenden Tatsachen eine zeitliche Zäsur zur früheren – beanstandungsfreien – Promotionsleistung herstellt, erschwert es, der Argumentation des Gerichts zu folgen. Der Vertrauensschutz in Bezug darauf, der akademische Grad werde – da rechtmäßig erworben – nicht nachträglich entzogen, dürfte das Entziehungsinteresse ohnehin überwiegen. Denn selbst wenn man eine Parallele zu den insbesondere für die Rücknahme rechtswidriger Verwaltungsakte entwickelten Grundsätzen ziehen wollte, ist festzustellen, dass im Sinne der Gesetzmäßigkeit überhaupt kein Grund ersichtlich ist, einen „rechtswidrigen" (infolge von nachträglicher „Unwürdigkeit" eingetretenen?) Zustand anzunehmen. Denn in Bezug auf die intendierte Rechtsfolge (Entziehung des akademischen Grades) besteht gerade kein Anlass, von dessen Rechtswidrigkeit auszugehen. Auch der Auffangtatbestand des § 49 Abs. 2 Nr. 3 VwVfG kann hier mangels Bezugs der „Unwürdigkeit" zum ursprünglichen Verleihungsakt nicht fruchtbar gemacht werden. Es handelt sich bei der Entscheidung des BVerwG im Ergebnis vielmehr um eine weitere Konstruktion, welche die Unwürdigkeits-

---

[105] BVerwG, Urt. v. 31.7.2013 – 6 C 9/12, NVwZ 2013, S. 1614, 1616; *Lorenz*, Die Entziehung des Doktorgrades – ein altes Instrument in neuer Funktion, DVBl. 2005, S. 1242 (1245).
[106] BVerwG, Urt. v. 31.7.2013 – 6 C 9/12, NVwZ 2013, S. 1614, 1616; ähnlich auch *Lorenz*, DVBl. 2005, S. 1242 (1245).
[107] *Rixen*, Macht wissenschaftliches Fehlverhalten unwürdig?, NJW 2014, S. 1058 (1061).
[108] Wie hier auch *Gärditz*, Wissenschaftsunwürdigkeit? Zu Begriff und Folgen des wissenschaftlichen Fehlverhaltens in der Rechtsprechung des Bundesverwaltungsgerichts, WissR 47 (2014), S. 119 (148 f.).

tatbestände im Landeshochschulrecht nicht zu halten vermag. Sanktionsmöglichkeiten bestehen somit nur auf beamtenrechtlicher oder arbeitsrechtlicher Grundlage, etwa im Rahmen disziplinarrechtlichen Vorgehens. Nur diese stehen in einem Bezug zu der gegenwärtigen wissenschaftlichen Tätigkeit, im Rahmen derer ein Fehlverhalten zutage getreten ist.

d) Entziehung wegen wissenschaftlichen Fehlverhaltens i.e.S.
Eine (nachträgliche) Entziehung kann richtigerweise nur in Betracht kommen, wenn sich das festgestellte Fehlverhalten in einer Täuschungshandlung manifestiert, die in direktem Zusammenhang mit einer Prüfungsleistung o.ä. im Rahmen eines Graduierungsverfahrens – d.h. im Regelfall wohl des Promotionsverfahrens – steht. Wissenschaftliches Fehlverhalten ist somit mit den Mitteln des Verwaltungsrechts nur sanktionierbar, wenn es unmittelbar wissenschaftsbezogen ist. Es erscheint angebracht, insoweit von wissenschaftlichem Fehlverhalten im engeren Sinne zu sprechen. Damit sind in erster Linie die bereits oben angesprochenen Plagiatsfälle erfasst.[109] In Wissenschaftsplagiaten manifestiert sich die Verletzung der wissenschaftlichen Redlichkeit besonders deutlich. Sie besteht darin, dass ein Werk die Originalität der in ihr verkörperten wissenschaftlichen Leistung, die wiederum Grundlage der Graduierung ist, nach ihrem Inhalt[110] nicht oder teilweise nicht erkennen lässt. Indem der Urheber den geistigen Ursprung im Dunkeln lässt, täuscht er über die Werkoriginalität. Die Äußerungsformen sind vielfältig und reichen von einer nicht als Zitat gekennzeichneten Übernahme von Textpassagen aus fremden Werken über grobe Fehlzitate, welche die wahre gedankliche Urheberschaft verschleiern, bis hin zum sog. Ghostwriting, d.h. dem Abfassen ganzer Werke oder Werkpassagen durch Dritte, ohne dies nach außen kenntlich zu machen.[111] Konkretisierend wird weiter unterschieden in Komplettplagiate, Übersetzungsplagiate, Strukturplagiate, Plagiate durch Verwendung von sog. Alibi-Fußnoten oder sog. „Bauernopfer".[112]

51

---

109 Vgl. etwa VG Freiburg, Urteil vom 23.5.2012 – 1 K 58/12, NVwZ-RR 2013, S. 186.
110 VGH Mannheim, Urteil vom 19.4.2000 – 9 S 2435/99, DVBl. 2000, S. 1007 (Ls.): „Ursächlichkeit des Plagiats für die Entziehung des Doktorgrads richtet sich allein nach dem Inhalt der Dissertation."
111 Eingehend dazu *Rieble*, Erscheinungsformen des Plagiats, in: Dreier/Ohly (Hrsg.), Plagiate, 2013, S. 31 ff.
112 *Fahl*, Eidesstattliche Versicherung des Promovenden zur Bekämpfung des Plagiatsunwesens?, ZRP 2012, S. 7 (8), mit dem Hinweis darauf, dass hier genau zwischen wissenschaftlicher „Unfähigkeit" und bewusstem Täuschungsverhalten abzugrenzen ist, was mitunter Schwierigkeiten aufwirft.

52 Im Detail ist freilich vieles nicht unumstritten, da es etwa fachabhängig durchaus unterschiedliche (zulässige) Zitierweisen geben kann bzw. anerkanntermaßen gibt – zudem solche, die zum Zeitpunkt des Abfassens der Arbeit anerkannt, jedenfalls aber toleriert waren.[113] Der Begriff des Wissenschaftsplagiats bzw. die Frage, wann ein solches vorliegt, ist also nicht besonders scharf konturiert.[114] Überdies wird man für die Annahme eines Wissenschaftsplagiates, das schließlich zu der einschneidenden Maßnahme der Aberkennung eines akademischen Grades führt, das Erreichen einer Signifikanzgrenze bezüglich der fehlerhaften Zitierweise bzw. Textübernahme und somit das Überschreiten einer gewissen Toleranzgrenze fordern müssen, wodurch das Werk insgesamt nicht mehr als dem eigenen geistigen Gedankengut des Verfassers entsprungen angesehen werden kann.[115]

53 Überdies muss zwingend – da es sich bei der Annahme eines Wissenschaftsplagiats um die Erfüllung eines Täuschungstatbestands handelt – Vorsatz in der Person des Plagiierenden hinzutreten.[116] Fahrlässigkeit – auch grobe Fahrlässigkeit (d.h. Kennenmüssen der fehlerhaften Zitierweise) – bezüglich der Zitierweise begründet womöglich im Regelfall mangelnde wissenschaftliche Eignung; die Annahme, dass damit ein zu Täuschungszwecken vorgesehenes Wissenschaftsplagiat wissentlich und willentlich angefertigt wurde, das später als Graduierungsleistung vorgelegt werden soll, rechtfertigt auch bewusste Fahrlässigkeit nicht. Ausreichend dürfte indes bedingter Vorsatz sein, d.h. das billigende Inkaufnehmen dessen, dass in der Arbeit vorhandene Ungenauigkeiten in der Zitierweise o.ä. zugleich eine Täuschung über die Originalität des Werkes bedingen können.

54 Die verwaltungsrechtliche Entziehung akademischer Grade infolge wissenschaftlichen Fehlverhaltens i.e.S. reicht weiter als das Urheberrecht und die darin enthaltenen Sanktionsmöglichkeiten, die – auch mit Blick auf das korrekte Zitieren, vgl. §§ 51, 63 UrhG – vor allem dem Schutz des geistigen Eigentums des durch das Plagiat betroffenen Dritten zu dienen bestimmt sind.[117] Sie adres-

---

113 Dazu *Fahl*, Eidesstattliche Versicherung des Promovenden zur Bekämpfung des Plagiatsunwesens?, ZRP 2012, S. 7 (8).
114 *Rixen*, Macht wissenschaftliches Fehlverhalten unwürdig?, NJW 2014, S. 1058 (1061 f.).
115 Vgl. *Rixen*, Macht wissenschaftliches Fehlverhalten unwürdig?, NJW 2014, S. 1058 (1061 f.).
116 So wohl auch *Fahl*, Eidesstattliche Versicherung des Promovenden zur Bekämpfung des Plagiatsunwesens?, ZRP 2012, S. 7 (8), der bei Fahrlässigkeit nur von wissenschaftlicher „Unfähigkeit" ausgeht.
117 *Gärditz*, Die Feststellung von Wissenschaftsplagiaten im Verwaltungsverfahren, Hochschulrechtliche Probleme und wissenschaftspolitischer Handlungsbedarf, WissR 46 (2013), S. 3 (7). Zu urheberrechtlichen Fragen vertiefend *Knies*, Urheberrechtliche und strafrechtliche Aspekte beim Verfassen wissenschaftlicher Doktorarbeiten, ZUM 2011, S. 897 ff.

siert die Universitäten als wissenschaftliche Einrichtungen und verpflichtet diese, die Lauterkeit und Integrität akademischer Forschung durch die Gewährleistung der Einhaltung wissenschaftlicher Mindeststandards zu sichern.[118]

Dass Wissenschaftsplagiate im beschriebenen Sinne nicht hingenommen werden können und die verwaltungsrechtliche Entziehung eines akademischen Grades rechtfertigen, hat insbesondere das VG Düsseldorf in der Entscheidung Schavan verdeutlicht.[119] Aus dieser Entscheidung lassen sich einige Maßstäbe ableiten, die gleichsam als Richtschnur für künftige Bewertungen herhalten können. Bereits die Leitsätze des Urteils, mit dem das Verwaltungsgericht die Entziehung des Doktorgrades durch den Fakultätsrat der Philosophischen Fakultät der Universität Düsseldorf und damit vor allem dessen fehlerfreie Tatsachenermittlung und Ermessensausübung bestätigt, sind verallgemeinerungsfähig. Die Kammer bestätigt die Einschätzung der Universität, wonach die Klägerin an verschiedenen Stellen Textpassagen aus anderen wissenschaftlichen Werken übernommen habe, ohne dies hinreichend zu kennzeichnen. Maßstab für den Nachweis der Eigenständigkeit wissenschaftlichen Arbeitens – und damit die beschriebene Originalität eines Werks – sei allein das Gebot der wissenschaftlichen Redlichkeit.[120] Dieses Gebot erfordere, geistiges Eigentum Dritter nachprüfbar zu machen, indem sämtliche sinngemäß übernommenen Gedanken aus Quellen und Literatur als solche kenntlich gemacht werden.[121] Das VG Düsseldorf betont zudem, dass eine zeitliche Beschränkung der Entziehung akademischer Grade wegen wissenschaftlichen Fehlverhaltens im Zusammenhang mit Graduierungsarbeiten nicht in Betracht komme, da wissenschaftliches Arbeiten auf Nachhaltigkeit angelegt sei.[122] Dem ist im Grundsatz zuzustimmen, wenngleich unter rechtspolitischen Gesichtspunkten in anders gelagerten Einzelfällen eine differenzierte Betrachtung unter Vertrauensschutzgesichtspunkten angezeigt erscheinen dürfte, die als gesetzliches Korrektiv für unbillige Entziehungsentscheidungen – etwa dann, wenn die Signifikanzgrenze nicht erreicht ist oder in Streit steht, ob es sich tatsächlich um eine fehlerhafte Zitierweise handelt – de lege ferenda noch zu schaffen wäre. Im Übrigen haben die Plagiatsfälle der jüngeren Zeit jedoch richterrechtlich den rechtlichen Rahmen hervorgebracht, innerhalb dessen eine wissenschaftliche Arbeit als Plagiat und

---

118 *Rieble*, Erscheinungsformen des Plagiats, in: Dreier/Ohly (Hrsg.), Plagiate, 2013, S. 31 (50).
119 VG Düsseldorf, Urteil vom 20.3.2014 – 15 K 2271/13, ZUM 2014, 602.
120 VG Düsseldorf, Urteil vom 20.3.2014 – 15 K 2271/13, ZUM 2014, 602 (Ls. 1).
121 VG Düsseldorf, Urteil vom 20.3.2014 – 15 K 2271/13, ZUM 2014, 602 (Ls. 2).
122 VG Düsseldorf, Urteil vom 20.3.2014 – 15 K 2271/13, ZUM 2014, 602 (Ls. 3).

somit als Täuschung einzustufen ist und daher grundsätzlich eine Entziehung nach pflichtgemäßem Ermessen in Betracht zu ziehen ist.

e) Verwaltungsverfahrensrechtlicher Rahmen

56 Die Entziehung eines akademischen Grades ist als „actus contrarius" der Verleihung ein belastender Verwaltungsakt. Damit ist der Anwendungsbereich des VwVfG bzw. der hier einschlägigen entsprechenden Landesverwaltungsverfahrensgesetze eröffnet. Auf das Erfordernis einer hinreichenden – parlamentsgesetzlichen – Grundlage für die Entziehungstatbestände ist bereits oben unter b. hingewiesen worden. Hierfür stehen in einigen Ländern – ungeachtet der verfassungsrechtlich kaum haltbaren „Unwürdigkeitstatbestände" (dazu bereits oben unter c.) – eigenständige hochschulrechtliche Rechtsgrundlagen zur Verfügung.[123] Sofern solche existieren, sind sie leges speciales gegenüber den in allen übrigen Ländern als Rechtsgrundlage dann heranzuziehenden allgemeinen Vorschriften über Rücknahme und Widerruf von (begünstigenden) Verwaltungsakten (§§ 48, 49 VwVfG bzw. landesrechtliche Entsprechungen[124]). Dies bestimmen bereits die Landeshochschulgesetze in den betreffenden Normen selbst, indem sie diese unbeschadet der allgemeinen verwaltungsverfahrensrechtlichen Bestimmungen für anwendbar erklären. Ob es sich bei der Entziehung nach spezialgesetzlicher Vorschrift dogmatisch um eine Rücknahme oder einen Widerruf handelt, legen die Bestimmungen des Landeshochschulrechts keineswegs eindeutig fest. Im Ergebnis mag dies auch dahinstehen, weil die Voraussetzungen insoweit hinreichend bestimmt sind.[125]

57 Daher ist in den Ländern ohne hochschulgesetzliche Rechtsgrundlage im Regelfall auf § 48 Abs. 1 Satz 1 VwVfG abzustellen. Infolge der Täuschungshandlung stellt sich der ursprüngliche Verleihungsakt als rechtswidriger Verwaltungsakt im Sinne der Norm dar. Da mit ihm eine Begünstigung in Gestalt der Verleihung eines Rechts (Trägerschaft des akademischen Grades) verbunden ist, das nicht Geld- oder Sachleistung im Sinne von § 48 Abs. 2 VwVfG ist, gilt grundsätzlich § 48 Abs. 3 VwVfG. Auf eine Abwägungsentscheidung am Maßstab von § 48 Abs. 2 Satz 1 VwVfG kommt es ebensowenig an wie auf den täu-

---

123 So in § 20 Satz 1 Nr. 1 HSG LSA; § 53 Abs. 2 Satz 2 ThürHG.
124 Vorliegend erfolgt die Darstellung aus Gründen der Übersichtlichkeit anhand der Vorschriften des (Bundes-)VwVfG. Dabei wird freilich vorausgesetzt, dass für die landesrechtlichen Entziehungsverfahren stets das jeweilige Landesverwaltungsverfahrensgesetz einschlägig ist.
125 Mitunter erscheint es angezeigt, mit *Starosta*, Die Aberkennung akademischer Grade, DÖV 1987, S. 1052, insoweit allgemein von „Aufhebung" zu sprechen und damit den geläufigen Oberbegriff zu verwenden.

schungsbezogenen Ausschlusstatbestand des § 48 Abs. 2 Satz 3 Nr. 1 VwVfG. Die – bei Plagiaten regelmäßig auf einer Täuschungshandlung beruhende – Rechtswidrigkeit des ursprünglichen Verleihungsaktes ist losgelöst von § 48 Abs. 2 VwVfG zu bestimmen. Allerdings ist auch eine Abwägung in Bezug auf § 48 Abs. 3 VwVfG hinsichtlich einer Entschädigung entbehrlich, weil eine solche im Zusammenhang mit akademischen Graden bezüglich etwaigen Vertrauensschutzes auf das „Behaltendürfen" des zu Unrecht erlangten Grades nicht angezeigt ist. § 48 Abs. 3 VwVfG ist nach zutreffender Auffassung nur auf die Modalitäten und damit das „Wie" der Rückabwicklung ausgerichtet.[126] Maßstab ist somit allein § 48 Abs. 1 Satz 1 VwVfG, nach dem eine fehlerfreie Ermessensentscheidung über die Entziehung des akademischen Grades als Rücknahmeakt wegen eines wissenschaftlichen Fehlverhaltens zu treffen ist.[127]

Etwaige Bestimmungen der universitären Promotionsordnungen sind im Zusammenhang mit der Rücknahme nur ergänzend heranzuziehen. Sie tragen – wie dargelegt – als alleinige Rechtsgrundlage der Entziehung nicht. 58

Der Versuch, im Falle einer nicht eindeutigen Feststellbarkeit der Rechtswidrigkeit des ursprünglichen Verleihungsaktes ergänzend auf einen Widerruf nach § 49 Abs. 2 Satz 1 Nr. 3 VwVfG zu rekurrieren, schlägt fehl. Die wissenschaftliche Richtigkeit der einer Graduierung zugrundeliegenden Leistung ist werkgebunden und kann in Gestalt „nachträglich eingetretener Tatsachen" naturgemäß nach der Graduierung nicht mehr erfolgen. Der Anwendungsbereich eines Widerrufs ist also gar nicht eröffnet, will man nicht Gefahr laufen, auch insoweit wieder in die Fahrwasser des unbestimmten Begriffs der nachträglichen „Unwürdigkeit" (siehe oben unter c.) zu geraten. 59

Für das Rücknahmeverfahren im Zusammenhang mit wissenschaftlichem Fehlverhalten – insbesondere Plagiaten – gilt überdies die zeitliche Beschränkung des § 48 Abs. 4 VwVfG, die ein Jahr ab behördlicher Kenntnis von den die Rücknahme rechtfertigenden Tatsachen beträgt, nach h.M. aber mit Recht als Entscheidungsfrist[128] (und nicht als Bearbeitungsfrist[129]) zu werten ist. Denn insoweit greift der Ausschlussgrund des § 48 Abs. 4 Satz 2 VwVfG („Täuschung") nicht, da dieser nach seinem Wortlaut nur auf Geldleistungsverwaltungsakte i.S.v. Abs. 2 abzielt, die durch Täuschung erworben wurden. Eine analoge Anwendung verbietet sich mangels vorliegender Regelungslücke. Selbst wenn 60

---

126 *Ziekow*, VwVfG, Kommentar, 3. Auflage, 2013, § 48 Rn. 38.
127 Vgl. etwa VG Freiburg, Urteil vom 23.5.2012 – 1 K 58/12, NVwZ-RR 2013, S. 186.
128 BVerwGE 70, 356 (363); VGH Mannheim, NVwZ-RR 2001, S. 6f.; *Ziekow*, VwVfG, Kommentar, 3. Auflage, 2013, § 48 Rn. 54.
129 *Erbguth*, Rücknahmefrist und „intendiertes" Ermessen: Vertrauensschutz im (bayerischen) Abwind, JuS 2002, S. 333 (334).

man – etwa in Fällen von Fahrlässigkeit, was nach hiesiger Auffassung ein Plagiat indes nicht zu rechtfertigen vermag (siehe oben) – nicht von einer vorsätzlichen Täuschungshandlung ausgehen wollte, wäre die Zugrundelegung der Entscheidungsfrist noch als adäquat zu betrachten, bei der es für den Fristlauf auf den Zeitpunkt der Entscheidungsreife[130] ankommt. Sie würde insbesondere bei komplexen Rücknahmeentscheidungen bezüglich akademischer Grade sachgerechte Entscheidungen ermöglichen, da regelmäßig die erneute – ggf. mehrfache – Begutachtung etwa einer Dissertation erforderlich sein dürfte, die entsprechenden Zeitaufwand erfordert.

61 Zuständig für die Rücknahme ist nach § 48 Abs. 5 VwVfG die Behörde, die den ursprünglichen Verwaltungsakt erlassen hat. Damit obliegt – als Bestimmung der örtlichen Zuständigkeit – die Rücknahmeentscheidung der nämlichen Universität. Sachlich ist im Sinne der Kehrseitentheorie das jeweilige Organ oder Organteil für die Rücknahme zuständig, das ursprünglich für die Verleihung des akademischen Grades zuständig gewesen ist, wobei insoweit Bestimmungen der universitären Promotionsordnungen über die sachliche Zuständigkeit zu berücksichtigen sind. Danach kommt regelmäßig der Promotionsausschuss in Betracht, bei Fehlen eines solchen der Fakultätsrat im Rahmen seiner Auffangzuständigkeit in akademischen Angelegenheiten.

62 Die rechtsstaatlichen Anforderungen, die an das Verwaltungsverfahren im Allgemeinen zu stellen sind, gelten selbstredend auch für die einschneidende Maßnahme der Entziehung akademischer Grade. Hinzuweisen ist neben anderem vor allem auf die Pflicht der Rücknahmebehörde, den Betroffenen nach § 28 Abs. 1 VwVfG anzuhören und diesem nach § 29 Abs. 1 VwVfG im erforderlichen Maße Akteneinsicht zu gewähren.

f) Rechtspolitischer Ausblick

63 Insbesondere die Plagiatsfälle der jüngeren Zeit haben verdeutlicht, dass Lauterkeit und Integrität der Wissenschaft ein hohes Gut sind, das es zu verteidigen gilt. Vor diesem Hintergrund hat die durch „Plagiatsjäger" und „Enthüllungsplattformen" angestoßene Debatte durchaus ihre Berechtigung. Gewiss ist neben dem Schaden, der durch die Plagiierenden eingetreten ist, auch die Frage aufzuwerfen, welche Rolle den Prüfenden, also etwa Doktormüttern und -vätern, im Gesamtkontext zukommt.[131] Letztlich geht es nicht um Schuldzuweisungen, sondern um die Frage, wie mit den Mitteln des Rechts und mit welchen

---

130 *Ziekow*, VwVfG, Kommentar, 3. Auflage, 2013, § 48 Rn. 54.
131 Darauf zu Recht hinweisend *Leuze*, Die „Dissertation" des K.T. zu Guttenberg – Betrachtung aus einer anderen Perspektive, VR 2011, S. 184 ff.

rechtsstaatlichen Verfahren und Instrumenten der Verletzung wissenschaftlicher Redlichkeit begegnet werden kann. Dass das hohe Interesse an einer Sicherung von Integrität und Lauterkeit der Wissenschaft mit dem Vertrauensschutz der von der Entziehung ihres akademischen Grades Betroffenen konfligieren kann, illustriert der Fall der ehemaligen Bundesministerin Schavan besonders deutlich. Ohne die festgestellten Verstöße gegen die gängige Zitierpraxis und das Vorliegen eines Plagiats infrage stellen zu wollen, darf gleichwohl die Frage aufgeworfen werden, ob eine Rücknahme akademischer Grade ohne jede zeitliche Begrenzung nach rechtsstaatlichen Maßstäben vertretbar ist. Vieles spricht daher dafür, dem Vorschlag *Löwers* nach Einführung einer „Verjährungsregelung für Plagiatsvergehen" im Hochschulrecht der Länder zu folgen.[132] Möglicherweise könnte – de lege ferenda – Plagiatsfällen auch dadurch mit dem gegenüber einer Entziehung des akademischen Grades milderen Mittel einer förmlichen Beanstandung der verleihenden Universität begegnet werden, mit der dem Betroffenen eine Nachbearbeitungspflicht auferlegt wird. Präventiv kommt auch die Vorsehung der Pflicht zur eidesstattlichen Versicherung des Promovenden in Betracht, um das „Plagiatsunwesen" in den Griff zu bekommen.[133] In jedem Fall sollte darauf hingewirkt werden, dass die wesentlichen Maßnahmen durch den parlamentarischen Gesetzgeber im jeweiligen Landeshochschulgesetz geregelt werden, um eine – auch auf dem Hintergrund des Vorbehalts des Gesetzes zu vermeidenden – Überladung der universitären Promotionsordnungen zu vermeiden.

---

[132] *Löwer*, Verjährungsfrist für Plagiatsvergehen? – Wolfgang Löwer (Pro), Forschung und Lehre 7/2012, S. 550; dagegen *Dannemann*, Verjährungsfrist für Plagiatsvergehen? – Gerhard Dannemann (Contra), ebd.
[133] *Fahl*, Eidesstattliche Versicherung des Promovenden zur Bekämpfung des Plagiatsunwesens?, ZRP 2012, S. 7 ff.

D. Recht des Hochschulpersonals
I. Einführung

Die Länder sind seit der Föderalismusreform I, die am 1.9.2006 in Kraft getreten ist, weitgehend frei, die Struktur des Hochschulpersonals selbst zu gestalten.[1] Von der Abschaffung der Rahmengesetzgebung ist sowohl das HRG als auch das Beamtenrechtsrahmengesetz (BRRG) erfasst. Letzteres ist durch das Beamtenstatusgesetz, das zum 1.4.2009 in Kraft getreten ist,[2] und das Beamtenrecht der Länder ersetzt worden. Das HRG gilt bis zur endgültigen Abschaffung fort.

In Bayern existiert ein spezielles „Gesetz über die Rechtsverhältnisse der Hochschullehrer und Hochschullehrerinnen sowie des weiteren wissenschaftlichen und künstlerischen Personals an den Hochschulen" (Bayerisches Hochschulpersonalgesetz – BayHSchPG).[3] Teilweise haben die Länder auch von der Befugnis Gebrauch gemacht, neue Personalkategorien einzuführen.

Von der Reform unberührt sind die Regelungen auf dem Gebiet des Arbeitsrechts. Insoweit besitzt der Bund weiterhin die Gesetzgebungskompetenz auf dem Gebiet des Arbeitsrechts (Art. 74 Abs. 1 Nr. 12 GG). Hierzu gehören insbesondere die Befristungsregelungen.

II. Statusrechte

1. Hochschullehrer

a) Professoren an Universitäten

Den höchsten Rang unter dem wissenschaftlichen Personal der Hochschulen besitzen die Professoren.[4] Ihr Tätigkeitsfeld erstreckt sich über das gesamte Aufgabengebiet der Universitäten, d.h. der Lehre, Forschung, Nachwuchsförderung und Selbstverwaltung.[5] Da es sich hierbei vornehmlich um „hoheitliche Aufgaben" im Sinne von Art. 33 Abs. 4 GG handelt, bei deren Wahrnehmung in teilweise starkem Maße in die Rechte der Studenten eingegriffen wird (u.a. Abnahme von Prüfungen) sollte der Professor in die Regel die Stellung als Beamter

---
1 Gesetz zur Änderung des Grundgesetzes vom 28.8.2006, BGBl. I 2034; BT-Drs. 16/813.
2 BGBl. 2009 I, 1010 ff., vgl. hierzu *Dillenburger*, Das Beamtenstatusgesetz als neues Beamtenbundesrecht für die Beamtinnen und Beamten der Länder, NJW 2009, S. 1115 ff.
3 http://beck-online.beck.de/?bcid=Y-100-G-BayHSchPG.
4 *Thieme* bezeichnet den Professor als die „*Zentralfigur des Lehrkörpers*", Deutsches Hochschulrecht, 3. Auflage, 2004, Rn. 651.
5 *Thieme*, Deutsches Hochschulrecht, 3. Auflage, 2004, Rn. 651.

auf Lebenszeit oder Zeit besitzen (vgl. hierzu ausführlich unter „Professoren als Angestellte").[6] Daneben sehen die meisten Landeshochschulgesetze die Möglichkeit vor, dass Professoren in einem Angestelltenverhältnis beschäftigt werden können.

aa) Universitätsprofessoren im Beamtenverhältnis (auf Lebenszeit)

3   Die Rechte und Pflichten der beamteten Hochschullehrer ergeben sich, soweit im HRG (vgl. § 50 HRG) und den Landesgesetzen keine speziellen Regelungen getroffen worden sind, aus dem allgemeinen Beamtenrecht.[7]

Das HRG sieht u.a. folgende Ausnahmen vom allgemeinen Beamtenrecht vor. So sind etwa die Vorschriften über die **Laufbahnen** (§ 50 Abs. 1 S. 1 HRG) und die **Arbeitszeit** nicht anzuwenden. Dass die Regelungen zur Arbeitszeit nicht gelten, bedeutet jedoch nicht, dass eine beliebige Belastung der Professoren zulässig ist. Die Inanspruchnahme muss sich im Rahmen dessen bewegen, was für Laufbahnbeamte üblich ist.[8] Soweit der Aufgabenbereich der Hochschule zwingend die Anwesenheit des Professors erfordert, kann dieser zu einer Anwesenheit verpflichtet werden.[9] Eine pauschale Verpflichtung würde jedoch gegen Art. 5 Abs. 3 GG verstoßen.[10]

4   Eine weitere Besonderheit gilt bei der **Abordnung und Versetzung**. Diese ist grundsätzlich nur mit Zustimmung des Professors möglich (§ 50 Abs. 2 HRG, § 61 BeamtStG). Anders als die regulären Beamten hat der Professor ein Recht an seinem Amt. Ihm darf die Professur, auf die er berufen worden ist, nicht gegen seinen Willen entzogen werden.[11] Eine Ausnahme gilt nur für den Fall, dass eine Hochschule oder die Hochschuleinrichtung, an der der Professor tätig ist, aufgelöst oder mit einer anderen Hochschule zusammengeschlossen wird, oder wenn die Fach- oder Studienrichtung, in der er tätig ist, ganz oder teilweise aufgegeben oder an eine andere Hochschule verlegt wird (§ 50 Abs. 2 HRG).

---

6 Hierzu ausführlich *von Coelln*, Die „Entbeamtung" des Hochschullehrers als Teilprivatisierung der deutschen Universität?, WissR 40 (2007), S. 351 ff.
7 Es finden die Vorschriften des Beamtenstatusgesetz (BeamtStG) und das Landesbeamtengesetz Anwendung. Zum Verhältnis Beamtenrecht und Hochschulrecht vgl. *Reich*, Hochschulrahmengesetz, Kommentar, 11. Auflage, 2012, § 50 Rn. 1 ff.
8 *Thieme*, Hochschulrecht, 3. Auflage, 2004, Rn. 706, der die Rechtsprechung des BVerwG in Bezug auf die Richter heranzieht.
9 *Waldeyer*, in: Hailbronner/Geis (Hrsg.), Das Hochschulrecht in Bund und Ländern, § 50 HRG Rn. 14.
10 *Thieme*, Deutsches Hochschulrecht, 3. Auflage, 2004, Rn. 699, 707.
11 OVG Lüneburg, Beschluss vom 14.2.2000 – 5 M 4574/99, NVwZ 2000, S. 954 ff. (955); *Thieme*, Deutsches Hochschulrecht, 3. Auflage, 2004, Rn. 702.

Das OVG Lüneburg hat mit Urteil vom 5.12.2007 festgestellt, dass die Übernahme eines beamteten Hochschullehrers aus dem unmittelbaren Landesdienst in den Dienst einer hochschultragenden Stiftung des öffentlichen Rechts ohne Zustimmung des Hochschullehrers nach den einschlägigen beamtenrechtlichen Regelungen zulässig ist.[12] Voraussetzung ist unter anderem, dass die Aufgaben der Hochschule vollständig oder teilweise auf eine andere Körperschaft übergehen. Der dienstliche Aufgabenbereich des Hochschullehrers (Amt im konkret funktionellen Sinn) muss vom Aufgabenübergang berührt sein. Das BVerwG hat die Entscheidung des OVG Lüneburg mit Urteil vom 26.11.2009 bestätigt.[13] Soweit das Hochschulrecht keine besonderen Regelungen enthält, gilt das allgemeine Beamtenrecht.

Der Status der Professoren wird neben dem spezialgesetzlich normierten Beamtenrecht, d.h. dem Beamtenstatusgesetz und den landesgesetzlichen Regelungen, durch die verfassungsrechtlich in Art. 33 Abs. 5 GG verankerten **hergebrachten Grundsätze des Berufsbeamtentums** definiert.[14] Hierzu gehört nach überwiegender Auffassung speziell für die Professoren, dass sie bei der Wahrnehmung der wissenschaftlichen und künstlerischen Aufgaben **nicht** der **Gehorsampflicht** unterstehen.[15]

Die Ernennung der Professoren zum Beamten auf Lebenszeit und die damit verliehenen Statusrechte (Art. 33 Abs. 5 GG) sichern die sachliche Unabhängigkeit des Hochschullehrers in der Lehre und Forschung in besonderem Maße.[16] Seine unabhängige Stellung wird daneben auch durch das Grundrecht der Wissenschafts- und Kunstfreiheit gestärkt.

bb) Beamter auf Zeit

Sowohl das HRG als auch die meisten Landesgesetze sehen neben der Ernennung auf Lebenszeit die Möglichkeit vor, einen Professor zu **Beamten auf Zeit** zu ernennen. Die Ausgestaltung der Rechtsfigur weicht zwischen den Ländern erheblich voneinander ab. So haben zumindest einige Länder die Ernennung auf Lebenszeit entsprechend § 4 Abs. 1 BeamtStG und Art. 33 Abs. 5 GG weiter-

---

12 OVG Lüneburg, Urteil vom 5.12.2007 – 5 LB 344/07, juris.
13 BVerwG, Urteil vom 26.11.2009 – 2 C 15/08, WissR 43 (2010), S. 184 ff.
14 BVerfG, Urteil vom 29.5.1973 – 1 BvR 424/71, 1 BvR 325/72, juris, Rn. 173.
15 Das OVG Bautzen hat mit Beschluss vom 16.1.2009 festgestellt, dass „*ein Hochschullehrer nicht verpflichtet ist, Lehrveranstaltungen außerhalb seines Faches und seinem Berufungsgebiet verwandter Gebiete zu übernehmen.*", Az.: 2 B 403/08, NVwZ-RR 2010, S. 519 ff. (520); *Thieme*, Deutsches Hochschulrecht, 3. Auflage, 2004, Rn. 701.
16 *Löwer*, Zwei aktuelle Fragen der Hochschulreformdebatte, WissR 33 (2000), S. 302 ff.; *Determann*, Müssen Professoren von Verfassungs wegen Beamte sein?, NVwZ 2000, S. 1346 ff.

hin ausdrücklich zum Regelfall erklärt. Eine Ernennung auf Zeit sei nur in bestimmten (vom Gesetz definierten) Ausnahmefällen zulässig. Ein solcher wird nach einigen Landesgesetzen immer noch angenommen, wenn ein Professor erstmalig in ein Professorenamt berufen wird.[17]

Als weitere Gründe für eine Ernennung auf Zeit werden angeführt:
- für zeitlich befristet wahrzunehmende Aufgaben der Wissenschaft und Kunst, Forschung und Lehre sowie Dienstleistung,
- zur Gewinnung herausragend qualifizierter Personen aus Wissenschaft, Kunst und Berufspraxis,
- zur Wahrnehmung leitender Funktionen als Oberarzt oder zur selbständigen Vertretung eines Faches innerhalb einer Abteilung,
- bei vollständiger oder überwiegender Deckung der Kosten aus Mitteln Dritter,
- in Verbindung mit einer leitenden Tätigkeit in einer außerschulischen Forschungseinrichtung, die im Rahmen eines gemeinsamen Berufungsverfahrens besetzt wird,
- zur Förderung besonders qualifizierten wissenschaftlichen Nachwuchses an Universitäten und Pädagogischen Hochschulen oder
- für vorübergehend wahrzunehmende Aufgaben der Wissenschaft und Kunst, Forschung und Lehre, der Lehrerbildung oder aus sonstigen Gründen, die eine Befristung nahe legen.[18]

8 Die erhebliche Ausweitung des Zeitbeamtentums bei den Professoren ist verfassungsrechtlich bedenklich. Art. 33 Abs. 5 GG garantiert die Anstellung auf Lebenszeit **(Lebenszeitprinzip)** als hergebrachten Grundsatz des Berufsbeamtentums.[19] Zu den hergebrachten Grundsätzen gehören nach Auffassung des Bundesverfassungsgerichts die Prinzipien des Berufsbeamtentums, die während eines längeren, traditionsbildenden Zeitraums, mindestens unter der Reichsverfassung von Weimar als verbindlich anerkannt und gewahrt worden sind.[20]

Das Lebenszeitprinzip zielt darauf ab, die Unabhängigkeit des Beamten im Interesse einer rechtsstaatlichen Verwaltung zu gewährleisten.[21] Zwar steht es dem Gesetzgeber zu, Ausnahmen von dem Lebenszeitprinzip zu normieren.

---

17 Vgl. u.a. § 18 Abs. 5 BremHG; § 28 Abs. 1 Nr. 1 NHG.
18 Vgl. § 16 HmbHG; § 28 NHG; § 116 Abs. 2 BremBG; § 50 BWHG.
19 BVerfG, Beschluss vom 27.4.1959 – 2 BvF 2/58, BVerfGE 9, 268 ff.; Beschluss vom 28.5.2008 – 2 BvL 11/07, NVwZ 2008, S. 873 ff.
20 BVerfG, Beschluss vom 2.12.1958 – 1 BvL 27/55, BVerfGE 8, S. 332 ff.; *Hense*, in: Epping/Hillgruber, GG, Kommentar, 2. Auflage, 2013, Art. 33 GG, Rn. 35.
21 BVerfG, Beschluss vom 12.3.1975 – 2 BvL 10/74, juris, Rn. 18; *Knopp*, Verbeamtung des Hochschulkanzlers auf Zeit verfassungsgemäß?, WissR 43 (2010), S. 109 ff. (110 f.).

Dies ist jedoch nur in engen Grenzen durch besondere Funktionen, die die zugrunde liegenden Ämter kennzeichnen, gerechtfertigt.[22] Nach § 4 Abs. 2 BeamtStG kann ein Beamtenverhältnis auf Zeit daher nur vergeben werden, wenn dem Beamten vorübergehend für bestimmte Zeit nur von ihm wahrzunehmende Aufgaben übertragen werden. Die größte Gruppe der Beamten auf Zeit sind die kommunalen Wahlbeamten.

Das BVerfG hat in seiner Entscheidung vom 28.5.2008[23] zusammenfassend festgehalten,

„Das Beamtenverhältnis auf Lebenszeit bildet also die verfassungsrechtliche Regel. Ausnahmen sind nur in Bereichen zulässig, in denen – wie in historisch hergebrachten Fällen – die besondere Sachgesetzlichkeit und die Natur der wahrgenommenen Aufgaben eine Begründung von Beamtenverhältnissen auf Zeit erfordern. Die Regelung muss geeignet und erforderlich sein, um den besonderen Sachgesetzlichkeiten Rechnung zu tragen."

An diesen Vorgaben müssen sich die landesgesetzlichen Regelungen im Hochschulrecht messen lassen.[24]

Der Professor hat als Beamter auf Zeit keine gesicherte Rechtsstellung. Der Beamte muss befürchten, dass er nicht in ein Beamtenverhältnis auf Lebenszeit übernommen wird.[25] Dies schränkt die unabhängige Stellung des Professors bei seiner Tätigkeit in Wissenschaft und Forschung erheblich ein.

Gemessen an den verfassungsrechtlichen Vorgaben fehlt es zumindest in den Fällen der erstmaligen Berufung an einer ausreichenden sachlichen Rechtfertigung für die Durchbrechung des Lebenszeitprinzips.[26] Soweit der Landesgesetzgeber in dem Fall die Berufung auf Zeit als Regelfall normiert, ist dies verfassungswidrig.

Das BVerfG hat in seiner Entscheidung vom 28.5.2008 ausdrücklich betont, dass weder das Leistungsprinzip noch die Förderung der Mobilität und Flexibilität des Personaleinsatzes eine Durchbrechung des Lebenszeitprinzips rechtfertigt. Es sei vielmehr zu befürchten, dass die Entscheidung über die spätere

---

22 BVerfG, Beschluss vom 28.5.2008 – 2 BvL 11/07, NVwZ 2008, S. 873 ff.
23 2 BvL 11/07, NVwZ 2008, S. 873 ff.
24 Zur Ausgestaltung des Amtes des Hochschulkanzlers als Beamtenverhältnis auf Zeit siehe *Knopp*, WissR 43 (2010), S. 109 ff. (120 ff.); *ders.*, Des Hochschulkanzlers neue Kleider oder Lebenszeitverbeamtung ade? LKV 2015, S. 307 ff.
25 So auch *Thieme*, Deutsches Hochschulrecht, 3. Auflage, 2004, Rn. 697: *„Zeitbeamtentum ist Freiheitsverlust für die Wissenschaft".*
26 *Detmer*, in: Hartmer/Detmer (Hrsg.), HSchR-Praxishandbuch, 2. Auflage, 2011, S. 156 f., mit dem überdies zutreffenden Befund, dass es sich bei den Zeitverbeamtungen um „verkappte Erprobungen" handele.

Übertragung des Amtes auf Lebenszeit auch durch leistungsfremde politische Gesichtspunkte bestimmt wird.

10 Dass in der Regel die Professoren bei der Erstberufung zu Beamten auf Zeit ernannt werden sollen, sei dadurch intendiert, dass der Professor sich zunächst einmal in seinem Amt bewähren muss. Hierfür stehen jedoch geeignete Instrumente zur Verfügung, die mit dem Lebenszeitprinzip in Einklang stehen. Es besteht nach den meisten Landesgesetzen die Möglichkeit, Hochschullehrer auf Probe zu ernennen.[27]

Im **Beamtenverhältnis auf Probe** wird der Beamte regelmäßig für drei Jahre erprobt. Die Probezeit wurde im Rahmen der durch die Föderalismusreform I ausgelösten Reform einheitlich auf drei Jahre heraufgesetzt.[28] Anders als beim Beamtenverhältnis auf Zeit gibt das Beamtenverhältnis auf Probe einen Anspruch auf Ernennung zum Lebenszeitbeamten, wenn die beamtenrechtlichen Voraussetzungen erfüllt sind, d.h. der Professor sich durch seine Leistungen bewährt hat.

Hinzu kommt, dass sich die Professoren durch die Absolvierung der Juniorprofessur bzw. vergleichbare Positionen in der Regel bereits hinreichend bewährt haben. Dies zeigen auch die Anforderungen, die an eine Berufung als Professor gestellt werden. Es entbehrt daher auch aus tatsächlicher Sicht jeder sachlichen Rechtfertigung, einen Professor bei der erstmaligen Berufung, bei der er in der Regel bereits vierzig oder älter ist, zunächst als Beamten auf Zeit zu ernennen.[29]

cc) Professoren als Angestellte

11 Gemäß §§ 46, 50 Abs. 4 HRG und den landesgesetzlichen Regelungen kann ein Professor alternativ zum Beamtenverhältnis auch in einem Angestelltenverhältnis beschäftigt werden.[30]

(1) Regel- oder Ausnahmefall?

12 Verfassungsrechtlich bedenklich ist, dass mittlerweile nach einigen Landesgesetzen von einer Gleichwertigkeit beider Beschäftigungsverhältnisse ausgegan-

---

[27] § 50 BWHG, § 38 LSAHG; § 61 MVHG.
[28] Zum Beispiel § 19 Abs. 2 BremBG.
[29] So auch *Thieme*, Deutsches Hochschulrecht, 3. Auflage, 2004, Rn. 697.
[30] *Löwisch/Wertheimer/Zimmermann*, Die Befristung der Dienst- und Arbeitsverhältnisse im Fall der Erstberufung von Professoren, WissR 34 (2001), S. 28 ff.

gen wird.³¹ Die Nutzung des Angestelltenverhältnisses an staatlichen Hochschulen muss von Verfassungs wegen (Art. 33 Abs. 4, 5 Abs. 3 GG) auf Ausnahmefälle beschränkt sein.³²

Nach Art. 33 Abs. 4 GG ist die Ausübung „hoheitlicher Befugnisse" als ständige Aufgabe in der Regel Angehörigen des öffentlichen Dienstes zu übertragen, die in einem öffentlich-rechtlichen Dienst- und Treuverhältnis stehen. Die Wahrnehmung bestimmter Funktionen ist danach im Grundsatz Berufsbeamten vorbehalten (so genannter **Funktionsvorbehalt**). Dass Professoren „hoheitliche Befugnisse" in diesem Sinne wahrnehmen, ergibt sich insbesondere aus der Beteiligung an Prüfungs- und Zulassungsentscheidungen. Zum Aufgabengebiet der Professoren gehört die Lehre, Forschung, Nachwuchsförderung und Selbstverwaltung.

Zur Wahrung der Wissenschaftsfreiheit (Art. 5 Abs. 3 GG), insbesondere der Unabhängigkeit, bedürfen Professoren der Absicherung in persönlicher Hinsicht.³³ Diese ist nur im Rahmen des Beamtenverhältnisses hinreichend gewährleistet. Sofern das Landesrecht die Beschäftigung im Angestelltenverhältnis als Ausnahmefall normiert, ist ein solcher beispielsweise bei einer befristeten Tätigkeit gegeben.³⁴

(2) Ausgestaltung des Angestelltenverhältnisses
Vertragspartner bei staatlichen Hochschulen ist in der Regel das jeweilige Bundesland,³⁵ sofern nicht die Hochschulen selbst dienstherrenfähig sind und daraus auch die Arbeitgebereigenschaft ableiten können.

Bei privaten und kirchlichen Hochschulen ist die Hochschule dagegen mangels Dienstherrenfähigkeit stets Vertragspartner.

Bei der Begründung des Angestelltenverhältnisses gilt es zu bedenken, dass die Erteilung des Rufs noch kein Angebot auf Abschluss eines Arbeitsvertrages ist.³⁶ Erst mit der Annahme des Rufs werden die konkreten Vertragsverhandlungen eingeleitet, die in den Abschluss eines Vertrages münden können. Das Er-

---

31 Vgl. § 43 BbgHG; § 70 Abs. 3 HessHG; noch weitergehender § 39 NWHG, *„Professorinnen und Professoren können, Professorinnen und Professoren, die auch in der Krankenversorgung tätig sind, sollen in einem privatrechtlichen Dienstverhältnis beschäftigt werden."*.
32 *Von Coelln*, Die „Entbeamtung" des Hochschullehrers als Teilprivatisierung der deutschen Universität?, WissR 40 (2007), S. 351 ff. (377).
33 So auch *Epping*, Rechte und Pflichten von Professoren unter besonderer Berücksichtigung der Beamtenpflichten, ZBR 1997, S. 383 ff. (386).
34 Z.B. 38 Abs. 5 LSAHG; § 43 Abs. 1 BbgHG.
35 Z.B. § 2 Abs. 3 NWHG; § 2 Abs. 2 BerlHG.
36 BAG, Urteil vom 9.7.1997 – 7 AZR 424/96, NZA 1998, S. 752 ff.

gebnis der Berufungsverhandlungen kann in einer Berufungsvereinbarung festgehalten werden, die wiederum zur Grundlage des Arbeitsvertrages gemacht wird.

14   Die Professoren sind außertariflich Angestellte.[37] Der Tarifvertrag für den öffentlichen Dienst der Länder (TV-L) gilt nicht für Hochschullehrer, vgl. § 1 Abs. 3a) TV-L. Es gilt grundsätzlich das Privatrecht. Im Dienstvertrag kann jedoch geregelt werden, dass die tariflichen bzw. beamtenrechtlichen Vorschriften entsprechend gelten. Insbesondere ist die Vereinbarung beamtenrechtlicher Versorgungsgrundsätze möglich.[38] Darüber hinaus ist auch die Vereinbarung einer Altergrenze zu empfehlen.

Bei der Ausgestaltung des Arbeitsverhältnisses gilt es, die in Art. 5 Abs. 3 GG verbürgte Wissenschaftsfreiheit zu beachten.[39]

Das Beschäftigungsverhältnis mit einem angestellten Professor kann befristet werden.[40] Insoweit gelten die Vorschriften der Hochschulgesetze[41] und – soweit diese keine Regelung zur Befristung enthalten –, die allgemeinen arbeitsrechtlichen Vorschriften des Bundes, d.h. insbesondere § 14 TzBfG. Die Länder sind trotz des vom Bund erlassenen TzBfG zur Gesetzgebung befugt, weil das Gesetz für angestellte Professoren keine abschließenden Regelungen enthält.[42]

Nach § 14 Abs. 2 TzBfG ist eine Befristung bis zur Dauer von zwei Jahren ohne sachlichen Grund möglich. Alternativ kann der Arbeitsvertrag bei Vorliegen eines hinreichenden Sachgrundes befristet werden (§ 14 TzBfG). Als Sachgründe kommen beispielsweise die Erprobung des Arbeitnehmers, ein nur vorübergehender Bedarf oder persönliche Gründe in Betracht.

Soweit die Länder Regelungen zur Befristung des Angestelltenverhältnisses normiert haben, legen sie in der Regel die Höchstfristdauern und die zulässige Anzahl der Verlängerungen fest.[43] Sie entsprechen damit den Vorgaben der im Arbeitsrecht zu beachtenden Richtlinie 1999/70 EG.[44]

---

37 *Thieme*, Deutsches Hochschulrecht, 3. Auflage, 2004, Rn. 698.
38 LAG Köln, Urteil vom 14.1.1997 – 1 Sa 1185/96, NZA-RR 1997, S. 412 ff.
39 *Däubler*, Wissenschaftsfreiheit im Arbeitsverhältnis – Eine erste Skizze, NZA 1989, S. 945 ff.
40 *Reich*, Hochschulrahmengesetz, Kommentar, 10. Auflage, 2007, § 46 Rn. 1.
41 § 70 Abs. 4 HessHG; § 50 Abs. 2 BWHG; Art. 8 BayHSchPG; § 102 BerlHG; § 43 BbgHG; § 38 Abs. 5 LSAHG.
42 *Lenk*, Die befristete Professur im Angestelltenverhältnis an staatlichen und staatlich anerkannten Hochschulen, WissR 42 (2009), S. 50 ff. (70/71).
43 In Hamburg bis zu sechs Jahre, Brandenburg und Schleswig-Holstein jeweils zwei Jahre. Bremen sieht hingegen keine Höchstfrist vor.
44 ABl.EG 1999 L 175, S. 43, vgl. § 5 der RL 1999/70/EG.

Ein Sachgrund für die Befristung ist insbesondere gegeben, wenn der Arbeitnehmer zur Vertretung eines anderen (vorübergehend an der Arbeitsleistung verhinderten) Arbeitnehmers beschäftigt wird, § 14 Abs. 1 S. 2 Nr. 3 TzBfG. Ein weiterer wichtiger Grund liegt in der Drittmittelfinanzierung.[45] Es muss jedoch aufgrund gesicherter Tatsachengrundlage feststehen, dass für die Beschäftigung des befristet angestellten Arbeitnehmers über einen gewissen Zeitpunkt hinaus kein Bedarf besteht.[46] Allein der mögliche, noch ungewisse Wegfall des Bedarfs genügt nicht.

b) Einstellungsvoraussetzungen für Professoren

Die Minimalvoraussetzungen, die bei der Einstellung von Professoren an staatlichen Hochschulen vorliegen müssen, sind in § 44 HRG und in den entsprechenden landesrechtlichen Regelungen[47] normiert.

§ 44 HRG lautet:

Einstellungsvoraussetzungen für Professorinnen und Professoren sind neben den allgemeinen dienstrechtlichen Voraussetzungen grundsätzlich

1. *ein abgeschlossenes Hochschulstudium,*
2. *pädagogische Eignung,*
3. *besondere Befähigung zu wissenschaftlicher Arbeit, die in der Regel durch die Qualität einer Promotion nachgewiesen wird, oder besondere Befähigung zu künstlerischer Arbeit und*
4. *darüber hinaus je nach den Anforderungen der Stelle*
   a) *zusätzliche wissenschaftliche Leistungen,*
   b) *zusätzlich künstlerische Leistungen oder*
   c) *besondere Leistungen bei der Anwendung oder Entwicklung wissenschaftlicher Erkenntnisse und Methoden in einer mehrjährigen beruflichen Praxis.*

Die meisten landesrechtlichen Regelungen enthalten eine Konkretisierung dieser Vorgaben. Im Einzelnen wird diesbezüglich auf die nachstehenden Ausführungen verwiesen. Die Verwendung des Begriffs „grundsätzlich" bringt zum

---

45 Vgl. hierzu *Lenk*, Die befristete Professur im Angestelltenverhältnis an staatlichen und staatlich anerkannten Hochschulen, WissR 42 (2009), S. 50 ff. (70/71).
46 *Lenk*, Die befristete Professur im Angestelltenverhältnis an staatlichen und staatlich anerkannten Hochschulen, WissR 42 (2009), S. 50 ff. (70/71).
47 § 49 Abs. 1 RhPfHG; § 35 Abs. 1 LSAHG; § 36 Abs. 1 NWHG; § 25 Abs. 1 NHG; § 71 Abs. 1 HessHG; § 15 Abs. 1 HmbHG; § 39 Abs. 1 BbgHG; § 100 Abs. 1 BlnHG.

Ausdruck, dass die aufgeführten Voraussetzungen nicht abschließend sind.[48] Die Hochschulen haben im Rahmen des konkreten Stellenbesetzungsverfahrens, d.h. im Rahmen der Stellenausschreibung und des Berufungsverfahrens, die Möglichkeit, das Anforderungsprofil einer Stelle weitergehend festzulegen. Sie können beispielsweise festlegen, in welchem Fach das Hochschulstudium absolviert sein muss.[49] Darüber hinaus können sie außerfachliche Kompetenzen verlangen.

aa) Allgemeine dienstrechtliche/beamtenrechtliche Voraussetzungen

16 Die allgemeinen beamtenrechtlichen Voraussetzungen für die Begründung eines Beamtenverhältnisses sind in § 7 BeamtStG normiert. Hierzu gehört insbesondere, dass der Kandidat die deutsche oder eine andere dort genannte Staatsangehörigkeit besitzt.

bb) Abgeschlossenes Hochschulstudium

Ein **abgeschlossenes Studium** liegt vor, wenn an einer staatlichen oder nichtstaatlichen, aber anerkannten Hochschule oder einer entsprechenden ausländischen Bildungseinrichtung eine Prüfung im Sinne des § 15 HRG abgelegt worden ist.[50] Insoweit wird auf die Ausführungen zum Punkt **Studienabschlüsse** verwiesen (B.V.2.). Das Vorliegen einer formellen Abschlussprüfung ist jedoch nicht zwingend.[51] Das abgeschlossene Studium an einer Fach- oder Gesamthochschule genügt ebenfalls den Anforderungen.[52]

cc) Pädagogische Eignung

17 Die Einstellung setzt den Nachweis einer **pädagogischen Eignung** voraus. In den meisten Landesgesetzen ist die Formulierung von § 44 Nr. 2 HRG wortgleich übernommen worden.

Die Länder haben teilweise von der Möglichkeit zur Konkretisierung Gebrauch gemacht.

---

48 *Reich*, Hochschulrahmengesetz, Kommentar, 11. Auflage, 2012, § 44 Rn. 3.
49 *Reich*, Hochschulrahmengesetz, Kommentar, 11. Auflage, 2012, § 44 Rn. 3.
50 *Reich*, Hochschulrahmengesetz, Kommentar, 11. Auflage, 2012, § 44 Rn. 3.
51 *Detmer*, in: Hartmer/Detmer (Hrsg.), HSchR-Praxishandbuch, 2. Auflage, 2011, S. 125.
52 *Reich*, Hochschulrahmengesetz, Kommentar, 11. Auflage, 2012, § 44 Rn. 3.

In Nordrhein-Westfalen wird der Nachweis beispielsweise durch eine „*entsprechende Vorbildung*" erbracht.[53] Dies knüpft an die alte Rechtslage an, wonach die pädagogische Eignung in der Regel vorlag, wenn der Kandidat bereits Erfahrungen in der Lehre und Ausbildung vorweisen konnte.[54]

Auch nach dem Hochschulgesetz in Baden-Württemberg ist die Eignung in der Regel durch Erfahrungen in der Lehre und Ausbildung nachzuweisen.[55] Dort, wo der Landesgesetzgeber keine näheren Vorgaben vorgesehen hat, ist es die Aufgabe der Hochschulen, im Rahmen des Berufungsverfahrens die Voraussetzung näher zu konkretisieren.

Das Bremische Hochschulgesetz hat diese Verpflichtung in § 28 BremHG sogar ausdrücklich festgeschrieben.

§ 28 BremHG lautet:

„Die Hochschulen haben die Aufgabe, geeignete Verfahren für den Erwerb und den Nachweis der pädagogischen Eignung zu entwickeln."

Schlussendlich müssen die Entscheidungsträger von der pädagogischen Eignung des Kandidaten überzeugt sein.

dd) Promotion

Die Einstellung von Professoren setzt zudem die besondere Befähigung zu wissenschaftlicher oder künstlerischer Arbeit voraus, vgl. § 44 Nr. 3 HRG.

Nach dem Willen des Gesetzgebers wird die besondere **Befähigung zu wissenschaftlicher Arbeit** „*in der Regel durch die Qualität einer Promotion nachgewiesen*".[56] D.h. die Promotion gehört weiterhin zu den Mindestvoraussetzungen.[57] Diese sollte im Ergebnis eine besondere „Qualität" haben, d.h. überdurchschnittlich sein. Hiervon ist im Allgemeinen auszugehen, wenn die Promotion mindestens mit dem Prädikat „magna cum laude" abgeschlossen wurde.[58] Im Rahmen der Auslegung ist zu berücksichtigen, dass § 47 Nr. 3 HRG für die Einstellung als Juniorprofessor voraussetzt, dass eine herausragende

18

---

53 § 36 Abs. 1 Nr. 2 NWHG.
54 Vgl. hierzu *Reich*, Hochschulrahmengesetz, Kommentar, 11. Auflage, 2012, § 44 Rn. 4.
55 § 47 Abs. 1 Nr. 2 BWHG.
56 § 44 Nr. 3 HRG.
57 *Detmer*, in: Hartmer/Detmer (Hrsg), HSchR-Praxishandbuch, 2. Auflage, 2011, S. 126.
58 *Reich*, Hochschulrahmengesetz, Kommentar, 11. Auflage, 2012, § 44 Rn. 5; *Thieme*, Deutsches Hochschulrecht, 3. Auflage, 2004, Rn. 667; BVerwG, Urteil vom 28.5.1986 – 2 C 50/85, WissR 1987, S. 171 ff. (173); kritisch *Detmer*, in: Hartmer/Detmer (Hrsg.), HSchR-Praxishandbuch, 2. Auflage, 2011, S. 126 f.

Qualität der Promotion vorliegt. Die Auslegung von § 44 Nr. 3 HRG muss somit in jedem Fall noch eine Steigerung zulassen.

Soweit die wissenschaftliche Befähigung nicht durch die „*Qualität einer Promotion*" nachgewiesen werden kann, kann der Nachweis alternativ auch durch andere Leistungen nachgewiesen werden, die nach Art und Güte einer qualifizierten Promotion entsprechen (z.B. andere wissenschaftliche Veröffentlichungen).[59]

ee) Stellenbezogene Einstellungsvoraussetzungen

19 Neben den vorgenannten Voraussetzungen können je nach den Anforderungen an die zu besetzende Stelle alternativ
- zusätzliche wissenschaftliche Leistungen (§ 44 Nr. 4a)),
- zusätzliche künstlerische Leistungen (§ 44 Nr. 4b))

oder
- besondere Leistungen bei der Anwendung oder Entwicklung wissenschaftlicher Erkenntnisse und Methoden in einer mehrjährigen beruflichen Praxis (§ 44 Nr. 4c)

verlangt werden.

In § 44 HRG ist nicht geregelt, in welcher Form der Nachweis für die besonderen Leistungen zu erbringen ist.

(1) Zusätzliche wissenschaftliche Leistungen

20 Ursprünglich war in § 44 HRG näher geregelt, in welcher Form der Nachweis zusätzlicher wissenschaftlicher Leistungen zu erbringen ist. Das Bundesverfassungsgericht hat die Regelung des § 44 Abs. 2 HRG 2002[60] jedoch mit Urteil vom 27.7.2004[61] wegen Überschreitung der Rahmengesetzgebungskompetenz des Bundes für verfassungswidrig erklärt. Die Landesgesetze enthalten nunmehr eine entsprechende Konkretisierung. Dabei hat ein Teil der Länder im Wesentlichen die ursprüngliche Regelung übernommen.[62]

§ 44 Abs. 2 HRG 2002 lautet wie folgt:

---

59 *Detmer*, in: Hartmer/Detmer, HSchR-Praxishandbuch, 2. Auflage, 2011, S. 126 f.
60 5. Gesetz zur Änderung des Hochschulrahmengesetzes, BT-Drs. 14/6853.
61 2 BvF 2/02, NJW 2004, S. 2803 ff.
62 § 49 Abs. 2 RhPfHG; § 15 Abs. 4 S. 1 HmbHG; § 39 Abs. 2 BbgHG; § 39 Abs. 2 BerlHG.

„Die zusätzlichen wissenschaftlichen Leistungen nach Nr. 4 a) werden in der Regel im Rahmen einer Juniorprofessur, im Übrigen insbesondere im Rahmen einer Tätigkeit als wissenschaftlicher Mitarbeiter an einer Hochschule oder einer außeruniversitären Forschungseinrichtung oder im Rahmen einer wissenschaftlichen Tätigkeit in der Wirtschaft oder in einem anderen gesellschaftlichen Bereich im In- oder Ausland erbracht. S. 1 gilt nur bei der Berufung in ein erstes Professorenamt. Die für die Besetzung einer Professur erforderlichen zusätzlichen wissenschaftlichen oder künstlerischen Leistungen werden umfassend im Berufungsverfahren bewertet.".

In den übrigen Ländern wird die **Habilitation** neben der **Juniorprofessur** weiterhin als geeigneter Leistungsnachweis aufgeführt.[63]

Die Habilitation weist die Lehrbefähigung und nach den meisten landesgesetzlichen Regelungen auch die Lehrbefugnis in einem förmlichen Verfahren nach.[64] Trotz der in allen Landesgesetzen normierten Juniorprofessur ist eine Abkehr von der Habilitation nicht erkennbar.[65] Der Wissenschaftsrat hatte sich in seiner Empfehlung vom 19.1.2001 für die Abschaffung der Habilitation und die Einführung einer Nachwuchsprofessur mit einer Dauer von fünf Jahren ausgesprochen.[66] Zehn Jahre später unterscheidet sich die Anzahl der Juniorprofessoren zwischen den Ländern und Hochschulen jedoch erheblich. Die Habilitation wird weiterhin an allen Hochschulen angeboten, und die Akzeptanz ist überwiegend ungemindert.

Für den regulären Weg über die Juniorprofessur sprechen weiterhin gute Gründe. Die Juniorprofessur ermöglicht den Nachwuchswissenschaftlern einen kürzeren und übersichtlicheren Qualifikationsweg mit größerer Selbständigkeit und Eigenverantwortlichkeit. Das Dienstverhältnis der Juniorprofessoren soll insgesamt nicht mehr als sechs Jahre betragen, vgl. § 48 Abs. 1 HRG. Die Attraktivität des Hochschullehrerberufs wird damit gestärkt und die Wettbewerbsfähigkeit der deutschen Hochschul- und Forschungslandschaft im internationalen Vergleich gesichert. Darüber dient dies auch der Verbesserung der Chancengleichheit für Frauen. 21

Ob der Kandidat tatsächlich die für eine Professur erforderlichen zusätzlichen wissenschaftlichen Leistungen erbracht hat, ist im Rahmen des Beru- 22

---

63 § 47 Abs. 2 BWHG; § 35 Abs. 3 LSAHG; § 25 NHG; ähnlich auch § 36 Abs. 1 Nr. 4 NWHG.
64 Vgl. u.a. § 66 BremHG; § 39 BWHG; § 9a NHG; § 68 Abs. 2 NWHG sieht nach wie vor eine Verleihung der Lehrbefugnis auf Antrag vor, vgl. insoweit auch die Entscheidung des BVerwG vom 23.9.1992 – 6 C 2/91, NVwZ-RR 1993, S. 621 ff.
65 Siehe auch C.III.2.
66 Empfehlung „Personalstruktur und Qualifizierung: Empfehlungen zur Förderung des wissenschaftlichen Nachwuchses", Wissenschaftsrat, Drs. 4756-01, Januar 2001.

fungsverfahrens festzustellen.⁶⁷ Dies stärkt die Entscheidungsbefugnisse der einstellenden Hochschule und liegt damit auf einer Linie mit den übrigen Reformen in der Hochschullandschaft. Soweit der Neuregelung teilweise entgegen gehalten wird, dass hiermit aufgrund der großen Anzahl von Berufungsverfahren ein inadäquater Bewertungsaufwand verbunden ist, kann dies wenig überzeugen.⁶⁸

Neben der Juniorprofessur kommen weitere Qualifikationswege in Betracht. Die wissenschaftlichen Leistungen können unter anderem auch im Rahmen einer Tätigkeit als wissenschaftlicher Mitarbeiter oder durch eine Tätigkeit an einer außeruniversitären Forschungseinrichtung erbracht werden.⁶⁹

(2) Sonstige Voraussetzungen

23 Auf eine Stelle, deren Funktionsbeschreibung die **Wahrnehmung erziehungswissenschaftlicher oder fachdidaktischer Aufgaben in der Lehrerbildung** vorsieht, soll nur berufen werden, wer eine dreijährige Schulpraxis nachweist. Professoren, die auch **ärztliche und zahnärztliche Aufgaben** wahrnehmen, müssen zusätzlich die Anerkennung als Facharzt nachweisen, soweit für das betreffende Fachgebiet nach Landesrecht eine entsprechende Weiterbildung vorgesehen ist.

c) Professoren an Fachhochschulen

24 Für Professoren an Fachhochschulen kann im Wesentlichen auf die Ausführungen zu Professoren an Universitäten verwiesen werden. Es gelten die Regelungen der Landeshochschulgesetze. Sie können den Status Angestellter oder Beamter besitzen. Die Einstellungsvoraussetzungen entsprechen im Wesentlichen denen für Professoren an Universitäten. Eine Besonderheit besteht jedoch insoweit, als die Einstellung an einer Fachhochschule nach den Landeshochschulgesetzen eine **mindestens fünfjährige berufliche Praxis** voraussetzt.⁷⁰ Davon müssen **mindestens drei Jahre außerhalb des Hochschulbereichs** absolviert worden sein. Die Voraussetzung ersetzt die von den Professoren an Universitä-

---

67 Zu den Gründen gegen die Habilitation als Einstellungsvoraussetzung im Einzelnen siehe Begründung des Entwurfs eines 5. HRGÄndG, BT-Drs. 14/6853.
68 *Detmer,* in: Hartmer/Detmer, HSchR-Praxishandbuch, 2. Auflage, 2012, S. 132.
69 § 49 Abs. 2 RhPfHG; § 15 Abs. 4 S. 1 HmbHG; § 39 Abs. 2 BbgHG; § 39 Abs. 2 BerlHG.
70 § 116 Abs. 5 BremHG; § 40 Abs. 5 SächsHG, § 47 Abs. 1 Nr. 4c, Abs. 2 BWHG; § 49 Abs. 3 RhPfHG.

ten zu erbringenden zusätzlichen wissenschaftlichen bzw. künstlerischen Leistungen. In Ausnahmefällen genügt auch Letzteres.

d) Professoren an Kunst- und Musikhochschulen

Die Professoren an Kunst- und Musikhochschulen sind im Wesentlichen den Professoren an Universitäten gleichgestellt. Es finden die Regelungen der Landeshochschulgesetze Anwendung. Nur wenige Länder haben eigens ein Kunsthochschulgesetz erlassen, das die Einstellungsvoraussetzungen und den Status der Professoren speziell regelt.[71]

Die Professoren können den Status Beamter oder Angestellter besitzen. Soweit sie in einem Anstellungsverhältnis stehen, gelten die arbeitsrechtlichen Regelungen. Es wird insoweit auf die Ausführungen zu Professoren an Universitäten verwiesen. Zu beachten gilt es, dass neben den Hochschullehrern auch künstlerische Lehrkräfte an Kunst- und Musikhochschulen von dem Geltungsbereich des TV-L/Wiss ausgenommen sind.

Die Einstellungsvoraussetzungen entsprechen im Wesentlichen denen für Professoren an Universitäten. Sie müssen allerdings zusätzliche bzw. herausragende künstlerische Leistungen nachweisen. Nach dem Kunsthochschulgesetz des Landes Nordrein-Westfalen werden sie in der Regel durch die künstlerischen Arbeiten und Werke, die während einer fünfjährigen künstlerischen Tätigkeit erbracht wurden, nachgewiesen. Von den fünf Jahren müssen drei Jahre außerhalb des Hochschulbereichs ausgeübt worden sein. Soweit die Professoren an der Hochschule im wissenschaftlichen Bereich tätig sind, wird teilweise zusätzlich auch der Nachweis von zusätzlichen wissenschaftlichen Leistungen (Juniorprofessur/Habilitation) verlangt.

e) Juniorprofessoren

Ein zentrales Ziel der 5. HRG-Novelle, die im Februar 2002 in Kraft getreten ist, war die Einführung der neuen Personalkategorie Juniorprofessur. Die Juniorprofessoren sind an die Stelle der Assistenten getreten.[72] Die bisherigen Personalkategorien der hauptberuflich tätigen Hochschuldozenten, Oberassistenten, Oberingenieure sowie der wissenschaftlichen und künstlerischen Assistenten ist mit der 5. HRG-Novelle weggefallen. Der Wissenschaftsrat hat die Einführung der Juniorprofessur in seinen „Empfehlungen zur Förderung des

---

71 Vgl. § 29 NWKHG.
72 BT-Drs. 14/6853, S. 1.

wissenschaftlichen Nachwuchses" empfohlen.[73] Nachwuchskräften soll so frühzeitig eine selbständige und gesicherte Perspektive in der Wissenschaft eröffnet werden. Die Juniorprofessur dient der Qualifizierung für die Berufung auf eine Professur an einer Universität oder gleichgestellten Hochschule.[74] Die Qualifikationsdauer soll erheblich verkürzt werden. Zielrichtung war ursprünglich, dass mit der Juniorprofessur die Habilitation als Prüfverfahren entfällt. Mittlerweile haben alle Bundesländer die Juniorprofessur in ihren Hochschulgesetzen normiert. Die Intensität, mit der Juniorprofessuren eingerichtet werden, unterscheidet sich zwischen den Ländern und Hochschulen jedoch erheblich.

27 Die Juniorprofessuren sind statusrechtlich den Hochschullehrern zugeordnet. Sie verfügen ebenso über volle Selbständigkeit in Forschung und Lehre.[75] Sie sind berechtigt und verpflichtet, die Lehrveranstaltungen ihrer Fächer in allen Studiengängen und Studienbereichen zu halten.[76] Hierin liegt eine entscheidende Änderung. Denn die wissenschaftlichen Assistenten haben ihre Dienstleistungen bisher grundsätzlich unter der fachlichen Verantwortung und Betreuung eines Professors erbracht.

Die Hochschulen können die Beschäftigung von Juniorprofessoren entweder als Beamtenverhältnis auf Zeit oder als befristetes Angestelltenverhältnis ausgestalten (§ 48 HRG).

Die Anstellung erfolgt zunächst für die Dauer von drei bzw. vier Jahren. Die Beschäftigungsdauer verlängert sich nach Ablauf um weitere drei bzw. zwei Jahre, wenn sich der Stelleninhaber als Hochschullehrer bewährt hat (§ 48 HRG) (**Zwischenevaluation**). Die von dem Juniorprofessor erbrachten Forschungs- und Lehrleistungen sollen den Nachweis erbringen, dass er als Hochschullehrer hinreichend qualifiziert ist.[77]

28 Die Bewährungsfeststellung ist zugleich eine Voraussetzung für den Zugang zur Privatdozentur. Vor dem Hintergrund hat das OVG Magdeburg mit Urteil vom 19.3.2008 festgestellt, dass der Juniorprofessor ein Recht darauf hat, dass seine bisherigen Leistungen von hinreichend sachkundigen Personen bewertet werden.[78] Die Entscheidung ist durch Gutachter vorzubereiten, die über

---

73 Empfehlung „Personalstruktur und Qualifizierung: Empfehlungen zur Förderung des wissenschaftlichen Nachwuchses", Wissenschaftsrat, Drs. 4756-01, Januar 2001.
74 BT-Drs. 14/6853, S. 24.
75 § 51 BWHG.
76 BT-Drs. 14/6853, S. 24.
77 *Hartmer,* in: Hartmer/Detmer (Hrsg.), HSchR-Praxishandbuch, 2. Auflage, 2011, S. 235 f.
78 OVG Magdeburg, Urteil vom 19.3.2008 – 3 L 18/07, NVwZ-RR 2009, S. 169 ff.

die für eine kompetente Bewertung hinreichende Sachkunde verfügen. Die Tätigkeit der Gutachter unterliegt insgesamt den Anforderungen, die in berufsbezogenen Prüfungen gelten.

Insgesamt soll die Juniorprofessur eine Gesamtdauer von sechs Jahren nicht überschreiten (§ 48 Abs. 1 S. 1 HRG). In die Höchstdauer sind Beschäftigungszeiten als wissenschaftlicher Assistent einzubeziehen.[79]

In Bezug auf die anschließende Berufung auf eine Professur forderte der Wissenschaftsrat in seinen Empfehlungen vom 12.1.2001, dass der Juniorprofessor nach Beendigung der Juniorprofessur die Möglichkeit eines **Tenure Track** im Sinne einer ausschreibungslosen Übertragung von entfristeten Professuren gegeben wird.[80] Soviel zur Theorie. Trotz des gesetzlichen Rahmens ignorieren zahlreiche Universitäten die Juniorprofessur immer noch. Stattdessen wird weiterhin habilitiert. Dies wird gefördert durch den Umstand, dass nur wenige Universitäten den Juniorprofessuren eine berufliche Perspektive anbieten.[81] Seit der Einführung im Jahre 2002 haben nunmehr die ersten Juniorprofessoren die Gesamtdauer von 6 Jahren absolviert.

f) Lehrprofessur

Mit Lehrprofessuren sind Professuren an **Universitäten** gemeint, die ihren Tätigkeitsschwerpunkt in der Lehrtätigkeit haben. Anstoß für die Einführung der Lehrprofessur gaben die „Empfehlungen des Wissenschaftsrates zu einer lehrorientierten Reform der Personalstruktur an Universitäten" vom 26.1.2007.[82] Der Anteil der lehrbezogenen Aufgaben soll nach den Empfehlungen des Wissenschaftsrates 60% (max. 12 Semesterwochenstunden (SWS)) des Zeitbudgets betragen. Die Lehrverpflichtungen dieser Personalkategorie sind im Vergleich zu den übrigen Professoren somit um bis zu 50% erhöht.

Bei der Einstellung soll der Nachweis einer besonderen didaktischen Fähigkeit verlangt werden. Diese können über die Juniorprofessur mit Schwerpunkt Lehre erworben werden. Die Kategorie der Lehrprofessur erstreckt sich auch auf die Juniorprofessuren. Diese Professorenkategorie ist bereits von einigen Bundesländern eingeführt worden.[83] In Baden-Württemberg haben sie die Bezeich-

---

79 OVG Hamburg, Beschluss vom 6.7.2005 – 1 BS 190/05, NVwZ-RR 2006, S. 186 f. (187).
80 Empfehlung „Personalstruktur und Qualifizierung: Empfehlungen zur Förderung des wissenschaftlichen Nachwuchses", Wissenschaftsrat, Drs. 4756-01, Januar 2001.
81 *Spiewak*, Weder Junior noch Professor, DIE ZEIT Nr. 43 vom 15.10.2009, S. 39.
82 Siehe den Nachweis in Fn. 83.
83 § 45 BbgHG; § 51a Abs. 3 BWHG („Juniordozentur"); Art. 9 Abs. 1 S. 3 BayHSchPG.

nung Dozent.[84] Die Beschäftigung als Lehrprofessor bzw. Dozent erfolgt im Beamtenverhältnis auf Zeit oder im befristeten Anstellungsverhältnis.

Entsprechend den Empfehlungen des Wissenschaftsrates ist der Anteil dieser Professuren im Verhältnis zur Gesamtzahl in den Landesgesetzen auf 20% beschränkt.[85] Ansonsten bestünde die Gefahr, dass die Leistungsfähigkeit der universitären Forschung und die ihr zur Verfügung stehenden Ressourcen auf Kosten der Lehre erheblich reduziert werden.

31 Trotz dieser Beschränkungen werden gegen die Kategorie der Lehrprofessur teilweise erhebliche Bedenken erhoben. Hierdurch werde das Prinzip der Einheit von Lehre und Forschung durchbrochen bzw. deren Gleichgewicht nachhaltig gestört.[86] Unabhängig davon, ob man Lehre und Forschung überhaupt als untrennbare konstituierende Bestandteile einer wissenschaftlichen Betätigung ansieht, ist den Kritikern entgegenzuhalten, dass die Forschungstätigkeit nicht auf ein Minimum zurückgedrängt wird. Lehre und Forschung bleiben als funktionierende Einheit erhalten. Für die Forschung stehen weiterhin mindestens 30% der Gesamtkapazität zur Verfügung. Die Universität ist außerdem insgesamt zu betrachten. Dabei fällt auf, dass die Anzahl der Lehrprofessuren mit 20% deutlich beschränkt ist.

32 An **Fachhochschulen** können alternativ zur Lehrprofessur Professuren mit einem Schwerpunkt in der **Forschung** eingerichtet werden.[87] Der Anteil dieser Professoren ist ebenfalls auf 20% beschränkt. Der Wissenschaftsrat hat zuletzt in seinen Empfehlungen zur Rolle der Fachhochschulen im Hochschulsystem vom 2.7.2010 betont, dass *„solche Professoren den Wissens- und Technologietransfer in die außerhochschulische Praxis fördern und dadurch als Innovationsmotor dienen"*.[88]

g) Privatdozenten

33 Habilitierte Wissenschaftler, die keine Professorenstelle innehaben, dürfen aufgrund der ihnen erteilten Lehrbefugnis den akademischen Titel **Privatdozent** führen. Der Titel kann nach dem Hochschulrecht einiger Länder widerrufen werden, wenn der Privatdozent ohne Dispens über einen gewissen Zeitraum

---

84 § 51a Abs. 3 BWHG.
85 § 45 Abs. 1 S. 2 BbgHG.
86 *Knopp/Schröder*, Das neue Brandenburgische Hochschulgesetz im Kontext der aktuellen Hochschulpolitik, LKV 2009, S. 145 ff. (147).
87 Eine entsprechende Regelung enthält § 45 BbgHG.
88 Wissenschaftsrat, Empfehlungen zur Rolle der Fachhochschulen im Hochschulsystem, Drs. 10031-10, Juli 2010.

keine Lehrtätigkeit ausübt (sog. **Titellehre**).[89] Das BVerwG hat mit Urteil vom 22.6.1994 entschieden, dass der hierin liegende Eingriff in den Regelungsbereich des Art. 12 Abs. 1 S. 1 GG (Berufswahl) verhältnismäßig ist, solange die Verpflichtung eine Semesterwochenstunde nicht überschreitet und andere vergleichbare Lehrtätigkeiten des Privatdozenten an der Hochschule angerechnet werden.[90]

Die Privatdozentur ist weder ein Beamten- noch ein Angestelltenverhältnis. Es ist vielmehr ein **Rechtsverhältnis eigener Art**, das zwischen der Hochschule und dem Habilitierten als Folge des Erwerbs der Lehrbefugnis des Habilitierten begründet wird.[91] Die Privatdozentur ist kein Beruf im Sinne von Art. 12 Abs. 1 GG, weil sie weder auf Dauer angelegt, noch Erwerbszwecken dient.[92]

Von der Privatdozentur ist das Dienst- oder Arbeitsverhältnis zu unterscheiden, das schon vor der Habilitation bestand.[93] Dies bleibt in der Regel bestehen. Teilweise arbeiten die Privatdozenten allerdings auch nur auf Basis von Lehraufträgen. Im Rahmen dessen ist die Vergütung zumeist unterhalb des Existenzminimums.

34

Soweit ein Privatdozent den Status wissenschaftlicher Mitarbeiter besitzt, ist er weiterhin **weisungsgebunden**.[94] Der Privatdozent ist je nach Landesrecht entweder nur Angehöriger[95] oder Mitglied der Universität[96] Soweit er Mitglied ist, stehen ihm die Lehr- und Forschungseinrichtungen der Universität zur Verfügung.

Es stellt sich die Frage, ob die Privatdozentur mit Einführung der Juniorprofessur nicht abgeschafft werden müsste. Einen ersten Schritt in diese Richtung hat Rheinland-Pfalz gemacht. Um die neu eingeführte Juniorprofessur zu stärken, schaffte das Land im Jahr 2003 als einziges Bundesland die Privatdozentur ab. Mit Urteil vom 16.7.2007 bestätigte das OVG Rheinland-Pfalz auch, dass die Abschaffung der Bezeichnung Privatdozent rechtmäßig war.[97] Dennoch führte das Land den Titel im Jahr 2008 wieder ein. Ursächlich hierfür war vermutlich, dass die Bezeichnung Privatdozent immer noch besondere Bedeutung, insbe-

---

89 *Hartmer*, in: Hartmer/Detmer, HSchR – Praxishandbuch, 2. Auflage, 2011, S. 225.
90 BVerwG, Urteil vom 22.6.1994 – 6 C 40/92, NVwZ 1995, 489ff. (490, 491).
91 *Thieme*, Deutsches Hochschulrecht, 3. Auflage, 2004, Rn. 800.
92 BVerwG, Urteil vom 22.6.1994 – 6 C 40/92, NVwZ 1995, 489ff. (490); kritisch hierzu *Hartmer*, in: Hartmer/Detmer (Hrsg.), HSchR-Praxishandbuch, 2. Auflage, 2011, S. 224.
93 *Hartmer*, in: Hartmer/Detmer (Hrsg.), HSchR-Praxishandbuch, 2. Auflage, 2011, S. 224f.
94 *Hartmer*, in: Hartmer/Detmer (Hrsg.), HSchR-Praxishandbuch, 2. Auflage, 2011, S. 224.
95 § 9 Abs. 4 NWHG; § 5 Abs. 4 BremHG; § 16 Abs. 2 S. 4 NHG.
96 Art. 28 BayHSchPG; § 22 Abs. 1 Nr. 1 BWHG.
97 2 A 11351/06.OVG, BeckRS 2007 23408.

sondere für den Zugang zu Leitungsfunktionen in Kliniken, hat. Aus Reformsicht war die Widereinführung jedoch ein Rückschritt.

h) Außerplanmäßige Professoren

35 Die außerplanmäßige Professur wird Privatdozenten verliehen, die mehrjährig als Privatdozent tätig waren und keinen Ruf auf eine Professur erhalten haben.[98] Wesentliche Voraussetzung ist, dass sie sich während ihrer mehrjährigen[99] Tätigkeit als Privatdozent in Forschung und Lehre bewährt haben.

Darüber hinaus müssen die Personen die Einstellungsvoraussetzungen für Professoren erfüllen. Es dürfen keine Gründe vorliegen, die eine Berufung in ein Beamtenverhältnis ausschließen.

Außerplanmäßigen Professoren können die mitgliedschaftlichen Rechte eines Hochschullehrers übertragen werden.[100] In Bezug auf den Status wird auf die Ausführungen zum Privatdozenten verwiesen.

i) Nebenberufliche Professoren

36 Eine weitere Personalkategorie ist die „nebenberufliche Professur". Im Gegensatz zur Honorarprofessur erhält der nebenberufliche Professor zwingend eine Vergütung für seine Tätigkeit. Eine Reglung zur nebenberuflichen Professur enthält beispielsweise das BbgHG (§ 52 BbgHG). Danach können insbesondere in künstlerischen Studiengängen Professoren nebenberuflich in einem öffentlichen Dienstverhältnis eigener Art oder in einem privatrechtlichen Angestelltenverhältnis mit weniger als der Hälfte der Dienstaufgaben hauptberuflich beschäftigt werden, wenn der Hauptberuf zu den Aufgaben der Professur in einem förderlichen inhaltlichen Zusammenhang steht und durch ihn eine Beeinträchtigung dienstlicher Belange nicht zu befürchten ist. Nach dem Willen des Gesetzgebers sollen durch die nebenberufliche Professur verstärkt Spezialisten aus der Praxis rekrutiert werden. Ob hierzu neben der Honorarprofessur tatsächlich ein Bedürfnis besteht, ist zweifelhaft.[101]

---

98 *Hartmer*, in: Hartmer/Detmer (Hrsg.), HSchR-Praxishandbuch, 2. Auflage, 2011, S. 227.
99 In der Regel vier Jahre, so § 65 SächsHG; § 119 BerlHG; Art. 29 Abs. 1 S. 1 BayHSchPG verlangt eine mindestens sechsjährige Tätigkeit als Hochschullehrer; § 39 Abs. 4 BWHG verlangt in der Regel eine zweijährige Lehrtätigkeit.
100 § 65 Abs. 1 SächsHG.
101 Kritisch *Knopp/Schröder*, Das neue Hochschulgesetz im Kontext der aktuellen Hochschulpolitik, LKV 2009, S. 145 ff. (148).

j) Honorarprofessoren

Honorarprofessoren sind nur nebenberuflich als Dozenten bzw. Lehrbeauftragte tätig und üben ihren Hauptberuf außerhalb der Hochschule aus. Die Voraussetzungen für die Bestellung von Honorarprofessoren und ihre Rechtsstellung ist in den jeweiligen Landeshochschulgesetzen relativ einheitlich geregelt.

37

Danach können Persönlichkeiten, die nach ihren wissenschaftlichen oder künstlerischen Leistungen die an ein Professorenamt zu stellenden Anforderungen erfüllen und durch eine entsprechende Berufspraxis in hervorragender Weise ausgewiesen sind, auf Vorschlag der Hochschule zu Honorarprofessoren bestellt und ihnen in besonders begründeten Einzelfällen die mitgliedschaftlichen Rechte eines hauptamtlichen Professors übertragen werden.[102] Voraussetzung ist in der Regel, dass der Betreffende im Schnitt zehn Semester erfolgreich als Lehrbeauftragter tätig war. Mit der Bestellung eines Honorarprofessors wird dieser zwar gegebenenfalls Mitglied der Universität, ein Dienstverhältnis wird jedoch nicht begründet.[103] Der Honorarprofessor ist mit der Bestellung berechtigt, den Titel „Professor" bzw. „Professorin" zu führen. Unabhängig davon gelten insbesondere folgende Besonderheiten:

In den Ländern Berlin, Brandenburg, Baden-Württemberg und Sachsen ist es den Honorarprofessoren ausdrücklich untersagt, eine hauptberufliche Tätigkeit an derselben Hochschule auszuüben.[104]

Im Hochschulgesetz des Landes Baden-Württemberg ist zudem ausdrücklich vorgeschrieben, dass Honorarprofessoren Lehrveranstaltungen von zwei Semesterwochenstunden durchführen sollen.[105] Die Durchführung dieser Veranstaltungen darf nicht von der Bezahlung einer Lehrvergütung abhängig gemacht werden.

k) Professoren ehrenhalber

Persönlichkeiten, die sich in besonderer Weise um die Wissenschaft, Technik, Kultur oder Kunst in einem Land oder in Bezug zu einer Hochschule verdient gemacht haben, kann der Titel „Professor ehrenhalber" verliehen

38

---

[102] Vgl. § 25 Abs. 1 BremHG; § 53 BbgHG; § 41 Abs. 1 NWHG; Art. 25 BayHSchPG; in Niedersachsen genügt es dagegen, wenn es sich um eine „wissenschaftlich oder durch Berufspraxis ausgewiesene Persönlichkeit handelt".
[103] § 53 Abs. 3 BbgHG; § 41 Abs. 3 S. 4 NWHG, Art. 25 BayHSchPG.
[104] § 54 Abs. S. 4 BbgHG; § 55 Abs. 2 S. 3 SächsHG; § 55 Abs. 1 BWHG; § 116 Abs. 1 BlnHG („soll nicht berufen werden").
[105] § 55 Abs. 1 BWHG.

werden.¹⁰⁶ Für die Verleihung der Ehrendoktorwürde ist die erfolgreiche Absolvierung einer Prüfung nicht erforderlich.

l) Professoren an privaten Hochschulen

39 Professoren an privaten Hochschulen stehen in einem privatrechtlichen Dienstverhältnis mit der Hochschule. Es gelten die allgemeinen arbeitsrechtlichen Vorgaben. Insoweit wird auf die Ausführungen zum Anstellungsvertrag zwischen der Universität und den Professoren verwiesen.

Hauptberuflich Lehrenden kann von der privaten Hochschule das Recht verliehen werden, für die Dauer ihrer Tätigkeit die Bezeichnung „Professor" zu führen.¹⁰⁷ Nach den meisten Hochschulgesetzen besitzen die privaten Hochschulen dieses Recht mit der Anerkennung.

Dagegen muss beispielsweise in Bremen der Senator für Bildung und Wissenschaft der Hochschule hierfür explizit die Genehmigung erteilen.¹⁰⁸

2. Wissenschaftliches Personal

40 Neben den Hochschullehrern sind die wissenschaftlichen und künstlerischen Mitarbeiter (§ 42 HRG) und die Lehrkräfte für besondere Aufgaben hauptberuflich an der Hochschule tätig. Die Länder Baden-Württemberg und Brandenburg haben neben den Hochschullehrern nur noch die Personalkategorie „akademische Mitarbeiter".¹⁰⁹

a) Wissenschaftliche Mitarbeiter

41 Den wissenschaftlichen Mitarbeitern obliegen die wissenschaftlichen Dienstleistungen in Forschung und Lehre (§ 53 Abs. 1 S. 1 HRG). Hierzu gehört unter anderem die wissenschaftliche Tätigkeit in Bibliotheken und Laboratorien sowie die Mitarbeit in der Forschung.¹¹⁰ Entscheidend für die Einordnung als wissenschaftlicher Mitarbeiter ist, dass er einer wissenschaftlichen Einrichtung oder einer wissenschaftlichen Betriebseinheit zugeordnet ist.¹¹¹

---

106 § 73 HessHG; § 60 SächsHG.
107 § 49 Abs. 2 S. 6 BWHG.
108 § 112 Abs. 4 S. 3 BremHG.
109 § 52 BWHG; § 47 BbgHG.
110 *Reich*, Hochschulrahmengesetz, Kommentar, 11. Auflage, 2012, § 53 Rn. 2.
111 *Hartmer*, in: Hartmer/Detmer (Hrsg), HSchR-Praxishandbuch, 2. Auflage, 2011, S. 230.

Der wissenschaftliche Mitarbeiter ist verpflichtet, in gewissem Umfang Lehrtätigkeit auszuüben.[112] Im Bereich der Medizin gehören zu den wissenschaftlichen Dienstleistungen auch die Tätigkeiten in der Krankenversorgung. Nicht zu den wissenschaftlichen Dienstleistungen gehört die Promotion, an der der wissenschaftliche Mitarbeiter in der Regel arbeitet. Die Promotion ist keine Aufgabe, die er im Rahmen seines Arbeitsverhältnisses zu erbringen hat.

Einige Länder haben ausdrücklich geregelt, dass es wissenschaftliche Mitarbeiter auch an **Fachhochschulen** gibt.[113] Sie sind dort insbesondere zum Zwecke der Weiterbildung sowie zur Mitarbeit in Forschungs- und Entwicklungsvorhaben vorgesehen. Die Zahl der wissenschaftlichen Mitarbeiter ist von knapp 1.500 im Jahre 1999 auf rund 4.200 im Jahre 2007 deutlich angestiegen.[114] Der Wissenschaftsrat spricht sich dafür aus, dass die Fachhochschulen den aus Grundmitteln finanzierten wissenschaftlichen Mitarbeitern zusätzliche Aufgaben in der Lehre, Studienberatung und Studienbetreuung, im Service sowie in der Forschung zuweisen.[115] Wissenschaftliche Mitarbeiter mit einem Master-Abschluss können beispielsweise in geringem Umfang Lehrveranstaltungen im Bachelor-Bereich abhalten.[116] Einstellungsvoraussetzung ist neben den allgemeinen dienstlichen Voraussetzungen ein abgeschlossenes Hochschulstudium (§ 53 Abs. 3 HRG).

Die wissenschaftlichen Mitarbeiter können entweder in einem Beamtenverhältnis (ggf. auf Zeit) oder in einem privatrechtlichen Angestelltenverhältnis stehen (§ 53 Abs. 1 S. 1 HRG). Letzteres ist der Regelfall. Soweit hauptberufliche Mitarbeiter aus Drittmitteln bezahlt werden *„sollen"* sie sogar im Arbeitsverhältnis eingestellt werden (§ 25 Abs. 5 S. 1 HRG).

Die Mehrzahl der wissenschaftlichen Mitarbeiter an deutschen Hochschulen ist auf der Basis von zeitlich **befristeten Anstellungsverträgen** tätig.[117]

---

112 Der Umfang der Lehrverpflichtung ist grundsätzlich tariflich regelbar. Die Regelungen dürfen jedoch nicht den Regelungen der Lehrverpflichtungsordnungen der Länder widersprechen, vgl. hierzu: *Löwisch/Baeck*, Tarifliche Regelung der Lehrverpflichtung des wissenschaftlichen Personals an staatlichen Hochschulen, WissR 42 (2009), S. 222ff.
113 § 45 Abs. 4 NWHG, § 56 Abs. 7 RhPfHG.
114 Wissenschaftsrat, Empfehlungen zur Rolle der Fachhochschulen im Hochschulsystem, S. 82.
115 Wissenschaftsrat, Empfehlungen zur Rolle der Fachhochschulen im Hochschulsystem, S. 82.
116 Wissenschaftsrat, Empfehlungen zur Rolle der Fachhochschulen im Hochschulsystem, S. 83.
117 So sind 75 Prozent der Arbeitsverträge der wissenschaftlichen Mitarbeiter befristet, vgl. Wissenschaftsrat, Empfehlungen zu einer lehrorientierten Reform der Personalstruktur an Universitäten, 2007, S. 11.

Bei einem privatrechtlichen Angestelltenverhältnis ist das jeweilige Bundesland der Vertragspartner. Alternativ hierzu kann in begründeten Fällen auch ein Arbeitsvertrag direkt zwischen dem Drittmittel empfangenden Hochschulmitglied und dem Bewerber abgeschlossen werden (§ 25 Abs. 5 S. 3 HRG). Die Voraussetzungen sind beispielsweise gegeben, wenn das Hochschulmitglied nur für einen Teilabschnitt des gesamten Drittmittelprojekts bei der Hochschule tätig ist.[118]

42 Für das Angestelltenverhältnis gelten die speziellen arbeitsrechtlichen Regelungen für wissenschaftliche Mitarbeiter. Diese sind insbesondere im TV-L/Wiss, d.h. § 40 TV-L, als **„Sonderregelungen für Beschäftigte an Hochschulen und Forschungseinrichtungen"** enthalten. Der Arbeitszeitkorridor kann beispielsweise durch Betriebs- bzw. Dienstvereinbarung auf 48 Stunden angehoben und für die zusätzlich geleisteten Arbeitsstunden ein Ausgleichszeitraum vereinbart werden (§ 40 Nr. 3 TV-L). Eine Besonderheit ist außerdem, dass der Erholungsurlaub bis zum 30. September des Folgejahres übertragen werden kann (§ 40 Nr. 7 TV-L).

Die wissenschaftlichen und künstlerischen Mitarbeiter sind an die **Weisungen** des jeweiligen Leiters ihres Aufgabengebietes, d.h. in der Regel des Hochschullehrers, gebunden und erbringen ihre Dienstleistungen grundsätzlich unter dessen fachlicher Verantwortung.[119] Das Weisungsrecht findet seine Grenzen jedoch in den Regelungen des Arbeitsvertrages bzw. Arbeitsrechts. In § 3 VIII TV-L/Wiss ist normiert, dass der Abreitgeber bei der Wahrnehmung des Direktionsrechts das Grundrecht der Wissenschaftsfreiheit zu beachten hat. Die Weisungsunterworfenheit des wissenschaftlichen Mitarbeiters ist jeweils im Einzelfall verfassungskonform auszulegen.[120]

Soweit den befristet beschäftigten Mitarbeitern Aufgaben übertragen werden, die auch der Vorbereitung einer Promotion oder der Erbringung zusätzlicher Leistungen förderlich sind, soll ihnen im Rahmen ihrer Dienstaufgaben gem. § 53 Abs. 2 HRG ausreichend Gelegenheit zu eigener wissenschaftlicher Arbeit gegeben werden. Den unbefristet eingestellten Mitarbeitern steht dieses Recht nicht zu.

In Bezug auf die Einteilung der Urlaubszeit sind die wissenschaftlichen Mitarbeiter in der Regel eingeschränkt, weil sie ihren Urlaubsanspruch trotz der

---

[118] *Löwisch/Wertheimer*, in: Hartmer/Detmer (Hrsg.), HSchR-Praxishandbuch, 2. Auflage, 2011, S. 443.
[119] OVG Münster, Beschluss vom 9.12.1982, WissR 1983, S. 267 ff. (268); *Reich*, Hochschulrahmengesetz, Kommentar, 11. Auflage, 2012, § 53 Rn. 5.
[120] *Sieweke/Koch*, Die arbeitsrechtliche Stellung der wissenschaftlichen Mitarbeiter im deutschen Hochschulsystem, NordÖR 2009, S. 485 ff. (489).

Befristung gem. § 4 BUrlG erst nach sechsmonatigem Bestehen des Arbeitsverhältnisses erwerben.[121]

In Bezug auf die Befristung enthält das **Wissenschaftszeitvertragsgesetz** 43 (WissZeitVG)[122] spezielle Regelungen.

Die Vorschriften der §§ 57 ff. HRG zur befristeten Beschäftigung von wissenschaftlichem Personal wurden mit Wirkung zum 18.4.2007 durch das WissZeitVG ersetzt. Die §§ 57 ff. HRG hatten vornehmlich den Zweck, die Heranbildung des wissenschaftlichen Nachwuchses zu fördern und verbesserte arbeitsrechtliche Rahmenbedingungen für die mit Mitteln Dritter finanzierte Forschung zu schaffen.[123] Das WissZeitVG führt die Reglungen fort und gilt gleichermaßen nur für Einrichtungen, die nach Landesrecht staatliche Hochschulen sind.

Die Befristungsregeln für das wissenschaftliche Personal stehen im Einklang mit der Verfassung. Das Bundesverfassungsgericht hat in seinem Grundsatzurteil vom 24.4.1996 festgestellt, dass die erleichterte Befristung der Arbeitsverhältnisse des wissenschaftlichen Personals zur Gewährleistung der Freiheit der Wissenschaft und Forschung erforderlich ist.[124]

Soweit wissenschaftliche Mitarbeiter noch **nicht promoviert** sind, ist eine Befristung ohne Sachgrund bis du einer Dauer von **sechs Jahren** zulässig (§ 2 Abs. 1 S. 1 WissZeitVG). Da das WissZeitVG keine Regelung zu der Anzahl der zulässigen Verlängerungen enthält, ist auf § 14 Abs. 2 TzBfG zurückzugreifen.[125]

Neben den weitreichenden Befristungsmöglichkeiten[126] (Gesamtbefristungsdauer des promovierten wissenschaftlichen Personals von zwölf bzw. fünfzehn Jahren) ist zusätzlich ein eigener Tatbestand geschaffen worden, der die befristete Beschäftigung von wissenschaftlichem und nichtwissenschaftlichem Personal zur Bearbeitung von Drittelmittelprojekten regelt (§ 2 Abs. 2 WissZeitVG). Für die Anwendung der Vorschrift ist eine vollständige Drittmittelfinanzierung des Arbeitsverhältnisses nicht erforderlich. Es genügt eine überwiegende, d.h. mindestens 50%ige Drittmittelfinanzierung. Auf den Sachgrund der Projektbefristung nach § 14 Abs. 1 S. 2 TzBfG muss nicht zurückgegriffen werden. Inten-

---

121 *Sieweke/Koch*, Die arbeitsrechtliche Stellung der wissenschaftlichen Mitarbeiter im deutschen Hochschulsystem, NordÖR 2009, S. 485 ff. (490).
122 BGBl. 2007, I, S. 506.
123 BT-Drs. 10/3119, S. 1.
124 1 BvR 712/86, juris, Rn. 108 ff.
125 *Reich*, Hochschulrahmengesetz, Kommentar, 11. Auflage, 2012, § 1 WissZeitVG Rn. 4.
126 Vgl. hierzu *Haratsch/Holljesiefken*, Studentische Hilfskraft auf Lebenszeit? – Befristung von Arbeitsverträgen mit studentischen Hilfskräften, NZA 2008, S. 207 ff.

tion des Gesetzgebers ist es, so die Bereitschaft zur Drittmittelforschung zu stärken.[127]

Die bereits im HRG enthaltene Tarifsperre wird in § 1 Abs. 1 S. 2 WissZeitVG und die eingeschränkte Tariföffnungsklausel in § 1 Abs. 1 S. 3 WissZeitVG fortgesetzt.

Abweichende tarifliche Regelungen lässt das WissZeitVG nur für bestimmte Fachbereiche und Fachrichtungen zu. Vertreter in der Literatur halten diese Regelungen für unverhältnismäßig.[128] Sie stünde nicht im Einklang mit der nach Art. 9 Abs. 3 GG geschützten Tarifautonomie. Unabhängig davon, wie das Verhältnis zur Universität ausgestaltet ist, ist der wissenschaftliche Mitarbeiter immer automatisch **Mitglied der Hochschule** und kann die Rechte und Pflichten der Selbstverwaltung für sich in Anspruch nehmen.

Das WissZeitVG ist erheblicher Kritik ausgesetzt. Wenngleich zwischenzeitlich ein wegweisendes erstinstanzliches Urteil des Arbeitsgerichts Gießen vom Hessischen LAG in der Berufungsinstanz kassiert wurde,[129] liegt nunmehr ein Gesetzentwurf des BMBF zur Novellierung der Befristungsregelungen vor.

b) Lehrbeauftragte

44 Lehrbeauftragte sind Personen aus der Praxis, die im Auftrag der Hochschulen neben ihrem Beruf lehrend an der Hochschule tätig sind.[130] Das öffentlich-rechtliche **Auftragsverhältnis** zwischen dem Lehrbeauftragten und der Universität gilt in der Regel nur für ein Semester und wird je nach Bedarf verlängert. Ein Dienstverhältnis besteht in der Regel nicht. Mit den Lehrbeauftragten soll eine Verbindung zur Praxis geschlagen werden.[131]

Der Lehrbeauftragte ist nur dann als Arbeitnehmer beschäftigt, wenn dies im Rahmen eines privatrechtlichen Vertrages ausdrücklich vereinbart ist.[132] Insoweit gilt es jedoch zu beachten, dass die Lehrbeauftragten nicht in den Anwendungsbereich des TV-L/Wiss fallen. In dem Arbeitsvertrag kann jedoch auf die tarifrechtlichen Regelungen Bezug genommen werden.

---

127 BT-Drs. 16/3438, S. 10.
128 *Hirdina*, Befristung wissenschaftlicher Mitarbeiter verfassungs- und europarechtswidrig!, NZA 2009, S. 712ff.
129 Hess. LAG, Urteil vom 5.8.2015, Az. 2 Sa 1210/14.
130 *Götting/Leuze*, in: Hartmer/Detmer (Hrsg), HSchR-Praxishandbuch, 2. Auflage, 2011, S. 668.
131 *Thieme*, Deutsches Hochschulrecht, 3. Auflage, 2004, Rn. 637.
132 BAG, Urteil vom 1.11.1995 – 5 AZR 84/94, NJW 1996, S. 2812ff. (2813f.).

Ist der Lehrauftrag durch eine einseitige öffentlich-rechtliche Maßnahme erteilt, beruht der Lehrauftrag auf einem öffentlich-rechtlichen Rechtsverhältnis.[133]

Die Lehraufträge sind zu befristen. Sie dienen lediglich der **Ergänzung des Lehrangebots** (§ 55 S. 1 HRG). Die Lehrbeauftragten nehmen die ihnen übertragenen Lehraufgaben selbständig wahr (§ 55 S. 3 HRG). Ein Lehrauftrag ist – von Ausnahmefällen (u.a. bei Verzicht) abgesehen – zu vergüten.

c) Lehrkräfte für besondere Aufgaben

Lehrkräften für besondere Aufgaben (künstlerischer, sprachlicher, technischer Art) obliegt in der Regel die Aufgabe, in Abstimmung mit dem zuständigen Professor Studierenden praktische Fähigkeiten oder Fachwissen zu vermitteln.[134] Zu der Gruppe gehören insbesondere Sprachlehrer und Lektoren, die die sprachlichen Fähigkeiten in einer Fremdsprache vermitteln.

45

Sie werden gewöhnlich im **Angestelltenverhältnis** beschäftigt. Sie können allerdings auch in das Beamtenverhältnis berufen werden. Soweit sie im Anstellungsverhältnis beschäftigt sind, gelten die arbeitsrechtlichen Regelungen. Mit Ausnahme von Lehrkräften an Kunst- und Musikhochschulen findet **der TV-L/Wiss** Anwendung. Nähere Erörterungen zum TV-L/Wiss und zu den sonstigen arbeitsrechtlichen Regelungen sind unter dem Punkt Wissenschaftliche Mitarbeiter zu finden (B.II.2.a).

Lehrkräfte für besondere Aufgaben dürfen nicht als wissenschaftliche und künstlerische Mitarbeiter beschäftigt werden.[135] Abweichend von der ehemaligen Regelung in § 57a HRG ist das WissZeitVG jedoch nunmehr auch auf Lehrkräfte für besondere Aufgaben anzuwenden.[136] Das Bundesverfassungsgericht hatte in seinem Grundsatzurteil vom 24.4.1996 bereits festgestellt, dass die erleichterte Befristung der Arbeitsverhältnisse des wissenschaftlichen Personals zur Gewährleistung der Freiheit der Wissenschaft und Forschung erforderlich ist.[137]

---

133 BAG, Urteil vom 15.4.1982 – 2 AZR 1111/79, NVwZ 1983, S: 248; m.w.N. *Reich*, Hochschulrahmengesetz, Kommentar, 10. Auflage, 2007, § 55 Rn. 1.
134 § 43 LSAHG; Art. 24 BayHSchPG.
135 *Reich*, Hochschulrahmengesetz, Kommentar, 11. Auflage, 2012, § 56 Rn. 1.
136 *Reich*, Hochschulrahmengesetz, Kommentar, 11. Auflage, 2012, § 1 WissZeitVG Rn. 2.
137 1 BvR 712/86, juris, Rn. 108 ff.

3. Nichtwissenschaftliches Personal

46 Mitarbeiter, die keiner wissenschaftlichen Einrichtung oder einer wissenschaftlichen Betriebseinheit zugeordnet sind, sind nichtwissenschaftliche Mitarbeiter.[138] Sie sind insbesondere im technischen Dienst und in der Verwaltung der Hochschule tätig.[139] Zu den nichtwissenschaftlichen Mitarbeitern gehören nach Auffassung des OVG Münster auch die Mitarbeiter, *„die in der als zentrale Beratungsstelle bei der Hochschulverwaltung eingerichteten allgemeinen Studienberatung tätig sind"*.[140]

Nichtwissenschaftliche Mitarbeiter können den Status Beamter oder Angestellter besitzen, wobei letzteres der Regelfall ist. Vertragspartner ist das jeweilige Bundesland. Dementsprechend gilt für das nichtwissenschaftliche Personal der TV-L.[141] Der Tarifvertrag ist zum 1.11.2006 in Kraft getreten und löst den Bundesangestelltentarifvertrag (BAT) und den Manteltarifvertrag für Arbeiter ab.

Für die Befristung der Arbeitsverhältnisse gelten die allgemeinen Bestimmungen, insbesondere §§ 14 TzBfG. Die besonderen tarifrechtlichen Regelungen sind zu beachten.

III. Besoldung und Vergütung des wissenschaftlichen Personals

1. Die Einführung der W-Besoldung

47 Die W-Besoldung gilt für Professoren und umfasst die Besoldungsgruppen W 1 bis W 3. Der Buchstabe W steht für Wissenschaft. Die W-Besoldung regelt die Besoldung für Professoren an Universitäten und Hochschulen einheitlich. Der Gesetzgeber wollte somit *„besoldungssystematisch gleiche Wettbewerbsbedingungen schaffen"*.[142]

Die Besoldungsordnung W wurde mit dem Gesetz zur Reform der Professorenbesoldung (Professorenbesoldungsreformgesetz – ProfBesReformG) vom

---

138 § 47 NWHG; OVG Münster, Beschluss vom 24.2.1983 – CL 50/81, juris.
139 § 30 BremHG.
140 Beschluss vom 9.12.1982 – CL 48/81, WissR 16 (1983), S. 267 ff.; Beschluss vom 24.2.1983 – CL 50/81, juris.
141 Der TV-L gilt nicht in Hessen und Berlin. In Hessen gilt seit dem 1.1.2010 der Tarifvertrag für den öffentlichen Dienst des Landes Hessen (TV-H). In Berlin gilt ein sog. „Angleichungstarifvertrag".
142 BT-Drs. 14/6852, S. 12.

16.2.2002 eingeführt.[143] Die Bundesländer und der Bund mussten das ProfReformG bis Ende 2004 in Landesrecht umsetzen.[144] Seit dem 1.12.2005 gilt die W-Besoldung verbindlich für alle neuberufenen Professoren an staatlichen Hochschulen. Soweit Professoren bei Einführung der W-Besoldung ein Amt nach der Besoldungsordnung C bekleideten, verbleiben sie in der Besoldungsordnung C. Sie können jedoch einen Wechsel in die W-Besoldung beantragen.

Die W-Besoldung ersetzt die C-Besoldung. Diese sah eine nach Dienstalter aufsteigende Besoldung vor. Die Vergütung der nach W besoldeten Professoren setzt sich dagegen nunmehr aus einer festen, altersunabhängigen Grundvergütung und variablen Leistungsbezügen zusammen.[145] Mit der Neuregelung der Professorenbesoldung hat sich der Gesetzgeber für die Einführung einer stärker **leistungsorientierten Besoldung** mit einer flexiblen Leistungsstruktur entschieden.[146]

Das Besoldungsrecht der Professoren, einschließlich der „variablen Leistungsbezüge", ist in den Landesbesoldungsgesetzen der Länder und den von den Wissenschaftsministerien erlassenen Leistungsbezügeverordnungen geregelt. Teilweise enthalten die Satzungen und Richtlinien der Hochschulen nähere Bestimmungen.[147]

Der Besoldungsgruppe W 1 gehören die Juniorprofessoren und den Besoldungsgruppen W 2 und W 3 die Professoren an den Fachhochschulen, Universitäten und den pädagogischen sowie künstlerischen Hochschulen an.[148] Der Stellenanteil an W 3 Professoren an Fachhochschulen ist in einigen Ländern beschränkt.[149] Der Bayerische Verfassungsgerichtshof hat mit Urteil vom 28.7.2008 festgestellt, dass die Beschränkung nicht gegen die Bayerische Verfassung verstößt.[150]

48

Die Entlohnung nach der Besoldungsordnung W fällt in der Regel niedriger aus als nach der ehemaligen Besoldungsordnung C. Die Diskrepanz steigt mit zunehmendem Dienstalter. In der Literatur und Rechtsprechung wird daher teilweise die Ansicht vertreten, dass die W-Besoldung verfassungswidrig sei, weil sie gegen das grundgesetzlich verankerte **Alimentationsprinzip** versto-

---

143 BGBl. 2002, I, 686.
144 § 77 ProfBesRefG, BGBl. I 2002, S. 686.
145 BT-Drs. 14/6852, S. 12.
146 BT-Drs. 14/6852, S. 1.
147 So beispielsweise in Berlin.
148 So etwa Anlage II zum Brem-BesG.
149 In NRW auf 10%, § 11 Abs. 2 NRW-BesG, in Sachsen-Anhalt auf 10% § 11 Abs. 3 SächsBesG; in Brandenburg auf 25%, § 2a Bbg-BesG; in Bayern auf 10%, § 32 Abs. 8 BayBesG.
150 Az.: Vf. 25-VII-05, NVwZ 2009, S. 46 ff. (49).

ße.[151] Das Alimentationsprinzip gehört zu den in Art. 33 Abs. 5 GG verankerten hergebrachten Grundsätzen des Berufsbeamtentums.[152] Der Kernbestand der Alimentationspflicht ist nur gewahrt, wenn die amtsangemessene Besoldung allein durch die festen Gehaltsbestandteile sichergestellt ist.[153] Flexible Besoldungsbestandteile, in deren Genuss nicht jeder Beamte kommt, werden bei der Bewertung nicht einbezogen.

49 Eine von Professoren beim Bayerischen Verfassungsgerichtshof eingereichte Popularklage gegen die im Zusammenhang mit der Einführung der W-Besoldung erlassenen Neuregelungen im bayerischen Landesgesetz blieb jedoch erfolglos. Mit Urteil vom 28.7.2008[154] wies das Gericht die Klage als unbegründet ab. Durch die Regelungen im Bayerischen Besoldungsgesetz werde eine amtsangemessene Alimentation gewährleistet.

Das Verwaltungsgericht Gießen hatte dem Bundesverfassungsgericht die Frage vorgelegt, ob § 32 S. 1 und 2 des BBesG in Verbindung mit Anlage II (Bundesbesoldungsordnung W) eine amtsangemessene Besoldung gewährleistet. Das Bundesverfassungsgericht hatte jedoch am 26.7.2010 beschlossen, dass der Aussetzungs- und Vorlagebeschluss unzulässig ist, weil er vom Verwaltungsgericht Gießen nicht in der korrekten Besetzung erlassen wurde.[155] In der Folge kommt der Vorlage – wie sogleich zu zeigen sein wird, erhebliche Bedeutung zu. Sie führte zu dem wegweisenden Urteil des BVerfG vom 14.2.2012[156] (siehe unten 3. und 4.).

2. Variable Leistungsbezüge

50 In den Besoldungsgruppen W 2 und W 3 können in folgenden Fällen neben der Grundvergütung „variable Leistungsbezüge" gewährt werden:
- aus Anlass von Berufungs- und Bleibeverhandlungen (**Berufungs- und Bleibeleistungsbezüge**),
- für besondere Leistungen in Forschung, Lehre, Kunst, Weiterbildung und Nachwuchsförderung (**besondere Leistungsbezüge**) sowie

---

151 *Koch*, Leistungsorientierte Professorenbesoldung, 2009, S. 295; *Detmer/Preißler*, Die W-Besoldung und ihre Anwendung in den Bundesländern, in: IHF (Hrsg.), Beiträge zur Hochschulforschung 2006, S. 50 ff. (62 f.).
152 *Battis*, Bundesbeamtengesetz, 4. Auflage, 2009, § 4 Rn. 16.
153 BayVerfGH, Entsch. vom 28.7.2008 – Vf. 25-VIII-05, NVwZ 2009, S. 46 ff. (48).
154 Vf. 25-VII-05, NVwZ 2009, S. 45 ff.; vgl hierzu auch beck-aktuell, VerfGH Bayern_Leistungs bezogene Professorenbesoldung verfassungsgemäß, becklink 264193.
155 Az.: 2 BvL 21/08.
156 BVerfG, Urteil vom 14.2.2012 – 2 BvL 4/10 = BeckRS 2012, 47146.

- für die Wahrnehmung von Funktionen oder besonderen Aufgaben im Rahmen der Hochschulselbstverwaltung oder der Hochschulleitung (**Funktions-Leistungsbezüge**).

Berufungs- und Bleibeleistungsbezüge sowie besondere Leistungsbezüge können befristet oder unbefristet sowie als Einmalzahlung vergeben werden (§ 33 Abs. 1 S. 2 BBesG). Leistungsbezüge, die für die Wahrnehmung von Funktionen gewährt werden, sollen dagegen für die Dauer der Wahrnehmung der Funktion gezahlt werden.

Ein Rechtsanspruch auf die Gewährung von Leistungsbezügen besteht nicht.[157] Nach dem Willen des Bundesgesetzgebers soll der Gesamtbetrag der Leistungsbezüge (**Vergaberahmen**) jedoch so bemessen sein, dass die durchschnittlichen Besoldungsausgaben für die in der Besoldungsgruppe W 2 und W 3 sowie C 2 bis C 4 eingestuften Professoren den durchschnittlichen Besoldungsausgaben für diesen Personenkreis im Jahr 2001 entsprechen.[158] In den Landesbesoldungsgesetzen ist dementsprechend ein konkreter Vergaberahmen festgelegt.

Mit Ausnahme von Berlin haben alle Länder die Wissenschaftsministerien ermächtigt, Leistungsbezügeverordnungen zu erlassen. Die Ministerien wiederum haben die Kompetenz zu Verhandlungen mit den Hochschullehrern über die Besoldung überwiegend an die Hochschulleitung übertragen. Ein Großteil der Hochschulen hat Satzungen oder gar Richtlinien erlassen, die (detaillierte) Vergabekriterien, ein spezielles Vergabeverfahren sowie Fristen für die Beantragung der Leistungsbezüge festlegen.

Problematisch ist, wann die Vergabe von Leistungsbezügen für „besondere Leistungen" gerechtfertigt ist. Im Sinne einer einheitlichen, neutralen und unabhängigen Bewertung sind zumindest in der Satzung bzw. den Richtlinien der Hochschulen klar definierte Bewertungskriterien festzulegen. Darüber hinaus ist auch das Vergabeverfahren an sich zu regeln.

Nur so ist auch eine rechtsstaatliche Nachprüfbarkeit gewährleistet. Es muss außerdem durch ein neutrales Verfahren sichergestellt sein, dass die Leistungsvergabe nicht zur Einflussnahme auf die Forschung und Lehre missbraucht wird.[159] Dies gilt insbesondere für die besonderen Leistungsbezüge.

---

157 *Detmer/Preißler*, Die W-Besoldung und ihre Anwendung in den Bundesländern, Beiträge zur Hochschulforschung 2006, S. 50 ff. (62 f.).
158 BT-Drs. 14/6852, S. 13.
159 *Detmer/Preißler*, Die W-Besoldung und ihre Anwendung in den Bundesländern, in: IHF (Hrsg.), Beiträge zur Hochschulforschung 2006, S. 50 ff. (62 f.); BT-Drs. 14/6852, S. 14.

52   Die „allgemeinen" Leistungsbezüge sind in der Regel bereits Bestandteil der zwischen der Hochschule und dem Professor abgeschlossenen Berufungs- und Bleibevereinbarung.

Nach den meisten Leistungsbezügeverordnungen werden Bleibe-Leistungsbezüge gewährt, wenn der Professor ein entsprechendes Angebot eines anderen Dienstherrn oder Arbeitgebers in Schriftform vorlegt.[160]

Berufungs- und Bleibe-Leistungsbezüge sowie Leistungsbezüge für besondere Leistungen sind nach § 33 Abs. 3 S. 1 BBesG bzw. den von den Landesministerien erlassenen Leistungsprämien- und -zulagenverordnungen bis zur Höhe von zusammen 40 von Hundert des jeweiligen Grundgehalts **ruhegehaltsfähig**, soweit sie unbefristet gewährt und jeweils mindestens zwei Jahre bezogen worden sind. Befristet gewährte Leistungsbezüge können erst bei wiederholter Vergabe entsprechend den Vorgaben der jeweiligen Landesbesoldungsgesetze für ruhegehaltsfähig erklärt werden.

Die Beschränkung der Höhe nach ist insbesondere problematisch, wenn ein Professor von einem Amt der Besoldungsordnung C in ein Amt der Besoldungsordnung W wechselt und die W-Grundgehälter durch die Vereinbarung entsprechender Leistungsbezüge auf das ursprüngliche Gehaltsniveau nach der Besoldungsordnung C angehoben werden sollen. Sein Gehalt war ursprünglich der vollen Höhe nach ruhegehaltsfähig. Die meisten Bundesländer lösen dieses Problem, indem sie § 5 Abs. 5 Beamtenversorgungsgesetz entsprechend anwenden.[161]

§ 5 Abs. 5 Beamtenversorgungsgesetz hat folgenden Wortlaut:
„Das Ruhegehalt eines Beamten, der früher ein mit höheren Dienstbezügen verbundenes Amt bekleidet und diese Bezüge mindestens zwei Jahre erhalten hat, wird, ..., nach den höheren ruhehaltsfähigen Dienstbezügen des früheren Amtes und der gesamten ruhegehaltfähigen Dienstzeit berechnet."

Das Bremische Beamtenversorgungsgesetz (BremBeamtVG)[162] enthält ausdrücklich eine entsprechende Regelung für den Fall, dass sich die ruhegehaltsfähigen Dienstbezüge bei einem Wechsel in ein Amt der Besoldungsgruppe W verringern. In dem Fall berechnet sich das Ruhegehalt aus den ruhegehaltsfähigen Dienstbezügen des früheren Amtes und der gesamten ruhegehaltsfähigen Dienstzeit, sofern die Dienstbezüge des früheren Amtes, d.h. nach der Besoldungsordnung C, mindestens zwei Jahre bezogen worden sind (§ 3 Abs. 2 Brem-

---

160 § 2 Abs. 2 S. 1 LBVO BW.
161 *Detmer/Preißler*, Die W-Besoldung und ihre Anwendung in den Bundesländern, in: IHF (Hrsg.), Beiträge zur Hochschulforschung 2006, S. 50 ff. (59 f.).
162 Brem.GBl. 2010 S. 17.

BeamtVG).[163] Dies ist vor dem Hintergrund, dass der freiwillige Rückgriff auf § 5 BBeamtVG zu Rechtsunsicherheiten für die Professoren führt, zu begrüßen.

3. Die Entscheidung des BVerfG vom 14. Februar 2012

Das BVerfG hat mit Urteil vom 14.2.2012 entschieden, dass die W 2-Besoldung von Professoren (in Hessen, aber – wie zu zeigen sein wird – auch darüber hinaus) gegen das Prinzip der amtsangemessenen Alimentation aus Art. 33 Abs. 5 GG verstößt.[164]

Der Kläger des Ausgangsverfahrens war 2005 auf eine W 2-Professorenstelle an die Universität Gießen berufen worden. Er wandte sich nach erfolglosem Widerspruchsverfahren mit seiner Klage gegen die seiner Auffassung nach zu niedrige Besoldung durch das Land Hessen vor dem Verwaltungsgericht und begehrte die Feststellung, dass seine Alimentation aus der Besoldungsgruppe W 2 nicht den verfassungsrechtlichen Anforderungen an eine amtsangemessene Besoldung genüge. Das Verwaltungsgericht Gießen folgte der Argumentation des Klägers, setzte das Verfahren aus und legte nach Art. 100 Abs. 1 GG die Angelegenheit dem BVerfG im Wege der konkreten Normenkontrolle vor, indem es die Überprüfung am Maßstab von Art. 33 Abs. 5 GG und dem darin niedergelegten beamtenrechtlichen Alimentationsprinzip begehrte.

Das BVerfG folgte der Auffassung des vorlegenden Verwaltungsgerichts nahezu umfänglich, indem es einen Verstoß gegen Art. 33 Abs. 5 GG annahm. Die Entscheidung ist durchaus als bahnbrechend und wegweisend für das Hochschullehrerdienstrecht – und darüber hinaus wohl auch für die Besoldung anderer Beamter und der Richter[165] – zu bezeichnen, weil das Gericht in seltener

53

54

55

---

163 Das BVerfG hat mit Beschluss vom 20.3.2007 (Az.: 2 BvL 11/04) festgestellt, dass die ursprüngliche Dreijahresfrist in § 5 Abs. 3 BBeamtVG mit Art. 33 Abs. 5 GG unvereinbar und daher nichtig ist; *„Die Verlängerung der Wartefrist auf drei Jahre modifiziert den Grundsatz der amtsangemessenen Versorgung nicht mehr lediglich, sondern verändert ihn grundlegend"*, juris, Rn. 45 ff.
164 BVerfG, Urteil vom 14.2.2012 – 2 BvL 4/10 = BeckRS 2012, 47146; dazu etwa *Epping*, Karlsruhe hat gesprochen. Die W 2-Besoldung ist evident unzureichend, Forschung und Lehre 3/2012, S. 180 ff.; *Hartmer*, Klarheit und Nebel? Was folgt aus der W-Entscheidung des Bundesverfassungsgerichts?,Forschung & Lehre 3/2012, S. 184 ff.; *Hufen*, Grundrechte und Hochschulrecht: Besoldung der Professoren, JuS 2013, S. 91 ff.; *Knopp*, Das Urteil des BVerfG vom 14.2.2012 zur W-Besoldung bei Hochschullehrern, LKV 2012, S. 145 ff.; *Schwabe*, Das verfassungswidrige Professorengehalt, NVwZ 2010, S. 610 ff.
165 *Knopp*, Das Urteil des BVerfG vom 14.2.2012 zur W-Besoldung bei Hochschullehrern, LKV 2012, S. 145 (148 ff.); aktuell *Stuttmann*, Zeitenwende – Die Bestimmung der Minimalbesoldung

Deutlichkeit die Regelungen über das dienstaltersunabhängige Grundgehalt in Hessen als verfassungswidrig verworfen hat. An zentralen Stellen des Urteils ist die Rede davon, dass das Grundgehalt der Professoren der Besoldungsgruppe W 2 als „evident unzureichend" zu werten sei. Im Mittelpunkt der Entscheidung steht denn auch die Besoldungsgruppe W 2, wenngleich aus der Entscheidung auch Anhaltspunkte für eine Anhebung der Besoldungsgruppe W 3 – allenfalls bedingt auch für W 1[166] – gefolgert werden. Die Entscheidung stützt sich bezüglich dieser Annahme überwiegend auf einen Vergleich der Professorengrundgehälter mit außerhalb des öffentlichen Dienstes Beschäftigten, vor allem aber innerhalb des öffentlichen Dienstes auf einen unmittelbaren Vergleich mit der Besoldungsordnung A. Es kommt insoweit zu der Erkenntnis, dass das Grundgehalt eines W 2-Professors ohne Leistungsbezüge noch unter dem Besoldungsniveau des Eingangsamtes des höheren Dienstes (A 13) in der Endstufe liege.[167] Gemessen an den hohen Qualifikationsanforderungen – d.h. den hochschulrechtlichen Berufungsvoraussetzungen – könne von einer amtsangemessenen Besoldung gerade mit Blick auf die in Rede stehende Besoldungsgruppe W 2 nicht ausgegangen werden. So seien mit dem Professorenamt vielfältige und anspruchsvolle Aufgaben in Forschung, Lehre sowie administrativer Art verbunden, was in dem insbesondere durch Art. 5 Abs. 3 GG geprägten und geschützten Berufsbild vereint sei, welches ein abgesichertes Maß an Selbstbestimmtheit und Eigenverantwortung zwingend voraussetze.[168] Dies müsse daher auch bei der Bestimmung der Wertigkeit des Amtes angemessen innerhalb des besoldungsrechtlichen Gefüges – und zwar bereits bei der Bemessung des Grundgehaltes – Berücksichtigung finden.[169] Eine Kompensation durch mögliche Leistungsbezüge sei nicht indiziert, da diesen in ihrer bisherigen Ausgestaltung der alimentative Charakter fehle.[170]

---

nach dem BVerfG, NVwZ 2015, S. 1007 ff., unter Auswertung der Entscheidung des BVerfG, Urteil vom 5.5.2015 – BvL 17/09 u.a., BeckRS 2015, 45175.
166 *Gawel/Aguado*, Neuregelungen der W-Besoldung auf dem verfassungsrechtlichen Prüfstand, WissR 47 (2014), S. 267 (278).
167 BVerfG, Urteil vom 14.2.2012 – 2 BvL 4/10, insb. Rn. 172 bis 174 = BeckRS 2012, 47146; *Epping*, Karlsruhe hat gesprochen. Die W 2-Besoldung ist evident unzureichend, Forschung und Lehre 3/2012, S. 180 f.; *Schwabe*, Das verfassungswidrige Professorengehalt, NVwZ 2010, S. 610 (612).
168 Vgl. *Epping*, Karlsruhe hat gesprochen. Die W 2-Besoldung ist evident unzureichend, Forschung und Lehre 3/2012, S. 180.
169 BVerfG, Urteil vom 14.2.2012 – 2 BvL 4/10, insb. Rn. 172 bis 174 = BeckRS 2012, 47146; *Epping*, Karlsruhe hat gesprochen. Die W 2-Besoldung ist evident unzureichend, Forschung und Lehre 3/2012, S. 180 f.; *Schwabe*, Das verfassungswidrige Professorengehalt, NVwZ 2010, S. 610 (612).
170 BVerfG, Urteil vom 14.2.2012 – 2 BvL 4/10, insb. Rn. 179 ff. = BeckRS 2012, 47146; *Knopp*, Das Urteil des BVerfG vom 14.2.2012 zur W-Besoldung bei Hochschullehrern, LKV 2012, S. 145 (148); *Schwabe*, Das verfassungswidrige Professorengehalt, NVwZ 2010, S. 610 (612).

III. Besoldung und Vergütung des wissenschaftlichen Personals — 235

Wenngleich sich das Urteil des BVerfG nur auf die damalige Rechtslage in 56
Hessen bezog und nur zum Teil das nach Art. 125 a GG partiell weitergeltende
BBesG in den Blick nahm, kommt der Entscheidung Ausstrahlungs- und Bindungswirkung (über Art. 20 Abs. 3 GG) auch für die übrigen Bundesländer zu, die unisono die beanstandete W-Besoldung in ihr jeweiliges Landesrecht übernommen hatten.[171] Gleiches gilt für den Bund,[172] so dass in der Folge insgesamt 17 Besoldungsgesetzgeber gehalten waren, eine verfassungsmäßige Besoldung der Professoren herzustellen.[173] Dafür hat das BVerfG eine Frist bis zum 1.1.2013 bestimmt. Dem sind nunmehr – durch den Erlass von auf diesen Zeitpunkt zurückwirkende Regelungen – alle Besoldungsgesetzgeber gefolgt, wie sogleich darzustellen sein wird.

4. Umsetzung der Vorgaben des BVerfG zur W-Besoldung

Die für das Besoldungsrecht der Hochschullehrer zuständigen Landesgesetzge- 57
ber sowie der Bund, soweit es um Hochschullehrer in dessen Dienst geht,[174] waren aufgerufen, die Vorgaben des BVerfG für eine zureichende Besoldung – insbesondere in der Besoldungsgruppe W 2 – zum Stichtag 1.1.2013 umzusetzen. Dem Besoldungsgesetzgeber kommt dabei gleichwohl ein recht weiter Beurteilungsspielraum zu.[175] Zwischenzeitlich sind in allen Ländern sowie im Bund entsprechende Regelungen rückwirkend auf den vom BVerfG vorgegebenen Stichtag 1.1.2013 erlassen worden, die – gleichsam als Ausdruck des „Wettbewerbsföderalismus" – durchaus heterogen ausgefallen sind.[176] Die wesentlichen Elemente zur Umsetzung des Urteils des BVerfG bestehen in der Gesetzgebungspraxis vor allem in der **Erhöhung der Grundbesoldung** in der Besoldungsgruppe W 2 – in den meisten Ländern auch in einer moderaten Anhebung

---

171 *Epping*, Karlsruhe hat gesprochen. Die W 2-Besoldung ist evident unzureichend, Forschung und Lehre 3/2012, S. 180.
172 Zur Umsetzung des Urteils im Bund *Gawel*, Neuregelung der W-Besoldung des Bundes, NVwZ 2013, S. 1054 ff.
173 Zum Rahmen *Budjarek*, Spielräume einer Neuregelung der Professorenbesoldung, DÖV 2012, S. 465 ff.; Überblick über einen Zwischenstand bei *Battis/Grigoleit*, Reformansätze zur Professorenbesoldung bislang mangelhaft, ZBR 2013, S. 73 ff.
174 Dazu *Gawel*, Neuregelung der W-Besoldung des Bundes, NVwZ 2013, S. 1054 ff.
175 Vgl. *Noack*, Die Besoldungsreform 2.0 – Eine Bestandsaufnahme, Forschung und Lehre 1/2015, S. 36.
176 Einen guten Überblick über den aktuellen Stand der Umsetzung bzw. das nunmehr geltende Recht im Bund und in den Ländern bietet *Noack*, Die Besoldungsreform 2.0 – Eine Bestandsaufnahme, Forschung und Lehre 1/2015, S. 36 (40).

der Grundbesoldung in der Besoldungsgruppe W 3[177] – sowie in der Neujustierung des Verhältnisses von Grundbesoldung und (variablen) Leistungsbezügen (dazu bereits oben 2.). Insoweit bestehen gewisse Gemeinsamkeiten, aber auch zum Teil deutliche Unterschiede zwischen den Ländern.[178] Ausgeblieben ist durchgängig eine Einbeziehung der Besoldung der Juniorprofessoren nach Besoldungsgruppe W 1. Wenngleich das BVerfG sich hierzu nicht geäußert hatte, bleibt die Frage bestehen, ob nicht auch insofern in der vergleichenden Zusammenschau mit den Besoldungsgruppen W 2 und W 3 ebenfalls Handlungsbedarf besteht.[179] Lediglich in Baden-Württemberg ist eine Besoldungserhöhung sowie eine Verbesserung bei der Erlangung von Leistungsbezügen auch für Juniorprofessuren vorgesehen. Man wird einer Ausblendung der Juniorprofessuren nicht entgegenhalten können, dass es sich dabei um Qualifikationsstellen handele. Denn zum einen liegt die Besoldung von Juniorprofessoren im Länderschnitt unter der vergleichbaren A-Besoldung (Vergleichskategorie ist insoweit Besoldungsgruppe A 13); zum anderen ist die Juniorprofessur – anders als die frühere C 1-Assistenz – mit einem deutlichen Zuwachs an wissenschaftlicher Eigenständigkeit verbunden worden. Dies sollte dem Besoldungsgesetzgeber vor Augen geführt sein.

58   Eine Erhöhung der Grundbesoldung – insbesondere in der Besoldungsgruppe W 2 – ist in allen Ländern mit Ausnahme Sachsens erfolgt. Sachsen hat sich darauf verlegt, zum Zwecke der Kompensierung für das Jahr 2013 einen Überleitungsbetrag zu zahlen.[180]

59   Im Übrigen ist die erfolgte Erhöhung der Grundbesoldung zwar im Ländervergleich nach wie vor recht disparat ausgefallen; sie orientiert sich gleichwohl im Mittel an der Besoldungsstufe A 15 der Besoldungsordnung A. In einigen Ländern – etwa Hessen – fällt sie aber wiederum erheblich niedriger aus, so dass sich die ursprüngliche Diskrepanz im Verhältnis zur A-Besoldung (insbesondere mit Blick auf die Besoldungsgruppe A 15) erneut auftut und sich damit abermals Zweifel an der Verfassungskonformität der neuen Besoldungsregeln aufdrängen.

---

177 Überblick bei *Noack*, Die Besoldungsreform 2.0 – Eine Bestandsaufnahme, Forschung und Lehre 1/2015, S. 36 (39).
178 *Noack*, Die Besoldungsreform 2.0 – Eine Bestandsaufnahme, Forschung und Lehre 1/2015, S. 36.
179 Dafür – mit jeweils gewichtiger Argumentation – etwa *Gawel/Aguado*, Neuregelungen der W-Besoldung auf dem verfassungsrechtlichen Prüfstand, WissR 47 (2014), S. 267 (278); *Gawel*, Neuordnung der Professorenbesoldung in Sachsen, SächsVBl. 2014, S. 125 (132f.); *Noack*, Die Besoldungsreform 2.0 – Eine Bestandsaufnahme, Forschung und Lehre 1/2015, S. 36 (39).
180 Vgl. *Noack*, Die Besoldungsreform 2.0 – Eine Bestandsaufnahme, Forschung und Lehre 1/2015, S. 36.

Zum Teil sind zum Zwecke der Herstellung der Besoldungsgerechtigkeit in 60
einigen Ländern die aus der früheren C-Besoldung geläufigen und insbesondere
in der A-Besoldung anzutreffenden Erfahrungsstufen wieder eingeführt worden.
Dies gilt für Bayern, Hessen, Sachsen sowie überdies auch den Bund. Unterschiede bestehen indes hinsichtlich der Stufenanzahl, der Stufenlaufzeit und
der Berücksichtigung von Erfahrungszeiten im Zusammenhang mit der Zuordnung zu den Stufen.[181] Grundlegenden verfassungsrechtlichen Bedenken begegnen die Erfahrungsstufen allerdings nicht, solange das Besoldungsniveau
am Maßstab der Entscheidung des BVerfG ausgerichtet wird und damit als „zureichend" gelten kann.[182] Zum Teil wird die Wiedereinführung der Erfahrungsstufen gar für zwingend erachtet.[183]

Als demgegenüber problematisch müssen indes die sog. **Konsumtionsbe-** 61
stimmungen gelten, die in allen neuen Besoldungsgesetzen vorgesehen sind,
in denen eine Erhöhung der Grundbesoldung erfolgte. Dies führt in der praktischen Konsequenz dazu, dass solche bereits gewährten variablen Vergütungsbestandteile – mit anderen Worten also Berufungs-, Bleibe- und sonstige nach
Landesrecht vorgesehene besondere Leistungsbezüge – auf die jeweils vorgesehene Erhöhung der Grundbesoldung angerechnet werden. Im Detail differieren
die Modelle zwar; jedoch ist zu bemerken, dass Berufungs- und Bleibebezüge in
allen existierenden Modellen verrechnet werden und teilweise nur Funktionsleistungsbezüge ausgenommen werden. Um die Auswirkungen der Konsumtion
abzumildern, wird diese überwiegend nur in Höhe von 50 v.H. vorgenommen;
der darüber hinausgehende „Schonbetrag" bleibt ausgenommen. Nur in Schleswig-Holstein ist eine „Vollkonsumtion" vorgesehen.

Sämtliche **Konsumtionsbestimmungen**[184] – und zwar ganz gleich, ob sie 62
sich auf Berufungs-, Bleibe- oder sonstige Leistungszulagen beziehen – dürften
nach hiesiger Auffassung **verfassungswidrig** sein. Im Falle Schleswig-Hol-

---

181 Näher dazu *Noack*, Die Besoldungsreform 2.0 – Eine Bestandsaufnahme, Forschung und Lehre 1/2015, S. 36 f.
182 S. auch *Noack*, Die Besoldungsreform 2.0 – Eine Bestandsaufnahme, Forschung und Lehre 1/2015, S. 36 (37). A.A. *Battis/Grigoleit*, Reformansätze zur Professorenbesoldung bislang mangelhaft, ZBR 2013, S. 73 (78f.), die bei fortbestehender Zweigliedrigkeit des Systems der W-Besoldung hinsichtlich der Wiedereinführung von Erfahrungsstufen i.S.d. der früheren Dienstaltersstufen von einer unzulässigen Altersdiskriminierung ausgehen. Insoweit aber noch ausdrücklich anders *Battis*, Das Urteil des Bundesverfassungsgerichtes zur W-2-Besoldung – Hintergrund und Folgen, Der Personalrat 2012, S. 197 (199).
183 So *Budjarek*, Spielräume einer Neuregelung der Professorenbesoldung, DÖV 2012, S. 465 (468, 470).
184 Dazu überzeugend *Gawel/Aguado*, Verfassungsrechtliche Probleme der Einmal-Konsumtion in Stufenmodellen der W-Besoldung, Forschung und Lehre 8/2014, S. 624 ff.

steins und der dort erfolgenden Vollkonsumtion steht der gesetzlichen Regelung die Verfassungswidrigkeit wohl gar „auf die Stirn geschrieben".[185] Dies ergibt sich unmittelbar aus der Entscheidung des BVerfG vom 14.2.2012 selbst, wenn es dort heißt, dass eine Kompensation durch mögliche Leistungsbezüge nicht zulässig sei, da diesen in ihrer bisherigen Ausgestaltung der alimentative Charakter fehlt.[186] Daran haben auch die neu erlassenen Besoldungsbestimmungen des Bundes und vor allem der Länder infolge der Karlsruher Entscheidung nichts geändert. Es steht somit fest, dass Grundbesoldung und Leistungsbezüge auch weiterhin streng voneinander zu trennen sind und sich eine wechselseitige Verrechnung verbietet.

63 Rechtspolitisch stellt sich freilich die Frage, ob es den Besoldungsgesetzgebern überhaupt noch darum geht, die ursprünglich mit der Einführung der W-Besoldung verbundene Leistungsorientierung der Besoldung im Wissenschaftsbereich zu verfolgen. Die Umsetzung der „neuen" W-Besoldung lässt eher Gegenteiliges vermuten. Denn insbesondere die zuvor behandelten Konsumtionsregelungen lassen darauf schließen, dass das Leistungsprinzip eher in sein Gegenteil verkehrt wird. So erscheint es geradezu absurd, dass bei Hochschullehrern mit besonders hohen Leistungsbezügen faktisch mitunter gar keine Besoldungssteigerung durch Leistungsbezüge mehr möglich ist. Mitunter lassen die allgegenwärtigen Haushaltszwänge dem Besoldungsgesetzgeber auch keine andere Wahl. Konsequenter wäre nach alledem dann aber wahrscheinlich doch eher eine geordnete Rückkehr zu den Erfahrungsstufen nach dem Modell der früheren C-Besoldung. Für eine wirkliche – rechtlich haltbare – Leistungsorientierung scheint die Wissenschaftspolitik offenkundig entweder nicht bereit oder in der Lage zu sein. Die Umsetzung der W-Besoldungsreform nach der Entscheidung des BVerfG aus dem Jahre 2012 birgt allein in juristischer Sicht eine Vielzahl von Angriffsflächen, die eine abermalige verfassungsgerichtliche Auseinandersetzung wohl unausweichlich erscheinen lassen.[187] Die weitere Entwicklung bleibt abzuwarten.

---

185 *Gawel/Aguado*, Neuregelungen der W-Besoldung auf dem verfassungsrechtlichen Prüfstand, WissR 47 (2014), S. 267 (299).
186 BVerfG, Urteil vom 14.2.2012 – 2 BvL 4/10, insb. Rn. 179 ff. = BeckRS 2012, 47146.
187 So die wohl zutreffende Prognose bei *Gawel/Aguado*, Neuregelungen der W-Besoldung auf dem verfassungsrechtlichen Prüfstand, WissR 47 (2014), S. 267 (299). Siehe auch den Bericht von *Müller*, DÖV 2013, S. 599 (601 f.), zum 8. Deutschen Hochschulrechtstag, der im Zeichen des Themas „Die reformierte W-Besoldung – Der nächste Fall für Karlsruhe?" stand.

5. Vergütung des wissenschaftlichen Personals

Die Vergütung von angestellten Professoren und dem Hochschulpersonal, das von dem Geltungsbereich des TV-L ausgenommen ist (Lehrbeauftragte, künstlerische Lehrkräfte an Kunst- und Musikhochschulen), richtet sich nach den Festlegungen im Arbeitsvertrag. 64

Ansonsten gelten die Bestimmungen des TV-L/Wiss. Einschlägige Berufserfahrungen in anderen Hochschulen und Forschungseinrichtungen werden angerechnet (§ 40 Nr. 5 TV-L). Darüber hinaus ist es insbesondere zur Bindung von qualifizierten Fachkräften möglich, abweichend von der tariflichen Einstufung ein bis zu zwei Stufen höheres Entgelt ganz oder teilweise vorweg zu gewähren. Für Beschäftigte im Drittmittelbereich können für besondere Leistungen bei der Einwerbung von Mitteln Sonderzahlungen bewilligt werden (§ 40 Nr. 6 TV-L). Die Sonderzahlung kann 10% des Jahrestabellenentgelts betragen.

6. Versorgung der Hochschullehrer und des wissenschaftlichen Personals

a) Versorgung der Hochschullehrer

Die Befugnis zur Regelung der Versorgung der Beamten in den Ländern ist mit In-Kraft-Treten der ersten Stufe der Föderalismusreform zum 1.9.2006 auf die Länder übergegangen.[188] 65

Die verbeamteten Hochschullehrer werden daher zukünftig nach den beamtenrechtlichen Regelungen der Länder **pensioniert**. Die Länder haben angekündigt – entsprechend der Regelung für Bundesbeamte-, die Regelaltersgrenze ab 2012 schrittweise auf 67 anzuheben.[189] Eine entsprechende Umsetzung steht noch aus bzw. ist zunächst verschoben worden.[190]

Ruhegehaltsfähig sind die Dienstbezüge, die dem Beamten zuletzt zugestanden haben **(Grundsatz der Versorgung aus dem letzten Amt)**.[191] Der Grundsatz der Versorgung aus dem letzten Amt gehört zu den hergebrachten Grundsätzen des Berufsbeamtentums (Art. 33 Abs. 5 GG). Der Beamte muss das letzte Amt vor dem Eintritt in den Ruhestand mindestens zwei Jahre innegehabt haben.[192] Zu den ruhegehaltsfähigen Dienstbezügen gehört das Grundgehalt,

---

188 Gesetz zur Änderung des Grundgesetzes vom 28.8.2006, BGBl I 2034; BT-Drs. 16/813.
189 § 51 BBG; so sieht es u.a. das Musterbeamtengesetz der Küstenländer vor.
190 So beispielsweise in Bremen.
191 So beispielsweise § 5 Abs. 1 BeamtVG.
192 § 5 Abs. 3 S. 1 BeamtVG, das BVerfG hat mit Beschluss vom 20.3.2007 festgestellt, dass eine Verlängerung der Wartezeit auf drei Jahre mit dem nach Art. 33 Abs. 5 GG zu beachtenden

der Familienzuschlag der Stufe 1 und sonstige Dienstbezüge, die im Besoldungsrecht als ruhegehaltsfähig bezeichnet sind.

66 Berufungs- und Bleibe-Leistungsbezüge sowie Leistungsbezüge für besondere Leistungen sind nach § 33 Abs. 3 S. 1 BBesG bzw. den von den Landesministerien erlassenen Leistungsprämien- und -zulagenverordnungen bis zur Höhe von zusammen 40 von Hundert des jeweiligen Grundgehalts ruhegehaltsfähig, soweit sie unbefristet gewährt und jeweils mindestens zwei Jahre bezogen worden sind. In Bezug auf die befristet gewährten Leistungsbezüge gelten die Regelungen in den Landesbezügeverordnungen bzw. in den Satzungen der Hochschule. Sie können grundsätzlich erst bei wiederholter Vergabe entsprechend den Vorgaben der jeweiligen Landesbesoldungsgesetze für ruhegehaltsfähig erklärt werden (§ 33 Abs. 3 BBesG). Im Übrigen wird auf die Ausführungen zur W-Besoldung verwiesen. Der Höchstruhegehaltssatz liegt zurzeit bei einem Wert von 71,75 v.H. Dieser wird nach 40 Dienstjahren erreicht.

67 Alternativ zur Pensionierung kann sich ein Professor auch emeritieren lassen, wenn die Erstberufung vor dem Jahr 1975 erfolgt ist.[193] Mit der **Emeritierung** wird der Professor von seinen Dienstpflichten entbunden und erhält ein Ruhegehalt, das in etwa der Besoldung vor Eintritt der Emeritierung entspricht. Soweit die Hochschullehrer in einem Anstellungsverhältnis zur Hochschule standen, erhalten sie eine **Altersrente, d.h. eine Leistung der gesetzlichen Rentenversicherung.** Insoweit wird auf die nachstehenden Ausführungen zur Rentenversorgung des wissenschaftlichen Personals verwiesen.

b) (Renten-)Versorgung des wissenschaftlichen Personals

68 Soweit das wissenschaftliche Personal in einem Anstellungsverhältnis zur Hochschule stand, haben sie mit Erreichen der Regelaltersgrenze einen Anspruch auf eine Altersrente. Versicherte, die vor dem 1. Januar 1947 geboren sind, erreichen die Regelaltersgrenze mit Vollendung des 65. Lebensjahres (§ 235 Abs. 2 S. 1 SGB VI). Für Versicherte, die nach dem 31. Dezember 1946 geboren sind, wird die Regelaltersgrenze von 2012 bis 2029 schrittweise von 65 Jahren auf 67 Jahre angehoben. Insoweit wird auf § 235 Abs. 2 S. 1 SGB VI verwiesen.

69 Die Altersrente bemisst sich nach der Beitragshöhe und der Beitragszeit. Das wissenschaftliche Personal, das im Beamtenverhältnis stand, hat Anspruch auf ein **Ruhegehalt**. Es wird insoweit auf die Ausführungen zur Versorgung von Hochschullehrern verwiesen.

Grundsatz der Versorgung aus dem letzten Amt unvereinbar ist, 2 BvL 11/04, juris, die Entscheidung ist mit 5 zu 3 Stimmen ergangen.
193 Eine entsprechende Besitzstandsklausel enthalten die meisten Landesbeamtengesetze.

7. Nebentätigkeitsrecht

a) Allgemeine Vorgaben des Beamtenrechts

Eine Nebentätigkeit ist eine Tätigkeit, die nicht dem Aufgabenkreis des Hauptamtes bzw. des Hauptarbeitsverhältnisses zugeordnet werden kann. Von der Nebentätigkeit ausgenommen ist die Wahrnehmung öffentlicher Ehrenämter oder die Betreuung und Pflegschaft eines Angehörigen. 70

Eine Nebentätigkeit darf nur außerhalb der Arbeitszeit ausgeübt werden. Für den Beamten ist die Arbeitszeit gesetzlich festgeschrieben. Der Arbeitnehmer verpflichtet sich dagegen mit Abschluss des Arbeitsvertrages, während der vereinbarten Arbeitszeit zur Verfügung zu stehen. 71

Aufgrund der verfassungsrechtlich verankerten Berufsfreiheit (Art. 12 Abs. 1 GG) und dem Recht auf freie Entfaltung der Persönlichkeit (Art. 2 Abs. 1 GG) darf die Nebentätigkeit nur versagt werden, wenn der Arbeitgeber bzw. Dienstherr ein berechtigtes Interesse für eine Untersagung hat.[194] Bei Hochschullehrern ergibt sich ein Anspruch auf eine wissenschaftsbezogene Nebentätigkeit aus Art. 5 Abs. 3 GG. 72

Mit der Einführung des Beamtenstatusgesetzes zum 1.4.2009 ist die Nebentätigkeit für **Beamte** grundsätzlich nur noch anzeige- und nicht mehr genehmigungspflichtig (§ 40 BeamtStG). Die Länder haben die Möglichkeit, sie unter Erlaubnis- und Verbotsvorbehalt zu stellen, soweit sie geeignet ist, dienstliche Interessen zu beeinträchtigen. Das Nebentätigkeitsrecht ist in den Ländern unterschiedlich geregelt. Eine Beeinträchtigung der dienstlichen Interessen ist jedoch in der Regel gegeben, wenn die ordnungsgemäße Erfüllung der dienstlichen Pflichten behindert werden, den Beamten in einen Widerstreit mit den dienstlichen Pflichten bringen, die Unparteilichkeit oder Unbefangenheit des Beamten beeinflussen oder dem Ansehen der öffentlichen Verwaltung abträglich sein kann.[195] Die ordnungsgemäße Erfüllung der dienstlichen Pflichten ist in der Regel behindert, wenn die zeitliche Beanspruchung durch eine oder mehrere Nebentätigkeiten fünf Wochenstunden überschreitet. Dagegen liegt in der Regel kein Grund für eine Untersagung bei einer schriftstellerischen oder selbständigen Gutachtertätigkeit vor. 73

Die grundsätzliche Anzeigepflicht dient zwar der Verfahrensvereinfachung, erweitert für den Beamten jedoch nicht die Möglichkeiten, eine Nebentätigkeit auszuüben. Für **angestellte Wissenschaftler** gilt ebenfalls, dass eine bevorstehende Nebentätigkeit anzuzeigen ist.[196] 74

---

194 *Reichhold*, Münchener Handbuch zum Arbeitsrecht, 3. Auflage, 2009, § 49, Rn. 58.
195 Vgl. § 73 Abs. 1 BremBG.
196 *Reichhold*, Münchener Handbuch zum Arbeitsrecht, 3. Auflage, 2009, § 49, Rn. 55/56.

75 In § 3 Abs. 4 TV-L ist geregelt, dass eine entgeltliche Nebentätigkeit untersagt werden kann, *„wenn sie geeignet ist, die Erfüllung der arbeitsvertraglichen Pflichten der Beschäftigten oder berechtigte Interessen des Arbeitgebers zu beeinträchtigen"*. Zur Konkretisierung können die beamtenrechtlichen Bestimmungen herangezogen werden. Regelungen finden sich hierneben auch noch in den Hochschulnebentätigkeitsverordnungen.

76 Da der TV-L jedoch nicht für Professoren und Juniorprofessoren sowie wissenschaftliche und künstlerische Hilfekräfte Anwendung findet, gilt insoweit das individuell Vereinbarte. In der Regel wird in den Arbeitsverträgen auf den Tarifvertrag Bezug genommen. Die Voraussetzungen für eine Untersagung der Nebentätigkeit sind vom Dienstherrn bzw. Arbeitgeber darzulegen und ggf. auch zu beweisen.

b) Besonderheiten für die Nebentätigkeit der Hochschullehrer

77 Das Nebentätigkeitsrecht der Hochschullehrer muss allerdings in Erweiterung des allgemeinen beamtenrechtlichen Nebentätigkeitsrechts betrachtet werden, denn zu den genannten grundrechtlichen bzw. grundrechtsgleichen Gewährleistungen tritt die für Hochschullehrer zentrale und vorrangige subjektive Gewährleistung der Wissenschaftsfreiheit aus Art. 5 Abs. 3 GG hinzu.[197] Dieser Befund macht es erklärlich, dass die Länder in Gestalt spezieller Hochschulnebentätigkeitsverordnungen Teilaspekte der Nebentätigkeit von Professoren gesondert geregelt haben, welche das allgemeine Nebentätigkeitsrecht überlagern. Die Bestimmungen des Beamtenrechts der Länder – insbesondere die allgemeinen beamtenrechtlichen Nebentätigkeitsverordnungen – kommen lediglich ergänzend zur Anwendung, nämlich bei Fehlen einer spezialgesetzlichen Regelung in der jeweiligen Hochschulnebentätigkeitsverordnung.

78 Auch und gerade wegen der Disparitäten unter den Ländern betreffend das Hochschullehrernebentätigkeitsrecht ist hier noch immer vieles nicht geklärt, und es darf bezweifelt werden, ob das Nebeneinander von allgemeinem beamtenrechtlichen Nebentätigkeitsrecht und dem dieses partiell überlagernden Hochschulnebentätigkeitsrecht de lege lata wirklich eine „wissenschaftsadäquate" Rechtslage herstellt.[198] Vielmehr dürfte Reformbedarf gegeben sein, da sich **Nebentätigkeiten von Hochschullehrern** im Unterschied zu den übrigen

---

197 *Lux-Wesener/Kamp*, in: Hartmer/Detmer (Hrsg.), HSchR-Praxishandbuch, S. 351; *Battis*, BBG, Kommentar, 4. Auflage, 2009, § 100 Rn. 10; *Deumeland*, Zum Recht der Professoren auf Ausübung einer Nebentätigkeit, RiA 1991, S. 26 ff.; siehe auch bereits oben Rn. 72.
198 *Geis*, Buch mit sieben Siegeln? Ein Streifzug durch das Nebentätigkeitsrecht, Forschung und Lehre 10/2012, S. 836.

Beamtengruppen eher **als wissenschaftsfördernd auswirken** – man denke etwa an die schon von Gesetzes wegen auf einen Anwendungsbezug, d.h. die Praxis, ausgerichtete Forschung von Fachhochschulprofessoren –, als dass sie sich im allgemeinen beamtenrechtlichen Kontext als unerwünschte „Doppelalimentation" darstellten. Die Landesgesetz- und Verordnungsgeber wären daher gut beraten, das Nebentätigkeitsrecht für Hochschullehrer weniger restriktiv zu handhaben und im Wege einer konkordanten Normsetzung in allen Ländern klare und einander vergleichbare Regelungen im Landeshochschulrecht zu schaffen. Damit würde auch einer gewissen „Ruchhaftigkeit"[199] von Nebentätigkeiten, für die es realiter überhaupt keinen Grund gibt, der Boden entzogen.

Gleichwohl sollen nachfolgend einige Grundbegriffe und Grundfragen des derzeit geltenden Hochschullehrernebentätigkeitsrechts geklärt werden, die sich länderübergreifend ausmachen lassen.

Zunächst ist zu bestimmen, ob es sich bei der in Rede stehenden Tätigkeit eines Hochschullehrers überhaupt um eine Nebentätigkeit handelt. Es kommt also auf den **Begriff der Nebentätigkeit** an, der **in Abgrenzung zum Hauptamt zu bestimmen** ist. Nach einer einfachen Formel kann festgehalten werden, dass Nebentätigkeit jede Tätigkeit ist, die nicht zum Hauptamt gehört.[200] Damit unterfällt dem Nebentätigkeitsrecht vor allem alles dasjenige nicht, was durch Berufungsvereinbarung und ggf. Stellenbeschreibung festgelegt ist.[201] Dass sich insoweit Abgrenzungsunschärfen auftun, liegt gleichsam auf der Hand. Im Zweifel dürften aber Tätigkeiten, die – etwa als Annex – zu einer dem Hauptamt zuzuschreibenden Tätigkeit zählen, auch selbst Hauptamt – und somit nicht Nebentätigkeit – sein. Dies betrifft vor allem die **Verbreitung von Forschungsergebnissen** über die herkömmlichen Publikationswege (Monographien, Aufsätze in Fachzeitschriften und Beiträge zu Sammelwerken etc.)

---

199 So die Anklänge in den Artikeln von *Daniel Erk/Marion Schmidt*, „Gelehrte Geschäftsleute", Die Zeit Nr. 29/2014 vom 22.7.2014, abrufbar unter http://www.zeit.de/2014/29/nebenverdienst-professoren-hochschule, und – etwas differenzierter – von *Sascha Zoske*, „Nebentätigkeit von Professoren – Gelehrter und Geschäftsmann in einer Person", FAZ vom 30.5.2011, abrufbar unter http://www.faz.net/aktuell/rhein-main/region/nebentaetigkeiten-von-professoren-gelehrter-und-geschaeftsmann-in-einer-person-1638607.html.
200 *Lux-Wesener/Kamp*, in: Hartmer/Detmer (Hrsg.), HSchR-Praxishandbuch, S. 351; *Geis*, Buch mit sieben Siegeln? Ein Streifzug durch das Nebentätigkeitsrecht, Forschung und Lehre 10/2012, S. 836.
201 *Geis*, in: ders. (Hrsg.), Hochschulrecht im Freistaat Bayern, 2009, S. 372; *ders.*, Buch mit sieben Siegeln? Ein Streifzug durch das Nebentätigkeitsrecht, Forschung und Lehre 10/2012, S. 836.

sowie darüber hinaus etwa im Rahmen von Vortragstätigkeiten.[202] Die Verbreitung von Forschungsergebnissen ist damit wie die vorgelagerte – dem Hauptamt zuzuordnende – Forschung daher selbst stets Teil des Hauptamts.[203] Diese Zuordnung zum Hauptamt reicht – entgegen einer gegenläufigen Auffassung, die sich überdies in den Bestimmungen einzelner Hochschulnebentätigkeitsverordnungen bestätigt zu finden scheint[204] – über die Fertigstellung des Manuskripts hinaus, schließt also die Veröffentlichung selbst mit ein, und ist insoweit durch Art. 5 Abs. 3 GG geschützt.[205] Auf die Frage, ob der Hochschullehrer hierfür eine Veröffentlichungsvergütung erhält, kommt es wegen der Überlagerung durch die Wissenschaftsfreiheit nicht an, so dass allgemeine beamtenrechtliche Erwägungen – etwa der Verweis auf die §§ 2 Abs. 2, 51 Satz 1 BBesG – nicht durchgreifen.[206]

81 Gleichwohl ist es dem Hochschullehrer unbenommen, wenn die Verbreitung von Forschungsergebnissen „von außen" nachgefragt wird, die Tätigkeit auch als Nebentätigkeit zu qualifizieren und sich dann aber dem Nebentätigkeitsrechtsregime zu unterwerfen.

82 Für die **Drittmittelforschung** gilt gleichermaßen, dass diese sowohl im Hauptamt als auch als Nebentätigkeit möglich ist und somit – je nach Zuordnung – entweder die für das Hauptamt oder die Nebentätigkeit geltenden Bestimmungen zu beachten sind.[207] Entscheidend ist, dass es „Mischformen" nicht geben kann bzw. darf. Daher können etwa Teiltätigkeiten des Hauptamts nicht in eine nebenamtliche Tätigkeit überführt werden und umgekehrt. Problematisch ist dies etwa dann, wenn aus einer im Hauptamt betriebenen Auftragsforschung etwa Folgefragen in der Person des beteiligten Forschers als – überdies vergütete – Nebentätigkeit ausgeübt werden. Als dritte Möglichkeit können hierneben noch Tätigkeiten – gerade im Zusammenhang mit Forschungsaktivitäten aus Mitteln Dritter – im Nebenamt ausgeübt werden, wenn sie nicht dem Hauptamt zugeordnet werden können, aber gleichwohl im öffentlichen Interesse des Dienst-

---

202 Als „Wissenstransfer" i.S.v. § 2 Abs. 7 HRG. Vgl. auch *Geis*, in: ders. (Hrsg.), Hochschulrecht im Freistaat Bayern, 2009, S. 373 f.; *Lux-Wesener/Kamp*, in: Hartmer/Detmer (Hrsg.), HSchR-Praxishandbuch, S. 351.
203 Vgl. BVerfG, Beschluss vom 1.3.1978 – 1 BvR 333/75 u.a., BVerfGE 47, 327 (375 f.).
204 So *Störle*, Das Nebentätigkeitsrecht der Hochschullehrer in Bayern, 4. Auflage, 2007, S. 24 ff.; zu den landesrechtlichen Bestimmungen vgl. etwa § 6 Abs. 2 BayHNTVO; § 2 Abs. 2 NHNTVO; § 4 Abs. 1 SächsHNTVO.
205 Zutreffend daher *Geis*, in: ders. (Hrsg.), Hochschulrecht im Freistaat Bayern, 2009, S. 373; *Lux-Wesener/Kamp*, in: Hartmer/Detmer (Hrsg.), HSchR-Praxishandbuch, S. 354.
206 *Lux-Wesener/Kamp*, in: Hartmer/Detmer (Hrsg.), HSchR-Praxishandbuch, S. 353 f.
207 *Lux-Wesener/Kamp*, in: Hartmer/Detmer (Hrsg.), HSchR-Praxishandbuch, S. 352.

herrn liegen.²⁰⁸ Dieser muss die Ausübung in Form des Nebenamts aber in jedem Fall ausdrücklich gegenüber dem betreffenden Hochschullehrer anordnen.

Von vornherein nicht als Nebentätigkeiten anzusehen sind reine Freizeitaktivitäten des Hochschullehrers, soweit sie nicht unter § 3 Nr. 26 EStG fallen, die Verwaltung eigenen Vermögens (etwa Vermietung von Wohnungseigentum) sowie bloße Beteiligungen im Sinne des Gesellschaftsrechts ohne eigene Organstellung (z.B. als Aktionär, stiller Gesellschafter o.ä.). Gleiches gilt für die Übernahme z.B. von Betreuungen und Pflegschaften sowie öffentlicher Ehrenämter. Dies bedeutet für den Wissenschaftsbereich etwa auch, dass die unvergüteten Ausschuss-, Beirats- oder Gutachterfunktionen in bzw. für Wissenschaftsorganisationen wie der Deutschen Forschungsgemeinschaft oder der Max-Planck-Gesellschaft keine Nebentätigkeiten und damit weder anzeige- noch ggf. genehmigungspflichtig sind.²⁰⁹ 83

Ungeachtet dessen, dass unter dem BeamtStG – wenngleich mit Abweichungsrecht der Länder – im Allgemeinen für die Nebentätigkeit von Beamten nur noch eine Anzeigpflicht anstelle der früheren Genehmigungsbedürftigkeit gilt, waren bzw. sind nach Maßgabe des Hochschullehrernebentätigkeitsrechts bereits bestimmte – typische – Nebentätigkeiten im Wissenschaftsbereich nur anzeigepflichtig bzw. gelten diese als allgemein genehmigt. Dies stellt eine durch Art. 5 Abs. 3 GG zu rechtfertigende Privilegierung der Hochschullehrer gegenüber den übrigen Beamtengruppen dar. Es sind dies – ohne dass damit das Landesrecht erschöpfend erfasst wäre – vor allem die folgenden Tätigkeiten:²¹⁰ 84

- **schriftstellerische, wissenschaftliche, künstlerische und Vortragstätigkeiten**, soweit sie vergütet werden und nicht ohnehin zum Hauptamt zählen (i.d.R. nur anzeigepflichtig)
- **selbständige Gutachter- und Sachverständigentätigkeiten** des Hochschullehrers (i.d.R. nur anzeigepflichtig)
- Tätigkeit als **Gutachter in Akkreditierungs- oder Evaluationsverfahren**, soweit sie vergütet werden (i.d.R. nur anzeigepflichtig)
- **Tätigkeiten in geringem Umfang oder mit geringer Vergütung** wie die Herausgeberschaft wissenschaftlicher oder künstlerischer Werke,²¹¹ die Mit-

---

208 *Geis*, Buch mit sieben Siegeln? Ein Streifzug durch das Nebentätigkeitsrecht, Forschung und Lehre 10/2012, S. 836.
209 *Geis*, Buch mit sieben Siegeln? Ein Streifzug durch das Nebentätigkeitsrecht, Forschung und Lehre 10/2012, S. 836.
210 S. auch *Geis*, Buch mit sieben Siegeln? Ein Streifzug durch das Nebentätigkeitsrecht, Forschung und Lehre 10/2012, S. 836 f.
211 Allgemein genehmigt etwa nach § 4 Abs. 1 Nr. 1 BWHNTVO; § 5 Abs. 1 Nr. 1 NWHTNVO; § 6 Abs. 1 Nr. 1 RhPfHNTVO.

wirkung an Hochschulprüfungen oder staatlichen Prüfungen außerhalb des Hauptamtes,[212] Lehrtätigkeiten an anderen Hochschulen,[213] Prozessvertretung durch Professoren des Rechts im Rahmen des sog. Rechtslehrerprivilegs[214], daneben aber teilweise auch für den Bereich der Medizin[215] oder die freiberufliche Tätigkeit in Architektur- oder Ingenieurbüros[216] (i.d.R. allgemein genehmigt).

85 Ergänzend sind **als Besonderheiten** für eine solcherart erlaubte Nebentätigkeit noch die die **Ablieferungspflicht** und die damit verbundenen Höchstbetragsregelungen **bei Nebentätigkeiten im öffentlichen Dienst** sowie die **Vergütungspflicht** bei Inanspruchnahme von Personal, Einrichtungen oder Räumen des Dienstherrn (d.h. der Hochschule) zu berücksichtigen.

86 Der grundsätzlichen Ablieferungspflicht von Nebentätigkeitsvergütungen unterliegen Nebentätigkeiten, die im öffentlichen Dienst wahrgenommen werden, wobei der Begriff des öffentlichen Dienstes weit verstanden wird.[217] Es fallen darunter somit nicht nur alle juristischen Personen des öffentlichen Rechts (d.h. Bund, Länder, Gemeinden, Gemeindeverbände oder berufsständische Kammern etc.), bei denen eine Rechtsträgerstellung der öffentlichen Hand besteht, sondern auch in Privatrechtsform betriebene Verwaltungsorganisationen wie Eigengesellschaften oder solche öffentlichen Unternehmen mit Mehrheitsbeteiligung der öffentlichen Hand (sog. gemischt-wirtschaftliche Unternehmen).[218] Die Ablieferungspflicht ist an bestimmte Höchstgrenzen, die je nach landesrechtlicher Bestimmung zwischen 5.000 und 6.000 Euro liegen, gekoppelt, bei deren Überschreiten der überhängige Betrag an den Dienstherrn abzuliefern ist. Ausnahmen von der Ablieferungspflicht sind nach einigen Hochschulnebentätigkeitsverordnungen etwa für solche Tätigkeiten über das allgemeine Nebentätigkeitsrecht hinaus vorgesehen, die im Zusammenhang mit

---

212 Allgemein genehmigt etwa nach § 4 Abs. 1 Nr. 4 BWHNTVO;
213 Allgemein genehmigt etwa nach § 5 Abs. 1 Nr. 5 NWHNTVO (mit zeitlicher Begrenzung auf 4 SWS); ebenso, allerdings mit weiteren Einschränkungen bezüglich der Lehreinrichtungen, § 6 Abs. 1 Nr. 5, 6 RhPfHNTVO.
214 Nach § 22 BVerfGG oder § 67 VwGO. Allgemein genehmigt etwa nach § 4 Abs. 1 Nr. 2 BWHNTVO; § 5 Abs. 1 Nr. 3 NWHNTVO;
215 Allgemein genehmigt etwa nach § 5 Abs. 1 BWHNTVO.
216 Allgemein genehmigt etwa nach § 6 Abs. 1 BWHNTVO.
217 Zum Begriff des öffentlichen Dienstes im Nebentätigkeitsrecht vgl. BVerfG, Beschluss vom 25.11.1980 – 2 BvL 7, 8, 9/76, BVerfGE 55, 207 (227 ff.).
218 *Geis*, in: ders. (Hrsg.), Hochschulrecht im Freistaat Bayern, 2009, S. 382; ders., Buch mit sieben Siegeln? Ein Streifzug durch das Nebentätigkeitsrecht, Forschung und Lehre 10/2012, S. 836 (837).

der besonderen Fachkunde des Hochschullehrers stehen, so insbesondere für Vergütungen aus Lehr- und Prüfungstätigkeit und für die Tätigkeit als Sachverständiger, namentlich die Erstattung von Sachverständigengutachten, oder andere selbständige Gutachtertätigkeiten (z.B. Rechtsgutachten von Professoren des Rechts).[219]

Sofern der Hochschullehrer im Rahmen einer erlaubten Nebentätigkeit Einrichtungen, Räumlichkeiten oder Personal der Hochschule in Anspruch nimmt, bedarf dies regelmäßig der Genehmigung der Hochschule. Außerdem besteht nach näherer landesrechtlicher Bestimmung grundsätzlich eine **anteilige Vergütungspflicht** aus der tatsächlich erlangten Vergütung.[220]

---

[219] Vgl. insoweit etwa die Bestimmungen in § 8 Abs. 1 NWHNTVO; § 10 Abs. 1 NHNTVO.
[220] *Geis*, Buch mit sieben Siegeln? Ein Streifzug durch das Nebentätigkeitsrecht, Forschung und Lehre 10/2012, S. 836 (837).

Sachregister

Abbau von Studienplätzen B 95
Abschlussbezeichnungen B 19
Akademischer Senat A 76 f.
Akademische Grade C 40
Akademische Titel C 40
Akkreditierung privater Hochschulen B 43
Akkreditierung von Studiengängen B 41 ff.
- ländergemeinsame Strukturvorgaben B 12 ff., B 55
- Organisation B 47 ff.
- Programmakkreditierung B 44
- Rechtsschutz gegen Akkreditierungsentscheidungen B 62
- Regeln des Akkreditierungsrates B 54
- Stiftung B 45
- Systemakkreditierung B 46
- Verfahren B 56 ff.
Akkreditierungsagenturen B 47 ff.
Akkumulierung B 139
Alexander von Humboldt Stiftung C 21
Allgemeiner Studentenausschuss (AStA) B 116
An-Institute A 89
Arbeitsgruppen A 87
Ärztlicher Dienst A 102
Ausbildungsförderung B 124 ff.
Auswahlgespräch B 108
Auswahlkriterien B 107
Auswahlverfahren B 102
Autonomie der Hochschulen A 25 ff.
- bzgl. alternativer Organisationsmodelle A 29, 43
- Definition A 25 ff.
- Systemakkreditierung B 46

Bachelorgrad B 130
Bachelorstudiengänge B 11 ff, B 66
BAföG B 124 f.
Bandbreitenmodell B 100
Beauftragter des Haushalts A 70
Belegpunktesystem B 147
Berufungs- und Bleibeleistungsbezüge D 50, D 52
Besondere Leistungsbezüge D 50 f.

Besondere Qualifikationsvoraussetzungen B 83 ff.
Betriebseinheiten A 85
Binnenorganisation der Hochschulen A 65 ff.
Binnenquote B 109
Bologna-Erklärung B 3 ff.
Bologna-Prozess B 1 ff.
Bund-Länder-Kommission für Bildungsplanung und Forschungsförderung (BLK) A 113

Centrum für Hochschulentwicklung (CHE) A 115
Charta der Grundrechte der Europäischen Union (EU-GRCharta) B 10
Cluster-Akkreditierung B 69
Credit Points B 137 ff.
Curricularnormwert B 94

Dekan A 79 ff.
Dekanskollegium (Dekanat) A 80, A 82
Deutscher Akademischer Austauschdienst (DAAD) C 22
Deutsche Forschungsgemeinschaft (DFG) C 11, C 20
Deutsche Hochschulverband (DHV) A 116
Deutschlandstipendium B 127 ff.
Dienstvorgesetzter A 70
Diplomgrad B 131
Disziplinarrecht C 40
Drittmittelforschung C 7 ff.

Eignungsfeststellungsverfahren B 86
Emeritierung D 67
Empfehlungen/Richtlinien zur Sicherung guter wissenschaftlicher Praxis C 3, C 39
Entwicklungsplan A 78
Erfindungsrecht C 38
European Credit Transfer System (ECTS) B 4, B 138 ff.
Evaluation B 73
Exellenzinitiative A 113, C 20

Fachaufsicht über die Hochschulen A 28
Fachhochschulen
– allgemein A 47 ff.
– für öffentliche Verwaltung und Rechtspflege A 51
– Professoren mit einem Schwerpunkt in der Forschung D 32
– wissenschaftliche Mitarbeiter D 41
Fachrichtung B 128
Fachschaften B 116
Fakultäten bzw. Fachbereiche A 72 f., A 79 ff., A 94 ff., A 103 ff., B 116
Fakultäts- bzw. Fachbereichsrat A 79, A 95
Fernhochschulen A 63
Follow-up Group (BFUG) B 8
Forschung A 6
– angewandte Forschung C 6
– außeruniversitäre Forschung C 10 ff.
– Begriff C 2
– Drittmittelforschung C 7 ff.
– forschungs- und forschungsfördernde Organisationen C 19 ff.
– Forschungsauftrag der Hochschulen C 1 ff.
– Grundlagenforschung C 4 f.
– Ressortforschung C 25
– Veröffentlichungspflicht von Forschungsergebnissen C 34
Fraunhofer-Gesellschaft C 14
Funktions-Leistungsbezüge D 50
Funktionsvorbehalt D 12

Gemeinsame Wissenschaftskonferenz A 113
Gesamthochschulen A 64
Governance A 111
Graduiertenakademien B 40
Graduiertenschulen/Graduiertenkollegs B 37 ff.
Grundordnung A 3, A 76

Habilitation C 31 f.
Helmholtz-Gemeinschaft Deutscher Forschungszentren e. V. C 15
Hochschularten A 44 ff.
– Berufsakademien A 61 f., B 55

– Fachhochschulen A 47 ff.
– Fernhochschulen A 63
– Gesamthochschulen A 64
– Kirchliche Hochschulen A 55 ff.
– Kunst- und Musikhochschulen A 53 f.
– Pädagogische Hochschulen A 59 f.
– Universitäten A 44 ff.
Hochschulbibliotheken A 90
Hochschulen
– Definition A 21
– des Bundes A 30
– formeller und materieller Hochschulbegriff A 21, A 46
– für angewandte Wissenschaften A 49
– Organe A 74 ff.
– Rechtsstatus A 22 ff.
– staatliche Einrichtung A 22
Hochschulen in alternativer Rechtsform A 29 ff.
Hochschullehrerbund (hlb) A 116
Hochschulleitung A 66 ff.
Hochschulmedizin A 92 ff.
– Allgemeines A 93
– Organisation A 94 ff.
Hochschulorgane A 74 ff.
Hochschulorganisationreform A 109 ff.
Hochschulpakt A 113
Hochschulprüfungen B 142
Hochschulrahmenrecht A 13 ff.
– 4. und 5. HRG-Novelle A 16
– Föderalismusreform I A 17, A 18
– Historie (allgemein) A 13–15
Hochschulrat A 78
Hochschulrektorenkonferenz (HRK) A 115
Hochschulverfassungsstreitverfahren A 69, A 79, A 106 ff.
Hochschulverwaltung A 70
Hochschulzugangsrecht B 80 ff.
Hochschulzulassungsrecht B 80, B 91 ff.
Honorarprofessoren D 37

Immatrikulation B 111
Institut A 86

Juniorprofessur D 20 f., D 26 ff.

Kanzler A 70
Kapazitätsabbau B 95
Kapazitätsermittlung B 92 ff.
– gegenwärtiges Modell B 93 ff.
– Reformansätze B 96 ff.
Karlsruher Institut für Technologie A 42a
Kirchliche Hochschulen A 55 ff.
Kirchliche Prüfungen B 144
Konsekutive Studienstruktur B 22, 24
Kooperationsverbot A 19
Kostennormmodell B 101
Kulturministerkonferenz (KMK) A 112
Kunst- und Musikhochschulen A 53 f.

Ländergemeinsame Strukturvorgaben B 12 ff., B 55
Landeshochschulgesetze A 20
Landesquoten B 104
Langzeitstudiengebühren B 117, B 121
Lebenszeitprinzip D 8 f.
Lehrbeauftragte D 44
Lehrbefähigung C 31
Lehrbefugnis C 31
Lehre A 6
Lehrkräfte für besondere Aufgaben D 45
Lehrkrankenhäuser A 97
Lehrprofessur D 29 ff.
Lehrstühle A 71
Leistungspunktesystem B 138 ff.
Lifelonglearning B 28

Maluspunkte B 147
Mastergrad B 130
Masterstudiengänge B 11 ff., B 21 ff.
Max-Planck-Gesellschaft zur Förderung der Wissenschaften (MPG) C 13
Merkmalstichprobe B 61
Mitgliedschaft zur Hochschule A 23, B 113
Modul B 17

Nebentätigkeit D 70 ff.
Nichtwissenschaftliche Einrichtungen A 90 f.
Nichtwissenschaftliche Mitarbeiter D 46
Niedersächsische Technische Hochschule A 42b

Organisationsmodelle für Hochschulen A 29 ff.
– Hochschulfreiheitsgesetz Nordrhein-Westfalen A 35
– private Hochschulen A 30, B 43
– rechtsfähige Körperschaft des öffentlichen Rechts (z.B. Technische Universität Darmstadt) A 33 ff.
– Stiftung des öffentlichen Rechts A 37 ff.

Pädagogische Eignung D 17
Pädagogische Hochschulen A 59 f.
Peer Review B 58
Plagiat C 51 ff.
Postgraduale Studiengänge B 129
Präsident A 68 f.
Präsidialverfassung A 66, A 68
Privatdozenten D 33
Private Hochschulen A 30
Professoren D 2 ff.
– als Angestellte D 11 ff.
– als Beamte auf Zeit D 7 ff.
– an Fachhochschulen D 24
– an privaten Hochschulen D 39
– außerplanmäßige D 35
– ehrenhalber D 38
– Einstellungsvoraussetzungen D 15 ff.
– nebenberufliche D 36
– Statusrechte als Beamter D 2 ff.
– Versorgung D 65 f.
Professur A 67
Programmakkreditierung B 44, B 50, B 56 ff.
Programmstichprobe B 61
Promotion B 34 ff., C 29 ff.
– Fachhochschulen A 50, B 35
– Pädagogische Hochschulen A 60
– strukturierte Promotionsprogramme/ Graduiertenkollegs B 37 ff.
– Voraussetzung B 36
Prüfungsordnung B 14, B 137
Prüfungsrecht B 141 ff.
– Verfahren B 145 ff.

Qualitätspakt B 78
Qualitätssicherung in Studium und Lehre
    B 70 ff.
Qualitätssicherungssystem B 79

Ranking B 74
Rechtsaufsicht über die Hochschulen
    A 28
Rechtsschutz gegen Akkreditierungsent-
    scheidungen B 62 ff.
Rechtsstatus staatlicher Hochschulen A 2,
    A 22 ff.
Rechtsverhältnis der Studierenden B 111
Rektor A 68 f.
Rektoratsverfassung A 66, A 68
Ressortforschung C 25
Rückmeldegebühr B 122 f.

Satzungsrecht A 24
Scientific Community C 3
Selbstverwaltungsrecht der Hochschulen
    A 10, A 23 f., A 25 f., B 115 f.
Seminar A 86
Sorbonne-Erklärung B 2
Staatsexamen B 132
Staatsprüfungen B 143
Stiftung für Hochschulzulassung B 105
Stiftungshochschulen A 37 ff.
– Einheitsmodell A 41 f.
– Hochschulzulassungsrecht B 94
– Rechtsträgermodell A 38 ff.
– Stiftungsräte A 78
– Übernahme von Professoren D 5
Stiftungsrat A 78
Stipendien B 126 f.
Studentenparlament B 116
Studentenschaft B 115
Studienabschlüsse B 130
Studienbeiträge/Studiengebühren B 90,
    B 117 ff.
Studiengänge B 128 ff.
– Einrichtung B 128 ff.
– Schließung B 135
Studiengangsprofil B 16
Studienordnung B 14, B 136
Studierende B 111 ff.
– Mitglied der Hochschule B 114

– Pflichten B 114
– Rechte B 112 f.
Systemakkreditierung B 46, B 50, B 59 ff.,
    B 69

Tenure Track D 28
Theologischen Fakultäten bzw. Fachbereiche
    A 103 ff.
Titellehre D 33
Trägermodell A 24

Universitäten A 44 ff.
Universitätsklinikum A 96 ff.
Unwürdigkeit C 45
Urheberrecht C 36 ff.

Variable Leistungsbezüge D 50
Vereinbarungsmodell B 99
Veröffentlichungspflicht von Forschungs-
    ergebnissen C 34
Versorgung D 65 ff.
Verwaltungsgebühr B 122 f.
Volkswagenstiftung C 23

W-Besoldung D 47 ff.
– Reform D 53 ff., D 57 ff.
– Konsumtion C 61
Weiterbildende Studiengänge B 23
Weiterbildung B 28 ff.
Wissenschaftliche Akademien C 17
Wissenschaftliche Einrichtungen
    A 86 ff.
Wissenschaftliche Mitarbeiter D 40 ff.
Wissenschaftsfreiheit (Art. 5 Abs. 3 GG)
    A 5 ff.
– „Jedermann-Grundrecht" A 8
– Akkreditierung von Studiengängen B 47,
    B 52 f.
– allgemein A 5, A 6
– Außeruniversitäre Forschungsein-
    richtungen C 28
– einzelner Wissenschaftler (u. a. Hoch-
    schullehrer) A 7
– EU-GRCharta B 10
– Fakultäten bzw. Fachbereiche A 72
– Forschung C 1 ff.
– Hochschulorganisation A 11, A 32

– Hochschulrat A 78
– Selbstverwaltungsrecht der Hochschulen
    A 10, A 25 f., A 27
– Studium A 9
– Veröffentlichungspflicht/-recht C 34 f.
Wissenschaftsgemeinschaft C 3
Wissenschaftsgemeinschaft Gottfried
    Wilhelm Leibniz e. V. C 16

Wissenschaftsplagiat C 51 ff.
Wissenschaftsrat (WR) A 114
Wissenschaftszeitvertragsgesetz D 43

Zentren A 88
Zugangshindernisse B 87 ff.
Zusätzliche wissenschaftliche Leistungen
    D 20 f.

www.ingramcontent.com/pod-product-compliance
Lightning Source LLC
Chambersburg PA
CBHW070608170426
43200CB00012B/2625